Nils Melzer
com Oliver Kobold
Tradução de Salvio Kotter

O PROCESSO CASO ASSANGE

Copyright © Piper Verlag GmbH, München, 2021.
© Nils Melzer, 2022.

Direitos reservados e protegidos pela lei 9.610 de 19.02.1998.
É proibida a reprodução total ou parcial sem autorização, por escrito, da editora.

Coordenação Editorial: Salvio Kotter
Editor-Executivo: Cesar Calejon
Editor-adjunto: Leandro Demori
Capa: Jussara Salazar
Design editorial: Carlos Garcia Fernandes
Produção: Cristiane Nienkötter
Tradução: Salvio Kotter
Revisão da tradução: Vivianne de Castilho Moreira
Consultoria jurídica: Sara Vivacqua

Dados Internacionais de Catalogação na Publicação (CIP)
Angelica Ilacqua CRB-8/7057

Melzer, Nils
  O processo : caso Assange um histórico de perseguição / Nils Melzer com Oliver Kobold ; tradução de Sálvio Kotter. – Curitiba : Kotter Editorial, 2023.
      376 p.

  ISBN 978-65-5361-258-7
  Título original: The Trial of Julian Assange: A Story of Persecution

  1. Perseguição política 2. Direitos humanos 3. Crimes de guerra 4. Assange, Julian Paul, 1971- Julgamentos 5. Direito de asilo 6. Imprensa e política I. Título II. Kobold, Oliver III. Kotter, Salvio

                                                CDD 323.044
23-1646

Kotter Editorial Ltda.
Rua das Cerejeiras, 194
CEP: 82700-510 - Curitiba - PR
Tel. + 55(41) 3585-5161
www.kotter.com.br | contato@kotter.com.br

Feito o depósito legal
1ª Edição
2023

Nils Melzer
com Oliver Kobold
Tradução de Salvio Kotter

O PROCESSO CASO ASSANGE

A todos que lutam destemidamente pela **VERDADE**

Quem dorme em uma democracia
acordará em uma ditadura.

Otto Gritschneder

Prefácio

Julian Assange não é um herói. Ao percebê-lo assim, corre-se o risco de negligenciar um dos aspectos nevrálgicos do seu caso: o processo de perseguição judicial e midiática contra ele exercido pode ser aplicado contra qualquer indivíduo que ousar contrariar os interesses e os segredos das principais potências hegemônicas do mundo e das pessoas que as comandam. Assange é um jornalista que ousou manter o juramento atribuído à prática da sua profissão: exercer a função de jornalista, combatendo o autoritarismo e a arbitrariedade por meio do compromisso com a verdade e a informação, dentro dos princípios universais da justiça, da democracia e do estado de direito, garantindo, principalmente, o direito do cidadão à informação.

Conforme eloquentemente relatado por Nils Melzer, o autor dos capítulos que seguem, "(...) o que torna o caso de Julian Assange particularmente importante é que ele estabelece um precedente perigoso e demonstra falhas sistêmicas que vão muito além não só do destino individual de um homem, mas também de todos os Estados envolvidos. No caso de Julian Assange, as chamadas democracias maduras do Ocidente estão, sistematicamente, desconsiderando o estado de direito e minando diretamente os direitos constitucionais fundamentais indispensáveis a qualquer sistema democrático: a proibição da tortura, a liberdade de imprensa, a presunção de inocência e o direito a um julgamento justo".

Em suma, Assange demonstrou, primeiro por meio do seu trabalho com o Wikileaks, e depois via o seu próprio processo persecutório, que as democracias liberais ocidentais, neste caso, especificamente os Estados Unidos, o Reino Unido, a Suécia, a Austrália, a Alemanha e o Equador (sob o governo Lenín Moreno), podem agir de forma análoga às "ditaduras mais sanguinárias do planeta". Teoricamente, o respeito aos direitos humanos, ao devido processo legal, à liberdade de imprensa e ao estado democrático de direito seriam os elementos cruciais capazes de distinguir as nações democráticas de outros países autoritários governados por ditadores ou milícias armadas. Na prática, contudo, o trabalho impecável apresentado por Nils Melzer neste livro demonstra uma realidade bastante diferente.

Melzer não é um militante político, uma liderança partidária localizada à esquerda ou à direita no espectro político-ideológico ou um fã de Julian Assange. Ele é um Relator Especial das Nações Unidas sobre Tortura e Outros Tratamentos ou Punições Cruéis, Desumanas ou Degradantes e professor de Direito Internacional na Universidade de Glasgow. Ou seja, o trabalho apresentado nesta publicação é fruto de uma extensa investigação técnica, que foi conduzida por um especialista em temas como tortura e detenções arbitrárias, e que não tinha nenhum compromisso que não fosse com a realidade material e factual correlatas ao caso.

O próprio Melzer afirma que, inicialmente, chegou a ser contaminado pela campanha de difamação orquestrada contra Assange no Ocidente. Boa parte da mídia corporativa brasileira fez ressoar essas narrativas no território nacional, por exemplo, por vezes difamando e por outras se calando sobre o tema. Manchetes como "'Assange chegou a sujar paredes da embaixada com as próprias fezes', diz presidente do Equador" e "Julian Assange: Suécia considera reabrir inquérito sobre estupro", que foram publicadas, respectivamente, nos dias 17 e 12 abril de 2019, pela BBC News, denotam esse processo.

Além disso, a grande maioria dos principais veículos de rádio e televisão do País jamais sequer cita o nome Julian Assange, mas condena, veementemente, os atos de tortura, os assassinatos e as prisões arbitrárias que são cometidos por diversas nações em outras partes do planeta, principalmente considerando as que não têm uma população predominantemente cristã, o inglês como idioma principal e estão fora do eixo ocidental.

No sentido de superar os seus próprios preconceitos para acessar a verdade dos fatos, Melzer mergulhou fundo na sua investigação e coletou cerca de 10.000 páginas de arquivos judiciais, depoimentos de testemunhas, avaliações e análises de julgamentos, e-mails, transcrições de SMS e anotações manuscritas, além de fotografias e vídeos para realizar a análise mais completa e idônea que foi produzida sobre o caso Assange até a presente data. Segundo ele, esse trabalho resultou na "(...) ruptura, tanto externa quanto internamente, com o que restava da minha confiança no sistema; com minha confiança nas democracias ocidentais como Estados governados pelo estado de direito".

Ao ler as conclusões de Melzer, que são apresentadas neste livro, torna-se fácil entender o motivo da sua descrença. Assange publicou inúmeros documentos contra muitos estados e pessoas poderosas, mas nenhum é mais chocante do que o intitulado "Assassinato Colateral" (Collateral Murder). No dia 5 de abril de 2010, no National Press Club de Washington, Assange apresentou ao mundo um vídeo de dezoito minutos, que coloca o espectador dentro de um helicóptero de combate dos Estados Unidos circulando em baixa altitude sobre uma área residencial de Bagdá, no Iraque, no dia 12 de julho de 2007.

As cenas apresentadas são absolutamente aterrorizantes: soldados estadunidenses utilizam o helicóptero Apache para, literalmente, estraçalhar civis, jornalistas e até crianças, que estavam no solo a caminho da escola! Em seguida, eles gritam e celebram. O vídeo "Assassinato Colateral" deixou uma marca indelével na minha alma e, a partir daquele ponto, eu soube que Assange seria caçado como um animal sem direitos pelos Estados Unidos, porque, o que ele acabara de fazer era o bastante para desmontar todas as principais narrativas fantasiosas que susteram a imagem estadunidense frente ao mundo por mais de um século.

Agora, estava claro que os Estados Unidos não são "a terra da liberdade", da justiça ou das oportunidades. Na década seguinte, ficaria claro também que a Primeira Emenda da sua Constituição, que discorre sobre a liberdade do discurso (freedom of speech), também é um engodo e não se aplica quando os interesses dos poderosos são contrariados. Segundo Melzer, "(...) vários veteranos estadunidenses do Iraque confirmaram, posteriormente, que a operação em questão (demonstrada no vídeo Assassinato Colateral) não foi uma exceção singular, pois tais massacres eram comuns na época e jamais alguém foi responsabilizado".

De acordo com dados da Brown University, somente nos últimos 21 anos, os Estados Unidos destruíram sete países e meio, o que resultou em mais de 38 milhões de refugiados e algo entre 4.5 e 4.7 milhões de mortes. Ainda segundo o estudo, o governo dos Estados Unidos está realizando "atividades antiterroristas" em 85 países, expandindo enormemente esta guerra por todo o mundo.

No dia 28 de agosto de 2023, eu entrevistei John Shipton, pai de Julian Assange, presencialmente, na cidade de São Paulo. Ele me deu outro dado brutal do que o trabalho do seu filho foi capaz de revelar ao mundo: "Na divulgação dos telegramas (via Wikileaks) – e há duzentos e cinquenta mil telegramas – existem ataques a casamentos e funerais na fronteira do Paquistão e do Afeganistão, por exemplo. Esses materiais revelam os procedimentos de seleção de alvos dos Estados Unidos e a metodologia utilizada para eliminar esses alvos. Podemos concluir assim: o ponto alto da vida dessas comunidades é o casamento entre um jovem casal. Todos os recursos daquela comunidade e das famílias são reunidos para sustentar os recém-casados, porque aí está o futuro dessas pessoas. O entendimento disso, por antropólogos e oficiais especialistas em alvos nos EUA, é que para atacar essas comunidades você destrói o ponto mais importante de suas vidas: os casamentos, o início de uma nova vida, e os funerais, quando eles honram os seus mortos. Portanto, os ataques a casamentos e funerais (pelas forças militares dos EUA) não eram acidentais. Com a liberação dos telegramas, esses 'acidentes' pararam de acontecer".

Essa é a importância do trabalho realizado por Julian Assange e pelo Wikileaks. Contudo, por revelar ao mundo os crimes de guerra, processos de tortura, espionagem contra países soberanos e todas as sortes de ilegalidades, Assange foi julgado e condenado, ao arrepio da lei, a uma espécie de morte lenta por isolamento, enlouquecimento e deterioração física, sem nenhum direito ao devido processo legal ou ampla defesa por mais de uma década até a presente data. Privado de desfrutar o amor dos seus dois filhos pequenos e de sua mulher. Enquanto isso, as nações que foram expostas pelo seu trabalho e os perpetradores dos crimes por ele elucidado seguem impunes, fruindo vidas nababescas e opulentas, em jantares sofisticados, com voos oficiais das suas respectivas nações ou em jatinhos particulares, frequentando os metros quadrados mais caros do planeta e a sede da Organização das Nações Unidas. De muitas maneiras, o processo de perseguição e punição arbitrária contra Julian Assange é o epítome de um modelo de sociabilidade imperialista, que protege um seleto grupo de nações e indivíduos em detrimento da maior parte da humanidade e, consequentemente, do Estado Democrático de Direito, do Direito Internacional e de todo o senso de moralidade humana.

Caso seja, de fato, extraditado para os Estados Unidos, o fundador do WikiLeaks poderá ter a sua pena determinada em até 175 anos de reclusão. Assange, muito provavelmente, será levado para a prisão Supermax, que foi construída para isolar alguns dos criminosos mais violentos e letais da história, como o mega traficante Joaquin "El Chapo" Guzmán, Ted Kaczynski (o Unabomber), Terry Nichols (responsável pelo atentado de Oklahoma, em 1995) e Dzhokhar Tsarnaev (autor do atentado na Maratona de Boston, em 2013), por exemplo. Nessa penitenciária, os detentos passam 23 horas por dia isolados em celas individuais de cerca de 7m². Em entrevista a BBC News, Paul Wright, diretor-executivo do Human Rights Defense Center, afirmou que "(...) desde a estrutura física, a maneira como as celas são projetadas e todo o resto têm o objetivo de minimizar o contato humano. Basicamente, é (uma prisão) projetada para destruir as pessoas mentalmente".

Naturalmente, a extensão e a perversidade desta punição têm por objetivo precípuo intimidar o livre exercício do jornalismo e, assim, circunscrever o modelo de sociabilidade planetário aos interesses discricionários das nações e das pessoas mais poderosas do mundo, reforçando o que Nils Melzer intitula como uma espécie de *"lex omertà global"*: um pacto global de silêncio entre os poderosos para encobrir as suas atividades criminosas a fim de fazer a manutenção dos seus poderes.

Dessa maneira, algumas pessoas, com as quais eu conversei ao longo dos últimos anos, acreditam que os EUA e os seus aliados já atingiram os seus objetivos, porque ninguém se atreveria a correr o risco de enfrentar o mesmo destino de Julian Assange. Imediatamente, pode ser que esse raciocínio tenha fundamento, de fato. Contudo, eu creio que, no médio para o longo prazo, ou seja, nas próximas décadas e durante a segunda metade do século XXI, Assange será celebrado como a faísca que acendeu o fogo da transformação social e do pensamento crítico, sobretudo, no Ocidente. Nesse contexto, os EUA e os seus asseclas terão criado uma espécie de estudo de caso que atestará a sua culpabilidade, às custas da vida de um homem que ousou falar a verdade e removeu o véu da ignorância dos olhos dos cidadãos do mundo. Portanto, quanto mais aguda e severa for a perseguição e a punição do processo contra Julian Assange, maior será o efeito que esse ato de confissão exercerá a partir de agora no sentido de potencializar essa mudança.

Etimologicamente, o termo "Kairós", do grego καιρός, significa "o momento oportuno", "certo" ou "supremo". Na mitologia grega, esse é o deus do "tempo oportuno". Este livro demonstra que o processo contra Julian Assange conta uma história sobre todos e cada um de nós. Segundo Nils Melzer, "trata-se da nossa letargia, nosso autoengano e nossa corresponsabilidade pelas tragédias políticas, econômicas e humanas de nosso tempo". Contudo, o processo de perseguição contra Assange também representa o *Kairós*, o tempo oportuno, para o surgimento de um novo modelo de sociabilidade que deverá catalisar a transformação na forma como a governança global é realizada atualmente. Conforme ficará claro nas próximas páginas, essa mudança depende do envolvimento de cada um de nós na luta não somente pela liberdade de Julian Assange, mas por tudo o que ele, em última instância, representa: um mundo realmente livre. Vamos?

Cesar Calejon, primavera de 2023

Introdução

Escrever um livro não faz parte das funções de um relator especial das Nações Unidas. Tanto menos um livro sobre um caso individual. Por isso, convém dar uma explicação. Este livro pretende ser um apelo urgente. Uma advertência à comunidade internacional de Estados de que o sistema que criaram para a proteção dos direitos humanos está falhando de uma forma muito fundamental, daí a importância de chamar a atenção do público em geral, porque uma falha sistêmica de tal magnitude deve acionar o alarme para qualquer cidadão comum de um Estado democrático. Trata-se, portanto, de um apelo que deve ser entendido também como um desafio pessoal a todos e a cada um de nós para abrirmos os olhos, encararmos a verdade e assumirmos nossa responsabilidade pessoal e política.

Como relator especial sobre tortura no Conselho de Direitos Humanos das Nações Unidas, exerço um mandato para monitorar o cumprimento da proibição de tortura e maus-tratos em todo o mundo, examinar alegações de violações e encaminhar questionamentos e recomendações junto aos estados concernidos com o objetivo de esclarecer casos individuais. Esse importante mandato me foi confiado porque lido com violações dos direitos humanos e do direito humanitário há mais de vinte anos, tendo atuado como assessor sênior de política de segurança do meu governo, professor de direito internacional e autor especializado, além de ter sido delegado e conselheiro jurídico da Cruz Vermelha em contextos de guerra e crise. Visitei milhares de prisioneiros, refugiados e seus familiares em quatro continentes, muitos dos quais foram vítimas de tortura e violência. E negociei não apenas em palácios, ministérios e centros de comando, mas também com soldados e rebeldes em zonas de conflito.

Portanto, quando investigo alegações de tortura e maus-tratos, eu sei do que estou falando. Não sou facilmente manipulado e não tenho tendência a exagerar, nem busco os holofotes. Meu mundo é o do diálogo diplomático e do respeito mútuo, mas também da verdade e da integridade, sempre, porque a diplomacia nunca deve se tornar um fim em si mesma, mas deve ser sempre um meio para um fim maior. No meu caso, esse fim maior é conseguir o cumprimento da proibição universal da tortura e dos maus-tratos, bem como a investigação, a punição e a reparação das violações. Devo perseguir esse objetivo sempre, e em nenhuma hipótese posso sacrificá-lo. Quando não for possível alcançá-lo por meio de canais diplomáticos, devo então optar por outros meios. Um desses meios, caro leitor, é o presente livro. Portanto, reformulando uma máxima marcial para meus propósitos pacíficos, este livro poderia ser entendido como a continuação da diplomacia por outros meios.

Decidi escrever este livro porque, ao investigar o caso de Julian Assange, deparei-me com provas convincentes de perseguição política e arbitrariedade judicial grosseira, bem como de tortura e maus-tratos deliberados. E, no entanto, os Estados responsáveis se recusaram a cooperar comigo para esclarecer essas alegações e tomar as medidas investigativas exigidas pelo direito internacional. Visitei Julian Assange na prisão acompanhado por uma equipe médica e conversei com as autoridades responsáveis, com advogados, testemunhas e especialistas. Além disso, manifestei repetidamente minhas preocupações aos quatro Estados envolvidos – Reino Unido, Suécia, Equador e Estados Unidos – por meio dos canais oficiais disponíveis, solicitando esclarecimentos e recomendando medidas específicas. Infelizmente, nenhum dos quatro governos estava disposto a se envolver em um diálogo construtivo. Em vez disso, fui confrontado com chavões diplomáticos ou ataques retóricos genéricos. Quando insisti, o diálogo foi encerrado pelos governos. Ao mesmo tempo, a perseguição e os maus-tratos a Julian Assange se intensificaram, as violações de seus direitos ao devido processo legal se tornaram cada vez mais flagrantes e meus apelos públicos para que as autoridades respeitassem os direitos humanos foram francamente ignorados. Até mesmo dentro do sistema da ONU recebi muito pouco apoio, à exceção de alguns indivíduos corajosos e determinados. Manifestei minha preocupação com a postura obstrutiva dos Estados envolvidos, tanto no Conselho de Direitos Humanos em Genebra, quanto na Assembleia Geral em Nova York, mas infelizmente não houve nenhuma reação substancial. Por várias vezes pedi ao Alto Comissário para os Direitos Humanos uma reunião pessoal sobre o assunto, mas fui ignorado. Apelei a outros países para exercerem sua influência, mas me deparei quase invariavelmente com um constrangedor muro de silêncio. As instituições e os processos nos quais sempre acreditei falhavam diante dos meus olhos.

Talvez você esteja se perguntando por que eu deveria me manifestar com tanta veemência neste caso específico. Afinal, Julian Assange não é a única vítima de tortura que não foi tratada com justiça, e o abuso que ele sofre não é a forma mais grave de tortura que encontrei em meu trabalho. Tudo isso é correto. O motivo do meu forte envolvimento neste caso é que a importância dele vai muito além de Julian Assange como indivíduo e, inclusive, muito além dos Estados diretamente envolvidos. Ele revela uma falha sistêmica generalizada que solapa gravemente a integridade de nossas instituições democráticas, nossos direitos fundamentais e o estado de direito de modo geral. Trata-se de uma falha sistêmica com a qual me deparo rotineiramente em meu trabalho diário, mas que geralmente acontece nos bastidores e, portanto, permanece em grande parte oculta do público em geral.

O caso Assange é a história de um homem que está sendo perseguido e vilipendiado por expor segredos sórdidos de poderosos, incluindo crimes de guerra, tortura e corrupção. Uma história de arbitrariedade judicial deliberada, e isso em democracias ocidentais que fazem questão de se apresentar como exemplares na área de direitos humanos. Uma história de conluio deliberado dos serviços de inteligência às escondidas dos parlamentos nacionais e do público em geral. Uma história de reportagens manipuladas e manipuladoras na mídia tradicional, com o objetivo de isolar, demonizar e destruir deliberadamente um indivíduo específico. A história de um homem convertido em bode expiatório por todos nós, por nosso próprio fracasso social em controlar a corrupção governamental e os crimes sancionados pelo Estado. É, enfim, uma história sobre todos e cada um de nós, sobre nossa letargia, nosso autoengano e nossa corresponsabilidade pelas tragédias políticas, econômicas e humanas de nosso tempo.

Por dois anos, investiguei intensamente o caso de Julian Assange. Por dois anos, tentei, sem sucesso, fazer com que os Estados responsáveis cooperassem. Por dois anos externei publicamente minhas preocupações – em relatórios oficiais, comunicados à imprensa, entrevistas e perante órgãos internacionais e grupos parlamentares, e também em painéis acadêmicos de discussão e inúmeros outros eventos. Agora chegou a hora de publicar este livro, que resume minha investigação e as conclusões que obtive, bem como as evidências disponíveis, em um formato facilmente acessível. Decidi dar esse passo porque não tinha mais opções viáveis dentro do sistema e porque meu silêncio ou inação seriam equivalentes à cumplicidade com o acobertamento de crimes graves, tanto os expostos por Assange, quanto os cometidos contra ele e, portanto, contra todos nós. No cumprimento de meu mandato, não me sinto responsável pelos governos em exercício, mas pelos Estados membros da ONU e por seu povo. Eles se comprometeram a cumprir os direitos humanos universais e, portanto, também têm o direito de saber o que seus governos estão fazendo com o poder que lhes foi delegado. Esse direito é ainda mais crucial quando se trata da prática de tortura e abuso, e quando nossas liberdades fundamentais de expressão, imprensa e informação estão sendo deliberadamente suprimidas. É ainda mais importante quando os detentores do poder querem impunidade para a corrupção e os crimes mais graves. Então presumo que, de certo modo, ao escrever este livro, eu próprio me tornei um denunciante.

Sempre realizei minhas investigações de forma objetiva e imparcial, considerando cuidadosamente todas as evidências disponíveis e chegando às conclusões de boa fé, baseadas no melhor de meu julgamento e convicção. No caso de Julian Assange, esse processo se tornou particularmente difícil devido à recusa total dos governos envolvidos em cooperar com minha investigação e fornecer as evidências e os esclarecimentos solicitados. No entanto, com o tempo, consegui reunir cerca de 10.000 páginas de arquivos processuais confiáveis, correspondências e outras evidências de diversas fontes. Embora, por motivos de privacidade e proteção de fontes, os nomes sejam usados somente quando necessário para a credibilidade de minhas conclusões, sou profundamente grato a inúmeras pessoas por informações valiosas e por todo tipo de apoio. Todas as pessoas envolvidas sabem quem são e que este livro não poderia ter sido escrito sem sua preciosa ajuda.

Minha investigação no caso Assange pode ser comparada à montagem de um enorme quebra-cabeça, peça por peça. Como detetive, tive que resolver uma equação com muitas incógnitas, na esperança de desvendar as responsabilidades institucionais por um crime grave. Embora muitas peças importantes do quebra-cabeça ainda possam estar faltando, o quadro geral é consistente e convincente. No entanto, enquanto os Estados envolvidos continuarem a se esconder atrás de um conveniente véu de sigilo, minhas conclusões não podem ser consideradas absolutas, completas e finais. Em vez disso, devem ser vistas como o resultado de dois anos de investigação cuidadosa realizada em circunstâncias adversas. Caso os governos em questão decidam parar de obstruir a investigação e fornecer evidências que contradigam minhas conclusões ou tragam esclarecimentos, qualquer contribuição que derem será recebida com satisfação e levada em consideração em meus futuros pronunciamentos sobre esse caso. E então um objetivo deste livro – que é estabelecer a verdade – terá sido alcançado.

A mais importante lição que trago é que, em última instância, o julgamento de Assange não é realmente sobre Assange, mas sim sobre a integridade de nossas instituições constitucionais e, portanto, sobre a essência da "república" na acepção original da palavra. O que está em jogo é nada menos do que o futuro da democracia. Não desejo deixar para nossos filhos um mundo onde governos podem desrespeitar o estado de direito impunemente e onde falar a verdade se torne um crime. Sempre entendi meu mandato na ONU como um dever de usar minha posição privilegiada para proteger os direitos humanos, expor violações e falhas sistêmicas e lutar pela integridade de nossas instituições – "falar a verdade ao poder", como tem sido tão bem denominado. É o que tenho feito desde que fui indicado pelo Conselho de Direitos Humanos. Desde então, venho tratando de diversas questões, como brutalidade policial, políticas migratórias desumanas, métodos de tortura psicológica e a crueldade da violência doméstica. Também tenho chamado a atenção para as interrelações entre corrupção e tortura, bem como os padrões coletivos de autoengano sem os quais não seria possível perpetrar maus-tratos e tortura com tanta impunidade mundo afora.

Meu trabalho não me tornou popular entre todos, porque desafiei a impunidade dos poderosos e a hipocrisia dos presunçosos. No caso específico de Julian Assange, fui repetidamente acusado de trair minha neutralidade e imparcialidade para ficar do lado de Assange. Isso não é verdade. No início, eu era tendencioso contra Assange e cheguei a me recusar a me envolver em seu caso. Durante toda a minha carreira, dei grande importância à objetividade, neutralidade e imparcialidade em meu trabalho. Porém, quando a investigação de um caso me leva à conclusão de que graves violações de direitos humanos foram de fato cometidas, não é razoável esperar que eu permaneça neutro entre perpetradores e vítimas. Minha objetividade como especialista jurídico independente exige que eu fique do lado da vítima de tortura, dos direitos humanos e da justiça. Portanto, escrevo este livro não como advogado de Julian Assange, mas como defensor da humanidade, da verdade e do Estado de Direito.

Sumário

Prefácio   9
Introdução   15

PARTE I - UM OLHAR POR TRÁS DA CORTINA   23
1. Como não perceber um elefante   25
2. O papel do WikiLeaks na sociedade   33
3. As primeiras contradições vêm à tona   49
4. Minha investigação se inicia   69
5. Atravessando o Rubicão   109

PARTE II - A ANATOMIA DA PERSEGUIÇÃO   119
6. Perseguição judicial sueca   121
7. Julgamento da extradição do Reino Unido para a Suécia   185
8. Asilo da Embaixada do Equador   203
9. Olhando para o outro lado do Atlântico   239

PARTE III - LUTANDO PELA VERDADE   259
10. Negação da realidade pelos governos   261
11. Colapso do caso sueco   279
12. A opinião pública começa a mudar   291
13. Tortura britânica por atrito   301
14. O Julgamento Anglo-Estadunidense é Encenado   317

Epílogo   359
Documentos selecionados   365
Glossário e siglas   369
Depoimento de Leandro Demori   371

PARTE I

UM OLHAR POR TRÁS DA CORTINA

1. Como não perceber um elefante

O que os olhos não veem o coração não sente!

Foi pouco antes do Natal de 2018, eu estava trabalhando em meu relatório anual para o Conselho de Direitos Humanos da ONU, o órgão que me nomeou como especialista independente para monitorar a conformidade mundial com a proibição da tortura e dos maus-tratos. Duas vezes por ano, eu me dirijo aos Estados membros da ONU – na primavera, ao Conselho de Direitos Humanos em Genebra e, no outono, na Assembleia Geral em Nova York – tendo a liberdade de escolher um tópico relevante na proibição de tortura e de maus-tratos e colocá-lo na agenda dessa Organização. Os mandatos dos relatores especiais da ONU são cargos honorários não remunerados. Como a maioria dos meus colegas, ganho a vida como acadêmico, sendo professor de Direito Internacional na Universidade de Glasgow e na Academia de Direito Internacional Humanitário e Direitos Humanos de Genebra. O trunfo mais poderoso dos relatores especiais da ONU é a independência. Uma vez eleitos, os detentores do mandato devem ser guiados exclusivamente pela sua dedicação à causa dos direitos humanos e não podem ser influenciados por ninguém no desempenho de suas funções. Ao exercer essas funções, gozam de imunidade diplomática e operam em grande parte fora das hierarquias, estruturas e processos decisórios da organização, que são fortemente dominados por interesses políticos.

Em um mundo ideal, com orçamentos adequados e equipe suficiente, os relatores especiais poderiam realizar muita coisa. Infelizmente, no mundo real, os Estados não só carecem dos meios financeiros, mas também, e acima de tudo, da vontade política para implementar os direitos humanos de forma efetiva e abrangente. Isso exigiria que superassem estruturas de poder, privilégios e exploração ultrapassados, que muitas vezes estão profundamente entrelaçados com a política nacional. Um meio comprovado que os Estados usam para limitar a influência dos relatores especiais é a criação incessante de mandatos e comissões adicionais sobre novos tópicos de direitos humanos sem, contudo, aumentar o orçamento geral disponível para o trabalho de especialistas independentes. A realidade é que a falta estrutural de recursos financeiros e humanos para os relatores especiais não é acidental.

Em dezembro de 2018, eu estava ocupado finalizando meu relatório, naquele caso sobre a inter-relação entre corrupção e tortura (A/HRC/40/59), quando uma pequena janela apareceu em minha tela, indicando a chegada de um novo e-mail. "Julian Assange está buscando sua proteção", dizia o campo "assunto". Julian Assange? Não era o fundador do WikiLeaks, o obscuro hacker de cabelos brancos e jaqueta de couro que estava protegido em alguma embaixada devido a acusações de estupro? Do nada, fui tomado por uma série de pensamentos depreciativos e sentimentos quase instintivos de rejeição. Assange? Não, eu certamente não me deixaria manipular por esse cara. Afinal de contas, tinha coisas mais importantes para fazer: meu dever era o de cuidar de vítimas de tortura "reais"! Fechei a janela *pop-up* com um único clique – longe dos olhos, longe do coração! E voltei ao meu relatório sobre como superar o preconceito e o autoengano em relação à corrupção oficial. Só depois de alguns meses é que me dei conta da incrível ironia dessa situação.

O que é um Relator Especial da ONU?

Qualquer pessoa pode denunciar violações à proibição da tortura e de maus-tratos ao relator especial sobre a tortura ou, como diz o título completo do meu cargo, ao "Relator Especial das Nações Unidas sobre a tortura e outras penas ou tratamentos cruéis, desumanos ou degradantes". Os pedidos de intervenção podem ser apresentados a qualquer momento, por carta padrão ou e-mail, mesmo antes de qualquer violação ter ocorrido e independentemente de que inquéritos policiais, processos judiciais ou outras formalidades já tenham sido iniciados.

Todos os relatores especiais são nomeados diretamente pelos quarenta e sete Estados membros do Conselho de Direitos Humanos da ONU, em um longo processo de seleção, e desempenham suas funções com a mais estrita independência. Não temos superiores hierárquicos e não podemos buscar ou aceitar qualquer instrução quanto ao exercício de nossos mandatos, seja das Nações Unidas, seja de governos individuais ou de outros agentes. Meu gabinete está localizado no Escritório do Alto Comissariado para os Direitos Humanos em Genebra, que é o setor organizacional da ONU que lida com a proteção dos direitos humanos. Dois funcionários são designados para me assessorar, os chamados Oficiais de Direitos Humanos. Toda semana, recebemos cerca de cinquenta pedidos de intervenção e outras consultas. Os pedidos podem ser apresentados pelas próprias vítimas de tortura, mas também por advogados, representantes de ONGs, parentes, testemunhas ou até mesmo por outras autoridades, estados ou órgãos da ONU. Cabe então à minha equipe analisar as solicitações e, quando necessário, obter informações adicionais para avaliar sua credibilidade. Uma vez que o caso tenha sido analisado, um dossiê é encaminhado para minha apreciação e decisão sobre a providência a ser tomada.

De acordo com meu mandato, minhas intervenções geralmente concernem a prevenção, investigação, acusação e reparação de tortura, castigos físicos e outros tratamentos cruéis ou degradantes, condições desumanas de detenção e extradições ou deportações para Estados onde as pessoas correm o risco de serem expostas a tais abusos. As violações relevantes podem ter sido cometidas por funcionários do Estado ou incitadas por eles, ou meramente com seu consentimento ou aquiescência. Em caso de violações, posso intervir diretamente junto aos ministros das relações exteriores de todos os estados-membros da ONU por meio das missões diplomáticas em Genebra. Isso significa que encaminho as alegações que recebi de tortura e maus-tratos ao Estado em questão, solicito que o governo esclareça e comente essas alegações e faço recomendações sobre as medidas a serem tomadas. Essa correspondência e a resposta do governo permanecem inicialmente confidenciais, mas, após sessenta dias, ambas são publicadas na página virtual do Alto Comissariado. Em casos urgentes, há também a possibilidade de alertar o público por meio de um comunicado à imprensa. Como relator especial, não exerço nenhuma função judicial e minhas conclusões e recomendações não são impostas aos Estados.

Das solicitações de intervenção enviadas ao meu gabinete, conseguimos atender a uma em cada dez, no melhor dos cenários. Uma equipe de três pessoas simplesmente não consegue dar conta de mais, já que também temos que preparar visitas oficiais a países, redigir relatórios oficiais e cooperar com outros mecanismos de proteção dos direitos humanos, principalmente com outros relatores especiais da ONU, grupos de trabalho e comitês relevantes. Portanto, todos os dias somos forçados a estabelecer prioridades e tomar decisões difíceis sem o luxo de uma longa reflexão. Em caso de dúvida, sempre priorizamos os casos urgentes em que ainda é possível evitar violações iminentes dos direitos humanos. Dependendo da carga de trabalho, as solicitações recebidas pelo meu gabinete resultam em algo entre 100 e 200 intervenções oficiais por ano. Dessas, cerca de um terço não recebe sequer uma resposta. Embora os dois terços restantes de nossas intervenções geralmente recebam respostas, elas são quase sempre inadequadas em termos da proteção de direitos humanos solicitada. Em geral, os Estados enviam longas cartas repletas de belas palavras e garantias, mas, em última análise, não fornecem as informações solicitadas ou não providenciam as investigações e outras medidas exigidas pelo direito internacional. O resultado é que a maioria dos casos documentados de abuso não é reconhecida nem punida, corrigida ou compensada. Infelizmente, isso não se aplica apenas a Estados conhecidos por suas violações de direitos humanos. Quando se trata de proteger sua reputação ou seus interesses econômicos ou de segurança, mesmo democracias maduras, que se orgulham de suas longas tradições na observância do estado de direito, passam a transgredir os direitos humanos.

Por meio de uma análise estatística abrangente em meu relatório anual de 2021 (A/HRC/46/26), demonstrei que apenas 10% das intervenções feitas por meu mandato recebiam a "cooperação total" exigida pelo Conselho de Direitos Humanos. É uma taxa de sucesso deplorável, mesmo se desconsiderarmos as inúmeras petições adicionais que sequer podem ser atendidas devido à falta de recursos. Essa tendência permaneceu praticamente inalterada desde a criação do meu cargo em 1985 e põe seriamente em dúvida a credibilidade do compromisso rotineiramente celebrado por todos os Estados membros da ONU em relação à proibição universal da tortura. Quanto às denúncias individuais de tortura, os Estados quase nunca concordam em se engajar em um diálogo sério que vá além das firulas diplomáticas, pois isso exigiria mudanças genuínas de comportamento e decisões incômodas que, em geral, eles não estão dispostos a tomar.

Devido ao elevado volume de casos que recebemos, encaminho o maior número possível de solicitantes a outras instituições e autoridades que têm mais recursos e estão mais bem posicionadas para acompanhar casos individuais no longo prazo. Por exemplo, não é o objetivo do meu mandato substituir as autoridades investigativas das democracias em funcionamento, desde que a polícia, os promotores e os tribunais sejam realmente confiáveis para cumprir suas tarefas de acordo com o estado de direito. Essa questão deve ser sempre avaliada com muito cuidado, pois mesmo em democracias maduras as coisas podem dar errado – por exemplo, quando os suspeitos são pressionados a confessar por meio de "detenção coercitiva"; quando a brutalidade policial não é processada e punida com a determinação suficiente; ou quando as pessoas enfrentam extradição ou deportação para um Estado onde estariam expostas a um risco real de tortura.

Uma avaliação totalmente diferente deve ser feita para solicitações referentes a Estados nos quais a polícia e os serviços de inteligência são conhecidos por, sistematicamente, sequestrar e desaparecer com pessoas em plena luz do dia. Nesses casos, muitas vezes não é razoável esperar que os familiares dos desaparecidos confiem nas autoridades locais. Por isso, sempre tenho que fazer uma avaliação cuidadosa e ficar atento. Por fim, nunca devo permitir que meu mandato seja usado indevidamente para fins políticos ou outros fins a ele estranhos: além da perda de minha própria credibilidade, o próprio mandato poderia ser irremediavelmente prejudicado.

Preso em meu próprio preconceito

Agora esse pedido por ajuda dos advogados de Julian Assange! Algum tempo depois, li a mensagem completa. Segundo a alegação, as condições em que Assange vivia na embaixada equatoriana em Londres desde junho de 2012 eram incompatíveis com a proibição de tratamento desumano e, portanto, estavam sob a alçada do meu mandato. Li a mensagem, mas não me convenci ou simplesmente não levei a sério. A possibilidade de que Assange pudesse estar sofrendo maus-tratos nem sequer passava pela minha cabeça. Embora pudesse imaginar que ele não estivesse feliz em permanecer na embaixada e que pudesse estar enfrentando problemas de saúde após seis anos confinado no mesmo prédio, eu ainda estava influenciado por todas as manchetes da mídia hegemônica que havia absorvido quase inconscientemente nos últimos anos: Assange, o covarde estuprador que se recusa a se entregar às autoridades suecas. Assange, o hacker e espião que foge da justiça na embaixada do Equador. Assange, o narcisista implacável, trapaceiro e bastardo. E assim por diante.

Só mais tarde me dei conta de que minha percepção havia sido profundamente distorcida pelo preconceito. Anos de exposição a manchetes sensacionalistas e reportagens tendenciosas moldaram sub-repticiamente, sem que minha mente consciente percebesse, uma opinião fortemente ancorada em minhas emoções – uma opinião que eu erroneamente acreditava estar baseada em fatos confiáveis. Mesmo após ler o e-mail, eu não via razão para considerar seriamente o caso de Julian Assange. "Fabricando consenso" é a expressão introduzida por Edward Herman e Noam Chomsky[1] no final da década de 1980 para descrever o modelo de comunicação da mídia de massa estadunidense, que há muito tempo se tornou global. Eles mostraram como a autocensura, a obediência antecipada e as coações econômicas levam muitas instituições de mídia a suavizar suas reportagens para se adequar ao consenso

---

[1] O autor refere-se ao livro *Manufacturing consent*, traduzido para o português por Bazán Tecnologia e Linguística sob o título *A Manipulação do Público* (São Paulo: Futura, 2003) (N. T.).

geralmente aceito. Foi precisamente isso que aconteceu no caso de Assange. A narrativa oficial teve o efeito desejado na opinião pública, inclusive em mim.

A ironia era mesmo assombrosa. Lá estava eu, redigindo meu relatório sobre os vínculos entre corrupção e tortura, sem sequer perceber que o pedido de intervenção apresentado pelos advogados de Assange me oferecia um excelente exemplo do meu tópico. Na realidade, o caso de Julian Assange é essencialmente sobre corrupção política, com instituições e processos judiciais que foram – e ainda estão sendo – usados para fins políticos: para suprimir a liberdade de imprensa e a liberdade de informação; para a impunidade da tortura e dos crimes de guerra; para a perseguição política de dissidentes e para ocultar maquinações incompatíveis com a democracia e o estado de direito.

Não fui o único especialista da ONU contatado pelos advogados de Assange no final de 2018. Eles também escreveram para o Relator Especial sobre a situação dos defensores dos direitos humanos e para o Grupo de Trabalho sobre Detenção Arbitrária da ONU (GTDA). Em 21 de dezembro de 2018, esses colegas emitiram um comunicado de imprensa conjunto intitulado "Especialistas da ONU pedem que o Reino Unido respeite as obrigações de direitos e permita que Julian Assange deixe a embaixada equatoriana em Londres livremente". Fui convidado a participar, mas recusei. Em vez disso, coloquei a carta dos advogados de Assange na prateleira sem pensar muito e mal notei o comunicado à imprensa. Para mim, assim como para a maioria das pessoas em todo o mundo, Assange era apenas um estuprador, hacker, espião e narcisista. Como muitos, eu estava convencido de que sabia a verdade sobre ele, mesmo que não conseguisse me lembrar de onde vinha esse conhecimento. Passariam mais três meses até que minha opinião mudasse radicalmente.

2. O papel do WikiLeaks na sociedade

"Assassinato Colateral": Quando a guerra se torna real

Foi somente em 2010 que tomei conhecimento do WikiLeaks: uma plataforma de divulgação que obtém informações confidenciais de denunciantes e outras fontes e lhes garante anonimato, ou seja, a proteção contra exposição e processos. O WikiLeaks faz questão de esclarecer que, devido a uma tecnologia de transmissão de dados criptografados que impede seu rastreamento, nem mesmo a própria organização – totalmente dedicada ao slogan cypher-punk, "privacidade para os fracos, transparência para os poderosos" – é capaz de identificar suas fontes. Assim, a partir de 2006, foi criado um arquivo publicamente acessível de documentos até então secretos, e o crescente aumento de seu conteúdo logo passou a ser temido por governos, corporações e organizações poderosos. As primeiras revelações expuseram, por exemplo, a corrupção do governo do Quênia, o despejo de resíduos tóxicos pela corporação Trafigura na Costa do Marfim, os métodos da Cientologia, as diretrizes do Exército dos EUA para o tratamento dos detentos de Guantánamo e as práticas comerciais duvidosas do banco suíço Julius Baer. Foram esses os primeiros casos de grande repercussão, mas nada comparado ao poder avassalador do que estava por vir.

Em 5 de abril de 2010, no National Press Club de Washington, Julian Assange apresentou "Assassinato Colateral" <Collateral Murder> ao mundo. O vídeo de dezoito minutos começou com uma citação de George Orwell: "A linguagem política é projetada para fazer com que as mentiras pareçam verdadeiras e o assassinato respeitável, e para dar uma aparência de solidez ao que é puro vento". Depois disso, nada além de imagens perturbadoras em preto e branco. "Assassinato Colateral" coloca o espectador dentro de um helicóptero de combate dos EUA circulando em baixa altitude sobre uma área residencial de Bagdá. É 12 de julho de 2007, apenas mais um dia em uma deplorável guerra de ocupação, cuja cobertura jornalística havia sido dominada quase que exclusivamente pela coalizão militar ocidental. Agora, de repente, os espectadores estão imersos a bordo do helicóptero e veem tudo da perspectiva, em tempo real, do artilheiro. As mensagens de rádio vão e chegam. Em algum lugar no solo, fora de vista, as tropas estadunidenses estão em movimento e a área está sendo vasculhada pelo ar em busca de insurgentes e outras ameaças em potencial.

De repente, a equipe do helicóptero informa que há cerca de vinte homens parados na rua em vários grupos pequenos. Em seguida, eles aparecem na tela. Todos eles usam roupas civis e a maioria está visivelmente desarmada. Dois dos homens têm algo pendurado em seus ombros que, a julgar pela forma e pelo tamanho, claramente não podem ser fuzis. Mais tarde, descobre-se que são jornalistas com câmeras fotográficas. Outros dois homens parecem estar carregando fuzis de assalto ou armas de fogo similares de cano longo. Todos os homens se movimentam despreocupados, conversam entre si, alguns atravessam a rua – é óbvio que eles não estão procurando esconderijo ou preparando uma emboscada. Outros pedestres também parecem estar cuidando de seus afazeres diários. Ninguém parece notar os dois helicópteros. A tripulação informa pelo rádio: "Há cinco ou seis indivíduos com AK-47s [fuzis de assalto do tipo Kalashnikov]. Solicito permissão para disparar». Alguns segundos depois, a permissão para abrir fogo chega, mas no último momento – devido à trajetória de voo – um prédio se interpõe entre o canhão e o grupo de pessoas. Enquanto o helicóptero faz a volta e retorna à sua posição, a lente teleobjetiva levantada de um jornalista é confundida com uma granada propulsada por foguete (RPG) pronta para disparar. Pouco tempo depois, a linha de visão está livre e o artilheiro abre fogo. Dez homens são literalmente abatidos. Alguns tentam fugir, mas o artilheiro os intercepta com a próxima rajada. Em menos de trinta segundos, todos eles estão mortos ou gravemente feridos no chão. O helicóptero continua sobrevoando o local do ataque e a tripulação pode ser ouvida comentando: "Hahaha, acertei eles!". – Isso! Olhe esses bastardos mortos. – "Legal". – "Boa pontaria!" – "Obrigado".

Pouco depois, um homem gravemente ferido é visto. Ele está tentando se arrastar para um lugar seguro, mas mal consegue se mover. "Há um homem se movendo lá embaixo, mas ele está ferido», informa a tripulação. «Entendido, vamos nos deslocar para lá», respondem as tropas terrestres. «Entendido, vamos cessar fogo», responde a tripulação. Aparentemente, a intenção inicial era resgatar o homem ferido, conforme exige a lei de guerra. Pouco tempo depois, a tripulação informa: "Ele está se levantando". – "Talvez ele tenha uma arma na mão?" – "Não, ainda não vi nenhuma". O homem ferido quase consegue se firmar nos próprios joelhos, mas imediatamente cai novamente. "Vamos lá, amigo", comenta o artilheiro, apontando a mira para seu alvo indefeso. "Tudo o que você precisa fazer é pegar uma arma". Mas o homem ferido não lhe fará esse favor. Como se descobrirá, ele é um jornalista da Reuters de 40 anos, Saeed Chmagh. Menos de um minuto depois, um micro-ônibus civil aparece no local, o motorista desce e, junto com outros dois homens, tenta retirar o homem ferido. Todos os três socorristas usam roupas civis e estão claramente desarmados. Agitada, a equipe do helicóptero informa: "Temos uma van se aproximando... possivelmente recolhendo corpos e armas. Posso atirar? Poucos segundos depois, vem um pedido de esclarecimento que será decisivo para a avaliação jurídica: "Pegando os feridos?" – "Sim, estamos tentando obter permissão para atacar". – "Depressa, deixe-nos atirar! O homem ferido está sendo carregado para o micro-ônibus". Então, é dada a autorização para abrir fogo, e o micro-ônibus foi literalmente despedaçado com a arma de 30 mm do helicóptero. O motorista e os outros dois socorristas morreram na hora. Sua filha de cinco anos e seu filho de dez anos ficaram gravemente feridos no banco de trás do micro-ônibus. Segundo informações, eles estavam a caminho da escola com o pai. O próprio Chmagh morre em decorrência de seus ferimentos pouco tempo depois – ele também é pai de quatro filhos. Os soldados parabenizam uns aos outros mais uma vez pelo trabalho bem-feito, como se formassem um time esportivo. Quando as tropas terrestres chegam ao local e informam que uma criança foi ferida, a equipe apenas comenta:

"Puxa! Bem...". E então, depois de uma pausa provavelmente tensa por uma dúvida pesada: "Bem, a culpa é deles por trazerem seus filhos para uma batalha". – "É verdade". De acordo com as autoridades militares dos EUA, um fuzil de assalto AK-47, um lançador de foguetes RPG com duas granadas e as câmeras dos dois jornalistas da Reuters mortos foram encontrados mais tarde no local.

"Assassinato Colateral" – Um crime de guerra?

Cabe a um tribunal decidir se a conduta mostrada no vídeo "Assassinato Colateral" constitui um crime de guerra e quem tem responsabilidade pessoal por ela. No entanto, como essa avaliação judicial jamais foi feita, torna-se inevitável perguntar como essa omissão das autoridades dos EUA deve ser classificada. Será que atos de guerra legais foram tirados do contexto e injustamente dramatizados pelo WikiLeaks? Ou as autoridades dos EUA foram de fato responsáveis por encobrir um assassinato? Quando, a seguir, apresento minhas opiniões pessoais sobre essa questão, não estou preocupado em determinar a culpabilidade ou inocência criminal de soldados individuais. Em vez disso, gostaria de levantar a questão da boa-fé do governo desde o início e aguçar o olhar do leitor para isso. Pois a questão da boa-fé das autoridades públicas perpassa todo o caso Assange como uma "linha vermelha" e, mesmo em circunstâncias complexas, sempre proporciona aos observadores externos uma orientação segura.

Quando comento o vídeo "Assassinato Colateral" sob a perspectiva da lei de guerra, é claro que não sou infalível, mas o faço com certo grau de conhecimento e experiência. Como ex-assessor jurídico e delegado do Comitê Internacional da Cruz Vermelha (CICV) e como professor de direito internacional, passei mais de vinte anos estudando intensamente a prática da lei de guerra, especialmente as regras que regem o uso da força durante os confrontos militares. Analisei centenas de operações, tanto no papel quanto em campo, em vários contextos de guerra. Não apenas escrevi livros e artigos acadêmicos sobre o assunto, mas também vi a destruição e o sofrimento da guerra com meus próprios olhos e conversei com as forças operacionais e os políticos responsáveis, com testemunhas, sobreviventes e parentes de vítimas. E por sete anos liderei um processo de especialistas internacionais para o CICV, esclarecendo as condições sob as quais os civis perdem sua proteção sob a lei de guerra e se tornam alvos militares legítimos – a principal questão que emerge em uma análise jurídica do "Assassinato Colateral".

O contexto operacional é que dois helicópteros de ataque Apache estão voando à procura de insurgentes que possam atacar suas forças terrestres. Ao contrário do que a resolução da imagem pode sugerir, os helicópteros não estão circulando a apenas 90 metros acima da cena, mas a uma distância de aproximadamente 1,6 km, e a imagem da tela é capturada por uma lente teleobjetiva altamente sensível e controlada automaticamente. Isso significa que os soldados não podem simplesmente dar uma olhada rápida pela janela para captar detalhes adicionais, mas precisam confiar na imagem da tela e, além disso, interpretá-la em tempo real. Ao contrário de nós, eles não podem se dar ao luxo de rever repetidamente as mesmas cenas, mas precisam, em frações de segundo, tomar decisões como a de saber se identificaram uma ameaça às tropas terrestres que precisa ser neutralizada. A permissibilidade de um ataque deve, portanto, ser sempre julgada pelo que pode e deve ser razoavelmente esperado de um soldado agindo corretamente sob as circunstâncias existentes.

Agora, a operação não está ocorrendo sobre um campo de batalha aberto, mas sobre um distrito residencial de Bagdá: uma área densamente povoada, onde a maioria da população é necessariamente composta por civis protegidos. Como pode ser visto pelo comprimento e contraste das sombras no chão, é plena a luz do dia e a visibilidade estava clara. Não há confrontos armados em andamento e nenhum toque de recolher parece ter sido imposto. Em um ambiente assim e a essa hora do dia, os soldados devem esperar ver civis nas ruas em todos os lugares. Desde a invasão estadunidense-britânica, a ordem pública no Iraque foi em grande parte quebrada. Devido à constante ameaça de saques, as forças de ocupação estadunidenses em 2003 autorizaram explicitamente os civis iraquianos a possuir fuzis de assalto para fins de proteção contra crimes. Em 2007, os Kalashnikovs estavam tão difundidos nas residências iraquianas que nem mesmo o porte público de algumas armas isoladas poderia ser interpretado como uma expressão de "intenção hostil". Embora isso não se aplique aos lançadores de foguetes RPG, no caso em questão, a "permissão para atacar" claramente já havia sido dada com base na suspeita – bastante casual – de "cinco a seis pessoas com AK-47s". Somente a confusão de uma câmera com um lançador de foguetes, que ocorreu após a autorização para abrir fogo, poderia ser interpretada como uma identificação honesta – embora equivocada – de uma "intenção hostil". Mas mesmo esse suposto lançador de foguetes não estava à vista no momento do ataque, nem o fuzil de assalto. Nessas circunstâncias, obviamente não há risco de um ataque iminente ao helicóptero ou às tropas terrestres, e a situação dos homens visados é, na melhor das hipóteses, duvidosa. Consequentemente, não há base para reivindicar a identificação positiva de um alvo legítimo ou ameaça iminente, conforme exigido para um ataque legal. Nessa situação, qualquer atirador cumpridor da lei teria que pelo menos fazer uma pausa e tentar obter uma visão mais clara. O fato de, em vez disso, dez homens evidentemente desarmados serem massacrados pode ser considerado, na melhor das hipóteses, um erro imprudente, não profissional e irresponsável – típico do slogan "atire primeiro, pergunte depois". Na pior das hipóteses, esse estágio do ataque já equivale ao assassinato deliberado de pessoas presumivelmente protegidas e, portanto, já se constitui em um crime de guerra.

Se o primeiro ataque foi, na melhor das hipóteses, imprudente, o segundo é, sem dúvida, criminoso. Como mostram as transmissões de rádio, os soldados têm plena consciência de que não podem legalmente atacar o ferido Chmagh (o jornalista iraquiano que estava trabalhando para a Reuters). Mas eles estão claramente procurando um pretexto, quase implorando para que ele pegue uma arma – o que os autorizaria a atirar nele. Como soldados destacados para contexto de guerra, eles sabem – ou no mínimo deveriam saber – que o pessoal médico e outros socorristas não combatentes são protegidos pela lei de guerra, independentemente de qualquer identificação oficial ou afiliação a um serviço médico. No presente caso, é óbvio que os socorristas desarmados de Chmagh estão preocupados apenas com medidas para salvar vidas. De acordo com a lei de guerra, resgatar feridos não pode ser considerado um "ato hostil", nem mesmo quando – ao contrário do que ocorre aqui – suas armas pessoais também são recolhidas no resgate. De qualquer forma, as forças terrestres estadunidenses logo chegariam ao local e poderiam facilmente ter colocado a situação sob controle. Com esse pano de fundo factual indiscutível, o ataque ao ferido Chmagh e a seus socorristas deve ser qualificado não como um erro negligente, mas sim como um crime de guerra deliberado.

Os soldados sabiam disso, seus comandantes sabiam disso e o Departamento de Defesa dos EUA também. O fato de a investigação interna conduzida pelo comando do Exército dos EUA ter concluído que os soldados agiram em conformidade com as leis de guerra e ter declarado o caso encerrado sem nenhum processo criminal contra os perpetradores, muito menos qualquer pagamento de indenização aos parentes sobreviventes, é profundamente perturbador. Ao proceder assim, os superiores responsáveis não só se tornaram pessoalmente cúmplices de um crime de guerra, como também traíram a lei de seu próprio país, a reputação de suas próprias forças armadas e a confiança e a segurança de seu próprio povo. Caso o governo dos EUA tivesse feito o que queria, o público estadunidense jamais saberia desse assassinato, pois o vídeo estava destinado a desaparecer para sempre no buraco negro dos segredos de Estado. Assim como os "Pentagon Papers", que mostraram que a população estadunidense foi enganada deliberadamente pelo governo durante a Guerra do Vietnã. Assim como os vídeos de tortura que a diretora da CIA, Gina Haspel, ordenou que fossem destruídos enquanto ela ainda comandava uma "black site"[2] dos EUA na Tailândia. Assim como as fotos não publicadas da prisão de Abu Ghraib[3], que mostram a tortura sádica, o estupro e a humilhação de prisioneiros indefesos em detalhes repulsivos. Assim como o relatório completo do comitê do Senado dos EUA, que, em mais de 7.000 páginas, expõe as responsabilidades pessoais e institucionais pelas práticas sistemáticas de tortura da CIA.

---

[2] Prisão secreta. Nesta da Tailândia, assim como em outras, os detentos eram submetidos a técnicas abusivas de interrogatório. (N.T.).

[3] Complexo penitenciário de 1,15 km², situado em Abu Ghraib, 32 km a oeste de Bagdá, que foi construído pelos britânicos quando o Iraque era uma colônia da Grã-Bretanha. (N.T.).

Nada disso pode ser legalmente revelado ao público estadunidense, nem, obviamente, ao resto do mundo. Pois a cadeia de responsabilidade criminal por esses crimes não termina nos escalões inferiores daqueles que fazem o trabalho sujo, mas leva a escritórios finamente mobiliados com carpetes grossos. Portanto, o público é enganado descaradamente. Oficialmente, esse sigilo visa proteger a "segurança nacional" e os "homens e mulheres decentes de uniforme", e não garantir a impunidade de assassinos, torturadores, estupradores e, acima de tudo, de seus superiores. Oficialmente, são os denunciantes que expõem crimes de guerra que são chamados de "traidores da pátria", não os criminosos de guerra e seus superiores. Oficialmente, são os jornalistas que publicam evidências de crimes de guerra que são acusados de agir de forma "irresponsável", não as autoridades secretas que suprimem essas evidências. Oficialmente, quaisquer criminosos comprovados são descritos como "maçãs podres" isoladas, não como bodes expiatórios de falhas sistêmicas. O público em geral engole alegremente a narrativa oficial, porque reconhecer a realidade de uma falha sistêmica mais ampla seria muito ameaçador, muito desconfortável, muito extenuante. É essa tendência à letargia, à conformidade e ao autoengano que é responsável pelo fracasso do que, sem dúvida, é o slogan mais famoso do WikiLeaks: "Se as guerras podem ser iniciadas por mentiras, elas podem ser terminadas pela verdade". Infelizmente, a regra geral é que o problema não se deve ao fato de não conhecermos a verdade, mas ao fato de não querermos conhecê-la.

Sobre a diferença entre confidencialidade e sigilo

"Assassinato Colateral" chocou a opinião pública mundial. O vídeo dá apenas um pequeno panorama do massacre diário na Guerra do Iraque, mas o torna quase insuportavelmente real. Cada segundo do clipe praticamente grita para nós: vejam, esta é a verdadeira face da guerra. De agora em diante, você não poderá dizer que não sabia. De agora em diante, você está informado e, portanto, também é responsável pelo que seu governo faz com o dinheiro de seus impostos. Foi-se o tempo em que você ainda podia acreditar cegamente nas narrativas oficiais divulgadas em coletivas de imprensa, nas páginas eletrônicas do governo e nos discursos dominicais.

Contudo, "Assassinato Colateral" foi apenas o começo de uma verdadeira enxurrada de revelações do WikiLeaks que ainda seriam publicadas em 2010. Para realizar a tarefa, Assange associou-se a jornais e veículos semanais de prestígio, notadamente o *New York Times*, o *The Guardian*, o *Der Spiegel*, o *Le Monde* e o *El País*. O enorme volume de material a ser processado exigiu o apoio de organizações jornalísticas profissionais: 90.000 documentos com relatórios de campo da Guerra do Afeganistão, várias centenas de milhares da Guerra do Iraque e, a partir de novembro, um quarto de milhão de cabos diplomáticos enviados por funcionários de embaixadas dos EUA em praticamente todos os países do mundo. É importante destacar que, seguindo as orientações de Assange, todas essas publicações eram precedidas de um rigoroso processo de "redução de danos", no qual os nomes de pessoas potencialmente em risco eram individualmente censurados. Assim, quando o "Diário da Guerra do Afeganistão" foi publicado em julho de 2010, Assange reteve cerca de 15.000 documentos para dar ao governo dos EUA e à Força Internacional de Assistência à Segurança (ISAF), liderada pela OTAN, tempo para identificar os dados confidenciais que precisavam ser suprimidos. Foi somente um ano depois, após a publicação por dois jornalistas do *The Guardian* da senha dos documentos originais não editados, criptografados pelo WikiLeaks, que Assange decidiu também publicar ele mesmo os documentos relevantes na forma não censurada. Discutiremos isso em mais detalhes posteriormente.

Pessoalmente, tomei conhecimento das publicações do WikiLeaks na época, é claro. Mas não fiquei tão chocado com seu conteúdo quanto o público em geral, porque grande parte das informações – e algumas a mais – eu já conhecia. Por mais de uma década, eu vinha lidando com a realidade da guerra dia após dia no CICV e também a vivenciei em meu próprio corpo e minha própria alma nos Bálcãs, no Oriente Médio e no Afeganistão. Quando o WikiLeaks quebrou o silêncio, experimentei uma sensação de alívio. Finalmente, pensei, algo mudaria, e o mundo não poderia mais desviar os olhos.

No CICV, sempre tratamos as informações que coletamos com estrita confidencialidade. Essa era uma questão de vida ou morte – tanto para as vítimas da guerra quanto para nós. Em um contexto de guerra, há pouca proteção. Não há polícia que imponha a lei e a ordem, e as testemunhas de crimes de guerra são um incômodo que pode ser eliminado com facilidade. Portanto, a menos que todas as partes em conflito estejam seguras de que o CICV não divulgará suas informações, seria simplesmente impossível para a organização realizar sua missão humanitária dentro das zonas de conflito. É por isso que a equipe do CICV está explicitamente isenta de testemunhar perante o Tribunal Penal Internacional em Haia. Não há alternativa viável a essa isenção porque, se um delegado do CICV for testemunha em um julgamento de crimes de guerra, as partes beligerantes do mundo inteiro passarão imediatamente a questionar se poderiam continuar a conceder à organização acesso a prisioneiros de guerra e vítimas civis de guerra, e se não seria conveniente que os delegados que já "sabem demais" sofram algum "acidente trágico" em vez de lhes ser permitido partir levando seu conhecimento. Além do respeito estrito à confidencialidade, também era necessário manter comunicação constante com todas as partes envolvidas no conflito. Assim, no Afeganistão, nossas agendas de endereços e telefones não apenas listavam os números de celular dos comandantes da ISAF, mas também os dos líderes do Talibã. Cada movimento fora da capital tinha de ser coordenado com todas as partes envolvidas, cada mudança na situação tinha de ser detectada, relatada e avaliada. Afinal de contas, muitos colegas já haviam pago o preço extremo por sua missão humanitária, seja no Hindu Kush, no Congo ou na Chechênia. A regra de ouro da nossa comunicação pública era: "Dizemos o que fazemos, mas não o que vemos".

Isso não quer dizer que, em nosso diálogo confidencial com as partes em conflito, nos limitássemos a firulas diplomáticas. Pelo contrário, graças à confidencialidade de nosso intercâmbio, podíamos nos comunicar de forma aberta e clara e, se necessário, às vezes até jogar duro. Sempre tivemos que encontrar um equilíbrio delicado entre a firmeza intransigente e o realismo pragmático. Sempre que percebíamos que as autoridades exploravam nosso compromisso com a confidencialidade para encobrir sua própria inação, transferíamos rapidamente o diálogo para a instância hierárquica superior, o que poderia chegar até a liderança estatal. Caso isso também malograsse, começaríamos a envolver países terceiros amigos, ainda em caráter confidencial. Nosso último recurso, o comunicado público à imprensa, era usado muito raramente, geralmente após anos de trabalho malsucedido nos bastidores.

Qual é, então, a diferença entre confidencialidade e sigilo? Para simplificar, o sigilo não apenas oculta determinados fatos do conhecimento público, mas também os remove da supervisão judicial e de possíveis sanções. Ele cria um vácuo jurídico. Trabalhei por mais de duas décadas dentro do sistema internacional e cheguei à conclusão de que esse tipo de sigilo, que protege áreas inteiras da atividade estatal do alcance do público, não é necessário nem aceitável. Não pode haver justificativa para isentar qualquer esfera de governança do conhecimento e da supervisão do público. Fazer isso sempre abre a porta para o abuso e inevitavelmente leva ao encobrimento de crimes, à exploração e à corrupção.

O que precisamos, no entanto, é de confidencialidade, tanto no sentido diplomático quanto no individual. A confidencialidade diplomática cria uma estrutura protegida para negociações, inspeções e outras medidas de construção de confiança, com o objetivo de diminuir as tensões e manter ou restaurar uma situação legal. Se essa meta não puder ser alcançada em um prazo razoável, a confidencialidade diplomática perde sua justificativa e pode facilmente se transformar em sigilo e cumplicidade. Também precisamos de confidencialidade individual, como privacidade, proteção de fontes e direitos de personalidade – nenhum deles nada tem a ver com sigilo e eles não isentam o indivíduo protegido da vigilância e da responsabilidade perante a lei.

Acredito que somos em geral otimistas demais quanto à nossa própria capacidade de nos comportarmos legalmente sem controle por muito tempo. Como seres humanos, todos nós somos movidos principalmente por interesses próprios imediatistas. Essa é uma expressão de nossa natureza neurobiológica e psicossocial e se manifesta independentemente de status e educação, e está acima de fatores culturais, religiosos ou ideológicos. Portanto, não se trata de uma questão moral, mas de um fato científico que deve ser devidamente levado em consideração quando estruturamos nossos sistemas de governança jurídica, política e econômica. Os princípios constitucionais básicos, como a democracia, a separação de poderes e o estado de direito, por exemplo, refletem uma avaliação realista de nossa capacidade intrinsecamente limitada de exercer os poderes que nos são confiados de maneira consistente com o interesse público.

Mas a codificação constitucional e a implementação institucional desses princípios básicos não são suficientes para mitigar as fraquezas da natureza humana. Mesmo que tenhamos a sorte de viver em uma democracia, nossos processos eleitorais e legislativos já estão tão distorcidos pelos esquemas de financiamento de campanha e *lobbies* que os interesses legítimos da população votante quase nunca encontram representação genuína. O estado de direito, por sua vez, só pode ser eficaz se o poder executivo estiver devidamente sujeito a uma supervisão judicial independente e imparcial. Na realidade, entretanto, as fendas que separam os três poderes do governo são sempre muito mais rasas do que aquelas que separam as autoridades dos três poderes da população em geral. Agentes públicos se conhecem pessoalmente, almoçam juntos, valorizam as boas relações, compartilham informações, consultam-se informalmente e evitam apunhalar uns aos outros pelas costas – em outras palavras, eles se comportam exatamente como se espera que pessoas decentes se comportem. Na prática, porém, sua imparcialidade mútua já foi amplamente minada. No contexto da rotina administrativa diária, esse fenômeno tende a ser inofensivo e pode até ajudar a evitar ineficiências burocráticas. Mas, quando a reputação e os interesses essenciais das partes influentes estão em jogo, ele quase sempre causa conluio, corrupção e falha no sistema, e até mesmo o pior dos crimes – a "banalidade do mal", como Hannah Arendt definiu com muita propriedade.

Como resultado do fracasso ou da obstrução deliberada dos mecanismos de supervisão das forças armadas dos EUA, o crime de guerra documentado em "Assassinato Colateral" nunca foi processado ou indenizado. Vários veteranos estadunidenses do Iraque confirmaram posteriormente que a operação em questão não foi uma exceção singular e que tais massacres eram comuns na época, e jamais alguém foi responsabilizado. A impunidade resultante consolidou uma cultura de tolerância em relação a crimes violentos que se tornou quase impossível de corrigir.

A terrível naturalidade com que policiais publicamente asfixiaram até a morte o indefeso afro- estadunidense George Floyd em Minneapolis em 25 de maio de 2020 é a consequência direta de décadas de leniência estadunidense com seus próprios criminosos uniformizados. A mesma política equivocada também se reflete na postura agressiva dos EUA em relação ao Tribunal Penal Internacional e seus funcionários – como se crimes de guerra pudessem ser desfeitos pela supressão de provas e pela intimidação de juízes. Como enfatizei em meu relatório anual à Assembleia Geral em 2021 (A/76/168), a única maneira de acabar com o conluio e a impunidade é por meio de transparência rigorosa e aplicação sistemática da responsabilização pessoal e institucional. Essa, é claro, é precisamente a agenda política do WikiLeaks.

O WikiLeaks como uma válvula de segurança

A meu ver, o WikiLeaks pode ser descrito como uma válvula de segurança da sociedade. Quando um funcionário de um governo ou de uma corporação testemunha um ilícito, ele pode inicialmente ignorar o fato. Se a má conduta for grave o bastante, seu silêncio acabará suscitando um dilema moral insuportável, até que chegue a uma conclusão: não aguento mais, não posso manter isso em segredo, preciso encontrar uma maneira de me livrar desse fardo moral. Caso o governo ou a corporação não ofereçam estruturas e procedimentos internos por meio dos quais essas queixas legais e morais possam ser adequadamente averiguadas, a pressão acaba se tornando muito grande e a válvula de segurança é acionada: o funcionário se torna literalmente um "denunciante". O WikiLeaks oferece um mecanismo que garante a esses denunciantes o anonimato absoluto.

Desse modo, por meio da válvula de segurança do WikiLeaks, as informações chegam ao público. Diferentemente do jornalismo tradicional, essas informações são minimamente editadas. Ao contrário do que se afirma com frequência, as informações que poderiam expor as pessoas ao perigo e que não estão disponíveis ao público de outra forma são censuradas pelo WikiLeaks. Todo o resto é geralmente disponibilizado na forma original, sem edição. Em 2010, os parceiros de mídia associados ao WikiLeaks forneceram um apoio valioso para separar as informações de interesse público das trivialidades. Ao mesmo tempo, também ficou evidente que o jornalismo tradicional não cumpria mais as funções sociais indispensáveis do "Quarto Poder", que são: monitorar os freios e contrapesos entre os poderes do governo, informar o público sobre as deficiências sistêmicas e suas implicações para o cidadão comum e, assim, permitir que ele tome as medidas corretivas necessárias por meio do processo democrático.

Mesmo uma organização comprometida com a transparência total deve, é claro, agir com responsabilidade, mas é preciso enfatizar que o governo dos EUA nunca forneceu qualquer evidência para sua alegação de que pessoas foram colocadas em perigo pelas divulgações do WikiLeaks. De fato, em 2010, o então vice-presidente dos EUA, Joe Biden, chegou a reconhecer, durante uma sessão do Conselho de Segurança da ONU, que as publicações do WikiLeaks não haviam causado "nenhum dano substancial", além dos "embaraços" para o governo dos EUA. Na realidade, é claro, esses vazamentos foram muito além de embaraçosos – eles colocaram em risco a impunidade de funcionários em todos os níveis da cadeia de comando por crimes de guerra, tortura e corrupção.

Como qualquer válvula de segurança, o WikiLeaks não é o problema, mas apenas o sintoma visível de deficiências mais profundas. O verdadeiro problema são sempre os crimes, não o fato de serem revelados. E, no entanto, é exatamente o contrário que vem sendo dito ao público. Por sua simples existência, o WikiLeaks põe em questão todo um sistema de governança baseado no sigilo, uma forma de fazer negócios que se tornou profundamente arraigada: notas diplomáticas secretas, diluição dos limites entre interesses privados e públicos, corrupção rotineira, compadrio e abuso de poder.

Se os crimes revelados pelo WikiLeaks tivessem sido processados e reparados de boa fé, talvez teria sido possível e apropriado iniciar uma discussão equilibrada sobre a responsabilidade dos denunciantes e jornalistas. Contudo, quando assassinos, torturadores e seus superiores ficam impunes enquanto pessoas pacíficas que revelam a verdade como

Chelsea Manning, Julian Assange e Edward Snowden são processados e ameaçados com sanções normalmente reservadas aos autores dos crimes mais graves, então qualquer presunção de boa-fé por parte das autoridades foi efetivamente refutada.

O que mais temem os governos democraticamente eleitos que não querem ser responsabilizados por crimes e má conduta é a transparência desenfreada como a promovida pelo WikiLeaks. Daí sua reação excessivamente agressiva e a ferocidade com que pessoas como Manning, Assange e Snowden estão sendo perseguidas. Nada disso está acontecendo devido a qualquer dano real causado por esses dissidentes. Afinal, ninguém foi seriamente exposto a riscos, nenhum governo foi à bancarrota e nenhuma guerra foi perdida. A única ameaça real representada pelo WikiLeaks é que ele confronta a impunidade dos poderosos. Para evitar que essa ideia se espalhe por meio da criação de um segundo, terceiro ou mesmo de um centésimo WikiLeaks, os possíveis replicadores precisam ser intimidados em todo o mundo. É por isso que a metodologia do WikiLeaks é perseguida e punida na pessoa de Assange. Os holofotes não mais iluminam a má conduta oficial revelada pelo WikiLeaks, mas são apontados exclusivamente para o mensageiro. Ele é declarado estuprador, hacker, espião e narcisista que está tentando escapar da justiça e não tem direito à proteção da liberdade de imprensa. Bovinamente, a opinião pública segue os holofotes e discute ávida e livremente – sobre Julian Assange, seu gato e seu skate. Para alguns, ele é um herói, para outros, um vilão. Mas para os poderosos, essa questão é irrelevante. Para eles, só importa uma coisa: que o verdadeiro elefante na sala e seus próprios segredos hediondos tenham sido apagados com sucesso e desaparecido na escuridão de nossa amnésia coletiva.

3. As primeiras contradições vêm à tona

A névoa começa a se dissipar

Quando os advogados de Julian Assange entraram em contato comigo novamente, no final de março de 2019, o tom deles havia se tornado significativamente mais urgente. Havia motivos para suspeitar que a expulsão de Assange da embaixada equatoriana e, com ela, sua prisão pela polícia britânica, eram iminentes. Nas últimas semanas, o presidente do Equador, Lenín Moreno, havia feito declarações que não deixavam dúvidas de que ele queria se livrar de seu hóspede na embaixada o quanto antes. Os tabloides sensacionalistas britânicos haviam abordado o assunto com entusiasmo e alvoroço. Fofocas sobre o relacionamento cada vez mais tenso entre os funcionários da embaixada e Assange, e sobre o comportamento supostamente errático e desagradável deste último apareceram repetidas vezes. Não era preciso mais do que uma olhada rápida nas manchetes para ligar os pontos. Em maio de 2017, Moreno, amigo dos EUA, substituiu Rafael Correa, cético em relação aos EUA, como presidente do Equador. Essa mudança selou o destino de Assange. Estava totalmente claro para mim que, se Assange fosse expulso da embaixada, o risco de sua extradição para os Estados Unidos e, com ele, o risco de graves violações de seus direitos humanos, aumentariam enormemente.

Comecei a suspeitar que deveria me aprofundar um pouco mais no assunto. Então abri os documentos que me foram enviados. Entre eles, encontrei uma síntese dos acontecimentos desde as principais publicações feitas pelo WikiLeaks em 2010. O caso era realmente mais complexo do que eu havia pensado. Já a história da investigação de estupro na Suécia, que havia sido arquivada em 2017 sem chegar a qualquer resultado, por si só suscitava muitas questões. Depois, li um relatório que a médica e professora de Boston Sondra Crosby havia enviado ao Alto Comissariado para os Direitos Humanos há apenas um mês, em fevereiro de 2019, depois de visitar Assange na embaixada do Equador. Crosby não era qualquer pessoa. Médica e professora de medicina da Universidade de Boston, ela era especialista no exame de refugiados e vítimas de tortura e estava entre os primeiros médicos do mundo a examinar prisioneiros em Guantánamo. Tinha excelente reputação, sendo uma voz de peso. E principalmente: ela não estava ligada aos ativistas em favor de Assange, sendo, portanto, inverossímil que ela tivesse assumido uma posição unilateral.

O relatório de Crosby, que acabou vazado na Internet, descrevia um homem acuado, cuja força estava se esvaindo após sete anos de confinamento. Mal equipada para acomodar hóspedes por longo tempo, a embaixada agora havia se convertido em um ambiente cada vez mais hostil e intimidador para Assange, o que acarretava sérios efeitos sobre sua saúde física e mental. De acordo com Crosby, Assange estava sofrendo de estresse crônico cada vez mais grave, causado por um acúmulo de fatores, incluindo cômodos apertados, falta de luz solar e de exercícios, privação sensorial, isolamento social e suspensão punitiva de seu acesso a visitantes, telefonemas e à internet. Juntamente com a natureza indefinida e incerta de seu confinamento e com a falta de cuidados médicos adequados, esses fatores conduziam a sérios riscos físicos e psicológicos, inclusive o suicídio.

Crosby também manifestou grande preocupação com os "ataques persistentes e pessoais à dignidade do Sr. Assange e com os atos destinados a rebaixá-lo e humilhá-lo", incluindo vigilância cada vez mais invasiva. O exame médico de Assange feito por Crosby foi monitorado por câmeras de vigilância, e eles foram obrigados a conversar com o som de um rádio ligado para evitar serem ouvidos. Durante a breve ausência de Crosby da sala de entrevista, suas anotações médicas confidenciais foram subtraídas e posteriormente encontradas em um escritório usado pela equipe de segurança da embaixada, onde evidentemente foram folheadas e lidas, em flagrante violação da confidencialidade entre médico e paciente. A conclusão de Crosby foi inequívoca: "É minha opinião profissional que o efeito sinérgico e cumulativo da dor e do sofrimento infligidos ao Sr. Assange – tanto físicos quanto psicológicos – é uma violação da Convenção contra a Tortura de 1984, Artigo 1 e Artigo 16. Acredito que as sequelas psicológicas, físicas e sociais serão duradouras e graves».

Outro anexo incluía um relatório do Grupo de Trabalho das Nações Unidas sobre Detenção Arbitrária (GTDA), o órgão que emitiu aquele comunicado à imprensa sobre o caso Assange e que eu havia me recusado a subscrever três meses antes. Embora o relatório nº 54/2015 do GTDA fosse datado de 4 de dezembro de 2015, foi somente então, em março de 2019, que eu efetivamente me dediquei à sua leitura. O parecer foi escrito em um momento em que o caso sueco ainda estava aberto, mas permanecia havia mais de cinco anos no estágio inicial de investigação preliminar. Durante todo esse tempo, o promotor sueco aparentemente ainda não havia apresentado acusações formais contra Assange. Os especialistas da ONU observaram, com razão, que o confinamento prolongado sem acusação era incompatível com o direito de Assange à presunção de inocência. Parecia que a perpetuação desse impasse processual e, principalmente, o temor de Assange de ser extraditado para os Estados Unidos, eram o que o impedia de deixar a embaixada. Como a Suécia e o Reino Unido se recusaram a oferecer qualquer garantia contra a extradição de Assange para os Estados Unidos, sua situação de asilo na embaixada provavelmente continuaria por tempo indefinido.

Acaso isso significava que o confinamento de Assange na embaixada equivalia a uma privação arbitrária de liberdade? O GTDA respondeu afirmativamente, aceitando implicitamente o argumento de que o asilo de Assange na embaixada era sua única opção para evitar a extradição para os Estados Unidos e o risco de perseguição política e condições desumanas de detenção. Como no caso de qualquer outro ser humano, não é razoável esperar que Assange renuncie à sua segurança e se exponha ao risco de graves violações de direitos humanos. Consequentemente, levando em consideração o medo que Assange tinha de ser perseguido, sua permanência na embaixada não poderia ser descrita como voluntária.

Caso tivessem dado garantias contra a extradição de Assange para os Estados Unidos, a Suécia e o Reino Unido poderiam facilmente ter encerrado o impasse e permitido que ele colaborasse com a investigação sueca. Ante a recusa em fornecer tais garantias, a única conclusão lógica para o Grupo de Trabalho foi que Assange estava sendo arbitrariamente privado de sua liberdade por ambos os países.

Os governos de ambos os países obviamente discordaram. Primeiro, eles exigiram que o GTDA reconsiderasse. Quando o Grupo de Trabalho confirmou suas conclusões, eles declararam que discordavam da opinião do órgão da ONU e, portanto, simplesmente a ignorariam. Claro que é completamente absurdo que Estados que afirmam ser regidos pelo estado de direito se comprometam, em um primeiro momento, com processos legais perante um órgão mandatado da ONU e, depois, só aceitem as conclusões desse órgão se elas lhes forem favoráveis. Contudo, isso não pareceu incomodar nenhum dos governos envolvidos. Ao contrário, eles ironicamente continuaram a acusar Assange de fugir da justiça e mantiveram sua argumentação, que pode ser sintetizada na seguinte frase: "O Sr. Assange é livre para deixar a embaixada a qualquer momento e as autoridades [tanto suecas quanto britânicas] não têm controle sobre sua decisão de permanecer na embaixada".

A avaliação do Grupo de Trabalho me parecia plausível. Eu só poderia concordar com sua lógica. Concorreu para isso o relatório que eu havia feito um ano antes, em março de 2018, para o Conselho de Direitos Humanos (A/HRC/37/50). Esse relatório enfocava a tortura relacionada à migração. Em todas as regiões do mundo, inúmeros solicitantes de asilo chegam à fronteira de seu país de destino e aí são detidos, sendo mantidos em campos fechados. Também nesse caso, as autoridades alegam que os solicitantes de asilo não estão sendo privados de sua liberdade, que não estão sendo detidos arbitrariamente, mas que são completamente livres para partir a qualquer momento. De fato, "livres para partir" eles estão, mas apenas em uma direção: de volta para o lugar de onde vieram, de volta para os riscos de guerra, violência e abuso. Então sejamos claros: sempre que facultamos a uma pessoa somente as opções de, ou permanecer presa ou se expor a um perigo grave, e mais nenhuma outra, estamos efetivamente privando-a de sua liberdade. Qualquer outra conclusão será uma quimera.

Daí a conclusão do GTDA de que o confinamento de Assange na embaixada representava uma privação arbitrária de liberdade. A clareza com que o Grupo de Trabalho analisou a situação de Assange era notável. Normalmente, é mais fácil que um único relator especial assuma uma posição corajosa e franca do que todo um corpo coletivo de cinco especialistas independentes da ONU, que tende a se contentar com o menor denominador comum. No caso de Assange, houve apenas uma opinião divergente no Grupo de Trabalho, o que tornou a unanimidade da maioria dos membros ainda mais significativa.

Outro documento que consultei foi uma entrevista com James Goodale, ex-conselheiro geral do *New York Times*. A questão era o impacto que a acusação dos EUA contra Assange teria sobre a liberdade de imprensa garantida pela Primeira Emenda da Constituição dos EUA. Goodale sabia do que estava falando. Já em 1971, quando o *New York Times* publicou os chamados *Pentagon Papers* sobre a Guerra do Vietnã, ele havia lutado com força e sucesso contra a tentativa de criminalizar o jornalismo com base na Lei de Espionagem dos EUA. Goodale deixou claro que, independentemente do que Assange possa ter publicado por meio do WikiLeaks e de quem quer que tenha lhe fornecido o material, ele era o editor, não a fonte. Além disso, Assange não havia roubado o material publicado, mas o havia obtido livremente de um denunciante. Suas ações estavam, portanto, protegidas pela Primeira Emenda da Constituição. Se, mesmo assim, Assange fosse processado, isso abriria um precedente terrível para o jornalismo investigativo. Significaria que, a partir de então, qualquer publicação baseada em material vazado se tornaria um crime. O perigo resultante para a liberdade de imprensa não poderia ser subestimado.

Já fazia bastante tempo que estava absorto lendo todos esses documentos. Por um momento, olhei pela janela para as planícies que separavam o Jura[4] dos Alpes. A névoa havia se dissipado, e os picos triplos cobertos de neve do Eiger, Mönch e Jungfrau[5] se erguiam no céu azul brilhante como gigantes da neblina que se dissolvia sob eles. O relatório

---

[4] Cadeia de montanhas cujo cume tem 1.720 m de altitude. Situada ao norte dos Alpes, na França, Suíça e Alemanha. (N.T.).

[5] Eiger, Mönch e Jungfrau são três montanhas icônicas dos Alpes Suíços. Há muitas lendas sobre essas montanhas, mas uma das mais famosas é sobre esses três irmãos que tentaram escalá-las e que, por isso, tiveram seus nomes associados a elas. (N.T.).

médico de Crosby, as conclusões do Grupo de Trabalho e a avaliação de Goodale me fizeram pensar. Aos poucos, comecei a abrir os olhos para meu próprio preconceito, que havia obscurecido meu raciocínio e me levado a rejeitar sumariamente, três meses antes, o recurso inicial de Assange. O que mais me incomodava era a facilidade presunçosa e a certeza inabalável com que eu havia aceitado uma narrativa em grande parte sem fundamento como fato inquestionável. Agora que eu havia arranhado o fino verniz dessa narrativa e tido uma primeira visão por trás da cortina, não podia mais fechar os olhos para as enormes dimensões políticas desse caso. Ficou nítido para mim que, no mínimo, eu devia à minha integridade pessoal e profissional dar uma olhada mais de perto e formar minha própria opinião, baseada não em boatos, mas em fatos comprovados.

Medidas de proteção preventivas

Nesse estágio inicial, minha principal preocupação era impedir a extradição rápida de Assange para os Estados Unidos, seja diretamente pelos equatorianos ou, após sua expulsão da embaixada, pelos britânicos. As extradições extraordinárias feitas pela CIA, que envolviam sequestros sem qualquer processo legal, seguidos de tortura e detenção arbitrária em "black sites" secretos em todo o mundo, haviam estabelecido um precedente preocupante. Embora a acusação dos EUA contra Assange ainda não tivesse sido revelada, sua existência era um segredo de polichinelo há muito tempo. Apesar de ser possível apenas especular sobre quais seriam exatamente as acusações, eu estava muito preocupado com o fato de que, nos Estados Unidos, Assange seria exposto a um julgamento injusto e politicamente motivado e a uma punição draconiana. Além disso, já faz bastante tempo que as condições de detenção nas prisões Supermax dos EUA e em outras instalações de segurança máxima, onde Assange provavelmente seria mantido, vêm sendo consideradas cruéis, desumanas e degradantes, tanto por meus antecessores, quanto por várias organizações de direitos humanos relevantes.

Esses pensamentos passaram a guiar meus próximos passos. Eu enviaria duas cartas oficiais ao Equador e ao Reino Unido, lembrando-os do princípio universal de "não devolução" (*non-refoulement*), que estabelece uma proibição absoluta de devolver ou deportar pessoas para países onde correm o risco de serem torturadas, executadas ou submetidas a outras violações graves de seus direitos humanos. Ao mesmo tempo, anunciaria minha intenção de visitar Assange na embaixada equatoriana e de me reunir com o embaixador equatoriano e com altos funcionários do governo britânico. E o mais importante: eu faria um apelo formal ao governo equatoriano para que se abstivesse de expulsar Assange até que a proteção de seus direitos humanos pudesse ser garantida e, enquanto isso, fizesse todo o possível para evitar a deterioração de sua saúde.

Quanto mais me aprofundava no caso, mais evidente ficava que havia muito mais em jogo do que o destino pessoal de Assange. Era difícil negar que, com a criminalização das publicações de Assange, um precedente perigoso seria aberto para o jornalismo investigativo como um todo. Se, de fato, essa fosse a verdadeira motivação por trás do processo contra Assange, então minhas cartas diplomáticas não seriam suficientes para resolver a questão e poderiam até mesmo ser contraproducentes. Para evitar reações imprevisíveis por parte dos Estados envolvidos, seria importante despertar a atenção do público antes de enviar minhas cartas oficiais ao Reino Unido e ao Equador. Em uma primeira etapa, portanto, emiti um comunicado à imprensa intitulado: "Especialista da ONU em tortura alarmado com relatos de que Assange poderia ser expulso em breve da embaixada equatoriana". A declaração anunciava minha intenção de investigar pessoalmente o caso e resumia minhas preocupações com os direitos humanos e solicitava que o Equador e o Reino Unido não revogassem o asilo de Assange e não tomassem nenhuma medida para sua extradição aos Estados Unidos. O principal objetivo da declaração era alertar o público e a mídia e enviar uma mensagem inequívoca aos dois governos: independentemente do que possa ter acontecido até aqui, a partir de agora o relator especial da ONU está observando vocês de perto e em breve irá a Londres para investigar esse caso.

O comunicado à imprensa foi emitido na noite de sexta-feira, 5 de abril de 2019, e já na manhã da segunda-feira seguinte minhas duas cartas oficiais foram enviadas às Missões Permanentes do Reino Unido e do Equador. Elas anunciavam minha intenção de visitar a embaixada em 25 de abril e solicitavam reuniões pessoais com Julian Assange e o embaixador equatoriano em Londres. Em seguida, haveria reuniões com funcionários do governo britânico, especialmente os responsáveis pelo processo de tomada de decisão no caso da expulsão de Assange da embaixada e de um pedido de extradição feito pelos EUA. O objetivo declarado de minha visita era encontrar uma solução de longo prazo para a situação de Assange, em consonância com os requisitos de direitos humanos.

'Operação Pelicano': A prisão de Assange

O embaixador britânico nas Nações Unidas, em Genebra, respondeu dois dias depois com uma carta curta e um tanto seca. Aparentemente, minha decisão de informar o público antes de entrar em contato com o governo havia causado certa irritação. O governo britânico concordou com minha proposta de visita a Assange na embaixada equatoriana em 25 de abril, mas recusou meu pedido de reunião com as autoridades britânicas: "O senhor há de compreender que não seria apropriado autoridades especularem sobre cenários hipotéticos". Ao invés da reunião solicitada, fui direcionado a uma página eletrônica do governo, onde poderia encontrar informações gerais sobre os procedimentos de asilo britânicos. "Especular sobre cenários hipotéticos": isso se referia à minha preocupação de que Assange pudesse ser preso e extraditado pelo Reino Unido para os Estados Unidos. Hipotético. Pura especulação. Essas foram as palavras usadas pelo embaixador britânico, no dia 10 de abril de 2019.

Menos de vinte e quatro horas depois, na manhã de 11 de abril, a embaixada do Equador em Londres abriu suas portas para agentes da Polícia Metropolitana, e Julian Assange foi preso, arrastado para fora da embaixada e empurrado para dentro de uma van da polícia. Naquele mesmo dia, ele foi levado ao Tribunal de Magistrados de Westminster para julgamento. O juiz não pareceu exigir o luxo de um julgamento criminal completo para formar sua convicção. Após uma audiência de quinze minutos, ele rapidamente condenou Assange por uma violação de fiança cometida sete anos antes. Em seguida o enviou para a prisão de segurança máxima mais rigorosa da Grã-Bretanha para aguardar a sentença. Assange agora poderia pegar até um ano de prisão.

Em seu comunicado oficial à imprensa, o governo equatoriano tentou justificar a expulsão de Assange pela embaixada alegando de que ele havia violado repetidamente os tratados interamericanos sobre asilo diplomático, bem como um "Protocolo Especial de Coexistência", que havia sido redigido especificamente com o objetivo de regular sua vida cotidiana na embaixada. Qualquer que fosse a base factual dessas acusações, por uma questão de lei, nenhuma delas poderia se sobrepor à absoluta proibição de devolução (refoulement). Era nítido que Assange não havia tido acesso ao devido processo legal, como seria imperativamente exigido antes de qualquer revogação de asilo. Ele não foi informado antecipadamente da intenção do governo e não teve oportunidade de consultar um advogado, nem de comentar, contestar ou recorrer da decisão. Ele simplesmente foi expulso por um decreto unilateral do presidente equatoriano. Além disso, Assange recebeu a cidadania equatoriana em 2017 e a constituição do país proíbe categoricamente a extradição de seus cidadãos. Portanto, uma hora antes da expulsão de Assange, o Equador revogou não apenas seu asilo, mas também sua cidadania equatoriana, supostamente, devido a "irregularidades" em seus documentos e, novamente, sem nenhum protocolo que sequer lembrasse o devido processo legal. É de se perguntar que tipo de "irregularidades" poderia ter existido nos documentos de um cidadão que viveu dentro da embaixada equatoriana durante todo o período de sua cidadania, sem nenhuma oportunidade de viajar, mudar de residência ou mesmo se ausentar da embaixada. O Presidente Moreno descreveu tudo isso como um "ato soberano do Estado", uma perspectiva que lembra as palavras infames atribuídas a Luís XIV, o Rei Sol absolutista do século XVII: "L'État, c'est moi"[6] – a antítese do Estado de Direito. Em seu comunicado à imprensa de 11 de abril, Moreno assegurou expressamente ao mundo que havia recebido garantias do Reino Unido de

---

[6] "O estado sou eu". Nota do editor.

que Assange não seria extraditado para um país onde poderia enfrentar a pena de morte, tortura ou maus-tratos – precisamente as garantias que tanto o Reino Unido quanto a Suécia sempre insistiram que não poderiam ser dadas a Assange.

Tudo aconteceu exatamente como Assange sempre havia profetizado: que no momento em que deixasse a embaixada, ele seria preso pela polícia britânica e os EUA emitiriam um pedido para sua extradição. O dia 11 de abril de 2019 mostrou que todos aqueles que o ridicularizaram e trataram seus temores como paranoia narcisista estavam errados. Uma hora depois de sua expulsão e prisão, os Estados Unidos entregaram seu pedido de extradição às autoridades britânicas e revelaram sua acusação secreta contra Assange. Para a surpresa da maioria dos observadores, a acusação acabou sendo muito menos severa do que o previsto. Assange não foi, como alguns esperavam, acusado de espionagem, mas apenas de uma única acusação de "conspiração para cometer invasão de computador". Mais precisamente, ele foi acusado de ter conspirado com sua fonte, Chelsea Manning – na época ainda conhecida como Bradley Manning, Soldado de Primeira Classe do Exército dos EUA – para ajudar a descriptografar um conjunto de senhas do sistema de computadores do Departamento de Defesa dos EUA. Um detalhe importante é que Manning já tinha pleno acesso ao sistema e a todos os documentos ultrassecretos que vazou para Assange. Portanto, mesmo de acordo com o governo dos Estados Unidos, o objetivo da suposta tentativa de decodificar o conjunto de senhas não era obter acesso não autorizado a informações confidenciais («hackeamento"), mas fazer login com uma identidade diferente ("proteção de fonte") para ajudar Manning a encobrir seus rastros dentro do sistema. De qualquer forma, se tiver acontecido, a suposta tentativa foi indiscutivelmente malsucedida e não resultou em nenhum dano.

Caso Assange fosse condenado por essa acusação, ele enfrentaria uma pena de prisão de até cinco anos. Como essa é a sentença máxima, aplicável apenas aos casos mais graves e prejudiciais de invasão de computadores, a sanção para a suposta tentativa malsucedida de Assange provavelmente teria de ser reduzida a uma pena de prisão provisória de algumas semanas ou até mesmo a uma multa moderada. Contudo, eu não me deixava levar pela ilusão de que os Estados Unidos perseguiriam

Assange por quase uma década, em várias jurisdições, apenas para deixá-lo escapar com uma sanção menor por uma tentativa malsucedida de invasão de computador – um pequeno delito que é cometido literalmente milhões de vezes todos os dias. Não, eu tinha certeza de que isso era apenas o começo e que os EUA expandiriam significativamente sua acusação em algum momento oportuno no futuro.

Era óbvio que os eventos de 11 de abril de 2019 haviam sido planejados e coordenados com bastante antecedência entre o Equador, o Reino Unido e os Estados Unidos. Qualquer pessoa familiarizada com os complicados processos de comunicação e tomada de decisão de hierarquias políticas, burocracias e serviços diplomáticos sabe que conseguir uma sequência tão apertada de eventos altamente complexos e fazer com que eles se desenrolem em poucas horas com o envolvimento de funcionários de vários ramos do governo e três jurisdições em três continentes diferentes leva semanas, se não meses, para ser preparada. Quando, menos de vinte e quatro horas antes da expulsão e da prisão de Assange, o embaixador britânico, em sua carta para mim, formalmente descartou minhas preocupações como "especulação" infundada sobre um "cenário hipotético", ele devia saber que estava deliberadamente enganando um relator especial com mandato oficial das Nações Unidas. O embaixador pode não ter sido notificado sobre a data exata da expulsão de Assange, mas, em um caso politizado como esse, está completamente fora de cogitação que ele tenha aprovado meu pedido de visita ao Reino Unido em 25 de abril sem ter previamente consultado a liderança política em Londres, que estava intimamente envolvida no planejamento da "Operação Pelicano", o codinome da remoção forçada de Assange da embaixada equatoriana.

De fato, como sabemos agora pelas memórias de Alan Duncan, o então ministro de Estado britânico para a Europa e as Américas, as negociações diretas começaram por volta da época da acusação secreta dos EUA, em março de 2018[7]. Em outubro daquele ano, Duncan observa: "a questão de Assange está progredindo. Nossos canais no Equador estão pavimentando o caminho para uma solução". Parece que a expulsão de Assange foi originalmente planejada para 9 de janeiro de 2019. No entanto, em 8 de janeiro, o ministro anota em seu

---

[7] Duncan, A. *In the Thick of It – the private diaries of a Minister*. William Collins Books, 2021. (N.T.).

diário: "Lamentavelmente, a saída forçada de Assange da embaixada equatoriana foi adiada". Nos meses seguintes, o ministro registra regularmente em seu diário um progresso lento, mas constante, nas negociações entre as autoridades britânicas e equatorianas. Em 28 de março, Duncan está confiante: "Acho que estou quase conseguindo junto ao Equador a retirada de Julian Assange de sua embaixada em Londres. Foram meses de negociações delicadas, mas estamos quase lá...". Então, em 11 de abril: "de repente, o jogo começou: disseram-me que Assange seria liberado da embaixada hoje. Então, larguei tudo e fui para a sala de operações, no último andar do Ministério das Relações Exteriores".

Pensando em retrospectiva, e sem superestimar a influência do meu cargo, acredito que minha iniciativa pode, inadvertidamente, ter acelerado o curso dos acontecimentos. Meu apelo público, juntamente com o anúncio de uma investigação oficial no local, parece ter tocado em um ponto sensível, pois esse apelo baseado nos direitos humanos contradizia a narrativa cuidadosamente construída de Assange como o covarde mimado, traidor, estuprador e hacker, que finalmente precisava ser tirado de seu luxuoso esconderijo e levado à justiça. Aos olhos dos governos envolvidos, minha investigação significaria, na melhor das hipóteses, um atraso indesejável na expulsão, prisão e extradição de Assange, que há muito tempo haviam sido decididas. Na pior das hipóteses, poderia causar transtornos e constrangimentos consideráveis, expor as autoridades ao escrutínio público e exigir que justificassem suas ações.

Seja como for, um novo fato consumado havia sido estabelecido, de uma maneira que fez soar todos os alarmes em minha mente. Por que agora, de repente, depois de quase sete anos de estagnação letárgica, essa expulsão, prisão e condenação sumárias, em uma violação tão óbvia do devido processo legal e do estado de direito? Por que essa brandura suspeita da acusação feita pelos Estados Unidos, que praticamente gritava por algo pior? E por que o embaixador britânico mentiu para mim? Por que tanto desprezo pelo meu mandado? Afinal de contas, eu não era um inimigo, ativista político ou dissidente. Eu havia sido nomeado e encarregado pelos Estados para exercer minha função em parceria e cooperação construtiva com eles. O que estava acontecendo, afinal?

Obviamente, algo estava errado, e agora comecei a duvidar seriamente da boa-fé dos governos envolvidos.

Vícios judiciais

Será que um mandado de prisão por violação de fiança permanece formalmente válido, mesmo que o pedido de extradição subjacente tenha sido retirado? Em caso afirmativo, ainda haveria, porventura, algum interesse público em processar essa violação de fiança, especialmente se ela foi cometida com o único propósito de evitar graves violações de direitos humanos e, portanto, sem qualquer intenção criminosa? Em fevereiro de 2018, pouco mais de um ano antes da expulsão de Assange da embaixada, seus advogados levantaram essas questões no tribunal e entraram com um pedido para cancelar o mandado de prisão britânico original por violação de fiança, que havia sido emitido em 2012. O pedido de extradição sueco, em relação ao qual Assange havia sido preso e posteriormente libertado sob fiança em dezembro de 2010, foi formalmente retirado em maio de 2017, depois que a promotoria sueca encerrou sua investigação preliminar sobre as alegações de estupro pela segunda vez em quase sete anos. Além disso, o Grupo de Trabalho das Nações Unidas sobre Detenção Arbitrária havia constatado que o confinamento prolongado de Assange na embaixada equivalia a uma privação arbitrária de liberdade. Na opinião de seus advogados, as condições difíceis do confinamento de Assange na embaixada desde 2012, bem como sua justificativa como asilo diplomático contra perseguição política, tornaram a continuação do processo e a punição por esse crime desproporcionais e fora da esfera do interesse público.

Em sua decisão de 13 de fevereiro de 2018, Emma Arbuthnot, juíza distrital sênior[8] do Tribunal de Magistrados de Westminster, rejeitou

---

[8] O cargo de Senior District Judge, também chamado de *Chief Magistrate*, não tem correlato exato no sistema judiciário brasileiro. O *Senior District Judge* (Juiz Distrital Sênior ou Magistrado Chefe) comanda os Juízes distritais (vinculados ao Tribunal de Magistrados) e os juízes adjuntos da Inglaterra e do País de Gales. Cf. *Chief Magistrate* em: https://www.judiciary.uk/about-the-judiciary/who-are-the-judiciary/judges/chief-magistrate/ (Consultado em 04/07/2023) (N.T.).

todos esses argumentos: "Ele [Assange] parece se considerar acima das regras normais da lei e quer justiça apenas se for a seu favor". Ela já havia pintado anteriormente um quadro distorcido, quase banalizando, das condições de vida de Assange na embaixada equatoriana e parecia zombar de sua equiparação pelo Grupo de Trabalho da ONU à privação arbitrária de liberdade. De acordo com Arbuthnot, Assange podia se sentar à luz do sol na varanda da embaixada quando bem entendesse; seu acesso à Internet era permanentemente garantido; seus encontros com visitantes eram ilimitados e não supervisionados, e ele podia escolher o que queria comer. E claro que ela não perdeu a oportunidade de enfatizar que Assange "poderia deixar a embaixada sempre que quisesse", acrescentando que os detentos da Prisão de Wandsworth provavelmente contestariam a afirmação de que tais condições de vida eram semelhantes às de uma prisão preventiva. Depois de descartar a avaliação do GTDA como errada e imprecisa, a juíza Arbuthnot atribuiu a ela "pouco peso" em sua decisão. Ao fazê-lo, ela ecoou a atitude hipócrita do governo britânico que, após dois anos de participação ativa nos procedimentos, recusou-se a respeitar e implementar as conclusões do GTDA, simplesmente porque elas não tinham sido favoráveis ao Reino Unido. A juíza parecia completamente alheia à ironia flagrante de rejeitar as conclusões oficiais do Grupo de Trabalho e, ao mesmo tempo, acusar Assange de aceitar a justiça somente quando ela estava a seu favor.

O que os advogados de Assange não poderiam saber é que nenhum dos argumentos legais que eles levantaram durante essa audiência teve a menor importância. A verdadeira trama que estava em jogo era totalmente diferente. Exatamente três semanas depois, em 6 de março de 2018, um Grande Júri dos EUA emitiria sua acusação secreta contra Assange. A juíza Arbuthnot, sem dúvida, estava bem-informada. Dois meses antes, em 22 de dezembro de 2017, os Estados Unidos haviam enviado uma nota diplomática ao governo britânico solicitando a prisão provisória de Assange em preparação para seu indiciamento iminente. Nesse mesmo dia, o juiz Michael Snow, do Tribunal de Magistrados de Westminster – o juiz que condenaria Assange sumariamente por violação de fiança em 11 de abril de 2019 – apressou-se em atender a solicitação e emitiu um segundo mandado de prisão para Assange. Caso

Arbuthnot tivesse cancelado o primeiro mandado de prisão, conforme solicitado por Assange, teria sido difícil esconder o segundo mandado solicitado pelos Estados Unidos. Portanto, em fevereiro de 2018, era absolutamente crucial manter o primeiro mandado de prisão, relacionado à suposta violação da fiança, como uma cortina de fumaça para o segundo. Assim, até o momento exato da expulsão e prisão de Assange, a acusação e o pedido de extradição iminentes dos EUA tiveram que ser tratados como um "cenário hipotético", sobre o qual "não seria apropriado autoridades especularem".

Contudo, a decisão da juíza Arbuthnot tinha uma pegadinha ainda mais séria. Seu marido, Lord James Arbuthnot, não apenas é membro do partido conservador (Tory), com assento na Câmara dos Lordes, como também ocupou cargos elevados na indústria de defesa britânica durante décadas e, até 2014, foi presidente do Defence Select Committee, cujas tarefas incluem a supervisão das forças armadas britânicas. O ponto crucial da questão: o WikiLeaks havia publicado inúmeros documentos relacionados a atividades de organizações e indivíduos com estreitas conexões profissionais e políticas com Lord Arbuthnot. Diz-se que a própria juíza Arbuthnot recebeu presentes de uma empresa de segurança exposta pelo WikiLeaks. Apesar disso, a juíza Arbuthnot não apenas decidiu manter o mandado de prisão de Assange, em 2018, como também presidiu pessoalmente os processos de extradição dos EUA contra Assange até o verão de 2019, quando a juíza distrital[9] Vanessa Baraitser, uma colega subordinada a ela no mesmo tribunal, assumiu o caso.

Independentemente de sua veracidade, esses prováveis conflitos de interesse criam uma percepção razoável de parcialidade. O devido processo legal exige que qualquer juiz se declare impedido tão logo os fatos do caso sugiram uma possibilidade real de prejuízo judicial. Não é apenas o direito do réu a um julgamento justo que está em jogo, mas também o interesse público no devido processo legal. Portanto, em casos claros como este, não pode haver discricionariedade, nem por parte do juiz, nem mesmo do próprio réu nessa questão. Com base em evidências de possíveis conflitos de interesse, os advogados de Assange entraram com

---

[9] O cargo não tem correlato exato no sistema judiciário brasileiro. Tem a mais ampla jurisdição no sistema britânico. Cf. *District Judges* em: https://www.judiciary.uk/about-the-judiciary/who-are-the-judiciary/judges/district-judge-role/ (Consultado em: 04/07/2023) (N.T.).

um pedido de impedimento, em 8 de abril de 2019. Evidentemente, um impedimento formal da juíza Arbuthnot não só impediria seu envolvimento futuro no caso, como também colocaria em dúvida a validade de qualquer decisão contra Assange na qual ela estivesse envolvida anteriormente, inclusive a confirmação que ela determinou do mandado de prisão atual. E sem um mandado de prisão válido, a polícia britânica não teria podido prender Assange quando de sua expulsão da embaixada equatoriana. A Suécia havia retirado seu próprio mandado de prisão e o pedido de extradição dois anos antes, e os Estados Unidos ainda não haviam revelado sua acusação e apresentado seu pedido de extradição. Na ausência de um mandado de prisão, Assange estaria livre para deixar não apenas a embaixada equatoriana, mas também o Reino Unido, para qualquer destino à sua escolha. Assim, é razoável supor que, além do meu comunicado à imprensa de 5 de abril e das minhas duas cartas aos governos britânico e equatoriano de 8 de abril, o pedido de impedimento feito pela defesa de Assange colocou as autoridades sob considerável pressão de tempo. De repente, tudo precisou acontecer muito rápido. Assange tinha que ser expulso, preso e, acima de tudo, condenado por um outro juiz o quanto antes, para garantir uma base jurídica formalmente inatacável para sua prisão.

Portanto, não é surpreendente que as coisas tenham se acelerado. Apenas três dias depois, em 11 de abril, Assange perderia sua cidadania equatoriana e seu asilo diplomático e estaria diante do juiz Michael Snow, no Tribunal de Magistrados de Westminster. Durante a audiência, o advogado de defesa Liam Walker argumentou que, em 2012, Assange tinha uma justificativa razoável para buscar asilo diplomático na embaixada equatoriana em vez de se entregar à custódia britânica para extradição para a Suécia. Assange temia, sobretudo, que, uma vez sob custódia sueca, ele não receberia proteção judicial adequada contra a extradição para os Estados Unidos – um temor que foi oficialmente reconhecido como razoável pelo governo do Equador. Walker também reiterou a objeção formal de Assange em relação aos possíveis conflitos de interesse da juíza Arbuthnot.

Em circunstâncias normais, qualquer objeção desse tipo teria exigido que o juiz Snow suspendesse a audiência para tratar formalmente do impedimento, especialmente porque um pedido bem documentado nesse sentido já havia sido apresentado ao mesmo tribunal três dias antes. Contudo, o juiz Snow considerou "inaceitável", "grosseiramente injusto" e "impróprio" que Assange levantasse a objeção do devido processo legal de parcialidade judicial contra a juíza Arbuthnot, "apenas para arruinar a reputação de uma juíza sênior e qualificada diante da imprensa". Falando diante da mesma galeria de imprensa, no entanto, o ilustre juiz Snow não viu nada de inaceitável, grosseiramente injusto ou impróprio em tratar as preocupações legítimas de Assange como "risíveis" e seu comportamento como o de "um narcisista que não consegue ir além de seus próprios interesses egoístas", embora, durante toda a audiência, Assange não tenha dito nada além de "eu me declaro inocente".

A facilidade com que o juiz Snow ridicularizou e insultou Assange em um tribunal aberto foi surpreendente. Um ano antes, a juíza Arbuthnot também havia banalizado abertamente o confinamento arbitrário de Assange na embaixada e simplesmente ignorou a opinião do GTDA das Nações Unidas sobre o assunto. Ambos os juízes devem ter ficado bastante confiantes de que suas atitudes expressavam em relação a Julian Assange um consenso compartilhado não apenas pelo judiciário britânico, mas também por outros ramos do governo e pela mídia corporativa.

É claro que o julgamento criminal de Assange nunca deveria ter sido marcado para o dia de sua prisão – um dia que previsivelmente geraria elevado nível de sofrimento e ansiedade em um réu que acabara de passar quase sete anos em um espaço confinado, cada vez mais claustrofóbico e hostil. De manhã, por volta das 9h15, agentes da Polícia Metropolitana de Londres entraram na embaixada do Equador. Na sequência, o embaixador equatoriano informou Assange sobre o término de seu asilo diplomático e a suspensão de sua cidadania equatoriana e pediu que ele deixasse o local. Quando Assange se recusou, protestando contra a flagrante ilegalidade da expulsão sem o devido processo legal, o embaixador mandou que ele fosse algemado e arrastado à força para fora da embaixada pela polícia britânica. Por volta das 10h15, ele foi arrastado para uma van da polícia que o aguardava, sendo forçado a deixar para trás todos os seus pertences pessoais, inclusive computadores e documentos.

Na delegacia de polícia, Assange foi prontamente notificado do segundo mandado de prisão relacionado ao pedido de extradição feito pelos EUA, que havia sido enviado ao governo britânico imediatamente após sua expulsão. Desnecessário dizer que, de acordo com as exigências do devido processo legal, não se pode esperar que um réu prepare sua defesa e seja julgado poucas horas depois de passar pelo trauma repentino e cumulativo de uma expulsão ilegal, prisão violenta, acusações criminais e um pedido de extradição. Mas o devido processo legal manifestamente não fazia parte do plano. Em vez disso, uma audiência no tribunal já havia sido pré-agendada para a mesma tarde, evidentemente com o único objetivo de considerar Assange culpado de um alegado crime que teria sido cometido quase sete anos antes. Como o juiz não parecia acreditar que a consideração dos argumentos legais apresentados pelo réu traria alguma contribuição para o processo, ele não permitiu que Assange tivesse mais do que quinze minutos de tempo de preparação com seu advogado. Em seguida, conduziu toda a audiência em menos de meia hora. É assim que são os julgamentos sumários em todo o mundo.

Em 1º de maio, uma terceira juíza, Deborah Taylor, proferiu a sentença: cinquenta semanas de prisão – apenas duas semanas a menos do que a sentença máxima de um ano. De acordo com Taylor, era "difícil imaginar um exemplo mais sério de violação de fiança". Afinal de contas, explicou ela, a vigilância de Assange durante seus anos na embaixada custou 16 milhões de libras ao contribuinte britânico. O absurdo de seu raciocínio é óbvio. A gravidade de um delito não aumenta com os custos da vigilância do suspeito. O homicídio involuntário não se torna homicídio de primeiro grau só porque foram necessários dez anos para localizar o criminoso. Um roubo de 100 libras continua sendo um delito relativamente menor, mesmo que as autoridades decidam gastar 100.000 libras em sua investigação. É óbvio que não foi Assange, mas apenas as autoridades britânicas, que decidiram não reconhecer o asilo diplomático legalmente concedido pelo Equador e manter a embaixada sitiada 24 horas por dia durante sete anos. Para os padrões britânicos, cinquenta semanas de prisão por uma violação de fiança é uma sanção completamente desproporcional. A grande maioria das violações de fiança que não envolvem a perpetração de outros delitos graves é punida com multas ou sanções disciplinares. Mesmo que uma violação de fiança resultasse em uma sentença curta de prisão, essa sentença certamente não seria cumprida em um ambiente de alta segurança equivalente a um confinamento solitário. Exceto no caso de Julian Assange. Ele foi imediatamente levado à prisão de Belmarsh, em Londres – conhecida como a "Baía de Guantánamo da Grã-Bretanha".

Agora mais do que nunca!

Da minha perspectiva, as circunstâncias haviam mudado completamente. Minha visita à embaixada equatoriana havia se tornado obsoleta, é claro, mas eu não havia abandonado meu plano de visitar Assange. Pelo contrário, minha relutância inicial dera lugar a uma determinação cada vez mais forte de chegar ao fundo da questão. Em 18 de abril de 2019, enviei uma carta de acompanhamento ao governo do Equador expressando fortes críticas à expulsão de Assange sem aviso prévio, recurso legal ou qualquer outra forma de devido processo legal. Além disso, solicitei respostas a várias perguntas prementes. Por que o governo equatoriano ignorou completamente meu apelo para suspender a expulsão de Assange pelo menos enquanto durasse minha investigação oficial? Como o cancelamento da cidadania e do asilo diplomático de Assange era compatível com os padrões internacionais de direitos humanos e com o estado de direito em geral? Como isso era compatível com a já longeva posição do Equador de que Assange precisava de proteção diplomática contra o perigo de extradição para os Estados Unidos – um perigo que agora havia se materializado precisamente como consequência da expulsão de Assange da embaixada equatoriana? Que medidas foram tomadas pelo Equador com o objetivo de evitar violações dos direitos humanos de Assange, seja pelo Reino Unido ou por qualquer outro Estado? Concluí expressando minha expectativa de que as supostas violações seriam investigadas e os responsáveis arcariam com as consequências dos seus atos. Era tudo o que eu podia fazer. A atenção da mídia já havia passado para o novo cenário e o público em geral parecia não estar preocupado com minhas perguntas. Ao expulsar

Assange, o Equador havia se livrado de um problema que seus líderes não tinham mais interesse em resolver de forma construtiva. Do ponto de vista deles, a bola agora estava de volta ao campo da corte britânica.

No mesmo dia, também enviei uma carta de acompanhamento ao governo britânico, solicitando permissão para visitar Assange na prisão dentro de um mês a contar de sua prisão, no máximo até 10 de maio. De acordo com os termos de referência padrão da ONU para visitas de detenção, expliquei que pretendia conduzir uma entrevista confidencial com Assange, avaliar suas condições de detenção e realizar um exame médico completo com a ajuda de médicos especializados. Também reiterei meu pedido de reuniões com autoridades britânicas relevantes e requisitei ao governo britânico que se abstivesse de extraditar ou entregar Assange aos Estados Unidos ou a qualquer outro país, até que seu direito à proteção internacional fosse determinado em um processo transparente e imparcial que assegurasse todas as garantias do devido processo legal e de um julgamento justo. À primeira vista, minhas duas cartas ao governo britânico, de 8 e 18 de abril de 2019, não eram muito diferentes. E, no entanto, nos dez dias que se passaram, minha perspectiva sobre o caso mudou radicalmente.

4. Minha investigação se inicia

A visita à Prisão de Alta Segurança de Belmarsh!

Quando iniciei minha investigação, eu tinha plena consciência da enorme dimensão política desse caso. Havia um perigo real de que pessoas tentassem me manipular e abusar do meu mandato. Portanto, tive que permanecer cauteloso e atento para qualquer tentativa de me influenciar, não importa de onde viesse. Para evitar qualquer suspeita de conflito de interesses, tive de manter distância, tanto das autoridades envolvidas, quanto dos apoiadores de Julian Assange. Precisava coletar o maior número possível de fatos confiáveis e triangular minhas próprias observações com as avaliações feitas por outros especialistas, advogados e testemunhas, bem como com as posições assumidas pelas autoridades.

Minha visita a Julian Assange na prisão de alta segurança de Belmarsh, em Londres, havia sido aprovada pelo Ministério da Justiça britânico para 9 de maio de 2019. Eu queria examinar pessoalmente a saúde de Assange, as condições da prisão e o tratamento, para que pudesse tirar conclusões claras com base em informações confiáveis. Que impacto, se é que houve algum, os quase sete anos de confinamento na embaixada do Equador tiveram sobre a saúde física de Assange? Quais foram os efeitos psicológicos de ficar preso por tanto tempo e exposto a um ambiente progressivamente hostil de isolamento, represálias e o perigo constante de extradição? Do ponto de vista do meu mandato, tudo se resumia a uma única pergunta: havia evidências confiáveis de que Julian Assange estava, tinha estado ou poderia estar exposto a um ato ou risco de tortura ou maus-tratos, seja atualmente sob custódia britânica, seja anteriormente na embaixada do Equador ou no caso de sua extradição para os Estados Unidos?

Quaisquer que fossem minhas conclusões, pelo menos uma das partes nesse caso altamente politizado provavelmente tentaria questionar meus motivos e minar minha credibilidade. Portanto, era particularmente importante para mim poder confiar não apenas em meu julgamento e experiência pessoal, mas também na experiência de médicos independentes. Por isso, pedi a dois médicos especializados em exames de vítimas de tortura que me acompanhassem em minha visita. Eu já havia trabalhado com ambos antes, inclusive durante várias visitas a prisões, e estava confiante de que poderia confiar em suas integridades profissionais e pessoais. O professor Duarte Nuno Vieira era reitor e professor de medicina legal na Faculdade de Medicina da Universidade de Coimbra, em Portugal, presidente de várias associações profissionais e, até alguns anos atrás, presidente da Associação Internacional de Ciências Forenses. Um especialista forense mundialmente reconhecido que já viu de tudo – desde as valas comuns da Guerra da Iugoslávia até os corpos recuperados dos destroços do MH17, o avião da Malásia abatido por um míssil de fabricação russa sobre o leste da Ucrânia em 2014.

O Dr. Pau Pérez-Sales era psiquiatra do Hospital Universitário La Paz, em Madri, especialista e autor internacionalmente reconhecido na área de tortura psicológica e ex-diretor de um centro de reabilitação para vítimas de tortura, no Centro de Recursos de Saúde Mental e Direitos Humanos, em Madri. Tanto o Professor Vieira, quanto o Dr. Pérez-Sales eram especialistas de renome mundial na identificação, exame e documentação de possíveis vestígios de tortura física e psicológica ou outros maus-tratos, e eram regularmente chamados como testemunhas especializadas por tribunais e instituições nacionais e internacionais. Nenhum deles jamais pensaria em usar o caso Assange para se promover pessoalmente e ambos aderiram estritamente ao sigilo médico e deixariam quaisquer declarações públicas após a visita à prisão para mim, como detentor do mandato. Isso era importante, pois o objetivo do meu mandato não era, obviamente, divulgar informações médicas confidenciais ao público, mas usar nosso diagnóstico médico como base para que eu pudesse avaliar juridicamente se a proibição de tortura e maus-tratos vinha sendo acatada.

De acordo com a prática habitual, o relatório médico não seria disponibilizado às autoridades, nem a Assange ou à sua equipe jurídica, mas seria guardado a sete chaves no Escritório do Alto Comissariado para os Direitos Humanos e usado exclusivamente como base médica para minhas conclusões oficiais. Por um lado, Assange precisava ter certeza de que as informações médicas que nos confiou não seriam usadas contra ele. Por outro, a confidencialidade de nosso diagnóstico também tinha de se aplicar ao próprio Assange, pois não seria aceitável reservar-lhe tratamento preferencial nessa investigação. Como minhas conclusões oficiais não seriam juridicamente vinculantes para nenhuma das partes, nem para as Nações Unidas, mas tinham a força probatória de uma opinião especializada, a não divulgação do diagnóstico médico que as embasava permaneceu compatível com os princípios do devido processo legal. Para garantir o máximo de objetividade e credibilidade, eu havia instruído ambos os médicos a realizarem seus exames médicos de acordo com o Protocolo de Istambul – um documento da ONU que consagra as normas legais internacionalmente reconhecidas e as diretrizes médicas sobre como investigar e documentar com rigor as alegações de tortura e maus-tratos.

Na manhã de 9 de maio, pegamos um táxi do nosso hotel no centro de Londres para Thamesmead, cerca de 16 quilômetros a leste da Tower Bridge e do Big Ben. A Prisão Belmarsh de Sua Majestade é uma prisão de alta segurança, com trinta anos de idade e capacidade para cerca de 900 detentos. Na mídia, Belmarsh é frequentemente chamada de Guantánamo Bay britânica. Não apenas porque abriga muitos suspeitos de terrorismo, mas também por causa do rigoroso regime de segurança. Assange foi levado para Belmarsh em 11 de abril de 2019, imediatamente após sua prisão e condenação pelas autoridades britânicas. Na época de nossa visita, havia apenas um mês que isso havia acontecido.

Descemos do táxi. Eu já tinha visto fotos do local, mas mesmo assim suas dimensões me deixaram impactado. Era um complexo retangular cercado por muros altos, que lembrava uma fortaleza medieval. A recepção da prisão estava localizada atrás do portal principal, construído com tijolos de concreto. Apresentei-me à recepcionista com minha identificação oficial da ONU e as credenciais fornecidas pelo Ministério da Justiça. Em qualquer lugar do mundo, sempre que realizo uma visita oficial a uma prisão na qualidade de relator especial da ONU, minha equipe e eu somos imediatamente recebidos pelo governador e seus principais funcionários. Somos escoltados sem empecilhos pelas barreiras de segurança, geralmente sem nenhuma revista, e não nos pedem para entregar nossos documentos ou telefones celulares, já que podemos precisar deles para fotografar vestígios físicos de tortura e evidências de condições materiais inadequadas de detenção. Além disso, em casos de emergência, temos de poder nos comunicar com o mundo exterior. Desde as prisões provinciais da Ucrânia até o gigantesco complexo de Silivri, na Turquia, e a ala psiquiátrica fechada na Argentina: com algumas exceções lamentáveis, as administrações das prisões tendem a se esforçar para demonstrar seu respeito pelas Nações Unidas.

Não foi assim em Belmarsh. Obviamente, a equipe da recepção não tinha recebido nenhuma instrução específica para lidar adequadamente com uma visita oficial das Nações Unidas. Depois de uma verificação particularmente lenta de nossos documentos, fomos primeiro enviados de volta ao centro de visitantes, a alguns minutos de caminhada, onde nos pediram para deixar nossas bolsas, computadores, telefones, chaves e objetos de valor em guarda-volumes. De volta ao balcão da recepção, pediram que nos dirigíssemos para o canto oposto do saguão de entrada, onde outros visitantes – presumivelmente familiares e advogados – já estavam na fila para passar pelo primeiro dos vários portões de segurança. Entramos na fila. Meus dois médicos estavam ficando visivelmente impacientes, mas eu os exortei a manter a calma: «Não se deixem aborrecer, meus amigos, tenho certeza de que há mais por vir".

Dada a conhecida predileção britânica por etiqueta formal, protocolo diplomático e mensagens indiretas, ficou claro que esse tipo de recepção morna não se deu por um descuido acidental das autoridades. Desde o primeiro momento, fui levado a entender que, no Reino Unido, os relatores especiais não podem esperar um tratamento especial. Não fomos tratados como um parceiro institucional, mas como um possível risco à segurança. Entendi isso pelo que era: uma forma de comunicação, mas também uma demonstração de poder. Minha visita estava sendo tolerada, nada mais.

Não que isso tenha me incomodado. Principalmente durante minhas missões de campo com a Cruz Vermelha, desenvolvi uma casca grossa jogando o jogo da espera em barreiras, cercas, portões e postos de controle. Inúmeras vezes, e em muitos lugares, fiquei bloqueado por horas intermináveis no calor empoeirado, na chuva torrencial e no frio congelante, esperando para finalmente passar para o outro lado, onde nossa ação humanitária era demandada. Quer estivesse enfrentando soldados indiferentes, rebeldes nervosos ou guardas de fronteira frustrados, nunca me permiti reagir emocionalmente, pois a boa vontade de meus interlocutores era frágil, efêmera e, às vezes, literalmente uma questão de vida ou morte. Nesse contexto, a recepção pouco entusiasmada em Belmarsh não me dissuadiu, mas certamente contribuiu para o rápido declínio da minha percepção da Grã-Bretanha como um parceiro confiável na área de direitos humanos. Nas zonas de guerra de Kosovo e Afeganistão, meu diálogo com as forças operacionais britânicas sempre foi construtivo, eficiente e marcado pelo respeito mútuo. Aqui em Londres, o Reino Unido me mostrou uma face muito diferente – uma atitude de indiferença explícita, com um toque de desdém imperial. Claro que a motivação para tudo isso não era pessoal, mas puramente política. Os interesses perseguidos pelos governos são sempre políticos e sua prioridade nunca é a promoção dos direitos humanos. Se e quando os direitos humanos são colocados na agenda política, isso quase sempre serve a segundas intenções, como melhorar a reputação nacional, depreciar outros Estados, obter pacotes de ajuda financeira ou justificar intervenções militares.

 Portanto, a longa verificação de segurança em Belmarsh não me pegou de surpresa. Os agentes de segurança fizeram tudo o que podiam para garantir que o relator especial da ONU e sua equipe médica não contrabandeariam drogas, armas ou outros itens proibidos para a prisão. Junto com os outros visitantes, avançamos um pouco. Da fila na recepção, nos amontoamos em um primeiro compartimento lotado e, alguns eternos minutos depois, passamos pelos detectores de metal para a área interna. Aqui ocorreu a verificação de segurança propriamente dita. Retirada de sapatos, jaquetas e relógios; depois, uma passagem individual, sem os sapatos, por detectores de metal ainda mais potentes e, após uma inspeção minuciosa do termômetro clínico, do estetoscópio e da caneta esferográfica do médico, e uma checagem em nossa lista de itens pré-autorizados, uma segunda passagem pela máquina de raios X para nós e todos os nossos sapatos. Só então fomos admitidos. Os agentes de segurança não tinham más intenções, com certeza, simplesmente não haviam recebido nenhuma instrução especial. Então fizeram seu trabalho com o rigor habitual, e qualquer protesto ou falta de cooperação de nossa parte teria provocado uma resposta enérgica imediata. E, provavelmente, teria encerrado a minha visita. É assim que funciona o "assédio brando". Aguentamos estoicamente o procedimento, que pareceu ser um pouco mais cansativo para meus colegas ibéricos do que para meu temperamento suíço-sueco.

Após o controle de segurança, fomos recebidos por uma funcionária, cuja cordialidade e simpatia fazia um contraste agradável com a indiferença explícita do governo. Ela explicou que havia sido encarregada de nos acompanhar durante toda a visita e nos conduziu à unidade de saúde de Belmarsh. Esse foi um dos meus pedidos. Eu não queria me encontrar com Assange na sala de visitas habitual. Uma conversa ou um exame médico, na presença de outros prisioneiros e seus parentes presentes, estava fora de questão. Além disso, essas salas são quase sempre cobertas por câmeras de segurança, inviabilizando qualquer tipo de confidencialidade.

Passamos por corredores e portas com grades que eram imediatamente trancadas atrás de nós. A sala que finalmente nos foi designada não era muito diferente de uma sala de exames em um consultório médico comum. Paredes brancas, uma mesa com um computador e algumas cadeiras, uma maca para exames e uma porta com uma janela de vidro grosso coberta por persianas ajustáveis. Como rotina, verifiquei rapidamente se havia câmeras e microfones visíveis na sala, inclusive embaixo da mesa e das cadeiras. Não encontrei nada, é claro, mas não fiquei tranquilo. Eu sabia que a moderna tecnologia de vigilância havia atingido recentemente um nível de sofisticação que tornava sua detecção praticamente impossível.

Acima da porta, um relógio marcava cada segundo com um clique audível. Os minutos se passaram. Ficamos esperando. Foi acertado um total de quatro horas para nossos encontros pessoais com Assange, das 10h às 12h e das 14h às 16h. Mas já passava das 10h30 quando a porta finalmente se abriu e Assange foi trazido. Percebi imediatamente que aquele era o momento de bater o pé. Desde que nossa exposição ao "assédio brando" não interferisse no objetivo e nas modalidades acordadas para minha visita, a única reação que eu demonstraria seria uma paciência inabalável. Contudo, a duração de nossas reuniões confidenciais com Assange não era negociável. Protestei formalmente junto à funcionária que nos acompanhava e insisti que a sessão teria de ser estendida para compensar nosso tempo de espera. Enquanto minha exigência era encaminhada e, por fim, aprovada pela hierarquia institucional, o relógio não parava. Em seguida, tive de insistir para que a funcionária que nos acompanhava saísse da sala para resguardarmos a confidencialidade da nossa entrevista com Assange.

Embora as entrevistas sem testemunhas já fizessem parte das modalidades padrão aplicáveis a todas as visitas de detenção realizadas por especialistas da ONU em todo o mundo, e apesar da notificação prévia expressa, esse requisito, ao que parece, não foi contemplado, de modo que a permissão precisou ser mais uma vez obtida por meio da hierarquia institucional. Enquanto esperávamos, o relógio continuava batendo cada vez mais alto. Por fim, e para completar, o procedimento de permissão especial teve de ser repetido uma terceira vez porque, embora autorizado a sair da sala de exames, a funcionária que nos acompanhava havia sido instruída a monitorar visualmente nosso encontro com Assange pela janela da porta. Nesse ponto, a resistência ficou mais tenaz, mas insisti categoricamente na confidencialidade médica e finalmente obtive a anuência de que a persiana permaneceria fechada durante toda a duração de nossas reuniões e que a funcionária que nos acompanhava não entraria na sala sem antes bater na porta. Só então, finalmente, ficamos sozinhos.

Primeiras impressões

Quando Assange entrou, ele imediatamente procurou contato visual. Parecia tenso e nervoso, como se não tivesse certeza do que esperar de seus visitantes externos, mas logo percebi que não precisava explicar minha função para ele. Ele estava bem ciente dos mecanismos de direitos humanos da ONU – pelo menos desde que o GTDA havia concluído, em dezembro de 2015, que seu confinamento contínuo na embaixada equivalia a uma forma de privação arbitrária de liberdade.

Assange usava um moletom azul, calça de ginástica cinza e tênis. Barbeado, com os cabelos brancos bem aparados, ele não tinha nenhuma semelhança com o homem que havia sido arrancado para fora da embaixada do Equador algumas semanas antes. Naquela época, Assange parecia desleixado, pálido e muito mais velho, com cabelos longos e despenteados e barba disforme. As fotos correram o mundo. O que não foi informado ao público, no entanto, é que a aparência macilenta de Assange havia sido deliberadamente forjada pelas autoridades equatorianas para que ele parecesse repulsivo e bizarro na mídia. De acordo com Assange, três meses antes de sua prisão, seu kit de barbear havia sido retirado pela equipe de segurança da embaixada – uma das incontáveis pequenas represálias com as quais obstruíram sua luta diária por uma existência digna.

Aparentemente um detalhe sem importância, ele se encaixava perfeitamente na narrativa assiduamente difundida pelo governo equatoriano de que Assange era um parasita ingrato e autoindulgente que andava de skate e jogava futebol dentro da embaixada, maltratava seu gato e sujava as paredes com fezes. Apesar disso, as imagens e os videoclipes divulgados ao público contavam uma história diferente. Elas mostravam principalmente os encontros de Assange com médicos, advogados e outros visitantes, bem como cenas completamente anódinas de sua vida privada – tudo gravado em segredo e publicado sem sua autorização. Os poucos visitantes que Assange ainda tinha permissão para receber durante seu último ano na embaixada também relataram vigilância sistemática, restrições abusivas e assédio, e até mesmo adulteração de seus telefones celulares e dispositivos que haviam sido depositados com o pessoal de segurança. A expulsão de Assange sem qualquer forma de devido processo legal havia sido planejada com bastante antecedência, e estava claro que o público em geral estaria mais propenso a aceitar essa medida sem empatia ou protesto se, durante sua prisão, Assange parecesse tão imundo e desumanizado quanto havia sido retratado na mídia.

Eu pretendia usar a primeira hora para minha conversa bilateral com Assange e depois entregá-lo ao professor Vieira para o exame forense. Como sempre acontece em minhas entrevistas com prisioneiros individuais, o objetivo dos primeiros minutos era criar confiança e fazer perguntas padrão sobre bem-estar, condições de detenção, contatos com a família e advogados e outras preocupações básicas. Isso normalmente me permite obter em pouco tempo uma visão geral confiável da situação e de seus possíveis desafios. Trabalhar com uma lista de perguntas básicas geralmente leva cerca de dez a vinte minutos, a depender da complexidade do caso específico, mas leva um tempo incomparavelmente maior quando o prisioneiro tenta assumir a liderança e passa a fazer perguntas diversas. Assange tirou um pedaço de papel do bolso, no qual havia rabiscado vários nomes. De repente, eu estava sendo entrevistado. Perguntava se eu já havia entrado em contato com determinado advogado, se já havia me encontrado com certo funcionário da ONU. E toda vez que eu tentava voltar ao rumo da conversa, a mente de Assange já estava em outro lugar e ele fazia a próxima pergunta. Parecia que ele não conseguia processar o que eu estava dizendo. Novamente ele interrompeu, desta vez para me envolver em uma discussão densa sobre a influência que ele considerava cada vez menor dos mecanismos de direitos humanos. Suas declarações eram claras e convincentes, mas ao mesmo tempo pareciam erráticas e quase aceleradas. Assim que expressava um pensamento, imediatamente abria em sua mente uma nova gaveta, por assim dizer, e puxava outro tópico.

 Há vinte anos visito prisioneiros em uma ampla variedade de contextos. Prisões são um ambiente difícil para conversas abertas e muitos detentos são intimidados, desconfiados e traumatizados. Com o tempo, aprendi a prestar atenção também nos sinais não verbais: linguagem corporal, mudanças de humor, tudo o que é perceptível sem ser explicitamente articulado. Ao conversar com Julian Assange, lembrei-me, imediatamente, de conversas com outros prisioneiros políticos que haviam ficado isolados por muito tempo. Todos haviam refletido sobre sua própria situação por muitas e muitas horas, muitas vezes até demais. Mas, devido ao isolamento, não conseguiam processar e expressar mais do que uma fração de seus pensamentos e emoções com outras pessoas. Como resultado, viviam em um mundo interior cada vez mais autocontido e superestimulado, com pensamentos e emoções saindo lentamente do controle. Esse é um fenômeno bem conhecido do confinamento solitário prolongado. A certa altura, isso leva a um estado permanente de estresse e apreensão. A tensão acumulada não pode mais ser aliviada, e começa um ciclo vicioso de insônia, ansiedade e depressão, muitas vezes até o ponto de exaustão total e com consequências neurológicas e cardiovasculares potencialmente graves. O efeito corrosivo do isolamento também pode ser observado na postura, nas expressões faciais e nos gestos do prisioneiro, que se mostra frágil, sobrecarregado e apressado. Sua capacidade de absorver e processar informações é reduzida. Ele parece ter perdido o controle interno porque foi deliberadamente privado de todas as certezas. A desestabilização psicológica causada pelo isolamento e pela arbitrariedade é rotineiramente empregada pelos torturadores para quebrar a resistência da vítima.

Minha impressão de Assange foi a de um homem extremamente inteligente e dotado de enorme resistência mental, que tentava de forma desesperada manter em alguma medida o controle sobre seu próprio destino, mesmo sendo óbvio que ele já não estava mais no comando. Essa também é uma reação típica de pessoas expostas a um ambiente hostil e arbitrário por um período prolongado. Na realidade, elas estão completamente indefesas e sabem disso. No entanto, de alguma forma, ainda se apegam à ideia de ter aquele último ás na manga que reverteria o cenário a seu favor. Contudo, durante minha conversa com Assange, também percebi uma característica dele que já havia sido mencionada por muitas outras pessoas, em termos mais ou menos lisonjeiros, dependendo da perspectiva de cada um. Enquanto alguns o elogiaram por sua extrema capacidade de concentração, outros reclamaram de sua indiferença em relação às preocupações legítimas dos outros. Minha impressão é que essa divergência de opiniões reflete dois lados ligeiramente distorcidos da mesma moeda. Embora eu tenha explicado a Assange o objetivo de nossa entrevista, foi difícil manter a conversa nos trilhos e várias vezes tive de dar guinadas retóricas para garantir que conseguiria as informações de que precisava.

Entretanto, não senti Assange como autoindulgente ou arrogante em nenhuma medida. Ele simplesmente estava concentrado demais em seus próprios pensamentos para prestar atenção ao que eu tinha em mente, a menos e até que eu o verbalizasse claramente – um sintoma congruente com seu diagnóstico médico de Asperger, uma forma leve de autismo. Caso Assange fosse um narcisista implacável, como alguns insistem, dificilmente estaria preparado para suportar tanta humilhação pessoal, isolamento e sofrimento em nome da verdade e da justiça para os outros. Caso sua busca fosse por autopromoção, então seu confronto contínuo com os governos mais poderosos do mundo certamente não teria produzido os resultados desejados. Assange era muito inteligente para não entender os riscos para sua própria reputação e conforto quando decidiu expor os segredos nefastos dos mais poderosos. Ele sabia o preço de suas ações e decidiu pagá-lo – não para benefício pessoal, mas porque acreditava que isso precisava ser feito.

Os dois médicos acompanharam nossa conversa à distância, para que pudessem ter uma primeira impressão e evitar repetir as mesmas perguntas básicas durante o exame. Depois de uma hora, agradeci a Assange, expliquei o restante da minha visita e o encaminhei ao professor Vieira para a primeira parte do exame médico. Juntamente com o Dr. Pérez-Sales, fui ao escritório da enfermeira-chefe para imprimir uma cópia dos registros médicos de Assange, com o consentimento dele, e para colher a opinião dos médicos da prisão sobre vários aspectos de sua saúde. No entanto, o dia transcorreu e nenhum médico compareceu à prisão. Em uma prisão de segurança máxima com quase 1.000 detentos! E quando haveria uma visita anunciada oficialmente de um especialista da ONU e sua equipe médica! Não parecia mais uma mera coincidência; parecia mais uma variação de "assédio suave".

Depois de algumas dificuldades técnicas inesperadas com a impressora, que enfrentamos com nossa atitude padrão de paciência inabalável, pelo menos recebemos uma cópia dos registros médicos de Assange – outro elemento inegociável da minha visita. De acordo com eles, os médicos da prisão já haviam tomado as medidas odontológicas mais urgentes e outras medidas para tratar as enfermidades físicas mais urgentes que surgiram durante o asilo de Assange na embaixada equatoriana. Mesmo assim, ele não estava em boas condições de saúde. Como nosso exame físico mostrou, ele havia perdido peso desde sua prisão e a ansiedade e o estresse constantes dos últimos meses e anos haviam causado danos neurológicos e cognitivos que já eram objetivamente mensuráveis.

Na preparação para a minha visita, eu havia anunciado que estaria disponível para responder às perguntas da imprensa durante o intervalo do almoço. Contudo, quando cheguei ao local designado para o encontro em frente à prisão, apenas um jornalista estava esperando. Ele trabalhava para a *Ruptly*, uma agência de notícias afiliada à rede de televisão estatal russa *RT*. Fiz uma breve declaração para sua câmera de vídeo, agradecendo ao Ministério da Justiça britânico pela cooperação e explicando o procedimento e o objetivo da minha estadia em Londres. Ela incluiria não apenas a visita em curso à prisão de Assange, mas também uma reunião no dia seguinte com representantes das autoridades britânicas e outros interlocutores. Conforme expressamente acordado com o governo britânico, anunciei que os resultados da minha investigação seriam primeiramente transmitidos às autoridades britânicas e depois compartilhados com o público.

Dada a proeminência do caso Assange e o anúncio público da minha visita, eu esperava um grande interesse da mídia hegemônica britânica, incluindo a *BBC*, *Sky News*, *Guardian* e *Times*. Em vez disso, havia apenas um solitário repórter do *Ruptly*.

Fiquei mais surpreso do que decepcionado. Por um lado, o baixo comparecimento não foi um inconveniente, pois eu estava ansioso para evitar contaminar meus esforços de investigação e mediação com manchetes sensacionalistas. Por outro, eu certamente não esperava um silêncio total da mídia hegemônica. Mais tarde, fiquei sabendo que, no mesmo dia, o Ministério Público sueco havia anunciado que, em quatro dias, anunciaria oficialmente se a investigação criminal contra Assange por estupro, que havia sido encerrada dois anos antes, seria reaberta. Um anúncio de um anúncio, por assim dizer. A coincidência temporal com a minha visita a Assange teria sido uma mera coincidência ou um dispositivo bem planejado para desviar a atenção da mídia? Ou será que havia motivos totalmente diferentes para a falta de interesse da mídia na minha visita? Eu ainda estava longe de entender as verdadeiras dimensões desse caso. No momento, estava apenas aliviado com o retardamento da atenção do público para minha investigação desse caso altamente politizado.

A poucos minutos de caminhada de Belmarsh, na Battery Road, encontramos uma *Domino's Pizza*. Fizemos nossos pedidos e nos sentamos nos dois únicos bancos que cabiam no pequeno recinto. Do lado de fora, as pessoas cuidavam de seus afazeres sob um céu cinzento e chuvoso. Para a maioria delas, sem dúvida, era apenas um dia comum de primavera britânica. Era estranho estar esperando pela comida, com uma Coca-Cola na mão, discutindo impressões e os próximos passos em insinuações sussurradas. Havia apenas algumas centenas de metros entre Belmarsh e a *Domino's*, mas os muros da prisão separavam dois mundos profundamente diferentes.

"Por favor, salve minha vida!"

À tarde, voltamos à recepção da prisão bem cedo, cientes de que teríamos de passar por todo o procedimento de segurança novamente. Enquanto o Dr. Pérez-Sales realizava o exame psiquiátrico, o Professor Vieira e eu, com o consentimento de Assange, visitamos sua cela e outras partes relevantes da prisão. A mesma agente que nos havia sido designado pela manhã nos conduziu pelos corredores e respondeu de bom grado a todas as nossas perguntas. Em nenhum momento sentimos ou observamos qualquer cinismo ou hostilidade por parte dos funcionários da prisão, seja em relação a nós, a Assange ou aos outros presos. Eles tinham a tarefa desafiadora de gerenciar a segurança e a rotina diária de quase 1.000 detentos e, pelo que pudemos perceber, todos estavam fazendo seu trabalho com uma atitude calma, amigável e profissional. Como eu sabia muito bem, isso não podia ser considerado algo óbvio. Em muitos lugares do mundo, os agentes penitenciários não escondiam o que pensavam de nós, que visitávamos o "inimigo", os "traidores", os "terroristas" ou qualquer outro termo pouco lisonjeiro que reservavam para as pessoas sob sua custódia, e o relacionamento entre os guardas e os detentos era frequentemente marcado por uma atmosfera palpável de medo e violência. Não é o caso aqui. Assange pode ter sido considerado um inimigo público pelos governos de muitos países, mas não pelos guardas de Belmarsh. Quando muito, tive a impressão de que os funcionários da prisão estavam ansiosos para protegê-lo da "má influência" de outros prisioneiros, alguns dos quais haviam cometido crimes muito graves. Como prisioneiro político não violento, Assange nunca deveria ter sido levado para Belmarsh.

Visitamos a biblioteca, a academia, os banheiros e o pátio para caminhadas ao ar livre. Como na maioria das prisões de segurança máxima, as alas de celas individuais em Belmarsh se estendem por dois andares, mas são estritamente separadas das outras alas, de modo a facilitar a redução da tensão e a restauração do controle em caso de motim. Para cada detento, a rotina diária depende muito do regime de segurança que lhe foi atribuído. No Reino Unido, o espectro varia da Categoria A (segurança máxima) à Categoria D (prisão aberta). No momento de nossa visita, Assange estava na Categoria B (alta segurança). Ficamos sabendo da rotina diária dos guardas de plantão e pudemos cruzar as informações com outras fontes: os presos da ala de Assange trabalhavam de três a quatro horas por dia, um grupo pela manhã e o outro à tarde. Na outra metade do dia, as portas das celas eram deixadas abertas para três a quatro horas de socialização, durante as quais os presos podiam circular livremente pelos corredores de sua ala, mas não podiam entrar em outras celas. O tempo no pátio dependia do clima, mas geralmente era de quarenta e cinco a sessenta minutos por dia. As portas das celas permaneciam fechadas durante o resto do dia e durante a noite. Todas as refeições eram feitas dentro das celas, as celas eram, em sua maioria, individuais, havendo algumas celas duplas.

A cela individual de Assange era a de número 37 na Ala II. Quando a pesada porta de aço foi aberta, vi imediatamente que a cela havia sido projetada e equipada em conformidade com as Regras Mínimas das Nações Unidas para o Tratamento de Prisioneiros, ou as "Regras de Nelson Mandela", como são chamadas desde sua revisão em 2015. Nada sofisticado, é claro: cerca de seis metros quadrados de área útil, bem mais de dois metros de altura e uma janela de tamanho razoável. Uma cadeira de plástico, uma pia, um vaso sanitário, um armário, uma cama simples e roupas de cama. Pelo cheiro e pela aparência, ficou claro que a cela tinha acabado de ser pintada, possivelmente em antecipação à minha visita. Há um pequeno vídeo circulando na Internet, que deve ter sido gravado secretamente alguns dias antes da minha visita, e que mostra Assange e outro detento preparando sua cela para a pintura. No piso de linóleo, embaixo da cama e em todas as prateleiras imagináveis havia livros, anotações manuscritas e inúmeras cartas de apoiadores de todo o mundo que, evidentemente, haviam sido entregues a Assange pelas autoridades da prisão. Bem, pensei, como o sistema interno de distribuição de correspondência parecia funcionar com bastante eficiência, não havia desculpa para Assange não receber sua correspondência legal e documentos do caso, como ele havia reclamado.

A funcionária que nos acompanhava explicou que Assange ainda não havia sido integrado à rotina normal da prisão. Um mês após sua prisão, ele ainda estava na fase de indução, que serve para integrar gradualmente os detentos ao sistema. Inicialmente, os prisioneiros normalmente passam cerca de vinte e duas horas sozinhos em suas celas, interrompidos apenas por refeições, banhos e passeio no pátio, bem como por visitas, consultas médicas ou audiências judiciais. O tempo diário para o trabalho e a interação social com outros presos, bem como o acesso à biblioteca e à academia, são acrescentados apenas mais tarde. No caso de Assange, disse ela, a administração da prisão teve de ser particularmente cuidadosa, porque a Suécia o retratou publicamente como suspeito de estupro durante anos. Essa imagem ficou profundamente arraigada na mente dos prisioneiros, inclusive de vários criminosos violentos cujo comportamento era difícil de prever.

Durante a preparação para a minha visita, eu havia solicitado formalmente o agendamento de uma reunião com o diretor da prisão para o final do dia. No entanto, descobriu-se que ele havia "excepcionalmente" ido para casa às 16 horas daquele dia e, por isso, acabei ficando com seu substituto. Mais uma oportunidade para o governo demonstrar oficialmente a pouca importância que atribuía à minha visita, embora, paradoxalmente, fosse exatamente o contrário. Na Grã-Bretanha, só um governo que se sentisse extremamente desconfortável com seu papel nesse caso faria tanto esforço para desconsiderar praticamente todas as convenções de protocolo diplomático e respeito mútuo apenas para minimizar o peso político da minha visita oficial. Claro que o vice-diretor teve um comportamento impecável, forneceu-me todas as informações solicitadas e tomou nota das minhas preocupações. Alertei que, depois de um mês inteiro, era hora de acabar com as restrições do período de indução e permitir que Assange tivesse acesso à biblioteca, à academia e ao trabalho diário. Mais importante ainda, deixei claro que Assange precisava urgentemente de acesso a um psiquiatra independente em quem pudesse confiar e que, sob o atual regime de segurança, ele não tinha condições de se preparar adequadamente para as audiências judiciais que se aproximavam. Ao contrário da grande maioria dos outros presos, ele estava envolvido, simultaneamente, em processos jurídicos complexos em várias jurisdições. Para preparar sua defesa, Assange obviamente precisava das condições para analisar e escrever documentos em um computador, mesmo sem acesso à Internet, e manter trocas regulares e intensivas com suas equipes jurídicas nos respectivos países. Sob o atual regime de detenção em Belmarsh, essa exigência simplesmente não poderia ser garantida de forma consistente com a lei de direitos humanos. O vice-diretor tomou nota, mas depois explicou que foi o juiz que ordenou a detenção de Assange em Belmarsh e que a administração da prisão não poderia de forma alguma influenciar essa decisão. É claro que o juiz argumentaria, posteriormente, que a responsabilidade pelo bem-estar de Assange recai somente sobre a administração da prisão e que o judiciário não tem autoridade alguma para interferir em suas decisões. A evasão burocrática de responsabilidade, se aplicada pelo executivo e pelo judiciário em uma atribuição mútua de responsabilidades, pode ser um método eficaz de minar o estado de direito.

Assim, esse dia importante chegou ao fim. Poucas palavras foram trocadas em nosso trajeto de volta ao centro de Londres. Sentei-me no banco de trás do táxi e fiquei olhando para o vazio através das gotas de chuva no vidro traseiro direito. Em minha mente, fiquei repetindo o momento em que me despedi de Assange no final da tarde. Nos demos um aperto de mão, desejei-lhe que ficasse bem e estava prestes a sair, com os médicos já na porta. Então, de repente, Assange segurou minha mão com força e me segurou. O que ele queria dizer era visivelmente difícil para ele. "Odeio dizer isso", começou. Depois hesitou por um instante eterno até que as palavras finalmente saíram: "Por favor, salve minha vida!". Durante nossa conversa, ele deixou absolutamente claro que não seria extraditado vivo para os Estados Unidos. Em vista do que o aguardava lá, essa era uma decisão racional, disse ele. Durante uma revista na cela dois dias antes de nossa visita, os funcionários da prisão confiscaram uma lâmina de barbear escondida por Assange, por precaução. Eu sabia que ele estava falando sério, e ele sabia, é claro, que seu destino não estava em minhas mãos. Como sempre acontece ao final de visitas intensas, fiz a única coisa humanamente possível nessa situação: dei-lhe um abraço silencioso e forte. Então me ouvi responder, como se estivesse de longe: "Farei o meu melhor!".

Autoridades, advogados e testemunhas

Na tarde do dia seguinte, encontrei-me com as autoridades britânicas. O professor Vieira deveria testemunhar em outro tribunal e já havia deixado Londres, mas o Dr. Pérez-Sales me acompanhou até a sede do *Home Department*[10], na Marsham Street. Durante as visitas oficiais de relatores especiais da ONU, as reuniões de abertura com as autoridades do Estado anfitrião normalmente ocorrem em nível ministerial, enquanto a discussão de questões técnicas é posteriormente delegada ao "nível de trabalho" – as pessoas que de fato dirigem a administração.

Não foi assim em Londres, pelo menos não no caso Assange. Desde o início, fui confrontado com funcionários administrativos que poderiam me informar sobre a estrutura normativa, institucional e processual doméstica aplicável, mas que, mesmo que tivessem a maior boa vontade, não tinham alçada para discutir as decisões políticas que seriam necessárias para resolver o caso Assange. Mais uma vez, eu estava recebendo o recado de que o governo britânico tolerava minha investigação como uma questão de fachada, mas não estava disposto a questionar seriamente sua própria abordagem.

Com um ministro, eu poderia ter abordado questões completamente diferentes. O Ministro do Interior, Sajid Javid, por exemplo, assinaria pessoalmente o pedido de extradição de Assange feito pelos EUA apenas algumas semanas depois, e o Ministro das Relações Exteriores, Jeremy Hunt, era responsável pelas relações britânicas com os Estados Unidos, Equador e Suécia, mas também com as Nações Unidas. Com

---

[10] O Home Department, também conhecido como Home Office, é um departamento ministerial do Governo britânico, responsável pela imigração e segurança. (N.T.).

eles, eu poderia ter discutido as implicações políticas e de direitos humanos do caso Assange e explorado soluções de compromisso que pudessem ser aceitas por todas as partes. Mas, obviamente, não era isso que o governo britânico tinha em mente. Ao invés disso, preferiu manter nosso diálogo preso em um labirinto de espelhos de tecnicalidades burocráticas – uma tática diplomática de eficácia comprovada para fingir uma atitude voltada para soluções e, ao mesmo tempo, impedir qualquer progresso significativo. Assim, minha visita reduziu-se a uma discussão técnica com funcionários administrativos do Ministério do Interior e do Ministério da Justiça sobre a melhor forma de garantir a transição mais rápida de Assange para uma rotina prisional aceitável, que lhe permitisse contato social regular e, o mais importante, acesso adequado a seus advogados e aos documentos do caso. Também enfatizei que, com base em nossos exames médicos, eu estava seriamente preocupado com a saúde de Assange e meu parecer era que ele precisava, urgentemente, de acesso a um psiquiatra independente em quem pudesse confiar.

Contudo, minha principal preocupação era o pedido de extradição estadunidense. Por quase uma década, o Departamento de Justiça dos EUA vinha preparando seu caso contra Assange a portas fechadas. Desde 2010, havia relatos sobre audiências secretas de um "Grande Júri", um procedimento judicial antigo nos EUA extremamente vulnerável à manipulação do Ministério Público, no qual um grupo de leigos decide se deve apresentar acusações contra um indivíduo – sem orientação judicial, com base apenas nas provas fornecidas pelo procurador e com exclusão total do público e do próprio suspeito. Mais de 95% dos processos nos EUA nunca vão a tribunal, mas são resolvidos por meio de negociações de acordos. Nesse contexto, o propósito original do Grande Júri era proteger o público contra o excesso governamental, mas ele vem sendo, infelizmente, cada vez mais corrompido, e essa instituição, outrora honrada, vem se transformando em uma ferramenta conveniente para proteger os abusos cometidos pelo poder executivo e pelo Ministério Público da supervisão judicial ou pública.

No caso de Assange, o Grande Júri finalmente emitiu sua primeira acusação em 6 de março de 2018, mas ela foi mantida em segredo – "*sealed*" – até sua prisão, em 11 de abril de 2019. A perspectiva dessa acusação já não era crível. Qual era a plausibilidade de que o Departamento de Justiça dos EUA investigasse Assange por nove longos anos, apenas para chegar a uma única acusação de "conspiração para cometer invasão de computador", um crime cuja pena máxima era de apenas cinco anos? Uma pena máxima, além disso, que só poderia ser aplicada em casos particularmente graves e que teria de ser significativamente reduzida no caso de Assange, já que ele foi acusado de uma mera tentativa malsucedida que não causou dano algum. Para qualquer observador objetivo, era óbvio que as autoridades estadunidenses não haviam investigado e vigiado Assange por quase uma década e certamente não ingressariam com um processo de extradição no Reino Unido, simplesmente para condená-lo por um pequeno delito punível com uma sentença de prisão de algumas semanas, na melhor das hipóteses.

Uma explicação muito mais convincente para essa intrigante acusação seria os EUA queriam evitar acusar Assange oficialmente de espionagem, pelo menos por enquanto. Sendo a espionagem o exemplo clássico de um delito político, qualquer acusação desse tipo teria impedido a extradição de Assange com base no Artigo 4 do tratado de extradição anglo-estadunidense de 2003, que proíbe expressamente extradições por delitos políticos. Dessa maneira, a acusação de invasão de computador foi suficiente para satisfazer a exigência de dupla criminalidade, segundo a qual nenhuma pessoa pode ser extraditada a menos que o suposto delito constitua um crime em ambos os países. Além disso, ao restringir as acusações a crimes de computador, os EUA pretendiam evitar uma discussão sobre as implicações da acusação de Assange para a liberdade de imprensa. A narrativa oficial que estava sendo apresentada era a de que tentar decodificar a senha de um computador do governo, mesmo que sem sucesso, não era uma atividade jornalística protegida pela Constituição dos EUA. Desse modo, a atenção do público era desviada dos criminosos segredos de Estado expostos pelo WikiLeaks, que foram, obviamente, o verdadeiro motivo da perseguição agressiva contra Assange.

Havia uma cláusula do tratado de extradição que me preocupava particularmente. De acordo com o chamado "princípio da especialidade", os Estados Unidos só poderiam processar Assange por delitos para os quais sua extradição tivesse sido solicitada e concedida. Assim, esse princípio parecia sugerir que, uma vez extraditado, Assange só poderia ser processado por aquela única acusação de invasão de computador, conforme estabelecido na acusação subjacente ao pedido de extradição feito pelos EUA. Mas, como é praticamente invariável na lei, há uma brecha. Efetivamente, o Artigo 18 prevê que a pessoa extraditada também pode ser detida, julgada ou punida por "um delito tipificado de forma diferente", desde que seja baseado nos mesmos fatos do delito pelo qual a extradição foi concedida. Como observei aos meus interlocutores britânicos, era difícil exagerar a relevância prática dessa disposição. Com base nela, mesmo após a extradição de Assange do Reino Unido, os Estados Unidos estariam livres para acrescentar acusações novas e diferentes à que pesava contra ele, desde que fossem apoiadas nos fatos descritos no pedido de extradição. Isso também explica por que a descrição dos fatos no pedido de extradição era excepcionalmente ampla e nitidamente excedia o que era necessário para uma única acusação de invasão de computador. É claro que o acréscimo de novas acusações também abriria a porta para sanções mais severas, inclusive a própria pena de morte ou uma sentença de prisão perpétua sem liberdade condicional. Nenhuma delas seria compatível com as obrigações britânicas de direitos humanos.

Meus interlocutores ficaram visivelmente surpresos. Eles não esperavam que eu pedisse sua avaliação sobre os riscos aos direitos humanos decorrentes das letras miúdas do tratado de extradição anglo-estadunidense. Em um momento de descuido, o funcionário encarregado da política de extradição trocou um olhar significativo com seu colega responsável pela assistência jurídica internacional. Em seguida, ele limpou a garganta e respondeu, com os olhos firmemente fixos nos documentos à sua frente: "Bem, sim... suponho que isso é algo que teremos de analisar se e quando a situação surgir". Percebendo que eu ia insistir no assunto, sua colega interveio rapidamente: "Acho que devemos deixar o judiciário britânico fazer seu trabalho!". Seu tom decisivo e sua expressão facial deixaram claro que essa era a proposta britânica – inegociável – para uma posição pública compartilhada e que nossa conversa estava encerrada.

Na manhã daquele mesmo dia, visitei os escritórios da Doughty Street Chambers, um renomado escritório de advocacia especializado em direitos humanos, para me reunir com alguns dos advogados de

Assange, representantes importantes do WikiLeaks e uma série de outras testemunhas. Entre eles estava Stella Moris, que me foi apresentada como membro da equipe jurídica de Assange. Naquela época, o mundo ainda não sabia que ela e Assange estavam secretamente noivos e que haviam se tornado pais, duas vezes, durante a permanência dele na embaixada. Também me reuni com Fidel Narváez, ex-cônsul-geral da embaixada equatoriana em Londres, e Guillaume Long, que foi ministro das Relações Exteriores do Equador até a eleição do presidente Lenín Moreno, em 2017.

Os dois médicos que haviam visitado Assange comigo ainda não haviam finalizado seu relatório clínico, e eu sabia que precisaria de tempo para triangular e concatenar suas descobertas com as evidências obtidas dessas testemunhas, das autoridades e de outras fontes em conclusões consolidadas que eu avaliasse satisfatórias para apresentar com segurança ao governo e ao público. No entanto, é claro que já havíamos trocado pontos de vista e formado uma opinião preliminar, o que nos permitiu compilar uma lista de questões em aberto a serem investigadas mais profundamente. Todos concordamos que os sintomas físicos e psicológicos apresentados por Assange constituíam uma resposta normal ao isolamento prolongado, ao estresse e à ansiedade. Esses sintomas incluíam, principalmente, manifestações precoces de comprometimento neurológico e cognitivo; inquietação e volatilidade; tentativas desesperadas de sufocar sentimentos de impotência; depressão grave; e, subjacente ao resto, um medo permanente de ser extraditado para os Estados Unidos e exposto à desumanização pelo resto da vida em uma prisão de segurança máxima. Assange sofria de transtorno de estresse pós-traumático (TEPT) grave, e a continuação e o aumento do acúmulo dos fatores de estresse muito provavelmente desencadeariam uma rápida deterioração de sua saúde e, na pior das hipóteses, um colapso nervoso, parada cardíaca ou até mesmo suicídio. Sem dúvida alguma, Assange precisava ter acesso a um psiquiatra de confiança que fosse independente das autoridades. No entanto, em última análise, minha tarefa como relator especial sobre tortura não era fornecer às autoridades um diagnóstico médico, mas determinar se os sintomas médicos diagnosticados haviam sido causados por tortura ou outros tratamentos cruéis, desumanos ou degradantes ou havia outras causas possíveis, como condições médicas preexistentes ou experiências traumáticas que não constituíssem violações de direitos humanos.

Tortura psicológica

Minha conclusão de que Assange foi exposto a tortura psicológica foi criticada repetidamente, mas, até o momento, por ninguém que tenha a especialização e a experiência necessárias para fazê-lo com algum nível de credibilidade. Até onde sei, de todos esses críticos, nenhum examinou Assange pessoalmente; nenhum tem experiência prática em identificar e documentar traços de tortura ou conhecimento jurídico sobre formas contemporâneas de tortura e quase ninguém se deu ao trabalho de ler os documentos oficiais da ONU que detalham minhas descobertas. No entanto, todos os tipos de autodeclarados especialistas – de jornalistas a políticos e de funcionários a professores de direito experientes – sentem-se convocados a atacar publicamente minhas conclusões oficiais como "absurdas", "sem sentido" e "erradas", ou como uma "banalização" do conceito de tortura. Na falta da competência profissional necessária, trombetear críticas tão duras parece ser bastante ousado e, em muitos casos, bastante constrangedor. Embora isso diga pouquíssimo sobre a objetividade de minhas descobertas, diz muito sobre as amarras emocionais, em grande medida inconscientes, da mentalidade predominante contra Assange.

Digo isso sem culpabilizar ou ridicularizar. Afinal, em dezembro de 2018, eu havia reagido com o mesmo açodamento e preconceito ao primeiro pedido de intervenção feito por Assange. Eu havia sido enganado pela mesma campanha de difamação implacável e pérfida contra ele, que está em curso ainda hoje e tem como objetivo desviar a atenção pública do que realmente se trata esse caso. Na época, eu teria rejeitado ferozmente qualquer sugestão de que havia sido enganado. Contudo, esse é, obviamente, o ponto principal do engano – pois, uma vez que os enganados se tornam conscientes de seu engano, eles já não mais se deixam enganar. Portanto, na verdade, minha própria atitude arrogante em relação a Assange era a prova viva de que o engodo estava funcionando. Até mesmo eu, no meu papel de especialista da ONU oficialmente nomeado para a proibição da tortura, de alguma forma "sabia" imediatamente que o caso dele não envolvia nenhuma forma real de maus-tratos – pelo menos enquanto eu conseguisse evitar olhar para os fatos. Para trazer alguma objetividade de volta a esta discussão, percorramos rapidamente o raciocínio jurídico básico que fundamenta minha conclusão de tortura psicológica. As provas factuais relacionadas serão apenas resumidas aqui, pois serão discutidas em detalhe nos capítulos seguintes.

O termo "tortura", conforme definido na Convenção das Nações Unidas contra a Tortura, refere-se essencialmente à inflição intencional de dor ou sofrimento físico ou mental grave a fim de atingir um objetivo específico. É mais comumente associado à obtenção ou supressão de testemunhos ou confissões, mas também pode envolver outras formas de coerção, intimidação, punição ou discriminação. Em última análise, a tortura sempre tem a intenção de dilacerar a vontade da pessoa visada e subjugá-la à vontade do torturador. É importante ressaltar que as pessoas visadas – cuja vontade o torturador pretende quebrar – não precisam ser apenas as próprias vítimas imediatas, mas também podem ser seus maridos, esposas, pais ou filhos, seus amigos ou conhecidos, ou até mesmo o público em geral. Além disso, a tortura é sempre dirigida contra indivíduos sem poder, que, nessas circunstâncias, não podem fazer nada para resistir ou escapar da dor ou sofrimento de que são vítimas.

A formulação "outros tratamentos ou penas cruéis, desumanos ou degradantes", ou, para abreviar, "maus-tratos", é usada quando a inflição de dor ou sofrimento, embora desnecessária, desproporcional ou ilegal, não vem acompanhada de pelo menos uma das características da tortura, a saber, intencionalidade, propósito, intensidade do sofrimento resultante ou a impotência da vítima. Exemplos de maus-tratos incluem a exposição negligente de prisioneiros a condições desumanas de detenção sem explorar propositalmente o sofrimento resultante; o uso desproporcional de gás lacrimogêneo ou violência física contra manifestantes pacíficos e declarações ou atos humilhantes, intimidadores ou discriminatórios que não podem ser justificados, mas que, nas circunstâncias, não causam dor ou sofrimento de intensidade suficiente para atingir os objetivos da tortura.

Da perspectiva do direito internacional, tanto a tortura, quanto os maus-tratos estão sujeitos a uma proibição universal e absoluta e, portanto, não podem ser justificados em nenhuma circunstância. Além disso, no caso da tortura existe uma obrigação mundial de criminalizar e investigar, o que reflete o estigma especial ligado à instrumentalização a sangue frio da dor e do sofrimento.

Conforme salientei em um relatório específico para o Conselho de Direitos Humanos, em março de 2020 (A/HRC/43/49), a tortura psicológica difere da tortura física não nos objetivos, mas nos métodos. Enquanto a tortura física busca atingir seus objetivos principalmente por meio da dor física, a tortura psicológica o faz por meio da imposição direta de sofrimento mental, ou seja, sem usar o canal do corpo físico. Em ambos os casos, entretanto, o objetivo final não é o corpo da vítima ou de uma terceira pessoa ou alvo que esteja sendo intimidado, mas sua mente e suas emoções que devem ser diláceradas e submetidas ao torturador. No longo prazo, a tortura psicológica causa não apenas dor ou sofrimento mental, mas também danos físicos mensuráveis, principalmente por meio da incessante superestimulação e desestabilização do equilíbrio psicoemocional da vítima. Em sentido estrito, não existe de fato tortura puramente física ou puramente psicológica e, na maioria dos casos, ambas as formas de abuso são deliberadamente combinadas. No entanto, essa distinção é útil na prática, porque os métodos de tortura física e psicológica causam diferentes sintomas primários, cuja identificação e documentação, por sua vez, requerem diferentes métodos de exame forense.

Na maioria dos casos, a tortura psicológica se concentra na interação coordenada de quatro elementos: intimidação, isolamento, arbitrariedade e humilhação. Primeiro, a necessidade de segurança e proteção da vítima de tortura é corroída pela criação e manutenção de um cenário de ameaça constante, gerando uma profunda sensação de medo e intimidação. Em segundo lugar, a ansiedade resultante é intensificada pelo isolamento da vítima de seu ambiente normal e de seu mundo social, tornando-a totalmente dependente de seus torturadores, até mesmo nos aspectos mais simples e íntimos de sua vida diária. Terceiro, para desestabilizar ainda mais a vítima, as regras normais de interação social são substituídas por um regime deliberadamente arbitrário e confuso de "sim" e "não". As decisões não são mais tomadas com base em critérios claros e coerentes, mas se tornam cada vez mais erráticas e imprevisíveis, expondo a vítima a uma sensação crescente de insegurança e desamparo. Por fim, o senso de dignidade e autoestima da vítima de tortura é erodido pela humilhação, vergonha e difamação. Especialmente no caso de dissidentes políticos, isso também tem como objetivo destruir a reputação pública e a credibilidade da vítima, fazer sua perseguição parecer justificada e dificultar, se não impossibilitar, seu retorno à comunidade.

Não há dúvida de que, durante nossa visita a Belmarsh, Assange apresentou os sintomas médicos típicos da exposição prolongada à tortura psicológica. Vários outros médicos haviam chegado à mesma conclusão anteriormente, quando Assange ainda estava confinado na embaixada do Equador. Como uma condição mental preexistente podia ser descartada como causa desses sintomas, eles tinham de ser o resultado de fatores externos que o afetaram durante um longo período de tempo. No caso de Assange, esses fatores puderam ser identificados com um alto grau de certeza e, cumulativamente, criaram uma dinâmica que só pode ser descrita como uma campanha planejada e contínua de assédio moral público.

Como será demonstrado, Assange foi deliberadamente demonizado, humilhado e socialmente isolado logo após a publicação desnorteante do Diário da Guerra do Afeganistão pelo WikiLeaks em julho de 2010. Isso foi conseguido principalmente por meio do uso ostensivo da mídia de massa pelas autoridades suecas para disseminar alegações de estupro contra Assange, em combinação com a extrema procrastinação do processo contra Assange na Suíça, perpetuando e instrumentalizando propositadamente essas alegações por quase uma década sem qualquer perspectiva de resolução judicial. A difamação de Assange facilitou a acumulação de calúnias adicionais, desclassificando-o como um hacker implacável, espião e narcisista com sangue nas mãos. Enquanto isso, nos bastidores, o governo dos EUA usava seu sombrio sistema de Grande Júri para criar o cenário ameaçador de um julgamento político de Assange, seguido de seu enterro vivo em uma solitária nos EUA – um cenário suficientemente alarmante para que Assange se sentisse constantemente ameaçado, mas suficientemente secreto para que seus temores fossem amplamente ridicularizados como paranoia. Nas semanas e meses seguintes, Assange gradualmente deixou de ser aclamado como um herói da liberdade de imprensa para ser desprezado como um pária tragicômico, cujos direitos humanos e dignidade não pareciam mais ser um fator a ser considerado. Dessa forma, seus interesses legítimos agora podiam ser abertamente atropelados sem o risco de um clamor público ou qualquer forma de responsabilização. Com uma previsibilidade que lembrava os julgamentos de bruxas do século XVII, cada ato ou omissão oficial por parte das autoridades públicas deixava inequivocamente claro que Assange não poderia contar com o devido processo legal e não seria tratado de acordo com a lei em nenhuma das jurisdições envolvidas. Assim, os elementos básicos da tortura psicológica já estavam presentes: intimidação, isolamento, arbitrariedade e humilhação. Apesar disso, Assange ainda não estava completamente indefeso. Ele ainda tinha um círculo de amigos e apoiadores – embora cada vez menor –, ainda podia continuar seu trabalho e, o que é crucial, em um momento em que todas as outras portas já haviam se fechado, ainda contava com a proteção diplomática do Equador – o único país que ousou cruzar a linha.

    Contudo, a situação de Assange se tornou muito mais precária quando ele se refugiou na embaixada do Equador, em junho de 2012. Embora estivesse temporariamente protegido contra extradição para os Estados Unidos, sua liberdade de movimento estava agora limitada a alguns metros quadrados. Então, cinco anos depois, a mudança de governo no Equador transformou abruptamente o último refúgio de Assange em uma armadilha inescapável. A embaixada se transformou em um ambiente hostil marcado por excesso de regulamentação, isolamento crescente e vigilância constante. As visitas de amigos e apoiadores se tornaram cada vez mais difíceis, e seus canais de comunicação com o mundo exterior foram sendo progressivamente restringidos, culminando com a supressão completa de seu acesso à Internet e de suas comunicações telefônicas logo após a acusação secreta dos EUA, em março de 2018. Como será demonstrado, o isolamento de Assange foi deliberado, proposital e coordenado. Seu mundo foi se tornando cada vez mais confinado até que ele ficou praticamente sem espaço protegido e completamente impotente contra os maus-tratos contínuos. Porém, o mais importante é que, com a mudança de governo em Quito, o cenário ameaçador de uma possível extradição para os EUA de repente se tornou muito real novamente. Isso aumentou muito a pressão psicológica sobre Assange e gerou um estado constante de extrema ansiedade e estresse.

Como se não bastasse, a humilhação pública de Assange também se intensificou durante esse último período na embaixada. Desde os primórdios da História até a "cultura do cancelamento" contemporânea, o escárnio público tem sido muito eficaz para destruir a reputação das pessoas, privando-as de sua dignidade humana e excluindo-as do grupo, muitas vezes de forma permanente. Entretanto, os métodos mudaram. Hoje em dia, o alcatrão com penas[11] se tornou obsoleto; o banimento e a demonização agora são feitos por meio de tweets, postagens em blogs ou manchetes escandalosas nas primeiras páginas. Ao longo dos anos, Assange foi submetido a uma campanha sem precedentes de vilipêndio, intimidação, humilhação e, por fim, desumanização. Isso envolveu não apenas jornalistas, mas também políticos em exercício e antigos, e até mesmo funcionários diretamente envolvidos no processo e no julgamento de seu caso. O espectro de tais declarações varia de ridicularização e difamação até ameaças abertas e reivindicações para que Assange seja assassinado.

Por exemplo, em 16 de agosto de 2012, o dia em que o Equador aprovou formalmente o pedido de asilo de Assange, o repórter da BBC Thom Phipps recomendou, via Twitter, que a Polícia Metropolitana "arrastasse Assange para fora da embaixada e atirasse em sua nuca no meio da Trafalgar Square". E Hillary Clinton, então Secretária de Estado dos EUA, teria perguntado durante uma reunião de equipe: "não podemos simplesmente matar esse cara com um drone?". É significativo que, quando questionada sobre o episódio em uma coletiva de imprensa, Clinton não negou a suposta declaração com a devida clareza, mas apenas afirmou que não se lembrava de ter feito tal "piada". A displicência com que essas declarações vergonhosas foram ignoradas não era incomum na época. Voltaremos a esse assunto em mais detalhes posteriormente. De qualquer forma, nenhum governo ou organização

---

[11] Método de humilhação pública que consiste em besuntar o corpo da pessoa com alcatrão, às vezes quente, e então jogar penas para que grudem no alcatrão. (N.T.)

de mídia parecia achar necessário intervir e frear tais pronunciamentos incendiários. Assange havia se tornado um fora-da-lei.

Não é de se surpreender que a exposição prolongada de Assange a tais níveis de intimidação, isolamento, arbitrariedade e humilhação tenha feito com que ele experimentasse um estado de angústia mental e emocional, ansiedade e depressão que se intensificou progressivamente e acabou ultrapassando o limiar de "dor ou sofrimento intenso" associado à tortura. Para que seja considerado tortura psicológica, esse sofrimento deve, além disso, ser infligido de forma intencional e proposital. Embora esteja claro que erros procedimentais isolados ou decisões judiciais questionáveis geralmente não podem ser equiparados a tortura ou maus-tratos, os capítulos a seguir deixarão igualmente claro que a arbitrariedade grosseira e a negação de justiça sofridas por Assange em todas as jurisdições envolvidas excedem em muito as falhas que podem ocasionalmente surgir em qualquer processo legal regular. Quando os direitos fundamentais de uma pessoa estão sendo sistematicamente violados em todos os estágios de cada processo e em todas as jurisdições, e quando essa arbitrariedade não desencadeia nenhuma ação corretiva efetiva durante mais de uma década, então a presunção de boa-fé por parte das autoridades simplesmente não pode ser mantida. Em democracias regidas pelo estado de direito, a negação da justiça nessa escala não pode ocorrer por acidente ou negligência, mas somente com intenção. No direito internacional, a intenção por parte das autoridades estatais existe independentemente da culpabilidade criminal, sempre que for razoavelmente previsível que seus atos ou omissões contribuirão, de fato, para uma violação dos direitos humanos.

Em termos de propósito, os maus-tratos públicos a Assange não têm como objetivo forçar uma confissão ou coagi-lo a cooperar, mas servem principalmente para intimidar e dissuadir outros editores, jornalistas e denunciantes que possam se sentir tentados a seguir seu exemplo. Na ausência de qualquer evidência de um crime passível de processo, a perseguição a Assange também visa puni-lo arbitrariamente – por meio de intimidação, isolamento, humilhação e processos intermináveis – por ter divulgado os segredos ilícitos dos poderosos. A perseguição pública de indivíduos indefesos é uma das formas mais primitivas de comunicação social. Profundamente enraizada no subconsciente humano desde os primórdios da história, é uma demonstração de poder que não requer explicação e geralmente desencadeia padrões comportamentais instintivos de autoproteção, conformidade e cumplicidade. Desde a condenação popular de Jesus Cristo até os julgamentos de bruxas na Europa, no século XVII, e os julgamentos políticos de todas as ditaduras e falsas democracias da história humana, o assédio moral sancionado pelo Estado tem sido um dos métodos mais eficazes de controle da opinião pública e de silenciamento de dissidências inconvenientes.

Quando informei à equipe jurídica de Assange que, em minhas declarações oficiais, eu provavelmente falaria não apenas de tratamento cruel, desumano e degradante, mas até mesmo de tortura psicológica, eles ficaram inicialmente surpresos. Não que discordassem de minha avaliação, mas não esperavam que eu estivesse disposto a me expor com uma visão tão impopular, em face da hostilidade esmagadora da opinião pública. Eles também pareciam estar preocupados com minha reputação e me lembraram que, até agora, ninguém em posição de influência que ousou defender Assange escapou ileso. É claro que eles analisaram a questão principalmente sob a perspectiva dos interesses de seu cliente. Caso eu fosse desacreditado, Assange perderia um importante defensor em sua luta contra a extradição para os Estados Unidos. Assim, eles sugeriram que talvez fosse preferível não falar de "tortura", mas apenas de "tratamento cruel, desumano e degradante". Com base em anos de experiência frustrante, eles temiam que as alegações de tortura não fossem levadas a sério e que uma solução de compromisso terminológico pudesse ser mais promissora do que chamar as coisas pelo nome. Foi então que percebi como o fato de travar uma batalha difícil durante anos havia abatido não apenas Assange, mas até mesmo seus advogados. A arbitrariedade sistemática, a rejeição e o assédio brando por parte das autoridades, somados à hostilidade constante por parte do público, da imprensa e até mesmo de amigos e conhecidos pessoais, contribuíram para o que poderia ser descrito como "trauma vicário".

Eu não tinha ilusões de que, após dez anos de arbitrariedade e perseguição, os governos envolvidos seriam tão influenciados por nuances terminológicas a ponto de subitamente passarem a cumprir suas obrigações de direitos humanos para com Assange. Caso eu quisesse manter minha integridade e credibilidade, meu raciocínio teria que ser objetivo, coerente e convincente. Portanto, se minha investigação levasse à conclusão de que Assange havia sido exposto a tortura psicológica, era meu dever dizer isso.

Reabertura da investigação sueca

Três dias após minha visita a Londres, em 13 de maio de 2019, a Promotoria Sueca anunciou a reabertura de sua investigação preliminar contra Assange – pela terceira vez desde 2010. A narrativa oficial permaneceu a mesma: Assange era suspeito de estupro. Em todos esses anos, no entanto, as autoridades suecas nunca conseguiram produzir evidências suficientes para acusá-lo formalmente de qualquer delito criminal. Agora, parecia que o promotor queria fazer uma terceira tentativa para finalmente ir além do estágio inicial de uma "investigação preliminar". Era uma espécie de corrida contra o tempo porque, de acordo com a lei sueca, a alegação de estupro prescreveria em agosto de 2020 – em quinze meses. Uma segunda alegação, referente ao assédio sexual de outra mulher, já havia expirado silenciosamente em agosto de 2015, também sem evidências suficientes para uma acusação formal.

Em uma coletiva de imprensa, a promotora explicou sua decisão dizendo que a expulsão de Assange da embaixada o colocou mais uma vez ao alcance das autoridades suecas e que seu novo interrogatório era indispensável para uma acusação formal pelo suposto estupro. Portanto, um novo Mandado de Detenção Europeu (MDE) seria solicitado para Assange, com o objetivo de garantir sua extradição para a Suécia o mais rápido possível, após o corrente cumprimento de sua sentença de prisão por violação de fiança em Londres.

Durante minha conversa com Assange, quase não falei sobre a investigação sueca, pois meu foco estava nas condições de sua detenção e nos riscos associados à sua possível extradição para os Estados Unidos. Foi somente com a reabertura da investigação preliminar, em 13 de maio, que passei a examinar mais detalhadamente a dimensão sueca do caso. Minha principal preocupação era que a narrativa da suspeição de estupro pudesse ser usada para facilitar sua transferência para os Estados Unidos via Suécia sem o benefício de procedimentos justos que atendessem aos padrões do devido processo legal. Esse cenário não era de forma alguma exagerado. A facilidade com que o judiciário sueco manteve o anterior mandado de prisão contra Assange já não era um bom prenúncio de um julgamento justo. Por mais de seis anos, os tribunais confirmaram consistentemente que Assange era suspeito de estupro por "causa provável", apesar da óbvia falta de evidências processáveis, bem como da persistente procrastinação e obstrução por parte da acusação. Juntamente com o sigilo habitual com que os processos criminais por crimes sexuais são conduzidos na Suécia, não havia realmente nenhuma salvaguarda objetivamente verificável contra uma condenação arbitrária baseada em provas frágeis fornecidas por algum promotor tendencioso a portas fechadas.

Em uma próxima etapa, Assange seria enviado aos Estados Unidos, muito provavelmente, por meio do mecanismo de "entrega temporária", uma brecha no tratado de extradição entre os EUA e a Suécia que permite que os Estados Unidos "peguem emprestado", por assim dizer, um suspeito da Suécia para fins de investigação criminal sem um processo completo de extradição. Embora essa entrega deva permanecer temporária, sua duração deve ser consensuada pelos dois governos examinado caso a caso – brecha suficiente para um arranjo sob medida que garanta o desaparecimento perpétuo de Assange no buraco negro de uma prisão de segurança máxima dos EUA. É óbvio que os britânicos se apressariam em dar seu consentimento, sem se importar com direitos humanos e o devido processo legal. Para um estuprador condenado, não haveria clamor público nem na Grã-Bretanha, nem, muito menos, na Suécia. Até mesmo organizações influentes de direitos humanos teriam receio de se colocar do lado errado do politicamente correto, especialmente aos olhos de seus financiadores. Não é coincidência, por exemplo, que, ao longo de mais de uma década, a Anistia Internacional tenha se furtado a reconhecer Assange como um "prisioneiro de consciência", apesar do fato de que ele claramente se encaixa nos critérios para essa designação, é perseguido por ter exposto uma ampla gama de crimes de guerra, tortura e corrupção – tendo inclusive já recebido o Prêmio de Mídia da Anistia Internacional – e corre o risco de passar o resto de sua vida em condições de detenção que só podem ser descritas como cruéis, desumanas e degradantes.

Assange era inteligente e realista o bastante para saber o que o aguardava na Suécia. Ele certamente não optou por passar dezoito meses em prisão domiciliar na Grã-Bretanha, seguidos de quase sete anos na embaixada do Equador, apenas para evitar um julgamento criminal na Suécia que, na pior das hipóteses, poderia resultar em uma sentença máxima de quatro anos de prisão. Ele simplesmente sabia demais sobre a realidade da política internacional para acreditar que as salvaguardas constitucionais suecas seriam fortes o bastante para protegê-lo contra o único perigo sério à sua vida e dignidade: a extradição para os Estados Unidos.

Que esse perigo era concreto, apesar das alegações suecas em contrário, talvez seja ilustrado de forma mais pungente pelos casos chocantes de Ahmed Agiza e Muhammad Al Zery, dois egípcios solicitantes de asilo que haviam sido registrados oficialmente na Suécia. Em 18 de dezembro de 2001, Agiza e Al Zery foram presos em Estocolmo pela polícia de segurança sueca (SÄPO) e entregues a agentes da CIA, no Aeroporto de Bromma. De lá, foram clandestinamente levados de volta para o Egito sem qualquer forma de processo legal e torturados como suspeitos de terrorismo na famosa prisão de Tora. As autoridades suecas foram posteriormente condenadas em dois processos separados, pelo Comitê de Direitos Humanos da ONU e pelo Comitê contra a Tortura da ONU, por uma clara violação do princípio de não-devolução, derivado da proibição da tortura, e a Suécia foi condenada a pagar uma indenização de US$ 500.000 a cada uma das vítimas. Apesar da óbvia má conduta por parte das autoridades suecas, o governo se recusou a cooperar integralmente com a investigação da ONU, conforme exigido por lei, e teve que ser explicitamente repreendido a esse respeito. Posteriormente, o ombudsman do Parlamento sueco para o judiciário criticou seriamente as autoridades responsáveis, mas, mais uma vez, as autoridades responsáveis se recusaram a providenciar quaisquer sanções criminais ou disciplinares – em mais uma violação da Convenção contra a Tortura.

Como evidenciado por um longo fluxo de correspondências internas e análises jurídicas do governo australiano, no ano de 2011, até mesmo o ministro das relações exteriores e outros membros de alto escalão desse governo estavam seriamente preocupados com a possibilidade de a Suécia usar o mecanismo de "entrega temporária" para entregar Assange aos Estados Unidos, contornando os procedimentos regulares de extradição. Ao contrário da percepção popular, portanto, o cenário mais temido por Assange não era paranoico, mas – pelo menos nos bastidores – era percebido como uma avaliação totalmente realista, mesmo nos círculos diplomáticos de aliados próximos dos EUA, como a Austrália.

Acusação dos EUA por espionagem

Em 2019, no entanto, os Estados Unidos pareciam ter mudado de ideia e decidido tentar a extradição de Assange diretamente do Reino Unido. Desde a eleição do presidente Trump, um vento diferente soprava do outro lado do Atlântico. Foi-se a fachada diplomática de seu antecessor, junto com qualquer outra pretensão de igualdade e cooperação multilaterais. A política externa estadunidense tornara-se rude, grosseira e errática, enquanto o governo britânico se contentara com uma posição cada vez mais acrítica de servilismo – o único papel que lhe restava desempenhar em sua "relação especial" com os Estados Unidos.

Ao reabrir sua investigação em 13 de maio de 2019, a Suécia inadvertidamente passou a desafiar os Estados Unidos. De repente, poderia haver dois pedidos de extradição concorrentes. Qual deles teria prioridade? De acordo com o tratado de extradição anglo-estadunidense, a prioridade entre os pedidos concorrentes dependeria, entre outras coisas, da gravidade do suposto crime e da ordem cronológica em que os pedidos foram feitos. Em ambos os critérios, um pedido sueco provavelmente teria que ser priorizado. O primeiro pedido de extradição da Suécia sobre o mesmo assunto data de novembro de 2010 e, em junho de 2012, transitou em julgado com êxito junto à Suprema Corte britânica. Além disso, a forma menos grave de violação de que Assange era suspeito na Suécia tinha uma pena máxima de quatro anos de prisão. Embora fosse inferior ao máximo de cinco anos aplicável à acusação única feita pelos

EUA de conspiração por cometer invasão de computador, a provável sanção para a suposta tentativa malsucedida de cometer tal invasão era significativamente menor do que a que poderia ser imposta no caso de uma condenação por estupro na Suécia.

Os Estados Unidos demoraram apenas dez dias para bater seu pesado pé no chão. Em 23 de maio de 2019, ainda dentro do prazo de sessenta e cinco dias para concluir o pedido de extradição, o Departamento de Justiça dos EUA enviou sua primeira acusação substitutiva <*Superseding Indictment*>, ampliando sua lista de acusações com dezessete acusações adicionais amparadas na Lei de Espionagem de 1917. A partir de então, o caso dos EUA contra Assange não se limitava à acusação de uma tentativa fracassada de decodificar uma senha, mas sim de espionagem pura e simples – o exemplo clássico de um delito político. Além disso, como todas as dezessete novas acusações acusavam Assange de obter, receber ou divulgar informações de defesa nacional, também ficou claro que a acusação constituía um ataque frontal à liberdade de imprensa garantida pela Constituição dos EUA. Para cada acusação, Assange agora enfrentava uma sentença cumulativa de até dez anos de prisão, resultando em uma possível sentença de prisão que podia chegar a 175 anos. A discrepância em relação à sentença máxima sueca de quatro anos era agora tão grande, e a reivindicação de prioridade dos EUA havia sido declarada de forma tão inequívoca, que um possível pedido de extradição sueco teria necessariamente que ficar em segundo lugar. Pouco importava que 175 anos de prisão representasse uma sanção grotesca para supostos delitos que não envolviam nem morte nem violência, lesão ou dano material. A título de comparação, em 2010, o Tribunal Penal da ONU para a antiga Iugoslávia condenou dois ex-oficiais militares sérvios à prisão perpétua por seu papel no genocídio de 7.000 muçulmanos bósnios em Srebrenica, em 1995. Ainda assim, após trinta anos, ambos teriam direito à liberdade antecipada. Em contrapartida, uma vez em uma prisão de segurança máxima nos EUA, Assange quase certamente morreria lá, sem oportunidade de libertação antecipada.

Além disso, as dezoito acusações podiam não ser exaustivas na medida em que o detalhamento dos fatos descritos pode muito bem servir de base para outras acusações ainda mais graves. Para isso, bastava que o tribunal estadunidense competente – o famigerado "tribunal de espionagem" em Alexandria, na Virgínia – chegasse a uma conclusão diferente da conclusão do Departamento de Justiça sobre os crimes de guerra que teriam sido supostamente cometidos. Dependendo da acusação acrescentada, até mesmo a pena de morte estaria no horizonte, mesmo que não pudesse ser arrolada, devido a restrições relevantes do tratado de extradição anglo-estadunidense. Na pior das hipóteses, Assange teria que passar o resto de sua vida no corredor da morte, cercado por outros condenados à morte e sem esperança de libertação.

Nesse contexto, não é nenhum mistério o motivo pelo qual a descrição dos fatos constante da primeira acusação substitutiva de 23 de maio de 2019 foi amplamente estruturada e só parcialmente relevante para as dezoito alegações da acusação, nem o motivo pelo qual os fatos arrolados foram novamente ampliados de forma significativa mais de um ano depois, na segunda acusação substitutiva de 24 de junho de 2020. Isso sugere que, em caso de extradição e de julgamento de Assange nos Estados Unidos, o Departamento de Justiça dos EUA pretende ampliar ainda mais sua acusação. As acusações atuais se concentram na criminalização da obtenção, recepção e divulgação de informações de defesa nacional, todas elas atividades jornalísticas comuns. Portanto, a acusação é vulnerável a contra-argumentos baseados nas liberdades constitucionais de imprensa, que podem muito bem prevalecer na Suprema Corte dos EUA. Para garantir que Assange fosse silenciado atrás das grades pelo resto de sua vida, o governo, portanto, tinha interesse em apresentar ao juiz do julgamento alegações factuais amplas que permitissem a identificação de outros delitos não relacionados às proteções à liberdade de imprensa – como crimes de computador e perigo para a vida e para a propriedade.

Convém observar que a acusação estadunidense se concentra exclusivamente em condutas que teriam ocorrido em 2010 – como se não tivesse havido publicações do WikiLeaks antes ou depois. Na verdade, Assange continuou seu trabalho com o WikiLeaks até mesmo da embaixada equatoriana, pelo menos até março de 2018, quando sua capacidade de comunicação foi efetivamente suprimida após a mudança de governo no Equador e a acusação secreta dos EUA. A maioria dessas atividades não parece ser substantivamente diferente daquelas descritas na acusação dos EUA nem representar uma ameaça menor ao sigilo oficial e à impunidade.

A diferença decisiva parece ser que, para as revelações do WikiLeaks de 2010, o Departamento de Justiça dos EUA dispõe de correspondência real entre Assange e sua fonte dentro das forças armadas dos EUA – Chelsea Manning – que indiscutivelmente violou seu próprio dever de não divulgação e, portanto, tornou-se passível de processo pela lei penal dos EUA. Somente essa correspondência permitiu ao governo dos EUA acusar Assange de conspirar para cometer um crime: o de Manning. Na maioria dos outros casos, não há evidência de contato direto com a fonte. O próprio Assange muitas vezes enfatizou que o WikiLeaks não conhece suas fontes e que os documentos são transmitidos anonimamente. Isso torna a persecução penal do pessoal do WikiLeaks praticamente impossível, porque a mera publicação de informações confidenciais há muito é reconhecida como uma atividade jornalística protegida pelas garantias internacionais e constitucionais de liberdade de imprensa.

Falando com precisão, portanto, Assange é acusado de ajudar Manning a violar seu próprio dever de não divulgação e incitá-la a entregar mais documentos confidenciais. À primeira vista, até isso parece a descrição do trabalho de qualquer jornalista medianamente motivado. Não deveríamos esperar que os jornalistas investigativos indaguem exatamente que informação uma fonte tem para oferecer, que se aprofundem sempre que possível e que não se satisfaçam tão facilmente?

É certo que pode não fazer parte do trabalho de um jornalista ajudar sua fonte a decodificar uma senha, como Assange era acusado de tentar fazer, mesmo com o propósito de proteção da fonte. Mas então, mesmo que essa alegação fosse verdadeira, tudo a que ela se refere é uma tentativa frustrada. Como se sabe, milhões de tentativas para decodificar senhas confidenciais ou componentes de senha em computadores governamentais são feitas todos os dias no mundo inteiro. Na grande maioria dos casos, essas tentativas fracassam ou permanecem inofensivas, assim como a tentativa em que Assange supostamente esteve envolvido. Contudo, nenhum governo gasta milhões de dólares em vigilância e processos de extradição por mais de uma década simplesmente para investigar e processar uma mera conspiração sem consequências como a alegada na acusação dos EUA contra Assange.

Desde que tais tentativas isoladas não sejam realizadas, sejam malsucedidas ou permaneçam inócuas, são geralmente consideradas pequenas infrações que não vale a pena processar. No caso de Assange, no entanto, o Departamento de Justiça dos EUA estava desesperado para encontrar um pretexto para acusá-lo. O problema obviamente não era a suposta conspiração de Assange para cometer invasão de computador, mas sim que ele havia exposto crimes de guerra e outros segredos criminosos, tornando transparentes espaços que os poderosos queriam manter na obscuridade. Ao contrário da denunciante Manning, no entanto, as atividades jornalísticas de Assange eram protegidas pela liberdade de imprensa e não podiam ser processadas. Pelo menos, essa parecia ser a visão adotada pelo governo Obama.

A acusação substitutiva do governo Trump de 23 de maio de 2019 deu uma guinada dramática e, pela primeira vez desde o escândalo dos Pentagon Papers, na década de 1970, tentou novamente usar a Lei de Espionagem para criminalizar e eliminar publicações jornalísticas. Na época dos Pentagon Papers, o governo Nixon havia obtido uma liminar do tribunal federal impedindo o *New York Times* de publicar documentos secretos que provavam que o governo dos EUA havia deliberadamente enganado o público e o Congresso estadunidenses sobre, entre outras coisas, a expansão ilegal da Guerra do Vietnã para os vizinhos Camboja e Laos. A liminar acabou sendo derrubada pela Suprema Corte. Em sua decisão histórica de 30 de junho de 1971, o tribunal considerou que: "Somente uma imprensa livre e irrestrita pode efetivamente expor o engodo no governo. E entre as responsabilidades primordiais de uma imprensa livre está o dever de impedir que qualquer parte do governo engane o povo e o envie para terras distantes para morrer de doenças que não existem no país e tiros e projéteis estrangeiros." O cancelamento da proibição de publicação pelo tribunal abriu um precedente que protegeria a imprensa livre de um executivo sedento de poder por exatamente cinco décadas. Com o indiciamento de Assange por espionagem, o governo dos EUA voltou a usar seu sistema de justiça criminal para tentar silenciar um veículo de imprensa por expor seus segredos. Ao mesmo tempo, ao ameaçar com uma sanção máxima de 175 anos de prisão, o governo dos EUA havia afirmado vigorosamente a prioridade de seu próprio pedido de extradição sobre quaisquer interesses suecos concorrentes – "America first!".

Confinamento solitário prescrito por um médico

Já durante a minha visita à prisão em Belmarsh, a saúde de Assange suscitava sérias preocupações e alertamos as autoridades de que, a menos que fossem implementadas salvaguardas urgentes, o seu estado de saúde provavelmente se deterioraria em pouco tempo. Mal sabia eu a rapidez com que nosso temor se tornaria realidade. Apenas nove dias após minha visita, em 18 de maio de 2019, Assange foi transferido permanentemente para a unidade de saúde de Belmarsh. Além da expressiva perda de peso, sua saúde mental havia se deteriorado a ponto de ele não poder mais comparecer às audiências judiciais e ter que ser estabilizado com medicação – o trágico, mas previsível, auge médico de anos de trauma psicológico implacável. Na unidade de saúde, Assange inicialmente dividiu uma cela com outros três detentos, mas foi transferido para uma única cela logo em seguida, onde ficaria detido de junho de 2019 a janeiro de 2020 em condições de fato equivalentes a confinamento solitário: trancado em sua cela por vinte e três horas por dia, sob vigilância permanente por vídeo devido a um suposto risco de suicídio, e sem nenhum contato com outros presos.

De acordo com as Regras Mínimas Padrão da ONU para o Tratamento de Prisioneiros, conhecidas como "Regras de Mandela", o confinamento solitário refere-se a qualquer confinamento de um prisioneiro sem contato humano significativo por vinte e duas horas ou mais por dia. As Regras de Mandela estabelecem que o confinamento solitário só pode ser usado em casos excepcionais e como último recurso, pelo menor tempo possível e sujeito a revisão independente. Além disso, também de acordo com as Regras de Mandela, o confinamento solitário deve ser proibido sempre que o seu uso exacerbe a condição mental ou física de um prisioneiro, e, segundo o direito internacional, qualquer confinamento solitário prolongado por mais de quinze dias consecutivos violaria a proibição absoluta de tortura ou outros tratamentos ou penas cruéis, desumanos ou degradantes. Tais são os padrões mínimos internacionais de tratamento humano aplicáveis a toda e qualquer pessoa privada de liberdade no mundo inteiro. Para Assange, no entanto, essa forma de maus-tratos rapidamente se tornou o status quo.

Do ponto de vista jurídico, não pode haver nenhuma justificativa para impor qualquer forma de detenção equivalente a um confinamento solitário prolongado a um preso não violento que não represente ameaça a ninguém. No caso de Assange, é difícil escapar da impressão de que as medidas médicas necessárias foram usadas como pretexto útil para isolá-lo. Qualquer que fosse a situação, a administração da prisão sempre tinha um pretexto à mão. Quando a saúde de Assange se estabilizava, qualquer progresso era considerado uma confirmação do efeito médico positivo de seu isolamento, que, portanto, tinha de ser estendido. Por outro lado, sempre que sua saúde se deteriorava, o isolamento e a vigilância constante tinham de ser ampliados para sua própria proteção. Estava em andamento uma torturante armadilha pela qual o silenciamento de Assange e o abuso contra ele poderiam ser perpetuados indefinidamente, tudo sob o subterfúgio de preocupação com sua saúde.

Para piorar a situação, durante toda a sua detenção em Belmarsh, Assange teve negado o acesso significativo aos documentos do tribunal, suas reuniões com advogados e médicos independentes foram severamente restringidas e sistematicamente obstruídas, e as visitas externas de familiares e amigos foram reduzidas ao mínimo – tudo sob o conveniente pretexto de restrições burocráticas. Assim, Assange foi deliberadamente impedido de se preparar adequadamente para seus futuros processos judiciais em várias jurisdições, sobretudo para o complexo julgamento de extradição para os EUA. Embora essa situação tenha evidentemente se constituído em uma violação grave e contínua dos direitos mais básicos de Assange como réu, todas as reclamações de sua equipe jurídica foram ignoradas pela juíza responsável. Segundo a juíza, a responsabilidade pelas condições de detenção de Assange era exclusivamente da administração da prisão e, portanto, fora de sua jurisdição. O que ela não explicou, entretanto, foi como isso era compatível com seu dever de garantir que qualquer julgamento em seu tribunal fosse conduzido em conformidade com as garantias processuais fundamentais, inclusive o direito do réu de preparar adequadamente sua defesa.

5. Atravessando o Rubicão

Observações preliminares

No final de maio de 2019, chegou a hora de eu apresentar minhas observações e recomendações preliminares sobre o caso. De início, eu pretendia endereçar minha carta oficial apenas ao governo britânico, que na época mantinha Assange sob sua custódia. Entretanto, minha investigação revelou que pelo menos quatro Estados haviam contribuído ativamente para a perseguição a Assange e eram legalmente corresponsáveis por causar sua situação atual: Reino Unido, Suécia, Equador e Estados Unidos. Por isso, decidi escrever cartas separadas para todos os quatro Estados, a fim de comunicar minhas conclusões, solicitar explicações e fazer recomendações.

Em meados de maio, eu já havia concluído os primeiros rascunhos, mas quase todos os dias chegavam novas informações, que precisavam ser verificadas e depois integradas ou descartadas. Além disso, erros de tradução, contradições e outras imprecisões vieram à tona, o que exigiu mais investigações, correções ou emendas, e o relatório médico, cuja versão final foi elaborada em coautoria pelo Professor Vieira e pelo Dr. Pérez-Sales, teve de ser incorporado de forma a servir como base médica objetiva para minhas conclusões jurídicas, preservando a confidencialidade médico-paciente. A Secretaria do Escritório do Alto Comissariado também continuou levantando questões de protocolo e procedimento que tiveram de ser devidamente levadas em conta.

Ao longo da última década, uma verdadeira montanha de material comprobatório se acumulou em vários idiomas, incluindo decisões judiciais e administrativas, arquivos de investigação, correspondências oficiais e não oficiais, e-mails e mensagens de texto, depoimentos de médicos, especialistas jurídicos e outras testemunhas, bem como inúmeros relatórios de imprensa promovendo várias narrativas contraditórias entre si. Claramente, esse material não poderia ser abordado de modo abrangente na forma e no espaço limitados das cartas oficiais aos governos responsáveis. Contudo, meu papel não era o de um juiz de instrução ou promotor, que devesse apresentar provas inatacáveis em um tribunal. Como relator especial da ONU, minha função era advertir os Estados sobre possíveis violações da proibição de tortura e maus-tratos, procurar esclarecer essas alegações e lembrar os governos de suas obrigações legais internacionais de prevenir, investigar, punir e reparar esses crimes. De acordo com o Direito dos tratados, os governos em questão tinham que agir ex officio para iniciar uma investigação imediata e imparcial, tão logo tivessem "motivos razoáveis para acreditar" que um ato de tortura ou maus-tratos pudesse ter sido cometido ou que pessoas atuando dentro de sua jurisdição tivessem contribuído para ele. Considerando que minhas conclusões se basearam em uma visita pessoal à prisão, em vários depoimentos de testemunhas e em um exame médico especializado, é claro que o patamar dos "motivos razoáveis" não só foi alcançado, como também foi fartamente ultrapassado. Portanto, bastava que minhas cartas resumissem minhas observações preliminares, fizessem mais investigações e recomendassem medidas urgentes.

 Meu objetivo era fornecer aos governos envolvidos uma descrição clara e coerente de como seus supostos atos e omissões tinham contribuído para a tortura psicológica de Assange e por que sua extradição para os Estados Unidos seria incompatível com a Convenção das Nações Unidas contra a Tortura. Minha carta começou com uma avaliação geral das condições de detenção de Assange que vigoravam e expressou meu alarme com a deterioração de seu estado de saúde. Em seguida, estabeleceu o nexo de causalidade entre os sintomas médicos que Assange apresentava e o tratamento e as condições a que ele foi submetido anteriormente: anos de confinamento arbitrário, vigilância e assédio na embaixada do Equador; o abuso dos procedimentos investigativos e judiciais suecos com o objetivo de perseguição política; e o assédio público contínuo e irrestrito que ele sofria, além de intimidação e difamação por parte das autoridades, líderes políticos e imprensa. Portanto, conclamei cada governo a investigar sua própria contribuição para o abuso contra Assange e a garantir a compensação e a reparação de qualquer dano injustamente infligido a ele.

Mas lidar apenas com a má conduta do passado não era suficiente. Caso fosse extraditado para os Estados Unidos, seja diretamente da Grã-Bretanha, seja indiretamente via Suécia, Assange quase certamente enfrentaria um julgamento injusto, além de uma sanção e condições de detenção draconianas, que só poderiam ser descritas como cruéis, desumanas e degradantes. Em vista desse risco, a extradição de Assange seria absolutamente proibida de acordo com o princípio de "não devolução" consagrado no artigo 3 da Convenção da ONU contra a Tortura. No entanto, mesmo a mais rigorosa proibição de extradição só pode ser eficaz quando for realmente aplicada, em um julgamento de extradição justo e transparente. Todos os processos judiciais britânicos anteriores e em andamento contra Assange sugeriam fortemente que não se podia confiar no Reino Unido nesse sentido.

O texto da minha carta pode ter sido excepcionalmente duro e intransigente, mas não sem uma boa razão. Naquela altura, o caso Assange já se arrastava por mais de nove anos, durante os quais os governos envolvidos agiram repetidamente de má-fé e em flagrante violação das leis internacionais e nacionais. Eu certamente não queria me encontrar na mesma situação em que se viu o Grupo de Trabalho da ONU sobre Detenção Arbitrária alguns anos antes, quando o parecer de seus especialistas no caso Assange foi sumariamente ignorado pela Suécia e pelo Reino Unido, simplesmente porque confirmava a ilegalidade do cerco contínuo de Assange na embaixada equatoriana. Até o momento, todas as evidências que eu havia visto sugeriam fortemente que a deterioração do estado de saúde de Assange não era resultado de uma cadeia não intencional de circunstâncias infelizes, mas sim de um conluio deliberado para a perseguição, o silenciamento e a destruição sistemáticos de um dissidente político inconveniente.

Eu sabia que, se quisesse que minhas descobertas fossem levadas a sério e recebessem mais do que apenas alguns chavões evasivos como resposta, uma manifestação diplomática de preocupação não seria suficiente. Em vez disso, eu tinha que soar o alarme, alertar o público e enviar uma mensagem inequívoca aos Estados responsáveis: ajam com firmeza! Vocês podem ter preocupações legítimas sobre as atividades de Assange e do WikiLeaks e, se tiverem provas de conduta criminosa, então, por todos os meios, responsabilizem-no. Porém, tudo isso precisa ser feito em procedimentos justos e transparentes, regidos pela lei, e não deve ser usado indevidamente para fins políticos. A perseguição a Assange deve terminar aqui e agora!

Escrevi na esperança de que, ao ser tão direto, eu pudesse causar suficiente embaraço para obter alguns resultados. A Suécia havia acabado de reabrir sua investigação preliminar contra Assange, mas ainda não havia solicitado sua extradição da Grã-Bretanha, e o processo de extradição dos EUA ainda não havia começado. Talvez, pensei eu, ainda houvesse tempo para virar o jogo. Talvez os governos envolvidos quisessem evitar que muita sujeira fosse desenterrada e preferissem encontrar uma saída para salvar a própria pele. Como no caso de Augusto Pinochet, o governo britânico poderia se recusar a extraditar Assange por motivos médicos, ou os tribunais britânicos poderiam chegar à mesma conclusão, em ambos os casos sem ter que julgar a admissibilidade legal ou a extraditabilidade das acusações de espionagem dos EUA. Nesse cenário "pré-cozido", acordado por todos os governos envolvidos, Assange poderia ser repatriado por motivos humanitários para a Austrália, Londres poderia alegar "imperativos médicos" ou, respectivamente, a "independência do judiciário", e Washington poderia fingir que só aceitaria de má vontade, deixando claro que qualquer retorno de Assange ao WikiLeaks desencadearia imediatamente um novo pedido de extradição. Eu não podia confiar na diplomacia para conseguir isso, mas precisava criar pressão pública suficiente para forçar os governos envolvidos a saírem de sua zona de conforto. Por isso, decidi não medir minhas palavras, mas chamar as coisas pelo nome e colocar na balança o peso político do meu cargo e minha credibilidade pessoal e profissional para me fazer ouvir – principalmente pelos países em questão, mas também pela mídia e, com sorte, pelo público em geral.

Em 27 de maio de 2019, minha primeira carta foi enviada ao governo britânico, na época meu interlocutor mais importante no caso Assange. As cartas para o Equador, a Suécia e os Estados Unidos foram enviadas no dia seguinte. As quatro cartas eram idênticas no que se refere às minhas observações e diferiam sobretudo na consideração das responsabilidades dos respectivos governos, nas minhas perguntas de acompanhamento e nas minhas recomendações específicas, todas elas adaptadas a cada Estado. Todas as cartas continham a fórmula padrão de encerramento, anunciando que a carta e qualquer resposta recebida do governo seriam publicadas on-line dentro de sessenta dias. Todas elas também continham a seguinte frase, que resumia minha conclusão mais importante: "Estou, portanto, seriamente preocupado que, desde agosto de 2010, o Sr. Assange tenha sido, e permaneça sendo, exposto a dor e sofrimento progressivamente severos, infligidos por meio de várias formas e graus de tratamento ou punição cruel, desumana ou degradante, cujos efeitos cumulativos claramente equivalem a tortura psicológica".

Dando publicidade às minhas conclusões

Como a vida em uma embaixada com um gato e um skate pode ser considerada tortura? Em que medida Julian Assange interessa um relator especial da ONU sobre tortura? Será que ele não teria casos de tortura mais graves para tratar? Fui desafiado um sem-número de vezes por pessoas que questionaram a legitimidade da minha investigação sobre o caso Assange. Minha resposta sempre foi a mesma. Sim, há casos piores. Sempre há casos piores. Mas essa não é a questão. Tortura é tortura, e qualquer vítima de tortura é tão importante quanto qualquer outra, independentemente da gravidade do abuso, de sua condição socioeconômica, celebridade, origem, sexo ou idade.

O caso Assange é relevante para o meu mandato de três maneiras distintas. Em primeiro lugar, como já discutimos em detalhes, os quatro Estados envolvidos expuseram conjuntamente Assange a várias formas de maus-tratos cujos efeitos cumulativos equivalem à tortura psicológica. Em segundo lugar, há um grande risco de que Assange seja extraditado para os Estados Unidos e preso lá em condições que não apenas meus antecessores e eu, mas também a Anistia Internacional e muitas outras organizações de direitos humanos, descrevemos consistentemente como tortura ou outros tratamentos ou punições cruéis, desumanos ou degradantes. E terceiro, embora Assange tenha publicado provas de crimes de guerra patrocinados por Estados, inclusive tortura, por meio do WikiLeaks, é ele, Assange, quem está sendo processado, enquanto os torturadores e outros criminosos de guerra gozam de total impunidade. De acordo com os Princípios de Nuremberg e com o direito penal internacional, a recusa do governo dos EUA em processar seus próprios torturadores não apenas viola a Convenção das Nações Unidas contra a Tortura e o direito internacional de conflitos armados, mas também corresponde, ela própria, a um crime de guerra por parte dos comandantes militares e autoridades governamentais responsáveis. Cada um desses três aspectos da proibição da tortura – investigação de violações passadas e presentes, prevenção de violações futuras e julgamento dos perpetradores – é relevante para o meu mandato e justifica minha intervenção.

O que torna o caso de Julian Assange particularmente importante é que ele estabelece um precedente perigoso e demonstra falhas sistêmicas que vão muito além não só do destino individual de um homem, mas também de todos os Estados envolvidos. No caso de Julian Assange, as chamadas democracias maduras do Ocidente estão sistematicamente desconsiderando o estado de direito e minando diretamente os direitos constitucionais fundamentais indispensáveis a qualquer sistema democrático: a proibição da tortura, a liberdade de imprensa, a presunção de inocência e o direito a um julgamento justo. Aqueles que justificam sua própria indiferença apontando para a existência de "casos piores" estão cometendo um erro fatal que cobrará um alto preço de todos nós. Na melhor das hipóteses, eles perdem o panorama geral do que realmente está em jogo aqui – o proverbial "elefante na sala". Na pior das hipóteses, eles deliberadamente fecham os olhos enquanto o jornalismo investigativo está sendo impiedosamente criminalizado, perseguido e aniquilado. Somente no dia em que eles próprios forem arbitrariamente presos é que reabrirão os olhos e verão que já não haverá ninguém para falar por eles.

Dada a importância emblemática do caso e a previsível relutância dos Estados envolvidos em mudar sua conduta abusiva, não bastava simplesmente relatar minhas descobertas a esses governos: eu tinha que acionar o alarme em público. A saúde de Assange era uma preocupação urgente e a ameaça de uma deportação irregular para a Suécia ou para os Estados Unidos aumentava quase que diariamente. Ao mesmo tempo, as autoridades britânicas e a imprensa hegemônica estavam se superando em demonstrações de prazer cínico misturado com indiferença. Nessas circunstâncias, teria sido irresponsável esperar sessenta dias para informar o público sobre minhas observações aterradoras. Por isso, decidi emitir um comunicado à imprensa e conceder entrevistas individuais à mídia.

Na minha carta oficial aos governos, deixei clara minha intenção de expressar publicamente minhas preocupações "com o futuro próximo" e, de acordo com o procedimento padrão, remeti uma cópia antecipada do meu comunicado à imprensa para sua ciência. A manchete foi divulgada em 31 de maio de 2019: "Especialista da ONU diz que a 'perseguição coletiva' a Julian Assange deve acabar agora". Em menos de duas páginas, resumi minhas conclusões, condenei graves violações dos direitos humanos e, também aqui, preferi não medir minhas palavras. Já não era mais questão de diplomacia – eu precisava alcançar o público em geral com uma linguagem clara e suficientemente alarmante para desafiar os mesmos preconceitos arraigados que haviam obscurecido minhas próprias percepções deste caso. Critiquei fortemente a falha continuada dos estados envolvidos em proteger os direitos humanos de Assange e disse que "ao exibir uma atitude de complacência na melhor das hipóteses, e de cumplicidade na pior das hipóteses, esses governos criaram uma atmosfera de impunidade que encoraja a vilificação do Sr. Assange e os abusos contra ele." Caso ainda houvesse alguma dúvida sobre minha posição, certamente a dissipei com esta declaração final: "Em 20 anos de trabalho com vítimas de guerra, violência e perseguição política, nunca vi um grupo de Estados democráticos se juntarem para isolar, demonizar e abusar deliberadamente um indivíduo por tanto tempo e com tão pouco respeito pela dignidade humana e pelo estado de direito."

Eu tinha plena consciência de que, com essa declaração, eu havia simbolicamente atravessado o Rubicão e agora não havia mais volta. Com minha postura radicalmente intransigente, coloquei em risco não apenas minha credibilidade, mas também minha carreira e, possivelmente, até minha segurança pessoal. No mínimo, eu certamente não conquistaria novos amigos entre os Estados. Mas qual teria sido a alternativa? Será que eu deveria ter agido contra meu bom senso e expressado minha "confiança" nas autoridades judiciais dos países envolvidos? Será que deveria ter manifestado uma preocupação mediana com o estado de saúde "auto-infligido" de Assange, varrendo toda a sujeira para debaixo do tapete, limitando-me a fazer algumas recomendações anódinas? Eu estava dolorosamente ciente de que tanto falar quanto permanecer em silêncio teriam um preço, mas eu realmente não tinha escolha. Estava convicto de que preferia ser erroneamente visto como mentiroso, fracassado e traidor pelo mundo inteiro, do que ser visto corretamente assim por mim mesmo. O preço do meu silêncio teria sido minha integridade – um preço que eu não estava disposto a pagar.

Até aquele momento, eu nunca tinha sido um homem de holofotes. Expor-me dessa forma fez com que eu me sentisse muito desconfortável e desencadeou uma crise pessoal profunda que culminou com a ruptura, tanto externa quanto internamente, com o que restava da minha confiança no sistema; com minha confiança nas democracias ocidentais como Estados governados pelo estado de direito; como Estados que, quando confrontados com evidências irrefutáveis de violações de direitos humanos ou crimes de guerra, tomariam inquestionavelmente as medidas necessárias de investigação e reparação. Agora, de repente, me vi de costas para a parede, defendendo os direitos humanos e o estado de direito contra as próprias democracias que eu sempre considerei meus aliados mais próximos na luta contra a tortura. Foi uma curva de aprendizagem árdua e dolorosa que me forçou a questionar e repensar toda a minha visão de mundo.

Menos de trinta minutos depois do meu comunicado à imprensa, o então Ministro das Relações Exteriores britânico, Jeremy Hunt, respondeu no Twitter: "Isso está errado. Assange escolheu se esconder na embaixada e sempre foi livre para sair e enfrentar a justiça. O relator especial da ONU deve permitir que os tribunais britânicos façam seus julgamentos sem interferir ou lançar acusações inflamadas". A assertividade superficial da mensagem de Hunt mal escondia o quanto eu havia pego o governo britânico desprevenido. Era obviamente absurdo o secretário de relações exteriores me acusar de "interferência" no judiciário britânico quando, na verdade, eu havia sido formalmente convidado por seu próprio governo para investigar o caso de Julian Assange sob a perspectiva da proibição de tortura e maus-tratos. De qualquer forma, ao escolher a arma, Hunt também me liberou do ônus diplomático de evitar conduzir minha própria correspondência oficial com funcionários do governo no Twitter. Minha resposta foi imediata: "Com todo o respeito, senhor: o Sr. Assange estava tão 'livre para sair' quanto alguém sentado em um bote inflável em uma piscina de tubarões. Conforme detalhado em minha carta formal ao senhor, os tribunais do Reino Unido não demonstraram, até o momento, a imparcialidade e a objetividade exigidas pelo estado de direito".

PARTE II

A ANATOMIA DA PERSEGUIÇÃO

6. Perseguição judicial sueca

Ponto de inflexão: da fama à infâmia

No verão de 2010, Assange estava no auge de sua popularidade. Tudo parecia decorrer a seu favor naquele ano. Em abril, ele apresentou o vídeo "Collateral Murder" <Assassinato Colateral> no National Press Club de Washington e, no final de julho, o Diário da Guerra do Afeganistão, com 90.000 relatórios de campo emitidos entre 2004 e 2010. Como fundador e o rosto do WikiLeaks, Assange havia se tornado um verdadeiro "astro de rock". Um homem que ousa confrontar os poderosos da política e dos negócios e, ao mesmo tempo, consegue revolucionar todo o cenário da mídia. Em agosto de 2010, ele viajou para Estocolmo para dar uma palestra a convite dos social-democratas suecos.

Ele também pretendia averiguar a possibilidade de obter uma autorização de residência para si mesmo, o que lhe permitiria estabelecer o WikiLeaks como um veículo de publicação sueco oficialmente reconhecido. O status de uma organização de imprensa legalmente protegida poderia dar ao WikiLeaks legitimidade formal e proteção praticamente inatacável sob a constituição sueca. Isso asseguraria à organização uma das proteções mais fortes do mundo para atividades de publicação – uma mudança definitiva no jogo, de importância decisiva para as grandes publicações planejadas para o outono e inverno de 2010/2011 e depois.

Ao mesmo tempo, muito estava em jogo para o establishment político da Suécia. Um pequeno país de 8 milhões de habitantes, a Suécia conseguiu, no século passado, ficar fora de duas guerras mundiais e da Guerra Fria. No entanto, após a queda do Muro de Berlim em 1989, o país rapidamente abandonou sua tradicional neutralidade e se tornou um membro de fato da comunidade ocidental de segurança, inteligência e defesa liderada pelos Estados Unidos. Em 2010, a Suécia passou a ser um aliado próximo dos Estados Unidos no Afeganistão e, mais amplamente, na "Guerra ao Terror", com uma política de segurança que só pode ser descrita como subserviente aos interesses dos EUA. Essa situação não agrada muito a maioria da população sueca, de modo que os políticos precisam constantemente se esforçar para varrer o assunto para debaixo do tapete. Em 10 de agosto, o site de notícias dos EUA, *The Daily Beast*, relatou que autoridades estadunidenses disseram que o governo Obama estava pressionando a Grã-Bretanha, a Alemanha, a Austrália e outros governos ocidentais aliados a considerar a abertura de investigações criminais contra Assange e a limitar severamente sua capacidade de viajar cruzando fronteiras internacionais. Sem dúvida alguma, o estabelecimento do WikiLeaks na Suécia como uma editora protegida constitucionalmente colocaria as relações transatlânticas do governo sueco sob considerável pressão, e as proteções constitucionais combinadas com a simpatia do público pela organização tornariam extremamente difícil qualquer interferência em suas atividades.

Esse é o pano de fundo da visita de Julian Assange à Suécia, em agosto e setembro de 2010, que se tornará o ponto de inflexão mais dramático na percepção pública dele como pessoa. Não é exagero dizer que, no dia em que a Suécia emitiu um mandado de prisão contra Assange pelo suposto estupro e assédio de duas mulheres, sua fama se transformou em infâmia e sua história de sucesso em uma história de perseguição. E, para uma compreensão precisa da dimensão sueca do caso, é ainda mais importante observar que essas alegações levam apoiadores suecos, vitais para o estabelecimento institucional do WikiLeaks na Suécia, a hesitar ou recuar; a autorização de residência na Suécia é recusada a Assange; e o pior pesadelo do governo sueco é evitado na hora certa.

Por uma questão de procedimento legal, é significativo que as alegações suecas nunca tenham conseguido evoluir além do estágio inicial de uma investigação preliminar, em que foram deixadas em fogo brando por nove anos antes de finalmente serem descartadas por falta de provas. Mesmo assim, elas colocaram em andamento uma dinâmica de difamação e arbitrariedade que continua até hoje. Como será demonstrado neste livro, o que levou Assange a resistir à extradição para a Suécia e a solicitar asilo diplomático na embaixada do Equador, em junho de 2012, foi a recusa das autoridades suecas em garantir sua não extradição para os Estados Unidos, e não as alegações de má conduta sexual. A fuga de Assange para a embaixada, por sua vez, violou as condições da fiança britânica em relação ao processo de extradição sueco. Por essa violação da fiança, cometida unicamente para buscar proteção contra graves violações de seus direitos humanos, Assange foi condenado, sete anos depois, a cinquenta semanas de prisão – o único "delito" pelo qual foi condenado até agora. Por fim, enquanto cumpria essa sentença, foram iniciados os procedimentos para a extradição de Assange para os Estados Unidos, onde ele enfrentará um julgamento político e, quase certamente, uma sentença de prisão perpétua sem liberdade condicional.

As alegações de estupro iniciadas pelas autoridades suecas se tornaram o ponto de partida de uma campanha sustentada e orquestrada de perseguição judicial e assédio público que sistematicamente encurralaria e desumanizaria Assange. O preconceito que ela produziu fez com que até mesmo eu – um especialista mandatado em direitos humanos das Nações Unidas – apagasse descuidadamente da minha tela o primeiro apelo de Assange por ajuda. Foi somente em novembro de 2019, após nove anos de extrema procrastinação e arbitrariedade, que a Promotoria Sueca finalmente admitiu a falta de provas e rejeitou todas as alegações remanescentes. Nove meses depois, em agosto de 2020, o prazo final de prescrição entrou em vigor, colocando um ponto final no que talvez tenha sido a "investigação preliminar" mais longa da história da Suécia. Ao longo de todo o processo, a Suécia nunca chegou a apresentar provas adequadas para erguer acusações contra Assange, muito menos para condená-lo por qualquer delito. Durante todo o processo, por uma questão de lei, deveria ter vigorado a presunção da inocência de Assange, e ele certamente deve ser considerado inocente agora. Em plena contradição com esse requisito, a parcialidade agressiva e a arbitrariedade com que as autoridades suecas alimentaram as acusações e a retórica cuidadosamente ambígua que mantiveram, mesmo quando finalmente encerraram a investigação em 2019, garantiram que o estigma de "estuprador" permanecesse para sempre marcado na testa de Assange e impedisse que seu caso fosse visto pelo que é: uma história de perseguição política.

Minha investigação sobre as alegações de estupro

Minha investigação das alegações de estupro na Suécia é uma dimensão particularmente sensível deste caso, pois diz respeito não apenas a Julian Assange e às autoridades estatais responsáveis, mas também afeta a privacidade pessoal e a dignidade humana de A. e S., as duas mulheres envolvidas. Ao examinar essas alegações, tive, portanto, que redobrar minha atenção a padrões particularmente elevados de responsabilidade e cuidado com todas as partes. Em princípio, considero os três indivíduos – Assange, A. e S. – igualmente confiáveis. Como sabemos por meio de vários estudos científicos que comparam relatos de testemunhas, dependendo das circunstâncias, pessoas diferentes podem perceber os mesmos eventos de formas muito diferentes. Na minha avaliação, na medida relevante para determinar a culpabilidade criminal, as discrepâncias entre os respectivos relatos de Assange, A. e S. não são incomuns nem suspeitas, mas se enquadram na faixa normal da variação das percepções que podem surgir em encontros íntimos entre estranhos; especialmente na presença de fatores de influência muito fortes, como o choque entre a admiração das mulheres por Assange e a cordialidade interpessoal potencialmente prejudicada por seu diagnóstico de transtorno do espectro autista (TEA), mas também os efeitos distorcidos de interesses poderosos de terceiros e a exposição involuntária à mídia.

A criminalização abrangente e a acusação sistemática de crimes sexuais de todos os tipos são de grande importância e não permitem nenhuma hesitação na investigação, independentemente da identidade, status ou origem da pessoa suspeita, e sem levar em conta suas eventuais realizações ou méritos políticos, profissionais, humanitários ou outros. Todas as alegações de estupro e outros crimes sexuais devem ser rigorosamente investigadas e todos os casos passíveis de processo devem ser investigados com rigor, em um grau muito maior do que ocorre atualmente. Mesmo nas democracias modernas, a taxa de acusação de estupros relatados é muitas vezes inaceitavelmente baixa, o que diz muito sobre o nível de prioridade dado a esses crimes pelas autoridades responsáveis. Como será demonstrado, ao contrário da percepção do público, as autoridades suecas fizeram de tudo para impedir uma investigação adequada e a resolução judicial de suas alegações de estupro contra Assange. Ao atuar dessa forma, demonstraram uma indiferença chocante em relação aos direitos e à dignidade não apenas de Assange, mas também das duas mulheres envolvidas. Ademais, a justiça exige a determinação profissional e confiável da culpabilidade individual de acordo com os princípios fundamentais do devido processo legal, incluindo o direito a um julgamento justo e rápido, a presunção de inocência e o princípio *in dubio pro reo*, segundo o qual o acusado recebe o benefício da dúvida. Durante toda a investigação sueca contra Assange, nenhum desses princípios foi minimamente observado.

Como relator especial, tenho mandato para monitorar o cumprimento da proibição de tortura e maus-tratos por parte dos Estados membros da ONU. Claramente, portanto, o objetivo da minha investigação não pode ser determinar o que realmente aconteceu entre Assange e as duas mulheres suecas, especular sobre culpa ou inocência individual, nem expressar minha opinião sobre os traços de caráter ou a conduta moral de indivíduos particulares. Isso dito, a reconstrução de atos e omissões relevantes por parte dos principais protagonistas deste caso ainda pode ser necessária para os fins do meu encargo, pois averiguar o tratamento desses fatos pelas autoridades me permite tirar conclusões quanto à sua boa-fé e ao cumprimento dos princípios do devido processo legal.

Por exemplo, quando provas contraditórias ou exculpatórias inconsistentes com a narrativa oficial são deliberadamente desconsideradas ou até mesmo suprimidas pelas autoridades, isso pode não provar a inocência de Assange, mas certamente é um forte indicador de um processo arbitrário e corrompido. A arbitrariedade oficial quase sempre constitui um elemento central da perseguição política e dos maus-tratos a ela relacionados e, portanto, está claramente na alçada do meu mandato. Todas as evidências citadas neste livro, bem como minhas conclusões, devem ser entendidas e avaliadas exclusivamente sob esse prisma. Materiais de natureza puramente pessoal, irrelevantes para o resultado de minha investigação ou nos quais a privacidade pessoal é o mais importante, não foram incluídos neste livro, mesmo que não sejam contestados e estejam disponíveis publicamente por outros canais.

Desde que comecei a trabalhar no caso Assange, coletei cerca de 10.000 páginas de arquivos judiciais, depoimentos de testemunhas, avaliações e análises de julgamentos, e-mails, transcrições de SMS e anotações manuscritas, além de fotografias e vídeos. Apesar de minhas solicitações, as autoridades não forneceram nenhuma evidência ou explicação confiáveis. Assim, mesmo os documentos oficiais, que constituem a maior parte das provas e deveriam ter sido disponibilizados a mim pelas próprias autoridades, tiveram de ser compilados meticulosamente por meio de outras fontes. As provas mais acessíveis foram obtidas por minha própria pesquisa, enquanto outras me foram passadas por várias fontes independentes e por diversos canais. Além disso, a maioria dos documentos importantes foi recebida de várias fontes em paralelo, muitas vezes com qualidade e integridade variáveis. Meu conhecimento do idioma sueco foi de grande vantagem nesse processo.

Embora os quatro governos tenham se assegurado de restringir o acesso, suprimir e até mesmo destruir quase todas as provas mais decisivas, eles não conseguiram esconder completamente o conluio e a má conduta. Primeiro, qualquer pessoa que saiba o que procurar e tenha as habilidades linguísticas necessárias poderá encontrar as provas mais importantes em algum lugar na memória sem fundo da Internet, e um material copioso também foi disponibilizado publicamente pelo WikiLeaks e seus grupos de apoio. Em segundo lugar, por meio de solicitações de liberdade de informação e litígios relacionados, jornalistas investigativos e ativistas de direitos humanos forçaram as autoridades a entregarem milhares de páginas que não estão – ou não estão na íntegra – disponíveis na Internet. Na maioria dos casos, entretanto, esses materiais foram excessivamente censurados, o que praticamente anula o próprio objetivo de qualquer legislação de liberdade de informação. Teria sido mais honesto recusar categoricamente uma solicitação de liberdade de informação que envolvesse correspondência oficial, audiências de testemunhas, opiniões de especialistas ou memorandos internos, do que entregar uma pilha de papéis escurecidos que mostram apenas o título do documento, a data e os números das páginas, e alegar com ares de seriedade que esse óbvio escárnio equivale a algo remotamente semelhante à "liberdade de informação".

Visto que, de acordo com as legislações atuais, as solicitações de liberdade de informação só podem ser recusadas em circunstâncias excepcionais, as autoridades públicas geralmente preferem entregar centenas de documentos completamente preenchidos, juntamente com uma fatura baseada no número total de páginas, e afirmar que somente foi censurado o que deve ser mantido em segredo por razões legais – uma alegação que permanece tão inverificável quanto pouco convincente diante de um monte de papel preto. Mesmo em democracias maduras como a Suécia, o Reino Unido, a Alemanha e os Estados Unidos, essa prática generalizada e claramente abusiva é empregada para impedir a transparência e a supervisão buscadas pela legislação aplicável à liberdade de informação, suprimindo, assim, o direito do público de se conhecer a verdade sobre o exercício do poder governamental.

Isso significa que, ao investigar o caso de Julian Assange, deparei-me com inúmeras peças de um quebra-cabeça, algumas das quais recebi em várias cópias, enquanto outras ainda estão faltando. Portanto, mesmo agora, não tenho como saber com certeza quantas peças compõem o quebra-cabeça inteiro. A razão para essa incerteza contínua é que os Estados envolvidos não apenas se recusam a "cooperar totalmente" com meu mandato, conforme exigido pelas resoluções relevantes da ONU, mas também violam abertamente suas obrigações internacionais de acordo com a Convenção contra a Tortura e outros tratados de direitos humanos aplicáveis. Os Estados são não apenas chamados a responder a todas as consultas feitas por um relator especial da ONU, mas também legalmente obrigados a conduzir uma investigação imediata e imparcial sempre que tiverem motivos razoáveis para acreditar que tortura ou maus-tratos ocorreram dentro de sua jurisdição, a processar as violações e a fornecer reparação e reabilitação pelos danos resultantes. Com sua flagrante sabotagem à minha investigação, esses Estados deliberadamente minam o propósito do meu mandato na ONU e, ao mesmo tempo, demonstram a falta de credibilidade de suas próprias políticas de direitos humanos.

Como resultado, minha reconstrução dos fatos relevantes para o caso de Julian Assange ainda pode ter algumas lacunas e, em questões específicas, pode permitir outras interpretações dos atos e omissões atribuíveis aos Estados envolvidos, suas autoridades e funcionários individuais. Seja qual for a forma como forem montadas, no entanto, as peças do quebra-cabeça disponíveis sempre produzem a mesma imagem conclusiva, que é de que o julgamento de Assange não é sobre o estado de direito, mas sobre perseguição política, e que as instituições investigativas e judiciais estão sendo deliberadamente usurpadas para esse fim. As vítimas dessa usurpação não são apenas Assange, mas também as duas mulheres suecas. Desde o início, seus interesses legítimos foram sistematicamente desconsiderados pelas autoridades e elas foram impiedosamente expostas e instrumentalizadas para fins de perseguição política. O resultado foi que suas vidas públicas foram em grande parte destruídas; elas foram levadas a temer por sua própria segurança, foram difamadas como agentes secretos, armadilhas sexuais e mentirosas, e não receberam nenhuma reparação pelos danos tão arbitrariamente infligidos a elas pelas autoridades – duas vítimas sacrificiais da *raison d'État* sueca.

O Caso de A.

Assange chega a Estocolmo em 11 de agosto de 2010. Como de costume, para reduzir o risco de vigilância, ele não ficará em um hotel, mas com anfitriões particulares. Desta vez, é A., uma ativista política envolvida na organização do seminário de que ele participaria, que se ofereceu para hospedá-lo em sua quitinete no distrito de Södermalm, em Estocolmo. A. planeja passar alguns dias fora da cidade e retornar apenas em 14 de agosto, o dia da palestra de Assange, de cuja organização ela havia participado. Antes de sair, ela entrega as chaves ao jornalista Donald Boström, que recebe Assange e o leva ao apartamento de A. Mas A. retorna um dia antes do esperado, na sexta-feira, 13 de agosto, e encontra Assange no apartamento. Os dois saem para jantar e, ao retornarem, A. convida Assange a passar a noite com ela.

Durante seu depoimento à polícia, uma semana depois, A. deu sua versão dos fatos. De acordo com o resumo escrito apresentado pela polícia, A. declarou que Assange tentou iniciar o sexo; que suas tentativas foram bastante desajeitadas no início, mas depois se tornaram cada vez mais incisivas; que ela acabou permitindo que ele a despisse, mas não queria ter relações sexuais desprotegidas; que Assange inicialmente segurou seus braços e empurrou suas pernas para baixo, o que a impediu de pegar um preservativo. Por fim, ele lhe perguntou por que ela estava resistindo e, quando ela explicou, concordou em usar um preservativo. No entanto, A. sentiu uma "forte relutância tácita de Assange em usar preservativo" e imediatamente ficou desconfiada quando, durante a relação sexual, ele "se retirou dela e começou a ajustar o preservativo". De acordo com A., "a julgar pelo som, parecia que Assange havia removido o preservativo. Ele a penetrou novamente e continuou a cópula". Mas, como ela podia sentir a borda inferior do preservativo com os dedos, ficou mais tranquila e ela permitiu que a relação sexual continuasse até que Assange ejaculasse dentro dela. Depois disso, quando Assange retirou e removeu o preservativo, A. viu que não continha sêmen e percebeu que algo "escorria" de seu corpo. A. então ficou "convencida de que, quando se retirou dela pela primeira vez, Assange deliberadamente rompeu o preservativo em sua ponta e continuou a copular até a ejaculação". O próprio Assange confirmou em seu interrogatório policial, alguns dias depois, que tivera relações sexuais consensuais com A., mas negou ter danificado o preservativo. Ele também disse não se lembrar de que o preservativo tivesse sido danificado e que A. não havia feito nenhum comentário nesse sentido, mas que a primeira vez que ela alegou isso foi uma semana depois, no mesmo dia em que foi à delegacia junto com S.

Na manhã seguinte a essa primeira noite no apartamento de A., Assange dá sua palestra "The First Casualty of War Is the Truth" (A primeira vítima da guerra é a verdade), sobre o Diário da Guerra do Afeganistão, que acabara de ser publicado pelo WikiLeaks. A. senta-se ao lado dele no parlatório e atua como mediadora da discussão que se segue. Na primeira fila da plateia está sentada S., uma jovem que é sempre descrita como vestindo um suéter de cashmere rosa brilhante. Ela trabalha em um museu da cidade, é uma grande fã de Assange e estava aguardando ansiosamente o evento. De acordo com várias testemunhas e com seu próprio depoimento, todos se perguntam de onde vem essa mulher, que ninguém conhece e cuja aparência e jeito não combinam com o resto do público. Quando Assange precisa de um cabo de carregamento para seu laptop durante o seminário, ela se oferece para comprar um em uma loja de eletrônicos e o entrega a ele pessoalmente. Após o seminário, ela se junta ao grande grupo reunido para o almoço e chama a atenção de Assange. Mais tarde, eles passam a tarde juntos e acabam indo ao cinema, onde se tocam intimamente.

À noite, A. homenageia Assange com uma tradicional festa sueca de lagostins em seu jardim. Uma amiga de A. testemunha mais tarde que, durante a festa, A. lhe disse que havia tido relações sexuais com Assange e que a camisinha havia se rompido, embora sem acusá-lo de más intenções. No meio da noite, com a festa ainda em andamento, A. publica um tweet entusiasmado: ‹Sentar-se ao ar livre às 2 da manhã e quase congelar, junto com as pessoas mais legais e inteligentes do mundo, é simplesmente incrível!". Donald Boström, que também estava na festa, disse que A. lhe disse alguns dias depois que estava "orgulhosa como um pavão – o homem mais incrível do mundo na minha cama e morando no meu apartamento". Na noite da festa do lagostim, eles novamente compartilham a cama de A., embora vários conhecidos já tenham se oferecido para hospedar Assange devido às condições apertadas do apartamento de A. De acordo com testemunhas, A. recusou essas ofertas dizendo que Assange era bem-vindo para continuar hospedado com ela. Johannes Wahlström, um dos principais contatos de Assange na Suécia, testemunhou que verificava com A. todos os dias se Assange deveria ser acomodado em outro lugar. De acordo com Wahlström, A. havia reclamado, em tom de brincadeira, das sessões noturnas de laptop de seu "filho adotivo" no banheiro e de sua higiene descuidada, mas sempre confirmava que estava tudo bem e que Assange poderia continuar a ficar com ela.

O caso de S.

Na segunda-feira seguinte, 16 de agosto, Assange recebe uma ligação de S., com quem havia passado a tarde dois dias antes. Eles se encontram no final da noite e decidem pegar o trem para Enköping, perto de Estocolmo, onde S. mora. Na manhã seguinte, às 9h40, A. recebe uma mensagem em seu telefone celular: Johannes Wahlström lhe pede para lembrar Assange de uma reunião no sindicato dos jornalistas marcada para o meio-dia daquele dia. Durante seu interrogatório posterior pela polícia, Wahlström lerá a correspondência por SMS diretamente de seu celular para o policial responsável pelo interrogatório. A. responde: 'Ele não está aqui. Ele tem planejado todas as noites fazer sexo com a garota do cashmere, mas não tem conseguido encontrar tempo. Talvez ele tenha conseguido fazer isso ontem?" A. não tem o número de telefone de S., mas fornece a Wahlström seu endereço de e-mail e diz que S. trabalha no Museu de História Natural – "É tudo o que sei". Essa correspondência sugere que, em suas conversas com A., Assange não escondeu sua intenção de ter um caso sexual com S. Também sugere que A. não estava particularmente preocupada com essa perspectiva.

É meia-noite quando Assange e S. chegam ao apartamento dela. De acordo com o depoimento de S. e suas mensagens de texto irritadas para dois amigos entre 1h14 e 1h43 da manhã, Assange primeiro quer sexo sem proteção, o que S. recusa, e depois adormece após longas preliminares. S. fica desapontada e reclama que ele «geralmente se comporta de forma estranha», mas acaba adormecendo também. O intercurso sexual ocorre somente mais tarde durante a noite, algum tempo antes de sua próxima mensagem de texto, às 5h15 da manhã. Quando S. insiste no uso de preservativo, Assange aceita, embora com certa relutância, de acordo com o relato de S. Na manhã de 17 de agosto, entre 7h22 e 7h46, houve outra conversa por mensagem de texto na qual S. expressou seu incômodo com o ronco de Assange ao seu lado. Mais ou menos uma hora depois, S. sai do apartamento para comprar coisas para o café da manhã, depois serve a Assange mingau de aveia, leite e suco e volta para a cama com ele, onde novamente fazem sexo protegido. Em um bate-papo por SMS entre 8h42 e 8h59 da manhã, S. escreve, claramente contrariada, que Assange relutou em usar preservativo, que ele até "ordenou" que ela lhe servisse suco de laranja e que ele estava roncando novamente. Sua próxima mensagem vem exatamente noventa minutos depois, às 10h29. É durante esses noventa minutos que se diz ter ocorrido o suposto estupro.

De acordo com o resumo escrito preparado pela polícia sobre o interrogatório de S., após a relação sexual – protegida – no início daquela manhã, Assange e S. "cochilaram". Depois de algum tempo, Assange supostamente tentou penetrar S. novamente, mas dessa vez sem preservativo. O resumo da polícia afirma que "ela acordou e sentiu que ele a estava penetrando". Imediatamente, ela lhe perguntou: "Você está usando alguma coisa?", ao que ele respondeu: "Você". Ela disse: "É melhor que você não tenha HIV", e ele respondeu: "Claro que não tenho". O resumo continua: "Ela achou que era tarde demais. Ele já estava dentro dela e ela o deixou continuar [lät honom fortsätta]. Ela já não tinha energia para dizer a ele mais uma vez, pois passou a noite toda falando sem parar sobre preservativos [tjatat om kondom]. Ela nunca havia feito sexo sem proteção antes. Ele disse que queria gozar dentro dela; não disse quando o faria, mas gozou. Depois disso, saiu muita coisa de dentro dela".

É preciso notar que, de acordo com a legislação doméstica e a jurisprudência aplicável na Suécia em 2010, o mero contato físico entre os órgãos sexuais de duas pessoas já é considerado relação sexual, independentemente de penetração; que estar dormindo é considerado um estado de desamparo; e que explorar deliberadamente esse estado de desamparo para iniciar uma relação sexual equivale ao crime de estupro e o consentimento posterior da vítima não isenta o ato. Qualquer forma de estupro, por sua vez, deve sempre ser investigada ex officio, independentemente de a vítima anuir ao processo, e acarreta uma pena de pelo menos dois anos de prisão. Antes da revisão do Código Penal em 2018, ainda não vigia na Suécia a definição mais ampla de "estupro", que está em vigor atualmente e inclui qualquer relação sexual sem o consentimento total das partes envolvidas. O mesmo se aplica ao recém-introduzido delito de "estupro negligente". Portanto, em 2010, o crime de estupro na Suécia ainda exigia a comprovação da intenção culposa do perpetrador.

As mensagens de texto noturnas de S., nas quais ela expressa repetidamente sua irritação com o desejo de Assange de fazer sexo sem preservativo, deixam claro que ele não poderia, de boa-fé, presumir o consentimento dela para uma relação sexual desprotegida. No entanto, a conversa entre Assange e S. reproduzida no resumo policial do seu depoimento, que termina com ela "deixando-o continuar" sem preservativo, não oferece nenhuma indicação de violência, ameaças ou qualquer exercício de poder que pudesse ter impedido a liberdade de ação ou decisão de S.. A responsabilidade criminal de Assange de acordo com a lei sueca em vigor na época, portanto, depende exclusivamente de S. estar dormindo ou não e, em caso afirmativo, se ela estava ciente de seu estado de desamparo no momento da penetração desprotegida.

A única evidência que pode ser considerada como fornecendo indicações razoavelmente confiáveis sobre como S. realmente vivenciou esse incidente é uma mensagem de texto enviada por ela a um amigo quase vinte e quatro horas depois, em 18 de agosto, às 6h59, afirmando que ela estava "meio dormindo" quando Assange teve relações sexuais desprotegidas com ela. Essa escolha de palavras dá margem a dúvidas razoáveis, pois não exclui nem que S. estivesse em um estado indefeso devido ao sono, nem que ela estivesse ciente da tentativa de penetração de Assange o bastante para que sua liberdade de ação e decisão não estivesse completamente suspensa.

Mais tarde, o próprio Assange afirmou que S. não estava dormindo e que havia consentido com a relação sexual desprotegida antes do início. Assim como no caso de A., sobretudo em se tratando de um suspeito diagnosticado com transtorno do espectro autista, sua própria percepção dos eventos pode ser genuína sem necessariamente constituir uma evidência confiável de como a situação foi vivenciada por S. Mas, na ausência de uma confissão, ele deve ser considerado inocente até que seja provada sua culpa além de qualquer dúvida razoável. Assim como qualquer outro suspeito.

O relato de S. sobre os eventos, por sua vez, não foi transcrito literalmente, nem foi gravado por dispositivo de áudio, nem testemunhado por um segundo policial, mas meramente resumido nas palavras do policial que tomou o depoimento. Além disso, como será demonstrado, o resumo policial do depoimento de S. só foi lido para ela e aprovado por ela quase duas semanas depois, em 2 de setembro de 2010. A essa altura, as autoridades suecas já haviam alterado o texto sem a participação de S., assumido o controle total da narrativa e criado um fato consumado quase incontestável ao disseminar agressivamente as alegações de estupro pela mídia de massa. Nas duas semanas que decorreram, o caso dela foi aberto por um promotor com base em uma provável causa de estupro, interrompido por outro por falta de provas e reaberto por um terceiro, que reafirmou oficialmente que Assange era de fato suspeito com base em uma provável causa de estupro. Assim, no momento em que foi solicitado a S. que aprovasse o resumo escrito de sua própria entrevista, ela já estava sob enorme pressão para se conformar à narrativa oficial de estupro imposta pelas autoridades, sob pena de se expor à culpa por acusar Assange falsamente. Portanto, quanto à questão de saber se S. estava dormindo no momento relevante e, em caso afirmativo, se Assange estava ciente de seu estado de desamparo, seu depoimento à polícia também não pode ser considerada uma prova confiável.

Em suma, nos únicos pontos de fato que foram decisivos para a responsabilidade criminal de Assange, havia claramente uma dúvida razoável desde o início. Objetivamente, na ausência de um registro criminal relevante ou de uma confissão por parte de Assange, nunca houve qualquer perspectiva realista de processá-lo com êxito pelo estupro de S. O que quer que possa ter acontecido entre Assange e S. durante aqueles noventa minutos na manhã de 17 de agosto de 2010, de uma perspectiva probatória, o único resultado concebível de acusar Assange pelo estupro de S. teria sido necessariamente a absolvição, com base no benefício da dúvida. Qualquer outro resultado teria violado a presunção de inocência e a exigência de prova além da dúvida razoável, dois pilares universais do direito penal.

As autoridades de investigação suecas tinham que estar plenamente conscientes do impasse probatório que enfrentavam. Avaliar a probabilidade objetiva de uma condenação é parte integrante de qualquer investigação criminal profissional: ela serve para evitar tanto o desperdício inútil de recursos públicos quanto danos desnecessários à reputação e traumas aos suspeitos e outros envolvidos. Tão logo fique claro que, independentemente das medidas investigativas adotadas, não há perspectiva realista de provar um suposto delito além da dúvida razoável, o caso deve ser arquivado, pouco importam as preferências pessoais dos funcionários envolvidos. Dessa forma, o Capítulo 23, Seção 1, do Código de Processo Judicial Sueco estabelece que: "Uma investigação preliminar não precisa ser iniciada se for manifesto que não é possível investigar o delito". O fato de as autoridades suecas terem continuado a disseminar e perpetuar a narrativa de estupro contra Assange por mais de nove anos, quando a falta de evidências suficientes para a investigação deveria ser imediatamente explícita para qualquer promotor experiente, sugere fortemente que havia outros motivos em jogo.

Duas mulheres insistem em um teste de HIV

Nem S. nem Assange afirmaram que suas relações sexuais desprotegidas provocaram uma discussão ou outro desentendimento. Em vez disso, eles brincam sobre as consequências de uma possível gravidez: S. avisa que Assange teria de pagar as mensalidades dela e sugere que a criança deveria se chamar "Afeganistão". Contudo, depois que eles se afastam, a descontração de S. diminui. Ela começa a sentir uma ansiedade crescente. Não só está preocupada com uma gravidez indesejada, mas também com uma possível infecção por uma doença sexualmente transmissível (DST), principalmente o HIV. Suas mensagens de texto mostram como seu medo aumenta e sua impotência se transforma em raiva. "Sinto-me totalmente usada", escreve ela, e depois: "Quero me vingar. Mas como?"; "Espero que os EUA o peguem" e "Gostaria de ter ousado ganhar dinheiro com isso". E novamente um medo avassalador de ter contraído o HIV. Ainda na terça-feira, 17 de agosto, S. decide obter uma receita para a pílula do dia seguinte e, no dia seguinte, visita uma clínica para uma consulta. Os hospitais suecos oferecem às supostas vítimas de crimes sexuais testes imediatos e gratuitos para DSTs. Durante a noite de quarta para quinta-feira, suas mensagens de texto se tornam cada vez mais perturbadoras: será que ela deve se submeter a uma terapia antiviral preventiva de HIV de quatro semanas? Ela quer os resultados de seus exames – agora!

Quando S. acorda na manhã de sexta-feira, 20 de agosto, ela sabe: a única maneira rápida de esclarecer uma possível infecção por HIV é o próprio Assange fazer o teste. Caso ele tivesse sido infectado há mais de três meses, o vírus já estaria presente em seu sangue. Portanto, se o teste de Assange der negativo agora, a probabilidade de ela ter contraído o HIV dele seria próxima de zero. Ela envia um e-mail para A. perguntando como pode entrar em contato com ele.

Naquela manhã, S. viaja para o principal hospital de Estocolmo, o Södersjukhuset, para receber medicação forte como profilaxia pós-exposição ao HIV. O conselheiro da clínica entra em contato com a polícia, e um policial fala com S. por telefone. Quando ela conta sua história, o policial explica que o que ela vivenciou não é estupro, aparentemente com base na suposição – claramente imprecisa – de que o crime de estupro exige alguma resistência física por parte da vítima. Mas S. não parece estar preocupada com o direito penal – o que a preocupa é que o resultado de seu teste de HIV só estará disponível daqui a três meses.

Então, às 11h16, A. finalmente envia um SMS respondendo ao e-mail anterior de S: 'Oi, aqui está meu número de celular. [A.].' E assim as duas mulheres, cujo contato até então tinha sido apenas superficial, começam a conversar, inicialmente por telefone. Elas falam sobre suas respectivas experiências com Assange e querem convencê-lo a fazer o teste de HIV. Em seu depoimento à polícia de 2 de setembro de 2010, S. afirma que a ideia de envolver a polícia foi de A. De acordo com S., A. sugeriu que elas fossem juntas à delegacia e registrassem uma queixa criminal. No entanto, elas não assinariam a queixa, mas apenas a usariam como pressão contra Assange. Caso ele concordasse em fazer o teste, elas simplesmente retirariam a queixa. De acordo com S., no momento dessa conversa telefônica, Assange ainda está com A. em seu pequeno apartamento, mas ele não entende sueco. Pouco tempo depois, S. recebe uma ligação furiosa de Assange. Ele diz que A. lhe pediu para ligar para S. e lhe disse que ela, S., pretende ir à polícia por causa do teste de HIV. S. implora que ele faça o teste, explicando que levaria apenas trinta minutos para livrá-la de uma espera de três meses por seus próprios resultados. Contudo, Assange teria supostamente respondido que precisava cuidar de Guantánamo, de vidas humanas, e que, portanto, não tem tempo para essas trivialidades. Segue-se uma verdadeira batalha telefônica entre todas as partes envolvidas, com Donald Boström tentando mediar e fazer com que Assange leve a sério as preocupações das mulheres. Quando Assange finalmente concorda em fazer o teste, mas quer se encontrar com S. primeiro, já é tarde demais. S. não acredita mais que ele esteja falando sério e decide envolver a polícia para garantir que ele faça o teste. Com isso em mente, S. entra na escada rolante que leva à delegacia de polícia de Klara, na principal estação de trem de Estocolmo.

A polícia impõe uma narrativa de estupro

De acordo com S., ela chega à delegacia de polícia por volta das 14:00h. Na recepção, explica brevemente suas preocupações e, então, concorda em voltar com A. às 16 horas para uma reunião com uma policial experiente na área de crimes sexuais. A. ainda está no trabalho e não pode comparecer mais cedo. Embora o memorando inicial da polícia indique que as duas mulheres chegaram à delegacia "por volta das 14:00h" <*vid 14 tiden*>, durante seu depoimento à polícia de 2 de setembro de 2010, S. deixa claro que a reunião com a polícia não começou antes das 16 horas – tempo suficiente para a polícia assuntar em torno da questão. Surpreendentemente, quando S. entra pela primeira vez na delegacia de polícia, às 14:00h, o policial presente na recepção parece estar interessado em registrar uma queixa criminal contra Assange. Apenas vinte e seis minutos depois, às 14h26, enquanto S. ainda está esperando que A. chegue à delegacia, ela envia a seguinte mensagem de texto a um amigo: "Estou na polícia. A 'sosse' [gíria para social-democrata, no caso, A.] e eu estamos pressionando Julian por meio de seu assistente para fazer o teste. O policial parece gostar da ideia de pegá-lo <att få tag på honom>". Embora eu não tenha encontrado nenhuma evidência direta de que a polícia tenha sido notificada com antecedência sobre a visita de S. à delegacia, parece extremamente incomum, para dizer o mínimo, que um policial demonstre espontaneamente um preconceito tão individualizado.

A própria S. enfatizou de forma consistente, tanto em seus depoimentos à polícia, quanto em suas mensagens de texto, que não tinha intenção de denunciar um crime, mas foi à delegacia apenas para buscar orientação sobre como obter um teste de HIV de Assange. Ela havia perguntado por telefone sobre um serviço policial especializado em tais assuntos, mas foi informada de que tal serviço não existia. De acordo com S., após sua visita à clínica em Södersjukhuset, ela simplesmente foi à delegacia de polícia mais próxima. A delegacia de polícia de Klara parece uma escolha natural para S., pois está localizada na estação central de trem que serve Enköping, onde mora. Porém, a delegacia de polícia de Klara também é onde a inspetora Irmeli Krans está de plantão no momento. Krans é uma amiga de A. no Facebook com quem ela mantém contato pessoal desde pelo menos 2009 – mera coincidência, de acordo com A.

Seja como for, pelo menos a conversa inicial com S. e A. é conduzida por uma policial diferente, a inspetora Linda Wassgren. S. conta sua versão dos fatos. Quando A., sentada ao seu lado, ouve a história de S., ela imediatamente intervém e afirma que teve uma experiência semelhante. Ela agora conta sua própria história sobre relações sexuais desprotegidas com Assange, alegando que ele rasgou deliberadamente o preservativo. Assim, em poucos minutos, de conversa, a questão não é mais pressionar Assange a fazer um teste de HIV, mas toma um rumo diferente, pelo menos na percepção da polícia. De acordo com S., Wassgren rapidamente conclui que o que aconteceu configura estupro e que ela, Wassgren, é, portanto, obrigada a registrar um boletim de ocorrência, independentemente do consentimento de A. e de S. De forma reveladora, o memorando interno de Wassgren resumindo sua conversa com A. e S. concentra-se exclusivamente em justificar a abertura de uma investigação de estupro. A pergunta original das mulheres sobre a possibilidade de forçar Assange a fazer um teste de HIV não é mencionada em lugar algum do memorando e, para a inspetora Wassgren, não parece ter qualquer relevância. As mulheres estão confusas, ansiosas e relutantes em aceitar uma denúncia criminal, mas Wassgren deixa claro que não lhes cabe dizer nada sobre o assunto. Ao mesmo tempo, ela também lhes assegura de que não haverá inconvenientes e que nada será tornado público, a menos que - e até que - Assange seja formalmente acusado e julgado em um tribunal. O memorando de Wassgren não reflete a relutância e as preocupações legítimas das mulheres, mas imediatamente reescreve a história. Em particular, Wassgren observa que, "desde o início" <inledelsevis>, o crime de estupro foi mencionado e que ambas as mulheres foram vítimas, o que é inconsistente com a versão das mulheres sobre os eventos. Por isso, ela, Wassgren, "obviamente" decidiu conversar com as mulheres separadamente e pedir a cada uma delas uma "descrição detalhada" de suas experiências.

Embora a decisão de falar com as mulheres separadamente seja correta, é claro, isso deveria ter sido feito desde o início. É notório que a confiabilidade das declarações de testemunhas que se influenciam mutuamente tem uma meia-vida curta, sobretudo em casos politicamente expostos que são influenciados por fortes interesses de terceiros. No momento em que Wassgren decide separar as duas mulheres, elas não apenas já haviam discutido suas respectivas experiências em particular e elaborado um plano conjunto sobre como lidar com suas preocupações comuns. Elas também haviam ouvido uma à outra na delegacia de polícia e visto as reações iniciais da policial, cujo efeito sugestivo dificilmente pode ser superestimado em vista de sua própria sensação de insegurança. Elas sabem, é claro, que estão lidando com uma celebridade. Estão com raiva, confusas e vulneráveis, e também entenderam muito rapidamente o que a polícia quer que digam. Do ponto de vista delas, tudo ainda gira em torno do teste de HIV, mas a polícia sueca tem uma agenda diferente.

O que se segue parece uma coreografia preparada às pressas e executada de acordo com o roteiro, mas muito açodada para se assemelhar a um desdobramento natural dos eventos. Ao contrário do que seu memorando parece sugerir, a inspetora Wassgren não se preocupa, de fato, em conduzir entrevistas detalhadas com nenhuma das mulheres, mas age imediatamente. Já às 16h11, uma primeira denúncia criminal por estupro é registrada no sistema, contendo a afirmação – comprovadamente falsa – de que a própria S. denunciou Assange por estupro. Por outro lado, a verdadeira preocupação de S., que era o teste de HIV, nem sequer é mencionada no relatório. Aqui também, as necessidades declaradas e as principais preocupações de S. parecem ser percebidas como completamente irrelevantes. Tudo o que parece importar para a polícia sueca é conseguir que uma alegação de estupro contra Assange seja registrada o mais rápido possível. Talvez, rápido demais. O registro eletrônico de data e hora no relatório criminal, 16h11, levanta sérias dúvidas não só porque foi registrado apenas onze minutos após o início da reunião entre a inspetora Wassgren e as duas mulheres, mas também porque não foi registrado em nome de Wassgren, mas em nome da inspetora Irmeli Krans, que conduziu o depoimento completo de S. após a conversa inicial de Wassgren com as duas mulheres. Embora seja bastante improvável que Wassgren pudesse ou quisesse registrar eletronicamente uma denúncia criminal em nome de sua colega, o depoimento de S. a Krans só começa dez minutos depois, às 16h21, e dura até 18h40. Não é preciso dizer que, em qualquer sequência natural de eventos, um relatório criminal da inspetora Krans seria apresentado ao final de sua entrevista com S. e certamente não antes dela ter começado. A não ser, é claro, que a decisão de denunciar Assange por estupro já tivesse sido tomada com antecedência e Krans tenha apenas executado uma trama predeterminada por autoridades que "pareciam gostar da ideia de pegá-lo". O registro eletrônico de data e hora no relatório criminal do estupro de S. certamente é mais um indicador de que, do ponto de vista das autoridades, a visita dela à delegacia de Klara pode ter sido menos espontânea e fortuita do que foi retratada.

Um segundo relatório criminal é registrado às 16h31, desta vez em nome de Wassgren, contendo novamente a afirmação – comprovadamente falsa – de que A. tinha ido à delegacia com a intenção de denunciar Assange por assédio sexual. Depois de sua conversa inicial com Wassgren, A. retorna ao trabalho sem que um depoimento tenha sido protocolado. Com duas denúncias criminais registradas contra Assange por crimes sexuais, a polícia parece ter obtido tudo o que lhe interessava. A coleta de provas confiáveis em apoio a essas alegações parece ter sido percebida como uma formalidade que poderia ser resolvida em um estágio posterior.

Resumindo, em ambos os casos, as denúncias criminais foram registradas pela polícia antes que as mulheres tivessem dado formalmente seus depoimentos e, no caso de S., antes mesmo que a policial responsável pela denúncia tivesse falado com ela. Em ambos os casos, foi falsamente afirmado que as próprias mulheres tinham a intenção de denunciar um crime sexual contra Assange, enquanto, comprovadamente, não tinha sido essa a intenção delas. Como que para se defender de futuras críticas ou acusações, Wassgren detalhou em seu memorando que havia consultado vários departamentos e que "todos" haviam sido "unânimes" em afirmar que se tratava de estupro.

Posteriormente, ambas as mulheres confirmaram que Wassgren havia deixado imediatamente claro para elas que os fatos alegados constituíam crime de estupro e por isso deveriam ser investigados ex officio, ou seja, independentemente da vontade ou do consentimento das duas mulheres. Ao confrontar as mulheres com sua própria impotência jurídica e com a inevitabilidade da narrativa oficial de estupro, as autoridades suecas rapidamente se apropriaram das histórias e experiências pessoais das mulheres para seus próprios fins. Parece que essas autoridades queriam criar um fato consumado o mais rápido possível e sem a interferência das duas mulheres. A. tinha acabado de sair da delegacia de polícia e S. ainda estava contando sua versão dos acontecimentos à inspetora Krans, quando a inspetora Wassgren pegou o telefone e informou a promotora pública de plantão, Maria Häljebo Kjellstrand, sobre as duas denúncias criminais recém-registradas. A promotora também entrou em ação imediatamente e, às 17 horas, emitiu um mandado de prisão contra Assange com base em uma provável causa de estupro. Não foi necessário nenhum relatório escrito ou declaração de testemunhas, nenhuma necessidade de esclarecimento, nenhuma pergunta. Uma vez feito o trabalho, Wassgren entrou no escritório de Krans, onde S. ainda estava sendo entrevistada, e anunciou que um mandado de prisão havia sido emitido contra Assange.

Coloquemos uma lupa sobre isso. Uma promotora pública emite um mandado de prisão com causa provável de estupro contra uma figura pública politicamente controversa, apenas com base em um telefonema de uma inspetora de polícia que conversou com duas mulheres, sendo que nenhuma delas pretendia denunciar um crime, e cujo pedido real – referente ao exame de HIV – sequer foi anotado? Sem nenhuma entrevista gravada com as mulheres, sem nenhuma outra evidência e sem nenhuma tentativa de obter uma declaração do suspeito? Um suspeito que não representa perigo algum, que não é violento e que não ameaça ninguém? Por que tanta pressa? Porque Assange não é um cidadão sueco, porque há risco de fuga e porque ele deve ser impedido de interferir na investigação, explica a Promotoria em um comunicado à imprensa na segunda-feira seguinte, 23 de agosto. Mas então, se esse era o caso, por que Assange não foi preso? Por que foi só pela imprensa que ele foi informado das alegações contra ele? Tudo o que sabemos com certeza é que, quando descobriu o que estava acontecendo, Assange não tentou fugir, mas, ao contrário, adiou voluntariamente sua saída da Suécia – que estava originalmente planejada para 25 de agosto – por um mês inteiro e se colocou à disposição para ser interrogado pela polícia e pela Promotoria.

Quando recebe a notícia sobre o mandado de prisão, S. parece ser pega completamente de surpresa. Às 17h06, ainda no escritório da inspetora Krans, ela envia a A. uma mensagem de texto para informá-la da notícia. S escreve que está "chocada" com o fato de que eles queriam prender Assange, quando tudo o que ela queria dele era um teste de HIV. Em entrevistas policiais posteriores, S. relembrou o "choque inacreditável" e a confusão daquele momento, explicando que nunca teve a intenção de registrar uma queixa criminal contra Assange, que o mandado de prisão estava muito além de qualquer coisa que ela pudesse imaginar e que aquilo era o oposto do que a inspetora Wassgren havia prometido, ou seja, que nada aconteceria no curto prazo e que, portanto, ela não deveria se preocupar, mas tentar relaxar. Às 18h30, ela escreve outra mensagem de texto, desta vez para um amigo: "Será que fiz a coisa certa indo à polícia? Ele foi detido [ou seja, em sua ausência, foi expedido um mandado de prisão] por me estuprar e por agressão sexual (acho) contra a Sosse". Esse amigo testemunhará mais tarde que S. "sentiu que tinha sido atropelada pela polícia e por outras pessoas". De acordo com as observações finais da inspetora Krans no protocolo, depois de saber sobre o mandado de prisão contra Assange, S. mal consegue se concentrar. Por isso, às 18h40, Krans decide suspender seu depoimento. S. deixa a delegacia sem ler ou aprovar a versão escrita de sua entrevista, conforme resumida pela inspetora Krans – a mesma policial que havia registrado no sistema eletrônico da polícia um relatório criminal pelo estupro de S. antes mesmo de falar com ela e que, seis dias depois, modificaria o depoimento de S. sem consultá-la. Nesse ponto, logo após sua entrevista, S. ainda parece se apegar desesperadamente ao plano original proposto por A., ou seja, tentar impedir a abertura de uma investigação criminal, recusando-se a assinar seu próprio depoimento.

Segundo o relato da própria A., Krans está interessada em interrogá-la imediatamente após S. e lhe telefona pedindo que volte à delegacia para um depoimento formal. A. responde que já está em um trem para Uppsala e que prefere prestar depoimento em outro dia. Krans adverte que, nesse caso, talvez não seja ela quem irá tomar o depoimento. Enquanto A. pareça preferir não ser entrevistada por uma policial que seja amiga ou conhecida, a inspetora Krans não parece perceber que seu relacionamento pessoal com A. represente um possível conflito de interesses. Ao longo das semanas seguintes, Krans manifesta repetidamente um preconceito extremo contra Assange nas mídias sociais, o que acabou gerando uma queixa formal de conflito de interesses contra a inspetora Krans ao corregedor sueco do sistema judiciário. Em uma decisão de 23 de maio de 2011, assustadoramente superficial, ingênua e autodestrutiva, o corregedor rejeita a queixa, afirmando que a própria polícia e o Ministério Público não haviam considerado a conduta da inspetora Irmeli Krans inadequada e que, portanto, o corregedor não tinha motivos para continuar investigando o assunto.

Supressão de provas absolutórias

O Capítulo 23, Seção 4 do Código de Processo Judicial Sueco declara: "Na investigação preliminar, devem ser consideradas não apenas as circunstâncias que não são a favor do suspeito, mas também as circunstâncias a seu favor, e qualquer prova favorável ao suspeito deve ser preservada". À luz dessa disposição, é particularmente revelador como as autoridades suecas suprimiram ou deixaram de lado as mensagens de texto enviadas por A. e S., cujo conteúdo frequentemente contradiz diametralmente a narrativa oficial divulgada pelas autoridades. Embora esteja registrado que as mensagens de texto armazenadas nos telefones celulares pessoais das duas mulheres foram apreendidas pela polícia – para S. em 10 de setembro de 2010, para A. em 27 de janeiro de 2011 – essas mensagens foram posteriormente classificadas como "secretas" pela promotora e não foram disponibilizadas nem mesmo aos advogados de defesa de Assange. A resposta padrão da promotora foi que a divulgação das mensagens de texto colocaria em risco a investigação. Demorou mais de um ano para que os advogados de Assange, Thomas Olsson e Per Samuelson, obtivessem acesso às mensagens e, mesmo assim, as modalidades e restrições impostas pela promotora eram tão proibitivas que o uso efetivo dessas mensagens como prova de inocência se tornou impossível na prática.

Em 8 de dezembro de 2011, Olsson e Samuelson foram convidados ao escritório do Investigador Chefe de Polícia Mats Gehlin para inspecionar várias centenas de mensagens impressas que ele havia pré-selecionado para eles do telefone celular de S.. Entretanto, os dois advogados não foram autorizados a copiar as mensagens, transcrevê-las à mão ou fazer qualquer anotação sobre seu conteúdo, exceto a data e a hora em que foram enviadas ou recebidas. De acordo com a promotora, essas restrições eram necessárias por motivos de proteção de dados e privacidade – direitos aos quais as autoridades suecas davam muito menos importância em relação a Assange. Isso levou à situação bizarra de que, em uma democracia moderna como a Suécia, os advogados de Assange foram forçados a memorizar mensagens de texto exculpatórias e tentar escrever seu conteúdo imediatamente depois, naturalmente sem poder reproduzir o texto exato em todos os casos. Ante essas dificuldades, a precisão de suas transcrições, algumas das quais pude comparar com as fontes originais, é notável.

Mesmo quatro anos depois, em 16 de julho de 2014, os advogados de Assange foram proibidos de apresentar uma cópia impressa dessas mensagens como prova ao Tribunal Distrital da Suécia, sob a alegação de que elas haviam sido consideradas confidenciais pela Promotoria. O mesmo pretexto para suprimir as mensagens de texto foi dado – e aceito – no Tribunal de Apelação. Em consequência disso, nem mesmo os juízes suecos, encarregados de decidir sobre a extensão do mandado de prisão contra Assange, tiveram acesso a essas mensagens de texto e, portanto, eles tiveram que chegar a seu veredicto com base em alegações não verificáveis da acusação. Não é necessário ser um professor de direito para entender que táticas como essas prejudicam gravemente as garantias do devido processo legal e um julgamento justo.

Foi somente em 2019, depois que a investigação foi reaberta pela terceira vez, que a Promotoria Sueca apresentou uma tradução oficial em inglês das mensagens de texto do celular de S., que reconheceu serem "relevantes para a investigação". No entanto, a partir dos números de índice das mensagens disponibilizadas, pode-se verificar que há várias lacunas, em que uma ou várias mensagens foram omitidas. Mais importante ainda, estão faltando doze mensagens enviadas ou recebidas por S. entre 14h32 e 18h30 de 20 de agosto (índice 3994-4005). Esse é exatamente o período em que S. estava na delegacia de polícia e muito chateada com a narrativa de estupro que lhe foi imposta. Como mencionado anteriormente, sabemos pelas transcrições feitas pelos advogados de Assange, em 2011, e pelo testemunho da própria S. durante seu segundo interrogatório policial, em 2 de setembro de 2010, que S. enviou uma mensagem a A. às 17h06, expressando seu choque com as notícias sobre o mandado de prisão. Apesar de sua óbvia importância para a defesa de Assange, essa mensagem foi deliberadamente suprimida pela Promotoria Sueca. Há um segundo intervalo, particularmente significativo, de sessenta e seis mensagens enviadas ou recebidas das 7h36 do dia 21 de agosto (quando as mulheres começaram a trocar mensagens expressando forte discordância com a narrativa oficial de estupro publicada na mídia) até as 15h31 do dia 23 de agosto, quando as mulheres finalmente receberam um advogado que defendia veementemente essa narrativa (índice 4018-4083).

Ao reter deliberadamente evidências que inocentam ou atenuam a culpa, as autoridades suecas não apenas violaram os direitos processuais de Assange, conforme estabelecido no Código de Processo Judicial da Suécia, mas, em conjunto com a divulgação agressiva das alegações de estupro, podem até ter cometido o crime de falsa imputação.

Manchete: 'Julian Assange é acossado por suspeita de estupro'

Na sexta-feira, 20 de agosto de 2010, o dia da visita das mulheres à delegacia ainda não havia terminado. À noite, um jornalista – que estava participando de uma festa de lagostins com o círculo íntimo da liderança política da Suécia na época – fica sabendo do mandado de prisão contra Assange por suspeita de estupro. Não se sabe quem vazou a informação, se ela foi vazada diretamente para o jornalista ou se a polícia ou a Promotoria alertaram informalmente as principais lideranças políticas, que então contaram ao jornalista na festa. De qualquer modo, o círculo de possíveis culpados pelo vazamento original é pequeno.

O jornalista imediatamente passa a informação para um colega do tabloide *Expressen*, e o *Expressen* faz o que qualquer tabloide faria: liga para a promotora Maria Häljebo Kjellstrand na mesma sexta-feira à noite. É verdade que ela emitiu um mandado de prisão contra Julian Assange? O inconcebível acontece: Kjellstrand confirma loquazmente ao *Expressen* não apenas que um mandado de prisão foi emitido contra Assange, mas também que há uma causa provável de estupro (på sannolika skäl misstänkt för våldtäkt) envolvendo duas vítimas. Ela falou com as mulheres? Não, não falou. Ela também não sabe quando a queixa de estupro foi feita – ela mesma a recebeu da polícia há apenas uma hora. Não, ela não tem ideia de onde Assange está, nem se está sendo procurado, mas espera e supõe que esse seja o caso. Tendo dito tudo isso, Kjellstrand conclui que, em consideração a todos os envolvidos, ela não pode dizer "absolutamente nada" (inte nånting) sobre o caso neste momento.

O jornal *Expressen* esclarece ainda que as mulheres supostamente não queriam registrar uma queixa-crime. As mulheres estão morrendo de medo [är livrädda] e, portanto, não se atrevem a cooperar. Nesse caso, a polícia acredita que o motivo do medo delas é a posição de poder do agressor [gärningsmannen]". E assim, com uma canetada, o "suspeito" não violento se tornou um "perpetrador" ameaçador. Nenhuma menção ao fato de ser uma mera suspeita, nenhum sinal de presunção de inocência e, acima de tudo, nenhuma semelhança com o que as mulheres relataram ter vivenciado. Outra fonte, descrita pelo *Expressen* como uma "pessoa próxima às mulheres" (person nära kvinnorna), parecia ter um conhecimento detalhado, a saber, que as supostas vítimas tinham entre vinte e trinta anos, que elas se conheciam e que um dos supostos crimes foi cometido na manhã de terça-feira em Enköping e o outro no fim de semana anterior em um apartamento em Södermalm.

Para piorar a situação, dois dias depois, na segunda-feira, 23 de agosto, a polícia libera parte do arquivo do caso investigativo para a imprensa sueca em resposta imediata a uma solicitação de liberdade de informação. O fax de trinta e nove páginas, enviado entre 16h28 e 16h30, inclui os resumos originais dos depoimentos de S. (a partir da pág. 7) e A. (a partir da pág. 18). Embora as informações confidenciais tenham sido em grande parte suprimidas, a polícia não suprimiu o nome e o sobrenome de A. do título do resumo de seu depoimento, revelando assim sua identidade completa à imprensa. Como se não bastasse, a publicação destas informações também impossibilita o anonimato de S., e logo as identidades de ambas se tornaram de conhecimento geral.

As autoridades suecas sabem, é claro, que sua indiscrição exporá Assange e as duas mulheres a um circo implacável na mídia e minará desnecessariamente a objetividade da investigação. No entanto, nem a privacidade e a proteção dos indivíduos envolvidos nem a eficácia da investigação parecem ser uma prioridade para as autoridades responsáveis. De acordo com Sven-Erik Alhem, ex-Promotor-Chefe e diretor do Ministério Público em Estocolmo e Malmö, a indiscrição das autoridades claramente violou a Lei de Sigilo Sueca (2009:400), segundo a qual a identidade das pessoas envolvidas em uma investigação preliminar deve ser mantida confidencial, a menos que e até que as acusações sejam apresentadas. A mesma opinião é compartilhada por Brita Sundberg-Weitman, ex-professora de direito, juíza de apelação e presidenta do Tribunal Distrital de Solna, que, assim como Alhem, escreveu um relatório especializado para os advogados de defesa de Assange detalhando algumas das mais notórias violações do devido processo legal que mancharam a investigação preliminar sueca contra ele.

A situação legal é clara: as autoridades suecas violaram não apenas seu dever específico de confidencialidade. Elas também violaram seu dever geral de cuidado, conforme expressamente estabelecido no Capítulo 23 do Código de Processo Judicial da Suécia, segundo o qual "(...) a investigação deve ser conduzida de forma que nenhuma pessoa seja desnecessariamente exposta a suspeitas ou submetida a despesas ou inconvenientes desnecessários". Desde o início, as próprias autoridades prejudicaram seriamente a objetividade e a eficácia da investigação. Elas divulgaram a identidade de Assange sem qualquer evidência de sua culpabilidade criminal, sem qualquer perigo iminente ou urgência temporal, sem ter formalmente colhido o depoimento do suspeito ou das supostas vítimas e sem qualquer consideração pelo dano que sua indiscrição poderia causar a todos os envolvidos. Esse curso de ação também retirou a credibilidade da suposta justificativa para o mandado de prisão, ou seja, que havia o risco de Assange fugir. Caso esse risco realmente existisse, nenhum promotor em sã consciência teria anunciado o mandado de prisão na mídia de massa, dando assim ao suspeito um aviso prévio que ele não poderia deixar de perceber. A não ser, é claro, que sua real intenção fosse provocar a fuga de Assange como forma de obter evidências probatórias de sua culpabilidade.

De qualquer forma, nem a procuradora Kjellstrand nem qualquer outra pessoa foi responsabilizada por uma violação do dever, nem foram tomadas quaisquer medidas disciplinares. Uma queixa teria sido apresentada ao corregedor do judiciário sueco que, mais uma vez, encontrou rapidamente um pretexto para fugir de suas responsabilidades oficiais – desta vez, ele teria alegado que não queria interferir em um processo em andamento. Considerando que tudo o que o judiciário realmente faz é conduzir procedimentos investigativos e judiciais, é bastante difícil conceber um caso em que o corregedor pudesse exercer uma supervisão eficaz sobre o judiciário sem "interferir" em uma investigação ou procedimento em andamento. Como já foi demonstrado nos casos da Inspetora Krans e da extradição ilegal de Agiza e Al Zery, o histórico do corregedor de investigar e confrontar condutas oficiais inadequadas apenas ex post facto não parece ser muito melhor, pelo menos não quando interesses de segurança nacional primordiais estão envolvidos.

Na madrugada de sábado, 21 de agosto de 2010, o dia seguinte ao depoimento à polícia, por volta das 5h00 da manhã, a manchete do *Expressen* dizia: "Julian Assange, do WikiLeaks, procurado por suspeita de estupro na Suécia" [Wikileaks Julian Assange jagas misstänkt för våldtäkt i Sverige]. Em questão de minutos, a notícia se espalha pelo mundo. O próprio Assange fica sabendo do fato pela imprensa e reage às 9h15 no canal do WikiLeaks no Twitter: "Fomos advertidos a esperar 'truques sujos'. Agora estamos vendo o primeiro". A essa altura, as duas mulheres forçosamente já tinham entendido que o controle sobre sua própria história lhes havia sido tirado. Em menos de vinte e quatro horas, sua tentativa de usar a polícia para pressionar Assange a fazer um teste de HIV havia saído pela culatra e desencadeado uma avalanche de eventos imprevistos que não podiam mais ser freados. A correspondência por SMS das duas mulheres testemunha a tremenda pressão a que elas se viram repentinamente expostas. Já às 7h09 da manhã de sábado, S. escreve para uma amiga: "Estou me sentindo péssima. Já está no noticiário, embora devesse ser confidencial. Tenho que escolher um advogado, 'um nome respeitável, advogado criminal, de preferência um homem', disse a polícia. Socorro!" E então, quando perguntada sobre o que estava na imprensa, ela escreve: "Que um dos crimes foi cometido em Enköping. Maldita polícia! Era para ser confidencial e dissemos que não queríamos oficiar uma denúncia ". Quase ao mesmo tempo, chega uma mensagem de texto, cujo remetente está oculto, mas que somente A. poderia ter escrito: 'Está na mídia agora, dê uma olhada no *Expressen*. Que inferno! Não sei o que fazer a não ser ficar quieta e desligar meu celular". S. responde às 7h33: "Eu sei, estou em pânico total. Porra, não quero fazer parte disso. Queria poder fugir do país". A. responde às 7h36: "Calma, querida, ninguém sabe que você está envolvida, certo?".

Conforme indicado anteriormente, as próximas sessenta e seis mensagens de texto enviadas ou recebidas por S., algumas das quais supostamente forneciam evidências claras da discordância de S. com a narrativa oficial imposta a ela, foram deliberadamente ocultadas dos advogados de defesa de Assange pela Promotoria Sueca. O rastro oficial das mensagens é retomado apenas cinquenta e sete horas mais tarde, quando as duas mulheres receberam um advogado empenhado em fazer valer precisamente essa narrativa. Um pequeno número de mensagens transcritas pelos advogados de Assange, no entanto, atesta a transformação fundamental de atitude imposta a A. e S. durante esse período de silêncio na comunicação.

Não é de surpreender que, após o choque inicial, as duas mulheres logo percebam que não têm escolha a não ser aceitar a nova realidade. No sábado à noite, 21 de agosto, às 22h25, S. ainda reclama em uma mensagem de texto transcrita que foi a "polícia que inventou as acusações". Mas na manhã de segunda-feira, 23 de agosto, seu tom mudou. Novamente, de acordo com a transcrição dos próprios advogados, às 6h43, A. escreveu para S. dizendo que era importante que ela, S., tornasse pública sua história para que elas pudessem mobilizar a opinião pública para seu caso. Então, na quinta-feira, 26 de agosto, às 13h38, A. sugeriu a S. que elas deveriam vender suas histórias a um jornal e, em 28 de agosto, às 12h53, informou que elas tinham um contato no maior tabloide sueco. S. teria respondido no mesmo dia, às 15h59, que seu advogado estava negociando com o tabloide. Deve-se ter cautela ao interpretar essa correspondência. Dadas as circunstâncias, não acredito que essas mensagens tenham sido trocadas por motivações principalmente monetárias, mas sim que elas refletem uma tentativa desesperada das mulheres de, de alguma forma, manter o controle em uma situação em que já haviam sido efetivamente destituídas de toda influência e controle – um padrão compensatório comum demonstrado por pessoas encurraladas.

Com as manchetes escandalosas e a confirmação oficial dada pelas autoridades, não era mais possível fazer um relato distinto sobre o que as mulheres haviam vivenciado com Julian Assange. Aos olhos do público em geral, Assange era ou um estuprador ou havia sido falsamente acusado – não havia mais espaço para zonas cinzentas, mal-entendidos, acidentes ou explicações alternativas. A. e S. tiveram que escolher: elas entrariam na onda da narrativa oficial de estupro e, em troca, poderiam contar com o apoio total das autoridades públicas? Ou elas desafiariam a narrativa oficial de estupro, inevitavelmente levantando questões sobre o motivo de terem ido à delegacia de polícia e, expondo-se à possibilidade de queixas-crime por falsa acusação ou difamação, além de reivindicações financeiras? No último caso, as duas mulheres teriam de enfrentar não apenas a ira de Assange e de seu devotado séquito, do qual elas próprias tinham feito parte a até apenas vinte e quatro horas antes, mas também seriam abandonadas pelas autoridades suecas e expostas a severas críticas da imprensa, se não de todo o público mundial.

    Ao avaliar o comportamento e as declarações de A. e S., portanto, deve-se sempre levar em consideração o fato de que, sem ter nenhuma culpa, elas têm sofrido enorme pressão para se adequar à narrativa oficial de estupro desde as primeiras manchetes do *Expressen* e até hoje. Assim, a partir deste ponto, a preocupação original das mulheres – o teste de HIV – praticamente desaparece, mesmo em suas mensagens de texto e correspondências particulares. O principal trauma delas agora já não parece ser uma possível infecção por HIV, mas sim a propaganda implacável da mídia e as ameaças e abusos que recebem nas redes sociais. Caso as autoridades tivessem cumprido seu dever de confidencialidade, conforme exigido pela lei sueca, essa investigação teria desaparecido nos arquivos da Promotoria Sueca poucos dias depois. Contudo, não era isso que as autoridades suecas pareciam ter em mente.

O interrogatório de A.

Poucas horas após o choque causado pela manchete do *Expressen*, no sábado, 21 de agosto, às 11h31, ocorre o primeiro depoimento formal de A. à polícia – por telefone. Esse é um detalhe importante, pois o depoimento inicial de uma possível vítima de estupro nunca deve ser feito por telefone. Não se trata apenas de identificar de forma confiável a pessoa que está sendo interrogada, mas também de ser capaz de identificar e abordar situações de ansiedade ou angústia que podem não ser expressas verbalmente, mas sim por meio da linguagem corporal, expressões faciais e gestos. Deveria ser claro para a polícia que A. estava sob intensa pressão no momento do depoimento e não poderia ser interrogada adequadamente por telefone. A essa altura, as autoridades já haviam informado ao mundo inteiro, em termos inequívocos, como a experiência dela com Assange seria tipificada legalmente: "Estupro, alternativamente assédio sexual" foram os crimes mencionados no topo do resumo do depoimento escrito pela inspetora Sara Wennerblom.

Assim como no caso de S., o depoimento inicial de A. não é testemunhado por um segundo policial e nem é gravado, mas é meramente resumido pela inspetora interrogadora em suas próprias palavras. Isso é claramente contrário à prática profissional padrão, pois impossibilita verificar se os depoimentos iniciais usados contra o suspeito foram influenciados por perguntas direcionadas ou expectativas implícitas. Uma infeliz coincidência? Não, porque é exatamente assim que a polícia procederá nos depoimentos iniciais de todas as sete testemunhas que são amigas ou parentes das duas mulheres e que, portanto, provavelmente as apoiarão. Nenhum desses depoimentos é feito na presença de um segundo policial, nenhum deles é gravado e nenhum é reproduzido literalmente, mas apenas resumido nas palavras do policial entrevistador. Como a polícia sabe muito bem, essas testemunhas consideram que as autoridades estão agindo no interesse das duas mulheres e, portanto, é improvável que questionem ou corrijam a maneira ou o texto exato em que suas declarações são resumidas pelo policial entrevistador.

Por outro lado, o depoimento do próprio Assange é conduzido corretamente, na presença de um segundo oficial de polícia, e é devidamente registrado e reproduzido literalmente. Mesmo porque era improvável que Assange aceitasse um resumo livremente parafraseado de sua declaração, e ele foi acompanhado por seu advogado de defesa, o que não deu margem de manobra às autoridades. Da mesma forma, os depoimentos de Donald Boström e Johannes Wahlström são conduzidos na presença de um segundo policial, gravados e reproduzidos em sua redação original. Boström e Wahlström são jornalistas experientes, que têm uma atitude neutra em relação às partes envolvidas, escolhem suas palavras com cuidado e insistem em seu registro literal.

A própria A. não contradiz o resumo do depoimento da inspetora Wennerblom. Conforme observado anteriormente, ela está convencida de que Assange rasgou intencionalmente o preservativo durante a relação sexual. No entanto, ela reconhece claramente que isso é apenas uma suposição, que ela não viu Assange realmente rasgando o preservativo e que ela nem mesmo verificou se o preservativo, que ela ainda tinha em sua casa, realmente havia sido danificado. No resumo policial de seu depoimento, A. afirma ainda que Assange inicialmente – ou seja, antes da relação sexual – impediu-a de pegar um preservativo "segurando seus braços e abrindo suas pernas enquanto tentava penetrá-la [...] sem preservativo". Mas então, "depois de um momento, Assange perguntou a [A.] o que ela estava tentando fazer e por que estava apertando suas pernas. [A.] então lhe disse que queria que ele usasse preservativo antes de penetrá-la. Com isso, Assange soltou os braços de [A.] e colocou uma camisinha que [A.] pegou para ele. A entrevista telefônica de A. termina às 12h20.

Apenas três horas e meia depois, às 15h55, outro grande jornal sueco, o *Aftonbladet*, publicou uma entrevista com A., na qual ela corrige parcialmente o artigo do *Expressen*: "É absolutamente errado dizer que não queríamos denunciar Assange porque tínhamos medo dele. Ele não é violento, e eu não me sinto ameaçada por ele». A. enfatiza que ela se vê como vítima de coerção ou assédio sexual, mas não de estupro. Ao contrário do testemunho e das mensagens de texto de S., no entanto, A. afirma constantemente que S. queria registrar uma queixa criminal por estupro, enquanto A. apenas a acompanhou para apoiar S. em seu próprio testemunho. De acordo com A., as alegações contra Assange não foram orquestradas pelo Pentágono, é claro, mas foram responsabilidade de um homem com uma "imagem distorcida das mulheres" e dificuldades em "aceitar um 'não' como resposta". No entanto, pelo menos de acordo com o resumo escrito do depoimento que ela prestou à polícia no início daquela manhã, "Assange fez investidas sexuais em relação a ela todos os dias após a noite em que tiveram relações sexuais" e A. "o rejeitou em todas essas ocasiões, o que Assange aceitou" em todas elas – é dizer, aceitou seu «não».

Primeira interrupção da investigação

Apenas meia hora após a entrevista de A. no *Aftonbladet*, o caso sofre outra reviravolta dramática. O procurador-geral da Suécia, preocupado com o fato de que o caso era sensível demais para ser deixado aos cuidados de um procurador até a segunda-feira, encaminha os resumos escritos dos dois depoimentos policiais para Eva Finné, Promotora-Chefe de Estocolmo, para análise. Finné reage rapidamente. Por volta das 16h30 do sábado, ela cancela o mandado de prisão emitido por Kjellstrand na noite anterior e divulga uma declaração à imprensa: «Não acredito que haja qualquer razão para suspeitar que ele tenha cometido estupro». Considerando que a Promotoria já havia causado um alvoroço na mídia mundial ao confirmar publicamente o mandado de prisão contra Assange e a provável causa do estupro, Finné devia estar muito confiante em sua avaliação para realizar uma reviravolta tão rápida e dramática. Ela sabia, é claro, que sua decisão certamente seria minuciosamente examinada por partes concernidas poderosas e com seus interesses particulares. Portanto, com base nos resumos, escritos originais dos depoimentos policiais de A. e S., devia ser claramente evidente para qualquer promotor experiente que o crime de estupro, conforme definido no código penal sueco em 2010, poderia ser excluído em ambos os casos. Por enquanto, Finné não quer descartar o assédio sexual em nenhum dos casos, mas isso reduz a sentença mínima abaixo do limite geralmente exigido para um mandado de prisão, que é de um ano de prisão.

No caso de S., Finné chegou a abandonar completamente a investigação apenas alguns dias depois, em 25 de agosto de 2010. O comunicado de imprensa oficial diz: "Conforme anunciado anteriormente, as informações obtidas do depoimento de [S.] são tais que a suspeita de estupro não existe mais. Isso não significa que eu não acredite em suas declarações. Estudei o conteúdo da entrevista para ver se há alguma suspeita de outro crime, principalmente assédio ou assédio sexual, mas minha análise mostra que esse não é o caso. Portanto, a investigação está encerrada no que diz respeito a essa reclamação, pois não há suspeita de crime. O comunicado conclui afirmando que, no caso de A., "a suspeita de molestamento permanece. Vou instruir o investigador a entrevistar o suspeito".

A suspensão do mandado de prisão no fim de semana tornou previsível a iminente interrupção do caso de S. por Finné. Assim, na segunda-feira, 23 de agosto, as mensagens de texto de S. começaram a expressar uma preocupação crescente. Já durante seu depoimento na sexta-feira à noite, a polícia recomendou que ela contratasse um advogado, "um nome respeitável, um advogado de defesa criminal, de preferência um homem". Ainda na segunda-feira, S. e A. recebem um advogado que se encaixa perfeitamente nessa descrição. Claes Borgström é um advogado ambicioso, que tinha conquistado suas credenciais políticas como ombudsman de igualdade do governo sueco e era candidato pelo Partido Social-Democrata nas eleições parlamentares de setembro de 2010.

No entanto, no início daquele ano, ele havia sofrido uma cobertura desastrosa da imprensa e, mais tarde, seria submetido a uma investigação disciplinar – em última análise, inconsequente – da Ordem dos Advogados da Suécia por seu papel controverso como advogado de defesa no que foi descrito como o maior escândalo judicial da história da Suécia. O cliente de Borgström, Sture Bergwall, também conhecido como Thomas Quick, um paciente psiquiátrico viciado em drogas, confessou voluntariamente trinta e três assassinatos não resolvidos – sobre os quais, como se soube mais tarde, Borgström apenas havia lido nos jornais. Quick acabou condenado em oito casos e considerado o maior assassino em série da Suécia. Apesar da falta de provas e motivos confiáveis, a credibilidade das confissões de Quick nunca foi questionada pela polícia, pelo promotor ou pelos tribunais, e nem mesmo pelo próprio Borgström, seu advogado de defesa. Em uma prévia assustadora do que estava por vir na investigação de Assange, os depoimentos à polícia foram manipulados e as provas em contrário ou exculpatórias foram suprimidas para apoiar a narrativa preferida das autoridades de que Quick era um assassino em série mentalmente perturbado. Foi necessário, no nono processo por homicídio, o trabalho incansável do jornalista investigativo Hannes Råstam e o olhar sóbrio de uma promotora-chefe experiente – Eva Finné – para expor e encerrar essa grotesca farsa da justiça, em maio de 2010. Como resultado, Quick retirou todas as suas confissões fantasiosas, substituiu seu advogado de defesa, foi absolvido em todas as acusações e, após vinte anos de confinamento, foi libertado como um homem inocente. Claramente, esse resultado foi ruim para Borgström e uma má notícia para suas ambições políticas. Em agosto de 2010, portanto, ele precisava urgentemente de um caso de grande repercussão para reabilitar e polir sua reputação com vistas às próximas eleições parlamentares, que estavam a poucas semanas de distância. O caso Assange, com a promotora-chefe Eva Finné no lado oposto, seria a combinação perfeita.

Na segunda-feira seguinte ao depoimento à polícia de sexta-feira, 23 de agosto de 2010, às 16h31, S. envia a seguinte mensagem de texto: "Claes Borgström é meu advogado agora. Espero que ele possa me ajudar a sair dessa merda". Na Suécia, é prática comum do Estado designar um advogado público para supostas vítimas de crimes, pelo menos em casos mais complexos. Convidado pelo tribunal a comentar a requisição de Borgström, a Promotora-Chefe Finné apenas escreveu: "Não tenho objeções à nomeação de um advogado para a parte lesada. Isso se justifica em vista da atenção da mídia de massa". O abandono inequívoco da narrativa do estupro por Finné deve ter sido profundamente perturbador para as duas mulheres. Afinal, apenas vinte e quatro horas antes, a mesma narrativa de estupro havia sido imposta a elas à força na delegacia de polícia de Klara, depois de ter sido descartada por outro policial por telefone algumas horas antes. Diante desse vai e vem vertiginoso, as mulheres não podem ser responsabilizadas por estarem confusas. Para elas, no entanto, o principal ônus não parece ser a suposta má conduta de Assange, mas sim sua exposição pública injustificada em conjunto com a incerteza resultante da constante mudança da narrativa oficial. É interessante notar que, em sua mensagem de texto, S. não manifesta a expectativa de que Borgström a ajude a obter "justiça" ou a fazer com que Assange faça um teste de HIV, mas que ele a tire "dessa merda". Considerando que ambos os relatórios criminais afirmam falsamente que foram as mulheres que, por iniciativa própria, apresentaram uma queixa-crime contra Assange, elas também podem ter se preocupado com uma possível queixa contra elas por acusação caluniosa, difamação ou outras reivindicações legais relacionadas a danos à reputação.

Na segunda-feira, 23 de agosto, o inspetor Mats Gehlin, a quem o caso tinha acabado de ser atribuído, escreve um memorando afirmando que, no caso de S., os elementos de estupro estão preenchidos. Entretanto, no caso de A., ele observa que pode ter havido um "engano" (*vilseledande*) e que não está claro se houve algum delito. A razão para essa suposição foi suprimida. Exatamente uma semana depois, em 30 de agosto, a Promotora-Chefe Eva Finné emite uma ordem declarando que uma queixa-crime por falsa acusação não será levada adiante, por falta de provas suficientes do crime. A queixa havia sido apresentada no dia seguinte à manchete do *Expressen*, no domingo, 22 de agosto, e recebeu o número de arquivo pertencente à investigação preliminar contra Assange. As autoridades suecas não revelaram quem apresentou a queixa nem contra quem.

Ainda naquela segunda-feira, à tarde, as seguintes mensagens de texto são trocadas entre S. e uma amiga: "Não. Meu advogado cuida de tudo, então não posso comentar. Vou tentar trabalhar esta semana". Infelizmente, não somos informados sobre o que exatamente S. não pode comentar – a mensagem de texto imediatamente anterior (índice 4087) foi selecionada e suprimida pela Promotoria Sueca. De qualquer forma, sua amiga responde: "Ah, você o processou. Isso é ótimo. Espero que o canalha tenha o que merece". S. responde: "Não, foi a polícia que começou tudo, eu não queria fazer parte disso, mas agora não tenho escolha..." Realmente não há melhor maneira de explicar a coerção das duas mulheres para que se conformem à narrativa oficial do estupro do que por meio dessas palavras desesperadas enviadas por S. naquela tarde.

"Mudanças necessárias" na entrevista de S.

Na mesma segunda-feira, 23 de agosto, a inspetora Irmeli Krans quer editar seu resumo do depoimento de S.. Krans havia escrito o resumo com a ajuda do programa de criação de texto no sistema DurTvå, da própria polícia, imediatamente após o final – bastante abrupto – do depoimento de S. na tarde de sexta-feira. Contudo, quando ela retornou ao escritório, após o fim de semana, o sistema negou-lhe o acesso ao seu próprio resumo. O inspetor Gehlin forneceu a explicação na mesma manhã, às 10h26, em um e-mail para a Promotora-Chefe Finné: "Olá Eva, tive a honra de cuidar deste caso. [...] Os jornalistas estão ligando de todos os cantos do mundo! Eu ampliei a proteção de acesso em DurTvå. Preciso de um certificado de sigilo para o caso. Todos querem o relatório da polícia".

Aparentemente, o primeiro ato oficial de Gehlin após assumir a investigação preliminar contra Assange foi restringir o acesso interno ao sistema e, curiosamente, excluir Krans. Às 16h28 daquela tarde, uma cópia censurada do resumo original da entrevista de S. é enviada por fax a um contato da imprensa sueca, supostamente em resposta – bastante rápida – a uma solicitação de liberdade de informação. Nessa cópia de fax, as passagens decisivas que descrevem a suposta má conduta sexual foram censuradas. A versão original, sem edição, parece ter sido eliminada dos documentos oficiais do caso investigativo arquivados pelas autoridades e – presumivelmente – não existe mais. No dia seguinte, 24 de agosto, o inspetor Gehlin registrou o seguinte memorando: "Falei com Eva Finné. Ela não acredita que seja estupro. Informei a ela que não concordo, mas que o caso é dela. Ela me disse para não tomar providências até que tenha lido os documentos do caso. Depoimento da vítima para Claes Borgström".

Assim, de acordo com o diário do inspetor Gehlin, Borgström obteve uma cópia da entrevista original de S. antes de 24 de agosto – algo que será negado ao advogado de Assange nos meses seguintes – e também se encontrou pessoalmente com as duas mulheres. A intenção de Borgström é clara. Ele não quer aceitar o encerramento iminente da investigação preliminar no caso de S. e pretende recorrer da decisão de Finné ao próximo nível hierárquico, o diretor do Ministério Público. Isso requer argumentos fortes. Dada a atenção da mídia mundial e o escrutínio público de sua condução do caso, Finné teria examinado o material com especial cuidado antes de cancelar o mandado de prisão e, em seguida, arquivar oficialmente todo o caso de S. por falta de provas de qualquer conduta criminosa. Caso Finné tivesse a menor dúvida, ela ainda poderia ter cancelado o mandado de prisão, mas certamente teria permitido que a investigação preliminar continuasse por alguns dias, pelo menos por um delito menos grave, até que Assange pudesse ser formalmente interrogado. Conforme explicado por Kjellstrand, no domingo, 22 de agosto, em uma entrevista ao *Expressen*, os promotores suecos normalmente não revertem as decisões uns dos outros, exceto com base em fatos novos.

A reclamação de Borgström contra a decisão de Finné foi encaminhada à autoridade superior competente: A diretora do Ministério Público, Marianne Ny, em Gotemburgo, uma amiga pessoal de Borgström. Quando Borgström recebeu o depoimento original de S., ele sabia que ela ainda não havia sido lida e aprovada por S. e que ainda poderia ser alterado ou corrigido. A inspetora Krans, encarregada de editar o texto do depoimento de S., aparecerá em 25 de agosto no Facebook descrevendo a interrupção desse caso pela Promotora-Chefe, Eva Finné, como um "ESCÂNDAAAAAAAALO!!!!!" e expressando sua satisfação com o fato de que "espero que nosso querido, eminente e altamente competente Claes Borgström traga alguma ordem". O inspetor Gehlin, seu superior, também deixou claro em seu diário que discorda da decisão de Finné.

É nesse contexto que ocorre a seguinte troca de e-mails entre os inspetores Gehlin e Krans, de 23 a 26 de agosto, e para os quais as autoridades suecas se recusaram a apresentar qualquer explicação. Em 23 de agosto, às 8h27, Krans escreve: «Olá, espero ter feito tudo certo agora e que o documento chegue a vocês como deveria. Por favor, envie-me uma confirmação. Quanto ao relato verbal à promotora, só sei que foi feito por Linda Wassgren, por telefone, em algum momento durante a audiência [ou seja, o relato original da polícia à promotora Kjellstrand na tarde de 20 de agosto, enquanto S. ainda estava sendo interrogada por Krans]. O que foi relatado me é desconhecido, pois Wassgren não quis comunicá-lo a mim. Não houve oportunidade de discutir a tipificação do crime com a promotora, mas me disseram que, de acordo com as instruções da promotora, deveria ser classificado como estupro".

Por que Wassgren não quis se comunicar com Krans? Por que Krans foi excluída da investigação desse caso, apesar de ser a única policial que realmente conversou detalhadamente com S. e ouviu as palavras exatas de sua declaração original? Apesar disso? Ou talvez por causa disso? É só no dia seguinte, às 9h33, que Gehlin responde: 'Bom dia, Irmeli! Proceda da seguinte forma. Copie isso em depoimento e assine-o. Ficaria estranho se eu assinasse. Anexei o depoimento antigo". Krans, uma policial experiente, não sabe o que fazer. Às 13h38, ela responde: "Talvez eu seja inábil, mas não estou entendendo o que você quer dizer". Gehlin responde apenas seis minutos depois. "Crie um novo depoimento. Adicione o texto e atribua o depoimento ao arquivo do caso. Assine o depoimento também". A confusão de Krans persiste: "Claro, mas então há dois depoimentos. Apenas um depoimento formal foi conduzido, pelo menos por mim. Então, para onde vai o segundo depoimento? Para que tudo seja feito corretamente, suponho que eu deva fazer as alterações no depoimento original e depois assiná-lo. Correndo o risco de parecer uma pessoa difícil, não quero um documento sem assinatura com meu nome circulando no espaço do DurTvå. Especialmente agora que o assunto evoluiu dessa forma". Somente dois dias depois, na quinta-feira, 26 de agosto, às 12h30, após uma troca de e-mails com Claes Borgström, Gehlin conclui sua correspondência com Krans garantindo: "Sim, mas escreverei um memorando sobre isso". Duas horas depois, Krans gera o novo depoimento de S. no sistema DurTvå, substituindo o documento original. No dia seguinte, em 27 de agosto, Borgström juntaria este depoimento revisado a uma queixa apresentada à promotora Marianne Ny, solicitando que o caso de S. fosse reaberto e que as alegações no caso de A. fossem ampliadas.

Embora a correspondência entre Gehlin e Krans possa permanecer enigmática para pessoas de fora, não há dúvida de que Gehlin pediu a Krans que fizesse algo muito incomum, para não dizer suspeito.

Krans, cujo acesso ao depoimento original havia sido bloqueado por Gehlin, parece estar confusa, relutante e nervosa por não estar agindo corretamente. Esse sentimento não parece ter diminuído nem mesmo vários dias depois de Krans ter concluído sua tarefa. Quando a investigação preliminar do caso de S. é reaberta, em 1º de setembro, tornando provável que o depoimento de S. seja submetido a uma revisão judicial, Krans faz questão de anexar um memorando à entrevista às 16h45. O memorando explica que, de acordo com as instruções de Gehlin, um novo depoimento com as "alterações necessárias" foi criado em 26 de agosto de 2010, às 14h43; e que esse registro de data e hora foi automaticamente adotado pelo sistema como o início do depoimento, embora ele tenha sido realizado em 20 de agosto, entre 16h21 e 18h40.

Não é possível determinar com certeza quais exatamente foram as alterações feitas e por que elas eram "necessárias", já que o depoimento original tinha sido bastante censurado. De qualquer forma, não pode ter sido apenas uma questão de correções ortográficas, o que nunca teria provocado uma correspondência tão extensa e tanto desconforto. Quando se compara o depoimento original (mas tarjado) com a versão revisada (mas não tarjada), ambas impressas na mesma fonte e formato, fica evidente que o texto ficou ligeiramente mais longo. Dependendo das barras pretas de censura se estenderem além das linhas de texto impressas abaixo ou refletirem seu comprimento exato, um total de uma a três linhas de texto parece ter sido inserido no parágrafo que descreve a suposta má conduta sexual. De onde vieram essas "mudanças necessárias"? S. não havia sido consultada, não havia sido feita nenhuma gravação de seu depoimento e nenhum outro policial havia testemunhado o depoimento. Além disso, o intervalo de seis dias após o depoimento é tempo demais para que fossem feitas correções confiáveis com base na lembrança pessoal da Inspetora Krans. Por que a solicitação de Gehlin deixou Krans tão nervosa? Será que alguém teria talvez sugerido uma redação alternativa que aumentasse as chances de o caso ser reaberto? Para incentivar uma apreciação diferente do caso pelo diretor da promotoria pública, não seria necessário alterar substancialmente toda a história – pequenos ajustes na redação poderiam ser suficientes.

Lembremos que, de acordo com o código penal sueco em vigor na época, a suposta conduta de Assange só poderia se constituir em estupro se, pelo menos no início do ato sexual, S. estivesse dormindo e, portanto, incapaz de dar consentimento livre e pleno a uma relação sexual desprotegida. Assim, se o depoimento de S. descreveu seu estado no momento como "dormindo", "meio adormecida" ou "sonolenta", e se disse que Assange "iniciou", "tentou" ou já havia "penetrado" S. no momento relevante, não são questões meramente semânticas, mas poderiam ter feito pender a balança para justificar – ou não – a retomada da alegação de estupro contra Assange. Como o texto original do depoimento de S. não foi transcrito literalmente de uma gravação, mas sim resumido com as próprias palavras de Krans, uma manipulação posterior não pode ser descartada. Na medida em que as autoridades suecas puderem se esconder atrás de um conveniente véu de sigilo, a verdade sobre esse episódio duvidoso talvez nunca venha à tona.

Boxe sombra[12] sobre preservativos e análises de DNA

Paralelamente, surge um bizarro espetáculo relacionado aos preservativos usados por Assange com as duas mulheres e sua adequação como evidências para fundamentar as alegações de estupro contra ele. Durante seu depoimento inicial por telefone em 21 de agosto, quando perguntada pela inspetora Sara Wennerblom, A. diz que acredita ainda possuir o preservativo usado por Assange durante a relação sexual com ela oito dias antes. A. reconhece que não verificou se o preservativo está danificado, mas promete verificar. Ela também diz que provavelmente ainda tem o lençol não lavado no qual o esperma de Assange poderia ser encontrado. No mesmo dia, às 18h21, Wennerblom bate pessoalmente na porta da frente de A. e leva os seguintes itens para a custódia da polícia: 'um lençol, de algodão, azul, retirado do cesto de roupa suja' (Anexo 2010-0201-BG20840-1), bem como um preservativo,

---

[12] Boxe sombra é a prática de dar golpes no vazio contra adversários fictícios. É usada, entre outras coisas, no aquecimento dos atletas antes das lutas. Nos treinamentos é usada para se concentrar em aperfeiçoar a técnica de ataque, sem ter de se preocupar em se esquivar de possíveis golpes, imaginar o próximo movimento do seu oponente ou localizar suas fraquezas.

rasgado, 'encontrado no cesto de lixo e colocado em uma caixa' (Anexo 2010-0201-BG20840-2).

S. demora ainda mais e leva dezesseis dias completos a partir da data do suposto estupro antes de entregar ao inspetor Gehlin, durante seu segundo interrogatório em 2 de setembro, um pedaço rasgado de preservativo, que ela diz ter encontrado embaixo de sua cama. No entanto, de acordo com seu depoimento inicial, doze dias antes, ela havia voltado para casa para "limpar e lavar tudo" imediatamente após Assange ter saído. Ela mencionou a presença de sêmen nos lençóis, mas, pelo menos de acordo com o resumo escrito pela inspetora Krans, não parece ter encontrado o pedaço de preservativo naquele momento. De acordo com um memorando escrito por Gehlin seis semanas depois, em 20 de outubro de 2010, S. supostamente não havia notado na escuridão que um preservativo havia sido danificado, mas ela ouviu um som como se ele estivesse "puxando um balão" quando colocou o preservativo. É visível que as histórias de A. e S. começam a convergir com o tempo. Na entrevista original, apenas A. havia falado de um preservativo rasgado e de sons estranhos de látex estalando. Agora, com a Promotoria perdendo vias investigativas promissoras em apoio às suas alegações contra Assange, os mesmos elementos de repente começam a aparecer também no caso de S..

Essa "harmonização probatória" é uma espécie de viés de confirmação resultante de questionamentos sugestivos deliberados ou inadvertidos, ou da influência mútua de testemunhas. É bastante comum em investigações em que os mesmos funcionários são encarregados de entrevistar várias testemunhas e tendem a usar perguntas sugestivas para obter os elementos que estão procurando. No presente caso, isso sugere uma tentativa das autoridades de fortalecer o valor probatório dos dois depoimentos, "harmonizando" alguns de seus componentes. Esses métodos manipuladores de interrogatório teriam sido fartamente usados durante a investigação policial do caso Bergwall/Quick para encobrir contradições sérias de evidências e confirmar a narrativa equivocada de "assassino em série" preferida pelas autoridades.

Em 24 de agosto, a promotora-chefe Finné solicita um exame forense do preservativo apresentado por A. com o objetivo de determinar como ele foi danificado. O inspetor Gehlin entrega o preservativo ao serviço técnico da polícia. O serviço não consegue responder à pergunta e passa a tarefa para o Laboratório Forense do Estado, SKL. O fragmento do preservativo apresentado por S. também é entregue ao laboratório para determinar como exatamente ele foi danificado. Em seu relatório de 25 de outubro de 2010, o SKL apresenta os resultados iniciais de sua análise. Ao mesmo tempo, ele emite uma isenção de responsabilidade expressa, esclarecendo que não possui o credenciamento – exigido pelo padrão do setor (ISO/IEC17025) – para investigar a questão real apresentada, ou seja, a causa do dano causado ao material de látex dos preservativos. Como o laboratório confirmará em uma extensa carta enviada à polícia, no dia 20 de junho de 2012, ele basicamente investigou uma questão para a qual não tinha os procedimentos padrão e o conhecimento especializado necessários. Em vez disso, a equipe do laboratório danificou intencionalmente o preservativo apresentado por A. com uma faca, com uma tesoura e arrancando sua parte inferior. Ao comparar os três tipos de danos ao microscópio, o que resultou do arrancamento de parte do preservativo apresentou a maior semelhança com o dano pré-existente. Chegou-se à mesma opinião sobre o fragmento de preservativo apresentado por S.. A conclusão oficial foi que, em ambos os casos, o dano observado havia sido causado pelo rompimento do preservativo. O nível de probabilidade para essa hipótese foi considerado "+2", o que significa que há uma "pequena" probabilidade de que a conclusão do laboratório esteja errada. Na escala de valor probatório forense, isso está situado no nível médio inferior de força: um nível acima da mera evidência circunstancial (+1) e dois níveis abaixo da evidência capaz de excluir outras hipóteses (+4). No entanto, como era de se esperar, o laboratório não conseguiu determinar quem havia rasgado os preservativos, em que momento e se o dano havia sido causado deliberadamente ou acidentalmente.

Também não surpreende o fato de que, no fragmento do preservativo fornecido por S., o laboratório encontrou o DNA de S. e o de um homem. Embora as autoridades continuem a manter a identidade desse homem em segredo, é razoável supor que se trata de Assange. Afinal de contas, nem Assange nem S. contestaram o fato de terem se envolvido repetida e voluntariamente em relações sexuais durante as quais foram usados preservativos. Ambos também concordam que, durante sua última relação sexual, que deu origem à alegação de estupro, Assange não usou preservativo desde o início. Portanto, o que quer que tenha acontecido com o fragmento de preservativo apresentado por S., ele era totalmente irrelevante para a alegação de estupro feita contra Assange. No caso de S., a única questão a ser investigada era se a relação sexual desprotegida havia sido iniciada por Assange enquanto S. estava indefesa devido ao sono – uma questão que nem mesmo o melhor perito forense poderia responder.

O laboratório teve muito mais dificuldade para encontrar DNA no preservativo apresentado por A. De acordo com o memorando do inspetor Gehlin, de 20 de outubro de 2010, o laboratório inicialmente não conseguiu detectar nenhum DNA. Oito dias depois, em 28 de outubro, Gehlin se corrige em outro memorando, muito mais elaborado: ele agora tinha tido a oportunidade de discutir os resultados das análises de DNA com o SKL. O cientista forense explicou que não era correto afirmar que não havia sido encontrado DNA no preservativo de A., porque "algo" havia sido visto, mas não havia sido possível interpretá-lo. Gehlin prossegue listando uma série de possíveis razões para essas dificuldades interpretativas que, de acordo com o cientista, incluíam: interferência na análise devido à contaminação, etc.; pequena quantidade de DNA; pessoas deixam quantidades variáveis de substrato de DNA; o material sob exame poderia ter secado, sido lavado ou afetado de outra forma depois de ter sido usado. Gehlin fez questão de mencionar que esses eram apenas alguns exemplos e que outros fatores também poderiam ter afetado o resultado. Tendo em vista a natureza do item em questão – um preservativo que supostamente foi usado e rasgado durante a relação sexual – essas explicações parecem bastante rebuscadas e revelam preferências que dificilmente podem ser conciliadas com a apuração objetiva dos fatos. De qualquer forma, como Gehlin observou, o laboratório decidiu realizar uma análise de DNA adicional e mais refinada, que levaria mais duas semanas para ser concluída. A metodologia a ser seguida foi o procedimento altamente complexo "Low Copy Number" (LCN), que pode ser aplicado a elementos residuais extremamente pequenos e fragmentos incompletos de DNA, mas que geralmente produz resultados muito menos confiáveis e, por isso, não é aceito como prova forense nos tribunais da maioria dos estados.

As duas semanas projetadas se transformam em mais de oito meses antes de o laboratório finalmente apresentar seu relatório final, em 15 de julho de 2011. O relatório afirma que, em um dos lados do preservativo, foi detectado DNA que poderia ser associado a uma pessoa. As três linhas explicativas seguintes são riscadas com uma caneta de censura grossa e seguidas pelo nível de probabilidade indicado de "+2". Novamente: um nível acima da evidência circunstancial (+1) e dois níveis abaixo da evidência capaz de excluir outras hipóteses (+4) – de qualquer forma, muito mais fraca do que uma análise de DNA padrão, em que valores probatórios de 99,999% ou mais são bastante comuns.

Antes de nos deixarmos levar por tecnicismos forenses, no entanto, detenhamo-nos por um momento para usar nosso bom senso. Nos casos de A. e S., vale a pena perguntar exatamente que alegações ou circunstâncias de fato essas análises de DNA deveriam provar. Assim como no caso de S., Assange reconheceu que houve relação sexual com A. e que foi usado preservativo. Ele apenas negou ter rasgado o preservativo intencionalmente. Portanto, mesmo uma correspondência de DNA perfeitamente confiável com base em um substrato de DNA abundante – o que seria de se esperar em um preservativo usado – só provaria que A. realmente apresentou o preservativo que foi usado por ela e Assange. Se o preservativo foi rasgado intencionalmente ou acidentalmente, por quem e em que momento, são questões que desafiam a determinação forense – certamente dentro dos parâmetros das circunstâncias dadas. A esse respeito, Assange alega que nem sequer sabia que o preservativo havia sido danificado, enquanto A. tem certeza de que ele o rasgou de propósito. A. reconhece, entretanto, que isso é uma mera suposição e que ela não o viu destruir o preservativo. Mesmo durante seu depoimento à polícia, uma semana depois, ela continua sem saber se o preservativo está efetivamente danificado, embora ainda o tenha em seu poder. É bastante claro que, até o interrogatório policial de 21 de agosto, nem Assange nem A. pareciam estar suficientemente preocupados com essa questão para sequer verificar se o preservativo – que durante uma semana inteira ficou na lata de lixo do apartamento onde ambos estavam – estava danificado ou não.

A polícia também encarregou o laboratório de examinar a mancha no lençol de A. em busca de DNA e sêmen. Aqui, também, o valor probatório das evidências não está claro. Em seus depoimentos, tanto A. quanto Assange confirmaram que notaram e comentaram sobre essa mancha logo após a relação sexual, mas não deram importância a ela e, portanto, não levaram o assunto adiante. Como a polícia sabe muito bem, a questão decisiva sobre se o preservativo foi rasgado intencionalmente ou acidentalmente também não pode ser esclarecida por essa análise. Portanto, não é coincidência que Gehlin só tenha solicitado ao laboratório que realizasse essa análise seis meses após os supostos eventos, em 1º de março de 2011.

O gatilho para o pedido tardio deve ter sido o fato de que, uma semana antes, o pedido sueco de extradição para Assange havia sido aprovado pelo Tribunal de Magistrados de Westminster, em Londres. Dependendo da resposta da Suprema Corte ao recurso de Assange, sua extradição iminente para a Suécia se tornaria uma possibilidade realista. Isso aumentou abruptamente a pressão sobre a Procuradora Marianne Ny. De repente, ela poderia ter que apresentar evidências significativas ao tribunal para sustentar uma acusação contra Assange, caso contrário ele teria que ser libertado e inocentado de todas as acusações. Como resultado, a polícia e o Ministério Público começam a procurar elementos circunstanciais e técnicos que pudessem ajudar a encobrir a falta de provas processáveis em apoio à precária narrativa oficial do estupro. De uma perspectiva investigativa profissional, a procuradora sueca deve ter tido plena consciência não apenas da irrelevância probatória de todos esses testes laboratoriais, mas também do fato de que, na realidade, nunca houve qualquer perspectiva de uma condenação bem-sucedida. A única motivação concebível para empreender tais esforços inúteis é que essa hiperatividade forense serviu como cortina de fumaça para persuadir os juízes e o público de que uma investigação penal séria estava em andamento e exigia a extradição, a detenção e o indiciamento de Assange.

Lembremos que, independentemente do que tenha ocorrido entre Assange e as duas mulheres, em ambos os casos sua responsabilidade criminal dependia inteiramente de fatores que objetivamente não poderiam ser provados além da dúvida razoável. No caso de S., a única questão decisiva era se ela estava dormindo ou acordada no primeiro momento do contato sexual iniciado por Assange. No caso de A., a culpabilidade penal de Assange dependia exclusivamente de que, durante a relação sexual com A., ele tivesse rasgado o preservativo intencional ou acidentalmente. Assim que Assange negou publicamente essas alegações em resposta às manchetes do *Expressen*, a promotora-chefe Finné sabia que uma investigação criminal seria inútil. Na ausência de uma confissão de Assange, que, apesar dos rumores sobre sua promiscuidade, não tinha histórico de crimes sexuais, era objetivamente impossível corroborar os fatos decisivos. Assim, um julgamento criminal resultaria inevitavelmente em uma absolvição com base no benefício da dúvida – muito provavelmente seguido de pedidos de indenização por danos à reputação ou até mesmo de queixas criminais. De fato, uma queixa criminal por falsa acusação foi apresentada no dia seguinte às manchetes do *Expressen*, em 22 de agosto de 2010. À luz das circunstâncias probatórias apresentadas, qualquer procurador razoavelmente experiente teria entendido imediatamente que as alegações relatadas pela polícia não poderiam ser processadas com sucesso. O fato de que, mesmo assim, a investigação criminal sueca contra Assange foi mantida artificialmente viva por meio de ações investigativas inúteis e procrastinação interminável sugere fortemente que as autoridades não estavam buscando justiça nesse caso, mas uma agenda completamente diferente e puramente política.

De fato, durante anos, a Suécia citará a necessidade de coletar uma amostra de DNA de Assange como um dos principais motivos pelos quais ele não poderia ser interrogado em Londres por telefone ou vídeo, mas deveria ser extraditado para a Suécia a todo custo. E, no entanto, já em 7 de dezembro de 2010, Assange forneceu voluntariamente à polícia britânica uma amostra de DNA, que foi armazenada no Banco de Dados Nacional de DNA e poderia ter sido solicitada pelas autoridades suecas por meio de assistência jurídica mútua a qualquer momento. Ainda assim, Paul Close, do Serviço de Promotoria da Coroa Britânica (CPS), em um e-mail datado de 25 de janeiro de 2011, aconselha especificamente Marianne Ny a não obter uma amostra de DNA no Reino Unido. Ele começa afirmando o óbvio: "Não tenho certeza se essa prova é realmente essencial". Além disso, ele adverte que "a obtenção de tal evidência poderia ter uma maior propensão a causar danos ou prejuízos à defesa do que beneficiar o caso da acusação". Para os britânicos, também, a verdade e a justiça não parecem ser uma prioridade nesse caso:

qualquer evidência potencialmente exculpatória é enquadrada como «dano» ou «prejuízo».

Somente seis anos depois é que Marianne Ny finalmente consegue dar esse passo, quando a Suprema Corte da Suécia indica sua disposição de suspender o mandado de prisão contra Assange por motivos de proporcionalidade, devido à falta de progresso na investigação. Em 15 de dezembro de 2016, a Suécia finalmente envia uma solicitação de assistência jurídica mútua à Autoridade Central Britânica, pedindo para comparar quatro perfis de DNA suecos com o perfil de DNA pessoal de Assange armazenado no registro britânico desde 7 de dezembro de 2010: o primeiro vem do preservativo rasgado de A., o segundo da mancha no lençol de A., o terceiro do fragmento do preservativo de S. e o quarto do esfregaço vaginal de S.. Os britânicos examinam cuidadosamente a carta de solicitação suplementar sueca, juntamente com a descrição dos supostos delitos de Assange, mas não parecem entender o propósito investigativo da solicitação sueca. E educadamente, escrevem de volta para a promotora sueca, pedindo esclarecimentos: "Seria útil se fosse possível nos enviar uma linha explicando a relevância dessa medida para a investigação". Marianne Ny dá a única resposta que é convincente do ponto de vista investigativo: "Buscamos uma comparação dos perfis das manchas do crime para descobrir se o DNA nos preservativos rompidos é de [Julian Assange]. Essas provas são importantes para a credibilidade [sic] das testemunhas". Portanto, trata-se supostamente de esclarecer a confiabilidade das duas mulheres como testemunhas. Em suas declarações públicas, é claro, Marianne Ny nunca deu a entender que a credibilidade de A. e S. poderia estar em dúvida. Isso não só teria prejudicado a narrativa oficial, de que Assange é um estuprador, mas também seria falso, já que toda essa narrativa foi originalmente imposta a A. e S. contra a vontade delas.

Em 30 de janeiro de 2017, os resultados do teste chegam por e-mail do Reino Unido: o perfil de DNA encontrado no lençol de A. corresponde ao perfil de Assange armazenado no banco de dados nacional de DNA britânico. No entanto, os dois perfis de DNA encontrados nos dois preservativos danificados e o perfil retirado do esfregaço vaginal não são mencionados, o que implica que nenhum dos três pôde ser comparado com sucesso ao perfil de DNA de Assange. O texto da mensagem é final e não sugere que outros resultados possam ser esperados. O relatório oficial das autoridades britânicas que o acompanha, datado de 2 de fevereiro de 2017, foi quase totalmente censurado. Mas a estrutura do texto mostra que quatro pontos ou subpontos diferentes estão sendo discutidos, provavelmente correspondendo às quatro verificações de perfil solicitadas. Desses quatro pontos, apenas um parece ser ilustrado em detalhes com tabelas e figuras. Os resultados da pesquisa anexados também estão totalmente ocultados, mas parecem se referir a apenas um dos perfis em análise.

O fato do perfil de DNA de Assange ter sido confirmado em uma mancha que tanto ele quanto A. mencionaram expressamente em entrevistas policiais como resultante de suas relações sexuais dificilmente pode ser considerado revelador. O mesmo teria de ser dito se os três outros perfis, obtidos dos dois preservativos e do esfregaço vaginal, também correspondessem ao de Assange. Em contrapartida, o fato de que pode não ser esse o caso levanta questões que só podem ser resolvidas com o acesso aos resultados laboratoriais não censurados. De qualquer forma, com base nas evidências disponíveis, o interminável boxe sombra das autoridades suecas em torno de perfis de DNA e preservativos parece não passar de uma máscara para encobrir a óbvia falta de provas para suas alegações de má conduta sexual contra Assange.

Manchete: "O depoimento de Assange – palavra por palavra"

Por enquanto, Assange ainda está em Estocolmo. Ele cancelou sua partida, originalmente planejada para 25 de agosto de 2010, e se colocou voluntariamente à disposição das autoridades suecas. No dia em que a promotora-chefe Finné encerra o caso de S., ela anuncia que instruirá o inspetor Gehlin a interrogar Assange sobre o caso de A. No dia seguinte, em 26 de agosto, Assange recebe um defensor público de sua escolha – Leif Silbersky – e um depoimento formal é agendado para a próxima segunda-feira, 30 de agosto. A data é surpreendentemente tardia para o primeiro depoimento de um suspeito importante. Afinal, as alegações de estupro contra ele estão na imprensa há dias e provocaram um alvoroço na mídia mundial. Como Finné já encerrou formalmente a investigação sobre o caso de S., Assange é questionado apenas sobre o caso de A. O depoimento é gravado e conduzido por Mats Gehlin na presença de um segundo policial, um intérprete e o advogado de Assange, Silbersky. Logo no início do depoimento, Assange expressa preocupação com a confidencialidade de suas declarações. "Antes de responder, devo presumir que isso irá para a *Expressen*?", pergunta ele. Mats Gehlin se apressa em tranquilizá-lo: "De nós? Não vou divulgar nada. E os únicos que estão aqui somos nós três, nesta entrevista, mais um estenógrafo que escreverá depois. E eu sou o único que tem acesso ao arquivo do caso. Portanto, se for publicado no *Expressen*, vocês podem brigar comigo". Três dias depois, em 2 de setembro, a manchete do *Expressen* proclamará com orgulho: "Aqui está o interrogatório de Assange – palavra por palavra".

É durante esse depoimento que Assange é formalmente notificado pela primeira vez das alegações contra ele: «Durante o período de 13 a 14 de agosto de 2010, na residência de [A.] em [xx]-gatan, em Estocolmo, Assange molestou [A.] durante um ato de cópula – que foi iniciado e conduzido sob a condição expressa de que um preservativo seria usado – danificando propositalmente o preservativo e continuando a cópula até ejacular na vagina dela".

Assange nega essa alegação. Embora confirme que teve relações sexuais com A. várias vezes naquela noite, sempre com o mesmo preservativo, ele nega tê-lo danificado e afirma que nem sequer sabia que o preservativo estava danificado. De acordo com Assange, depois dessa primeira noite, ele continuou a compartilhar a cama de A. por uma semana. Durante esse período, houve vários encontros sexuais, embora sem penetração. Assange diz que foi somente na sexta-feira, 20 de agosto, que A. o acusou de ter removido o preservativo durante a relação sexual da primeira noite. Mas, até então, ela não o havia acusado de danificar o preservativo – essa foi a primeira vez que ele ouviu essa alegação. Assange se lembra de que, depois da relação sexual, A. apontou para uma mancha molhada no lençol e perguntou: "Veja isso. Foi você?" Ele respondeu: "Não, deve ter sido você". Depois disso, ele não pensou mais no assunto, especialmente porque A. não voltou a tocar no assunto até o dia em que as mulheres foram à polícia. No final do depoimento, Assange começa, por iniciativa própria, a comentar também o caso de S., mas Gehlin não parece estar interessado e encerra o depoimento. Assange reconhece que essa segunda história pode não ser mais relevante, mas afirma, para que fique registrado, que está disponível para ser questionado sobre esse caso também. "Sempre podemos continuar se for necessário", diz ele a Gehlin. Agora que Assange negou as alegações feitas contra ele, e como nenhuma medida investigativa poderia realisticamente provar as alegações além de qualquer dúvida razoável, chegou a hora de a Promotoria Sueca também encerrar o caso de A. – por falta de provas e com base na presunção de inocência. Contudo, as coisas se desenrolaram de forma diferente.

Reabertura e ampliação da investigação

Na sexta-feira, 27 de agosto de 2010, a diretora do Ministério Público, Marianne Ny, recebe a reclamação de Borgström contra a decisão da promotora-chefe Finné de arquivar o caso de S. Ny não precisa de mais do que dois dias úteis para dar a Finné a oportunidade de reconsiderar sua ordem de arquivamento – que ela recusa – e depois examinar ela mesma os autos do processo e chegar à conclusão oposta. Em 1º de setembro, ela reabre a investigação preliminar no caso de S. e amplia a suspeita no caso de A. para incluir delitos mais graves. Em sua decisão, ela apenas declara que, com base no arquivo do caso, há motivos para supor que o crime de estupro foi cometido no caso de S. e os crimes de assédio sexual e coerção sexual no caso de A. Ela também considera os materiais disponíveis insuficientes e decide que todas as medidas investigativas relevantes devem ser realizadas antes de chegar a uma conclusão final. Ao mesmo tempo, Marianne Ny anuncia que ela mesma assumirá o caso: ela libera Finné de sua responsabilidade pelo assunto e designa outro promotor para conduzir a investigação preliminar sob a supervisão pessoal de Ny. Em sua decisão, a diretora do Ministério Público não deixa dúvidas quanto às suas prerrogativas pessoais: "Assuntos de maior importância – como ordens para medidas coercitivas etc., e a conclusão da investigação preliminar – devem ser examinados por mim".

Espantosamente, porém, algo muito importante está faltando na decisão de Marianne Ny: ela não emite um mandado de prisão contra Assange. A Seção 1, do Capítulo 24 do Código de Processo Judicial Sueco, exige expressamente que qualquer pessoa suspeita, com base em causa provável, de um crime punível com pena de prisão de dois anos ou mais – como é o caso do estupro – seja colocada em detenção "a menos que fique claro que a detenção não é justificada". Como sua decisão de 1º de setembro de 2010 não ofereceu nenhuma justificativa para uma exceção à regra geral, Ny foi legalmente obrigada a emitir um mandado de prisão contra Assange. Foi somente em 24 de novembro de 2010 que o Tribunal de Apelação de Svea reduziu a tipificação do suposto crime para estupro de "menor gravidade", para o qual um mandado de prisão não é obrigatório.

Em sua decisão de 1º de setembro, no entanto, Ny suspeita explicitamente de Assange por um crime com pena mínima de dois anos. Já foram realizados os primeiros depoimentos de todos os envolvidos. Portanto, ao contrário da decisão prematura tomada por Kjellstrand, em 20 de agosto, agora haveria uma base razoável para um mandado de prisão – sempre presumindo que Ny genuinamente suspeita de Assange por causa provável de estupro. Além disso, as circunstâncias apresentadas para a necessidade do primeiro mandado de prisão de 20 de agosto – a saber, a nacionalidade estrangeira de Assange e a falta de residência na Suécia, bem como os riscos de fuga e conluio – são tão relevantes agora quanto eram dez dias antes. Entretanto, assim como aconteceu dez dias antes, as autoridades suecas parecem mais interessadas em plantar manchetes sensacionalistas do que em realmente prender e interrogar o suspeito. Porque fazem isso ao invés de acusar formalmente Assange e acelerar um julgamento que, quase certamente, resultaria em uma rápida absolvição por falta de provas, resultado que não se encaixa em sua agenda. Como veremos, o promotor prefere esperar que Assange deixe o país para depois acusá-lo de tentar fugir da justiça.

Em 1º de setembro de 2010, a diretora do Ministério Público, Marianne Ny, assume o controle, reabre a investigação preliminar sobre o suposto estupro de S. e amplia o caso de A. para incluir assédio sexual e coerção sexual. Do ponto de vista processual, isso significa que Ny deve agora examinar se há provas suficientes para uma acusação formal contra Assange. Para isso, é necessário realizar depoimentos adicionais com todas as partes envolvidas, pelo menos em relação a alegações novas ou reabertas que não haviam sido abordadas em depoimentos anteriores. Assim, poucos dias após a reabertura e a extensão da investigação por Ny, novas audiências foram realizadas com ambas as mulheres, em 2 de setembro (S.) e 7 de setembro (A.). Enquanto isso, Julian Assange, o único suspeito e a pessoa mais afetada por essa investigação, não foi preso nem ouvido. Ninguém parece interessado em sua versão da história. Para o ex-diretor do Ministério Público, Sven-Erik Alhem, isso é uma clara violação do dever do promotor: "Também é imperativo, de acordo com o procedimento legal sueco, que o acusado tenha a oportunidade de responder às acusações o mais cedo possível, quando ainda se lembrar dos detalhes".

Negação do direito de ser ouvido

Em 8 de setembro, completou-se uma semana desde a decisão de Ny sem que Assange tivesse sido contatado pelas autoridades suecas. Então, seu novo advogado, Björn Hurtig, tomou a iniciativa de telefonar para a diretora do Ministério Público e solicitar que seu cliente tivesse a oportunidade de ser ouvido em um interrogatório formal. "Ainda não", responde Ny. Ela sabe, é claro, que Assange não é cidadão da Suécia, que seus negócios no país estão encerrados e que ele pode ir embora a qualquer momento. Ela volta a ouvir as mulheres, mas quase que explicitamente se recusa a marcar uma audiência com a única pessoa que ela precisa imperativamente interrogar antes de poder decidir sobre acusações formais – pelo menos no caso de S., que não havia sido tratado na audiência anterior de Assange. Como veremos, o que parece completamente sem sentido para fins de processo criminal se mostrará altamente eficaz para fins de processo político e se encaixará perfeitamente no quebra-cabeça cada vez mais complexo da minha própria investigação.

Outros seis dias se passaram sem que Assange tivesse notícias das autoridades. Nenhum mandado de prisão, nenhuma determinação de permanência, nenhuma obrigação de se apresentar à polícia, nem mesmo a proibição de viajar, embora todas essas medidas estejam expressamente previstas nos capítulos 24 e 25 do Código de Processo Judicial da Suécia. Em 14 de setembro, o advogado de Assange, Björn Hurtig, envia um e-mail a Marianne Ny solicitando acesso a todos os arquivos processuais, conforme estipulado pelo Código de Processo Judicial da Suécia, incluindo alegações criminais, protocolos de oitivas, declarações de testemunhas e quaisquer documentos da polícia de segurança. Hurtig enfatiza que Assange tem negócios urgentes no exterior e pergunta se seu cliente tem permissão para deixar a Suécia. Como Ny confirmará por escrito ao Tribunal de Apelação de Svea em 24 de novembro de 2010, e como será explicitamente reconhecido na "Declaração acordada de fatos e questões" anexada à sentença da Suprema Corte Britânica em 2012, ela responde a Hurtig, em 15 de setembro, que não há obstáculos formais que impeçam Assange de deixar o país e que, no momento, várias outras medidas investigativas precisam ser tomadas antes que uma audiência com Assange seja necessária. Ela explica ainda que o inspetor Mats Gehlin adoeceu e a primeira tarefa investigativa a ser concluída após seu retorno será a realização de depoimentos com duas testemunhas. Em sua opinião de especialista, o ex-promotor Alhem afirma o óbvio: "Isso [a doença de Gehlin] não é desculpa para a promotora não ter interrogado o Sr. Assange; outras pessoas poderiam ler o arquivo ou a assistente dela [Ny] poderia tê-los orientado sobre as perguntas a serem feitas".

Além disso, em termos dos passos previstos no ordenamento, uma investigação objetiva e imparcial exige que, se possível, tanto as supostas vítimas quanto o suspeito sejam ouvidos antes de outras testemunhas. Essa é a única maneira de identificar discrepâncias entre os depoimentos das supostas vítimas e os depoimentos do suspeito antes de questionar outras testemunhas com o objetivo de aferir a veracidade de relatos contraditórios. O fato de uma promotora experiente como Marianne Ny ter deliberadamente atrasado a audiência de Assange sugere fortemente que ela estava menos interessada em estabelecer a verdade do que em instrumentalizar as supostas vítimas e outras testemunhas para dar sustentação e consolidar sua própria narrativa preconcebida.

O Capítulo 23 do Código de Processo Judicial Sueco também prevê que, em princípio, as audiências investigativas devem ser conduzidas na presença de uma testemunha confiável e do advogado de defesa do suspeito, que "pode fazer perguntas à pessoa que está sendo interrogada".

No entanto, nesse caso, a ampla maioria das audiências iniciais com testemunhas foi realizada por telefone, sem gravações ou transcrições literais e sem a presença de um segundo policial ou outra testemunha. Em nenhum caso o advogado de Assange teve permissão para participar ou fazer perguntas. Como qualquer investigador profissional sabe, sem essas salvaguardas, os policiais responsáveis por conduzir as oitivas permanecem livres para resumir os depoimentos com suas próprias palavras e direcionar as perguntas. As reformulações manipuladoras e as omissões injustificadas passam despercebidas. A experiência também mostra que as testemunhas que são ouvidas uma segunda vez tendem a evitar contradizer quaisquer resumos escritos de seus depoimentos originais que lhes são apresentados, porque não querem ser vistas como não confiáveis pelas autoridades. Como inúmeros estudos demonstraram, a memória humana e a percepção da realidade podem ser fortemente influenciadas e distorcidas por uma ampla variedade de fatores, incluindo necessidades emocionais inconscientes de conformidade, segurança, aceitação e credibilidade.

De acordo com seu próprio testemunho ao judiciário britânico, a promotora Ny não fez nenhuma tentativa de agendar uma audiência com Assange até 21 de setembro, um mês inteiro após a manchete do *Expressen* e três semanas após sua própria decisão de 1º de setembro. A primeira tentativa para a qual há evidência conclusiva data do dia seguinte. Na quarta-feira, 22 de setembro, às 16h06, Ny envia uma mensagem de texto para Hurtig. «Olá, é possível realizar uma audiência na terça-feira, às 17 horas?" A data mencionada era terça-feira, 28 de setembro de 2010. Hurtig responde às 16h48: "Não, não tive nenhum contato com meu cliente desde a última vez em que conversamos. Continuarei tentando localizá-lo e entrarei em contato assim que o encontrar. Mas estarei disponível na terça-feira". Quatro minutos depois, Ny escreve: "Obrigada por me avisar. Por enquanto, estamos supondo que a terça-feira às 17h00 está reservada. Agradeço por uma resposta definitiva o mais rápido possível". Na tarde seguinte, na quinta-feira, 23 de setembro, às 17h46, Ny pergunta novamente: "Olá! O sr. entrou em contato com seu cliente?" Contudo, Hurtig só responde às 9h01 da manhã de segunda-feira, 27 de setembro: "Olá, gostaria de avisar apenas que não consegui estabelecer contato com meu cliente". Dez minutos depois, Ny agradece a Hurtig pela notificação: "Entrarei em contato com o sr. ainda hoje para discutir nossos planos futuros". No entanto, a promotora Ny não entra em contato com Hurtig nem espera para ver se Assange comparecerá à entrevista no dia seguinte. Em vez disso, ela decide repentinamente emitir um mandado de prisão contra ele na tarde de segunda-feira, às 14h15, supostamente devido a um risco de fuga e conluio. Menos de duas horas antes, Assange havia reservado seu voo com a Scandinavian Airlines SK2679 no Aeroporto Arlanda, de Estocolmo, que deixaria a capital sueca rumo a Berlim Tegel, às 17h25 do mesmo dia.

Como testemunha no processo de extradição sueco-britânico no Tribunal de Magistrados da Cidade de Westminster, Hurtig posteriormente omitirá sua correspondência por mensagem de texto com a promotora Ny e afirmará que ela nunca tentou marcar uma entrevista com Assange antes de sua partida em 27 de setembro. Esse descuido profissional é difícil de compreender e resulta em uma grande quantidade de publicações negativas contra Hurtig, além de lhe render uma reprimenda da Ordem dos Advogados da Suécia. Além das críticas legítimas, o erro de Hurtig é depois majorado e explorado de forma inadequada pelo judiciário britânico para minar a credibilidade pessoal não apenas do próprio Hurtig, mas também das testemunhas especializadas instruídas por ele, e para desviar a atenção das falhas muito mais graves da promotoria Sueca. Como ficará nítido, a deturpação de fatos feita por Hurtig não teve relevância probatória significativa, pois não poderia ter afetado de forma alguma o escopo e a gravidade reais da má conduta da promotora sueca.

Por enquanto, observemos apenas que as mensagens de texto trocadas entre Ny e Hurtig de 22 a 27 de setembro não alteram o fato de que, apesar dos vários pedidos de Assange, até 28 de setembro de 2010 não houve nenhuma intenção por parte da promotora Ny de dar a ele a chance de ser ouvido sobre o suposto estupro de S. Essa data representa seis longas semanas desde o suposto crime, mais de cinco semanas após o vazamento ilegal, e extremamente prejudicial, para o *Expressen*, e quatro semanas após a reabertura da investigação de estupro – um atraso enorme para o qual não há desculpa possível. Para colocar esse intervalo no contexto da legislação nacional, os protocolos estabelecidos no Capítulo 23 do Código de Processo Judicial da Suécia são os seguintes: "A investigação preliminar deve ser conduzida da forma mais rápida possível. Quando não houver mais razão para prosseguir com a investigação, ela deverá ser encerrada".

No que diz respeito a Assange pessoalmente, está objetivamente estabelecido: que ele reagiu às alegações de estupro adiando voluntariamente sua saída da Suécia por mais de um mês; que ele participou voluntariamente da audiência policial o mais cedo possível e respondeu a todas as perguntas feitas pela polícia sobre o caso de A.; que ele repetidamente tomou a iniciativa de também ser interrogado sobre o caso de S.; e que ele solicitou – e recebeu – aprovação do Ministério Público para sua saída da Suécia com quase duas semanas de antecedência. O fato de ter sido difícil de contatar Assange durante sua estada na Suécia não tem nada a ver com a tentativa de fugir da justiça. Dois dias após sua chegada, em resposta à pressão exercida pelo governo dos EUA, todos os seus cartões de crédito foram cancelados, impossibilitando-o de reservar um hotel ou comprar comida e forçando-o a depender da hospitalidade de conhecidos, a passar a noite em suas casas ou escritórios particulares e a mudar constantemente de local de hospedagem. Pelo mesmo motivo, muitas vezes ele ficava sem crédito suficiente em seu telefone para fazer ou receber chamadas.

Não há nenhuma evidência de que Assange estivesse ciente da audiência marcada para ele em 28 de setembro, ou que tenha deixado a Suécia sabendo que a procuradora ainda queria ouvi-lo. Todas as evidências disponíveis mostram que Hurtig não conseguiu contatá-lo e que ele deixou a Suécia porque a informação mais recente que tinha era que a promotoria não queria marcar um depoimento dele e que ele estava livre para deixar o país. À luz desses fatos indiscutíveis, o mito amplamente difundido de que Assange queria fugir da justiça sueca pode ser descartado com segurança como desinformação deliberada.

A Suécia como um "parceiro confiável" dos Estados Unidos

Teria sido por acaso que a audiência de Assange foi marcada exatamente para o primeiro dia após sua saída da Suécia? Parece improvável. Caso a Procuradora Ny realmente quisesse colher seu depoimento naquele dia, ela não teria se baseado em uma troca casual de mensagens de texto com Hurtig, mas o teria notificado com uma intimação formal para Assange, conforme previsto no Capítulo 23, Seção 7, do Código de Processo Judicial da Suécia. Afinal, não se tratava de um batedor de carteiras local sendo interrogado pelo xerife do vilarejo, mas de um caso politicamente explosivo que despertou a atenção da mídia mundial e foi afetado por fortes interesses de terceiros. Além disso, se a Procuradora Ny tivesse realmente a intenção de ouvir Assange em 28 de setembro, às 17h00, ela não teria emitido um mandado de prisão contra ele mais de vinte e quatro horas antes do agendamento, mas sim apenas no caso de "não comparecimento". A menos, é claro, que ela já soubesse que ele planejava partir em 27 de setembro.

Então tentemos colocar tudo isso em uma perspectiva do mundo real. O WikiLeaks tinha acabado de publicar o maior vazamento da história militar ocidental e era visto como uma séria ameaça à segurança nacional pelos Estados Unidos e seus aliados, incluindo a Suécia e o Reino Unido. Seria ingênuo acreditar que, em agosto de 2010, Julian Assange poderia ter visitado a Suécia sem, no mínimo, estar ininterruptamente no radar da polícia de segurança sueca, a SÄPO. Em 18 de agosto, o Instituto Sueco de Política Externa, afiliado ao Estado, foi à televisão nacional para expressar sua preocupação de que o planejado estabelecimento do WikiLeaks no país prejudicaria as relações transatlânticas entre a Suécia e os Estados Unidos. Em uma entrevista publicada em 8 de setembro, o chefe do Serviço de Segurança Militar da Suécia, John Daniels, chegou a descrever o WikiLeaks como uma "ameaça aos nossos soldados". Também era um segredo de polichinelo que o Departamento de Justiça dos Estados Unidos, sob o comando do procurador-geral Eric Holder, já estava explorando caminhos para processar Assange e havia pedido às nações aliadas que fizessem o mesmo. Naquela época, o governo dos EUA estava bem ciente de que o WikiLeaks planejava publicar os "Diários da Guerra do Iraque" e o "CableGate" e estava empenhado em deter Assange.

De modo mais geral, a correspondência diplomática dos EUA classificada como "secreta" (e posteriormente publicada como parte do CableGate) oferece provas conclusivas de que o governo sueco mantinha "acordos informais de compartilhamento de informações" com os serviços de inteligência dos EUA, que eram deliberadamente ocultados, tanto do parlamento do país, quanto do público em geral. "As organizações de inteligência civil e militar suecas são parceiras fortes e confiáveis em uma série de questões importantes", observou a embaixada dos EUA em Estocolmo, em 1º de maio de 2007. "Devido a considerações políticas internas, a extensão dessa cooperação não é amplamente conhecida dentro do governo sueco e seria útil reconhecer essa cooperação reservadamente, já que a menção pública da cooperação exporia o governo a críticas internas" (07STOCKHOLM506_a, § 6). No ano seguinte, em 7 de novembro de 2008, a Embaixada dos EUA referiu-se às "restrições constitucionais suecas sobre o uso de inteligência" e observou que a equipe do Ministério da Justiça da Suécia "expressou um forte grau de satisfação com os atuais acordos informais de compartilhamento de informações com os EUA (...) que abrangem uma ampla gama de cooperação na aplicação da lei e no combate ao terrorismo" e afirmou sua "disposição de continuar fornecendo informações aos EUA por meio dos canais informais existentes". Ao mesmo tempo, considerando que "esse era um momento particularmente sensível politicamente na Suécia para questões que envolviam vigilância governamental e afetavam a privacidade pessoal", os funcionários suecos manifestaram a preocupação de que esses e "outros acordos informais de compartilhamento de informações existentes" pudessem ser colocados "em risco" se expostos ao escrutínio parlamentar e aos holofotes públicos (08STOCKHOLM748_a). Evidentemente, na ausência de qualquer tipo de responsabilização individual, nem mesmo o escândalo que expôs a entrega ilegal pela SÄPO dos cidadãos egípcios Agiza e Al Zery nas mãos dos torturadores da CIA trouxe qualquer contribuição para aumentar a sensibilidade do governo sueco em relação às suas obrigações ante a constituição do país e a lei internacional de direitos humanos.

Para a mente de cidadãos desavisados, a flagrante ilegalidade da cooperação internacional de inteligência pode ser profundamente perturbadora. No entanto, para qualquer pessoa que esteja minimamente familiarizada com a realidade secreta desse "universo paralelo", nada disso causa surpresa. Dada a percepção da ameaça à segurança representada pelo WikiLeaks, é praticamente garantido que a SÄPO monitorou constantemente o sistema de reservas de voos no aeroporto de Estocolmo em busca do nome do passageiro "Assange" e que informou imediatamente a Promotoria sueca sobre a partida iminente de seu suspeito mais proeminente – por meio de "canais informais" e sem qualquer forma de escrutínio público, é claro, assim como sua troca de informações transatlântica com os Estados Unidos.

Assange, por sua vez, não tinha ilusões. O risco de vigilância já havia se tornado parte de sua rotina há muito tempo. Para não avisar os serviços secretos com muita antecedência, ele comprou sua passagem aérea, como sempre, pouco antes da partida e pagou em dinheiro, diretamente no aeroporto.

Em 27 de setembro de 2010, Assange chega ao aeroporto de Arlanda por volta do meio-dia. Seu voo preferencial para Berlim já está lotado, então ele tem que mudar para um voo mais tarde e passar algumas horas esperando no aeroporto – mais tempo do que ele gostaria, tempo suficiente para aparecer no sistema de monitoramento de dados da SÄPO e dar às autoridades tempo para deliberar e reagir. O fato de Assange ter permissão para deixar o país mesmo assim não é um sinal de incompetência por parte das autoridades suecas, mas outra peça do quebra-cabeça que sugere uma agenda totalmente diferente. O plano claramente não parece ser prender e interrogar Assange, mas criar e perpetuar a narrativa pública de um criminoso sexual fugitivo, ao mesmo tempo em que lhe nega a oportunidade de se defender. Embora a promotora Ny fosse obrigada por lei a emitir um mandado de prisão contra Assange assim que reabrisse a investigação de estupro em 1º de setembro, ela só o faz quando ele aparece no sistema de monitoramento de passageiros, algumas horas antes de sua partida. Ela então deixa que ele saia do país e, dessa forma, faz com que ele inadvertidamente confirme o suposto risco de fuga por meio de sua própria ação.

Caso alguém ainda duvide que as autoridades suecas estavam totalmente cientes dos planos de viagem de Assange, que conscientemente se abstiveram de prendê-lo na fronteira e que inclusive "monitoraram" sua partida em tempo real, essas dúvidas serão dissipadas pelas evidências que envolvem o desaparecimento simultâneo da bagagem de Assange.

Assange viajou para Berlim em 27 de setembro de 2010 para se reunir com vários jornalistas, em especial Holger Stark e Marcel Rosenbach, do *Der Spiegel*, e Stefania Maurizi, do *L'Espresso*. Mais tarde, Maurizi conseguiria, por meio de uma incansável ação judicial amparada no direito à liberdade de informação, obter a liberação de importantes documentos que demonstravam claramente o conluio entre as autoridades suecas e britânicas. Contudo, por enquanto, o foco era estabelecer novas parcerias de publicação para os principais vazamentos que seriam divulgados no final de 2010: os Diários da Guerra do Iraque e o CableGate. O objetivo, o local e a data dessas reuniões tinham sido acertados entre 26 de julho e 25 de agosto, por meio de correspondência de e-mail não criptografada, que, portanto, poderia ser facilmente interceptada. Por isso, é quase certo que essas informações já eram de conhecimento das autoridades. Novamente, seria completamente irrealista pensar que, em agosto de 2010 e com a iminente publicação de enormes quantidades de informações secretas, os serviços de inteligência dos EUA não estariam monitorando sistematicamente qualquer correspondência de e-mail não criptografada recebida pelo WikiLeaks.

Portanto, podemos presumir com segurança que as autoridades suecas sabiam exatamente por quanto tempo teriam que procrastinar a audiência com Assange para provocar sua suposta "fuga" da Suécia, enquanto os serviços de inteligência naturalmente tinham todo o interesse em interceptar quaisquer documentos ou discos rígidos que Assange planejasse entregar a jornalistas em Berlim. Nesse contexto, fica claro que não é nenhuma coincidência as autoridades suecas terem deixado Assange partir apesar da existência de um mandado de prisão válido e de sua bagagem ter desaparecido durante a viagem. A viagem era apenas um curto voo direto entre as duas capitais, e mesmo assim, no desembarque em Berlim, a bagagem despachada não foi encontrada em lugar algum. Assange foi o único passageiro a ter bagagem extraviada. De acordo com ele, ela continha três computadores pessoais criptografados e vários discos rígidos com registros confidenciais, inclusive provas de um crime de guerra não publicado.

O cartão de embarque de Assange mostra que, em Estocolmo, ele despachou uma bagagem pesando treze quilos. Uma cópia do recibo de bagagem, com um código de barras e o número de registro 0117 SK 847249 SK 2679/27SEP, está anexada ao cartão de embarque. No entanto, essa mala nunca chegou a Berlim. Os arquivos registrados incluem um relatório de perda de bagagem do Aeroporto Tegel de Berlim, datado de 27 de setembro, às 19h45, bem como as declarações assinadas de várias testemunhas, todas confirmando a perda da bagagem de Assange. A Acciona Airport Services, que fornece serviços de bagagem em Berlim, entra em contato com a companhia aérea escandinava SAS, mas não recebe nenhuma informação. A pedido de Assange, o jornalista Johannes Wahlström entra em contato com a SAS em Estocolmo, sem sucesso. Também são feitas ligações telefônicas para a SAS de Berlim. A informação é sempre a mesma: o sistema de computador mostra que Assange despachou uma bagagem no aeroporto de Arlanda e que ela nunca saiu de Estocolmo, mas desapareceu dentro da área restrita do aeroporto, imediatamente após o check-in e antes mesmo de passar pelo raio X. Misteriosamente, a mala não pôde ser encontrada.

Finalmente, Wahlström liga para o inspetor Gehlin e o confronta com a conclusão bastante óbvia de que a polícia de segurança sueca pode ter algo a ver com o desaparecimento da bagagem de Assange. Caso a polícia de segurança estivesse envolvida, diz Gehlin, ele estaria ciente do fato, mas promete fazer investigações. Não é surpreendente que Gehlin nunca mais tenha entrado em contato com Wahlström ou qualquer outra pessoa, e que a bagagem continue desaparecida até hoje. Nenhuma ordem de confisco, nenhuma notificação e certificação de apreensão e nenhum recurso legal – tudo em clara contradição com o Capítulo 27 do Código de Processo Judicial – outra peça de peso no quebra-cabeça. Em um e-mail enviado ao advogado de Assange, Björn Hurtig, em 15 de novembro de 2010, a promotora Ny nega categoricamente qualquer envolvimento da SÄPO no caso – afinal, essa investigação está relacionada a crimes sexuais, não a crimes contra a segurança nacional, diz ela. Essa é a narrativa oficial. Igualmente previsível é a reação da própria SÄPO. Em resposta a uma pergunta feita pela Rádio Sueca, em 11 de dezembro de 2010, a SÄPO diz apenas que está acompanhando os acontecimentos, mas não pode comentar sobre seu trabalho em casos individuais. "Como sempre", comenta laconicamente o apresentador da rádio, mas não se aprofunda no assunto. A imprensa sueca parece satisfeita em ser deixada a ver navios, assim como o público. A estratégia parece funcionar, e onde não há acusador, não há juiz.

Com a saída de Assange da Suécia, o palco foi montado para a encenação perfeita de um roteiro que, no dia da primeira prisão de Assange em Londres, em 7 de dezembro de 2010, foi delineado com uma precisão aterradora em uma correspondência interna da empresa de consultoria de inteligência global dos EUA, a Stratfor: "Acumular acusações contra ele. Enviá-lo de país em país para ser submetido a várias acusações pelos próximos 25 anos. Confiscar tudo o que ele e sua família possuem, inclusive todas as pessoas ligadas ao Wiki". De fato, como ficará cada vez mais claro ao longo dos próximos meses, durante sua estadia na Suécia, a história de sucesso de Julian Assange se transformou em uma história de perseguição política. Os governos envolvidos haviam conseguido pegar os holofotes direcionados a eles pelo WikiLeaks, virá-los e apontá-los para Assange – para ele pessoalmente, não para sua organização, porque ficaria óbvio demais. A partir desse momento e até hoje, as autoridades, a mídia estabelecida e o público em geral dedicarão sua atenção inteiramente à suposta má conduta e às supostas falhas de caráter de Assange. Esquecidos estão os crimes de guerra e a corrupção dos poderosos. Missão cumprida!

7. Julgamento da extradição do Reino Unido para a Suécia

A Suécia se recusa a oferecer uma garantia de não-devolução.

De Berlim, Assange viaja para Londres. Enquanto isso, para a promotora Ny, levá-lo de volta à Suécia para ser interrogado tornou-se, de repente, uma questão de extrema urgência. Assange também está ansioso por uma oportunidade de ser ouvido pelas autoridades suecas e está disposto inclusive a retornar a Estocolmo às suas próprias custas. Já em 30 de setembro, três dias após sua partida da Suécia, seu advogado Björn Hurtig informa à diretora adjunta do Ministério Público, Erika Lejnefors, que Assange estava naquela data no exterior, mas que uma audiência com ele poderia ser agendada já para 10 de outubro de 2010 – um domingo – ou para qualquer outro dia de sua escolha na semana seguinte, de 11 a 15 de outubro. Lejnefors se recusa a marcar a audiência para um domingo, porque isso exigiria que os policiais trabalhassem no fim de semana. E a semana imediatamente seguinte a esse domingo foi vetada pela diretora do Ministério Público, Marianne Ny, pessoalmente, aparentemente pelo "longo tempo de espera até lá".

Em sua apresentação de 24 de novembro de 2010 ao Tribunal de Apelação de Svea, a promotora Ny insistirá que, durante esse período, "estávamos extremamente ansiosos para interrogá-lo". No entanto, por mais de um mês, enquanto Assange ainda estava na Suécia, seu direito de ser ouvido e de se defender foi constantemente negado, apesar das alegações de estupro extremamente graves divulgadas ilegalmente pela Promotoria Sueca. E agora que ele tinha que viajar do exterior para ser interrogado na Suécia, disposto a pagar sua própria passagem e a se colocar à disposição por uma semana inteira, a promotora se recusou categoricamente a agendar uma audiência no período proposto de 11 a 15 de outubro, supostamente porque não poderia esperar por menos de dez dias. Como veremos, sua "ansiedade para interrogar Assange" não a impediria de adiar essa mesma audiência por mais seis anos, enquanto, ao mesmo tempo, professava indignação pelo fato de A. e S. terem tido a justiça negada.

Na verdade, é claro, a oferta inesperada de Assange para retornar à Suécia tão rapidamente deve ter sido muito inconveniente. Evidentemente, não se encaixava na narrativa oficial cuidadosamente construída sobre o "estuprador fugitivo" vê-lo retornar voluntariamente a Estocolmo e responder às alegações contra ele. Assim, quando as autoridades receberam informações de que Assange planejava dar uma palestra em Estocolmo no dia 4 de outubro, mudaram seus planos e providenciaram uma prisão de Assange em uma batida policial no local do evento. Para garantir a desejada cobertura da mídia sobre essa prisão espetaculosa, a imprensa foi alertada de forma proativa. A armadilha não teve êxito – Assange não foi à Suécia em 4 de outubro.

Até então, tanto Assange quanto seu advogado interpretavam a maneira displicente da Procuradora Ny como uma indicação de que ela pretendia encerrar a investigação sem sequer se dar ao trabalho de interrogá-lo. Do ponto de vista processual, essa parece ser a única explicação de boa-fé para a recusa constante em tomar o depoimento de Assange e em fornecer a seu advogado até mesmo as informações mais básicas sobre as alegações precisas feitas contra ele. Apear disso, com sua abordagem obstrutiva se tornando cada vez mais óbvia, Assange começa a ficar desconfiado. Na mesma época, multiplicam-se os relatos de que um Grande Júri dos EUA está trabalhando em uma acusação secreta contra Assange. Tendo em vista as irregularidades acumuladas nos procedimentos suecos e a proximidade subserviente do país com os serviços de inteligência dos EUA, Assange teme, não sem razão, que a Suécia possa entregá-lo aos Estados Unidos sem qualquer forma de processo legal, como havia feito com Agiza e Al Zery alguns anos antes.

Para mitigar essas preocupações, Assange quer uma garantia: as autoridades suecas devem emitir uma garantia por escrito de que, se ele retornar à Suécia, não será extraditado para os Estados Unidos, onde poderia esperar um julgamento injusto por espionagem e condições desumanas de detenção. A solicitação de Assange é direta, mas a resposta que ele recebe é extremamente evasiva. De acordo com as autoridades suecas, nenhuma garantia de não extradição pode ser dada enquanto os Estados Unidos não tiverem feito um pedido de extradição. Além disso, as decisões de extradição são uma questão judicial para os tribunais, na qual o governo não pode interferir. Afinal, a Suécia é uma democracia constitucional regida pelo estado de direito!

Embora essa resposta possa parecer convincente à primeira vista, ela não tem base nem na lei nem na prática. Na realidade, essas "garantias diplomáticas" são um instrumento padrão das relações internacionais e são amplamente utilizadas em todo o mundo, especialmente em relação à extradição e deportação de estrangeiros. O Estado que extradita ou deporta exige garantias por escrito do Estado de destino ou de trânsito de que a pessoa a ser extraditada não será executada, torturada ou maltratada em nenhuma circunstância, que seus direitos processuais serão garantidos e que – de acordo com o princípio universal de não devolução – ela não será extraditada para um terceiro Estado no qual a proteção de seus direitos humanos não esteja garantida. Na prática, essas garantias de não devolução são dadas rotineiramente, e claro que sem a necessidade de uma solicitação prévia de extradição pelo terceiro Estado potencialmente inseguro. Da mesma forma, a cortina de fumaça favorita apresentada pelas democracias ocidentais que tentam se esquivar de suas obrigações de direitos humanos, que é o pretexto de que o governo não pode "interferir" em processos judiciais pendentes, não resiste a um exame minucioso. Na Suécia, como na maioria dos outros países, o governo tem a prerrogativa de recusar qualquer extradição por motivos políticos, independentemente de ter sido aprovada pelo judiciário. É claro que os motivos pelos quais a Suécia se recusou sistematicamente a oferecer a Assange uma garantia de não devolução não eram constitucionais, mas puramente políticos, e Assange tinha todos os motivos para se preocupar, especialmente devido ao longevo – e inconstitucional – conluio entre Estocolmo e Washington em questões de segurança nacional e inteligência, que o próprio WikiLeaks expôs ao mundo. É por isso que, em 8 de outubro e 12 de novembro de 2010, o advogado de Assange, Hurtig, propõe à Promotoria Sueca que Assange seja interrogado por telefone ou videoconferência, com base nos acordos internacionais de assistência jurídica mútua aplicáveis. Como alternativa, ele propõe que Assange também estaria preparado para fornecer uma declaração por escrito ou comparecer pessoalmente a uma audiência na Embaixada da Austrália. Conforme expressamente reconhecido na "Declaração acordada de fatos e questões" perante a Suprema Corte Britânica, todas essas possibilidades são permitidas pela legislação sueca. No entanto, todas elas foram recusadas como "inapropriadas" pela Promotoria sueca. A Procuradora Ny insistia que Assange fosse interrogado presencialmente na Suécia.

A Suécia se recusa a tomar o depoimento de Assange em Londres

Em 18 de novembro de 2010, Marianne Ny solicita e recebe uma ordem de detenção à revelia do Tribunal Distrital de Estocolmo, que é confirmada pelo Tribunal de Apelações, em 24 de novembro. Com base nisso, o promotor emite um MDE contra Assange. Oficialmente, isso nada mais é do que uma consequência lógica de sua suposta tentativa de escapar da justiça por crimes sexuais ao "fugir" da Suécia para o Reino Unido. Ny quer que Assange seja preso em Londres e, posteriormente, extraditado para a Suécia. A pedido dela, a Interpol também emite um "alerta vermelho" para Assange – um nível de alerta policial mundial geralmente reservado para fugitivos procurados internacionalmente e formalmente indiciados ou condenados por um crime. Contudo, Assange não tinha sequer sido indiciado ou condenado. Ele é um suspeito cooperativo em uma investigação preliminar, que sempre esteve à disposição para responder às alegações de estupro contra ele desde quando foram ilegalmente divulgadas pelas autoridades, em 20 de agosto de 2010, mas que não está preparado para correr o risco de ser entregue irregularmente aos Estados Unidos. No dia de sua prisão, a empresa de consultoria estadunidense Stratfor observará: "Acusações de agressão sexual raramente passam por alertas vermelhos da Interpol, como neste caso, portanto, não há dúvida de que se trata de uma tentativa de interromper a divulgação de documentos do governo pelo WikiLeaks". Na verdade, a decisão da promotora Ny ocorre exatamente dez dias antes do lançamento planejado e anunciado do CableGate, em 28 de novembro – um vazamento verdadeiramente monumental, de proporções globais, que deixou o governo dos EUA aterrorizado, lutando desesperadamente para controlar os danos. Uma mera coincidência? Certamente não.

A diretora do Ministério Público sabe, é claro, que sua ação agressiva fomentará outro alarde na mídia e prejudicará ainda mais a reputação de Assange, não apenas aos olhos do público, mas também aos olhos de todos os governos que estão prestes a ser constrangidos pela divulgação de um quarto de milhão de telegramas diplomáticos dos EUA. Como uma promotora experiente, ela também sabe que sua atitude é extremamente desproporcional nesse caso. Afinal, Assange inequivocamente cooperou e até mesmo solicitou diversas vezes ser entrevistado durante toda a sua estada na Suécia; ele solicitou e recebeu expressamente autorização para deixar a Suécia; ele se ofereceu para retornar à Suécia para uma audiência em qualquer dia de 10 a 15 de outubro de 2010; reiterou essa proposta para uma data posterior sob a condição de uma garantia de não devolução e, alternativamente, prontificou-se a ser interrogado por meio de assistência jurídica mútua em Londres ou por telefone ou videoconferência.

Britta Sundberg-Weitman, ex-juíza sueca, vê isso como uma clara violação do princípio da proporcionalidade consagrado na legislação europeia, que estipula que as autoridades públicas podem interferir nos direitos individuais somente na medida necessária e justificada para atingir um objetivo legítimo. Continua sendo um mistério, não apenas para Sundberg-Weitman, o motivo pelo qual Marianne Ny se recusou a interrogar Assange pessoalmente em Londres, ou por telefone ou videoconferência, quando ambos teriam sido possíveis sem nenhum problema nos termos dos acordos de assistência jurídica mútua existentes. O ex-procurador sueco Sven-Erik Alhem vai ainda mais longe: "Na minha opinião, somente quando foi demonstrado pela primeira vez que seria impossível fazer com que [Assange] fosse interrogado na Inglaterra por meio da Assistência Jurídica Mútua da Inglaterra, é que deveria ter sido apresentado um pedido de MDE. Como entendo que ele se dispôs a ser ouvido por esses meios desde que deixou a Suécia, considero que a recusa da promotora em sequer tentar tomar seu depoimento não é razoável e não é profissional, além de ser injusta e desproporcional».

Em janeiro de 2011, Björn Hurtig tenta pressionar a procuradora Ny a interrogar seu cliente em Londres. A resposta, que ela envia a Hurtig por mensagem de texto SMS em 11 de janeiro, às 10h58, é sucinta: "Olá! Por motivos investigativos, uma solicitação de assistência jurídica para interrogatório na Inglaterra não é relevante. Com os melhores cumprimentos, Marianne Ny". Em uma entrevista à imprensa concedida um mês antes, em 5 de dezembro de 2010, ela chegou a afirmar, falsamente, que a lei sueca a impedia de ouvir Assange em Londres. De acordo com Britta Sundberg-Weitman, "isso claramente não é verdade". Sven-Erik Alhem comenta que não há "nada na lei sueca que eu saiba que impeça um promotor de buscar assistência jurídica mútua para entrevistar um suspeito". O mesmo é confirmado posteriormente, na "Declaração acordada de fatos e questões", perante a Suprema Corte Britânica. O advogado de defesa Hurtig se recusa a desistir e, em 9 de fevereiro de 2011, apresenta uma queixa ao Procurador-Geral da Suécia solicitando uma revisão legal da recusa de Ny em interrogar Assange em Londres. Mas, em vez de julgar a questão pessoalmente, o procurador-geral a envia a Ny, pedindo que ela trate a reclamação de Hurtig como um pedido de reconsideração. Em 14 de fevereiro de 2011, a procuradora Ny chega à conclusão nada surpreendente de que não encontra motivos para rever sua própria decisão: "A audiência planejada com Assange deve ocorrer na Suécia por razões investigativas. Elas incluem, entre outras coisas, que a conversa com Assange deve ser conduzida da mesma forma que as audiências com outras pessoas nesta investigação e que essas audiências provavelmente levarão a outras medidas investigativas". Essa é uma justificativa bastante descarada, uma vez que as oitivas iniciais com a maioria das testemunhas e uma das supostas vítimas foram realizadas por telefone, ao passo que Assange compareceu pessoalmente à delegacia de polícia para ser interrogado em 30 de agosto de 2010.

Primeira prisão de Assange e liberação sob fiança

Enquanto isso, Assange continua a trabalhar em Londres. No final do outono de 2010, ele prepara os dois maiores lançamentos do WikiLeaks até então, novamente em colaboração com alguns dos jornais e revistas mais importantes do mundo. Na noite de 22 de outubro, o WikiLeaks divulga os Diários da Guerra do Iraque: quase 400.000 documentos estadunidenses que cobrem a Guerra do Iraque de 2004 a 2009 e fornecem uma crônica sem distorções de uma guerra de agressão ilegal. De repente, tudo está às claras: página após página, registro após registro, o mundo inteiro pode ler o que realmente aconteceu durante seis anos da "Operação Liberdade do Iraque". O WikiLeaks oferece uma visão interna de uma guerra cujos verdadeiros horrores foram amplamente ocultados ou encobertos pelas declarações oficiais dos EUA. A atrocidade documentada se condensa, como sempre acontece, em números insuportáveis: até o final de 2009, a Guerra do Iraque já havia causado pelo menos 109.032 mortes, incluindo mais de 66.000 civis iraquianos. Ao mesmo tempo, foi revelado que os Estados Unidos expuseram conscientemente milhares de detentos à tortura e ao abuso, abandonando-os nas mãos das forças de segurança iraquianas e ordenando que as forças dos EUA não investigassem esses crimes.

Com essas revelações, o WikiLeaks pôs um fim rígido e definitivo em qualquer mito humanitário que ainda pudesse existir sobre a Guerra do Iraque. Em 26 de outubro, a então alta comissária da ONU para direitos humanos, Navi Pillay, pediu investigação e punição das violações de direitos humanos documentadas, e o governo dos EUA nem mesmo contestou a veracidade do material. É significativo que até o momento, o WikiLeaks não parece ter publicado um único documento que tenha sido falsificado ou mesmo cuja autenticidade seja questionável – uma prerrogativa que muitas organizações de mídia não têm.

Quatro semanas depois, o CableGate marca a terceira e última fase do processamento jornalístico do material vazado por Chelsea Manning.

Dessa vez, o foco é a diplomacia dos EUA. Nas quarenta e oito horas que precedem o início da publicação, uma importante correspondência foi trocada entre Assange, o embaixador estadunidense (Louis) Susman em Londres e o Departamento de Estado dos EUA em Washington. Em 26 de novembro, Assange pede ao governo dos Estados Unidos que alerte o WikiLeaks sobre "quaisquer casos específicos (números de registros ou nomes) em que considere que a publicação de informações colocaria pessoas individuais em risco significativo de danos que ainda não tenham sido editados"; ele garante que "o WikiLeaks respeitará a confidencialidade das recomendações fornecidas pelo governo dos Estados Unidos e está preparado para considerar tais recomendações sem demora". No entanto, em sua resposta de 27 de novembro, o assessor jurídico do Departamento de Estado, Harold Koh, deixou claro que "não nos envolveremos em uma negociação sobre a liberação ou disseminação de materiais confidenciais do governo dos EUA obtidos ilegalmente". No dia seguinte, 28 de novembro de 2010, o WikiLeaks e seus parceiros de publicação – o *The Guardian*, o *The New York Times*, o *El País*, o *Der Spiegel* e o *Le Monde* – iniciaram o processo de publicação do que somará mais de 250.000 peças confidenciais de correspondência diplomática dos EUA.

É importante ressaltar que, apesar da recusa do governo dos EUA em cooperar com a edição desses documentos, o WikiLeaks e seus parceiros de publicação conduzem um rigoroso processo de "redução de danos", no qual cada documento é revisado e qualquer informação que possa expor indivíduos a riscos é suprimida. Inicialmente, apenas os documentos que foram selecionados e editados por jornalistas dos jornais mencionados acima foram disponibilizados no site do WikiLeaks. Ao contrário do que comumente se supõe, Assange decide publicar os materiais não editados do CableGate apenas nove meses depois, em 1º de setembro de 2011, após eles já terem se tornado acessíveis ao público pela combinação de informações publicadas por dois jornalistas do *The Guardian* e pelo semanário alemão *Der Freitag*. Assange tenta, em vão, convencer o *Der Freitag* a não publicar as informações relevantes, justamente por estar preocupado com os riscos que poderiam advir para certos indivíduos mencionados pelo nome nos documentos não editados. Quando o *Der Freitag* insiste em publicar o furo de reportagem no final de agosto de 2011, Assange alerta o governo dos EUA com antecedência, deixa claro que essa publicação ocorreria sem o consentimento ou controle do WikiLeaks e entra em contato com autoridades dos EUA para tentar garantir a redução adequada dos danos. Voltaremos a essa questão com mais detalhes adiante.

O CableGate compreende principalmente a correspondência diplomática confidencial entre o Departamento de Estado dos EUA e as embaixadas dos EUA em vários países. Destinada exclusivamente ao consumo interno, o tom dessa correspondência é, muitas vezes, sem verniz e desprovido de diplomacia. O conteúdo dos telegramas varia desde fofocas e alusões desrespeitosas a autoridades estrangeiras até avaliações sóbrias de conflitos internacionais, mas também inclui evidências de conluio entre os Estados Unidos e seus aliados em deportações extraordinárias e tortura, bem como outras maquinações da política de poder dos EUA. Por exemplo, a "diretiva secreta de coleta de inteligência humana nacional" da Secretária de Estado, Hillary Clinton, instruiu os diplomatas dos EUA a coletar informações sobre os principais funcionários da ONU, incluindo dados biográficos e biométricos, cartões de crédito, senhas e chaves de criptografia pessoais usadas para comunicações oficiais. Outros exemplos incluem o amplo conluio de inteligência civil e militar do governo sueco com os Estados Unidos, que foi deliberadamente mantido em segredo em relação ao parlamento e ao público suecos.

Nunca as práticas diplomáticas de um governo haviam sido expostas em tamanha escala. Para o governo dos EUA, o dano à reputação infligido pelo CableGate e a cobertura midiática que ele teve é imenso. Como se pode ver nas reações imediatas, os Estados Unidos se sentem não apenas constrangidos, mas também cada vez mais impotentes e ameaçados. O poder de interferência global do governo dos EUA garante que o WikiLeaks sofra sérias pressões: seu site se torna alvo de ataques cibernéticos, a Amazon cancela uma importante função de servidor alugado pela organização, suas contas são bloqueadas e as operadoras de crédito e os bancos de investimento encerram sua cooperação. Contudo, o alvo principal continua sendo Assange. Ele é a cabeça visível do WikiLeaks; pode ser atacado pessoalmente sem tornar o ataque à liberdade de imprensa e à liberdade de informação muito óbvio. Líderes políticos e jornalistas se superam ao condenar Assange e acusá-lo de espionagem, traição e até terrorismo. Extrapolando a partir dos documentos do CableGate, não é muito difícil imaginar como, a cada divulgação espetacular, o governo dos EUA aumenta a pressão sobre seus aliados para tirar Assange de circulação de uma vez por todas.

Na ocasião, Assange era hóspede na casa de campo de Vaughan Smith, em Ellingham Hall, perto de Londres. Smith, ex-capitão do exército britânico, repórter de guerra, fundador do Frontline Press Club, em Londres, e simpatizante do WikiLeaks, considera Assange uma alma gêmea em questões de liberdade de expressão e liberdade de imprensa. Em 6 de dezembro de 2010, aproximadamente uma semana após a divulgação da primeira série de cabos diplomáticos, em 28 de novembro de 2010, Assange é informado de que o mandado de prisão preventiva emitido contra ele pela diretora do Ministério Público da Suécia foi formalmente certificado pelas autoridades britânicas. No dia seguinte, Assange se apresenta voluntariamente à delegacia de polícia de Kentish Town, em Londres. É a polícia britânica que finalmente informa Assange sobre as alegações suecas contra ele. Desde que a promotora Ny reabriu e ampliou a investigação preliminar contra Assange, três meses antes, ela sempre se recusou a fornecer a ele essas informações mais básicas – outra peça do quebra-cabeça. Caso ele soubesse exatamente de qual má conduta a promotora suspeitava, poderia ter frustrado a estratégia de procrastinação dela fazendo uma declaração pública independente respondendo a cada ponto. Mas, ao suspeitar publicamente de estupro de Assange sem nunca o informar dos detalhes, a promotora o privou de qualquer possibilidade efetiva de defesa, sem que ela mesma tivesse que apresentar qualquer prova em apoio às suas alegações. A estratégia funcionou brilhantemente: quanto mais tempo durou o impasse, mais a narrativa oficial do "estuprador fugitivo" criou raízes e se cristalizou na mente coletiva do público mundial. Como resultado, oito anos depois, até mesmo eu me recusaria a analisar o caso dele.

Mas em 7 de dezembro de 2010, Assange se apresenta voluntariamente à polícia e é colocado em confinamento solitário na Prisão de Wandsworth por nove dias, até ser libertado sob fiança e ter permissão para retornar a Ellingham Hall em 16 de dezembro. Inúmeros apoiadores proeminentes se responsabilizaram por ele e levantaram a fiança necessária de £200.000. Durante os próximos 550 dias, como parte das condições de sua fiança, Assange terá de viver em prisão domiciliar, usar uma tornozeleira eletrônica e se apresentar à polícia diariamente. Mais importante ainda, em fevereiro de 2011, ele terá uma audiência no Tribunal de Magistrados de Westminster para discutir o pedido de extradição da Suécia.

Conluio anglo-sueco

No início de janeiro de 2011, a Promotoria Sueca dá os primeiros sinais de dúvida. Em 11 de janeiro, na preparação para a próxima audiência de extradição, a equipe de defesa de Assange apresenta seus principais argumentos e provas e também nomeia renomados especialistas suecos como testemunhas. Isso pode ter feito com que as autoridades suecas parassem por um momento e refletissem sobre o quanto já haviam se afastado da justiça e do estado de direito. Pelo menos temporariamente, quase pareceu que a promotora Ny havia mudado de ideia e passado a considerar seriamente a ideia de interrogar Assange em Londres.

Mas então acontece algo digno de nota. O CPS, que representa os interesses suecos nos processos de extradição, desaconselha que se faça exatamente isso. "Mantenho meu conselho anterior: que, na minha opinião, não seria prudente que as autoridades suecas tentassem interrogar o réu no Reino Unido", escreveu Paul Close em 25 de janeiro de 2011, em um e-mail para a Promotoria Sueca. Observe que ele não afirma que interrogar Assange em Londres não seria "permissível" ou "possível", mas sim que não seria "prudente". Ele continua explicando que "a defesa, sem dúvida, tentaria se beneficiar do evento. Ela, inevitavelmente, alegaria que essa seria uma prova conclusiva de que as autoridades suecas não tinham nenhum caso contra ele e que, portanto, a audiência teria sido realizada na esperança de que ele fizesse uma confissão completa e franca". Além disso, ele acrescenta, fazendo alusão à prática sueca de deter suspeitos de estupro sem direito a fiança: "A experiência geral também mostrou que as tentativas de autoridades estrangeiras de entrevistar um réu no Reino Unido frequentemente levam à alegação da defesa de que os inquiridores fizeram algumas provocações ou ameaças (como abordar os promotores para pagar a fiança na entrega do réu ao Estado estrangeiro). Assim, sugiro que só tome seu depoimento quando ele se entregar à Suécia e de acordo com a lei sueca".

O funcionário britânico continuou a fornecer orientação aos suecos sobre como encobrir os aspectos mais problemáticos de toda a investigação na próxima audiência de extradição, no Tribunal de Magistrados de Westminster: "Como já discutimos, sua acusação está bem baseada nas provas existentes e é suficiente para prosseguir com o julgamento, que é a intenção da acusação". O parágrafo seguinte – aparentemente importante – que está editado, é seguido pela frase: "Você tem as provas das reclamantes". O e-mail termina com garantias renovadas de apoio na análise e resposta aos argumentos da defesa no tribunal e recomenda uma linha puramente formal, a saber, "que Marianne Ny pode emitir um MDE e que as autoridades suecas ainda querem, de fato, processar o réu". Em outras palavras, nenhum argumento substantivo nem reclamações sobre violações do devido processo legal sueco devem ser abordados, porque essas questões não devem ser julgadas pelos tribunais do Reino Unido, mas pelos da Suécia.

Essas recomendações são no mínimo intrigantes. Afinal, este não é um caso britânico: nem Assange nem as duas mulheres são cidadãos britânicos, os supostos delitos não ocorreram na Grã-Bretanha e é improvável que o caso resulte em uma acusação, muito menos em uma condenação, devido à falta de provas processáveis. Então, por que o CPS está tão interessado em evitar uma resolução rápida, descomplicada e econômica desse caso por meio de assistência jurídica mútua? Por que prender Assange desnecessariamente em um longo processo de extradição que geraria uma carga de trabalho pesada e despesas substanciais para o governo e o judiciário britânicos? Se há um truísmo simples que nunca falhou em minhas investigações de crimes de guerra e violações de direitos humanos, é que "onde há fumaça, há fogo". E onde há muita fumaça, deve haver um grande incêndio. De agora em diante, veremos que, sempre que as autoridades britânicas lidam com Assange, elas fazem muito mais fumaça do que seria justificado pelas questões supostamente em jogo. À medida que avançarmos para os acontecimentos dos meses seguintes, ficará cada vez mais difícil escapar da impressão de que as autoridades britânicas estão buscando uma agenda política que vai muito além do pedido de extradição sueco. Essa impressão é confirmada literalmente em outro e-mail enviado por Paul Close a Marianne Ny em 13 de janeiro de 2011: "Por favor, não pense que o caso está sendo tratado como apenas mais um pedido de extradição".

Nos dezoito meses seguintes, o julgamento da extradição de Assange passa por todas as três instâncias do sistema judiciário britânico: Magistrates' Court (Tribunal de Magistrados), High Court (Tribunal Superior) e Supreme Court (Supremo Tribunal). Em 30 de maio de 2012, a Suprema Corte confirma a permissibilidade do MDE emitido pelo Ministério Público sueco, dando assim luz verde à extradição de Assange para a Suécia. O que parece ser uma questão simples e direta merece uma análise mais detalhada. Para os leigos, as explicações a seguir sobre o MDE podem parecer técnicas e enfadonhas em um primeiro momento, mas elas logo esclarecerão até que ponto a mais alta corte britânica parece estar preparada para trair o estado de direito em prol de um resultado político desejado.

Então, eis, em síntese, o MDE. Entre os estados membros da União Europeia (e o Reino Unido ainda fazia parte da UE em 2012), um MDE válido e padronizado é suficiente para se obter uma extradição. Não é necessário que o país extraditante examine se há bases probatórias suficientes para suspeitar, acusar ou condenar uma pessoa por um crime. Em oposição aos casos de extradição envolvendo países de destino fora da UE, todo o procedimento ocorre em bases puramente formais. Questões de culpa ou inocência, credibilidade e valor probatório não são levantadas nos procedimentos de extradição, mas somente durante o julgamento criminal subsequente no país de destino. Portanto, nenhum desses argumentos pode ser levantado de forma eficaz pelos advogados de Assange como defesa contra a extradição para a Suécia.

Com base nessa perspectiva formal, apenas duas condições devem ser atendidas para obter uma extradição dentro da UE. A primeira é que, de acordo com o princípio da dupla criminalidade, os delitos dos quais uma pessoa é suspeita ou acusada também devem ser puníveis no país em que ela se encontra no momento. Esse requisito foi atendido, pois Assange é suspeito de estupro e coerção sexual na Suécia, sendo que ambos são delitos criminais também no Reino Unido. A segunda – e esse é o principal ponto de discórdia no caso de Assange – é que o MDE deve ter sido emitido por uma autoridade competente. Tanto a Decisão-Quadro[13] da UE de 2002, que regulamenta o sistema de MDE (Mandado de Detenção Europeu), quanto a Lei de Extradição Britânica de 2003, que implementa a Decisão da UE no Reino Unido, exigem que um MDE seja emitido por uma autoridade judicial. Essa exigência reflete o objetivo da Decisão-Quadro de despolitizar o processo de extradição em toda a Europa, retirando-o do ramo executivo do governo e colocando-o sob o controle das respectivas autoridades judiciais.

Esse é o ponto de ataque dos advogados de defesa de Assange. No caso dele, o MDE foi emitido por Marianne Ny – que é procuradora, não juíza. Assim, argumentam os advogados de Assange, o mandado não foi emitido por uma autoridade judicial e, portanto, não é uma base válida para a extradição de Assange para a Suécia. Esse também parece ser o entendimento jurídico britânico. Como a Suprema Corte confirma, durante os debates parlamentares britânicos em torno da adoção da Lei de Extradição de 2003, foi enfatizado repetidamente que a expressão "autoridade judicial" implicava necessariamente um tribunal ou juiz, não a polícia ou um promotor público, e que esse requisito não seria afetado pela implementação da Decisão-Quadro da UE. A Suécia e alguns outros estados da UE interpretaram a expressão "autoridade judicial" de forma mais ampla para incluir procuradores, mas isso não era vinculante para o judiciário britânico, porque, a rigor, não era a redação da Decisão-Quadro da UE que os juízes britânicos tinham que interpretar e sim a Lei de Extradição britânica que havia sido adotada para a implementação dessa decisão. O que era relevante para a Suprema Corte era a interpretação dada à expressão "autoridade judicial" pelo Parlamento britânico, e não por outros Estados da UE. Assim, em um e-mail para Marianne Ny, datado de 8 de fevereiro de 2012, seu colega britânico do CPS escreve com preocupação: "O tribunal parece bastante preocupado com toda a questão de outros países terem uma interpretação tão ampla de "autoridade judicial", em particular como isso pode incluir promotores ou funcionários dos Ministérios da Justiça – eu

---

[13] Decisão-Quadro <Framework Decision> é um instrumento jurídico da União Europeia que estabelece um quadro para a cooperação em questões de criminalidade transnacional. (N.T.)

gostaria de reiterar que é a lei do Reino Unido que está sob os holofotes judiciais e não a lei sueca".

De acordo com a tradição jurídica britânica, a promotora Marianne Ny claramente não é uma autoridade judicial. Para ainda manter seu MDE e permitir a extradição de Assange para a Suécia, a Suprema Corte deve agora se envolver em acrobacias judiciais que podem ser mais bem descritas como contorções legais. No parágrafo 93 de sua decisão, o tribunal reconhece que a interpretação explicitamente restrita do Parlamento britânico sobre a noção de "autoridade judicial" é "certamente perturbadora", mas depois se aventura a dizer que seria "ao menos um passo demasiado largo, em termos constitucionais, para este tribunal tratá-la como determinante". A maioria dos juízes é guiada pela hipótese de que, independentemente de suas posições expressas tomadas no debate legislativo, os membros do Parlamento não poderiam ter a intenção de legislar de forma contrária às obrigações internacionais do Reino Unido, mas, efetivamente, preferiram interpretar sua própria Lei de Extradição em conformidade com a redação da Decisão-Quadro da UE. O problema, evidentemente, é que o significado da redação escolhida na Decisão-Quadro da UE apenas um ano antes era completamente incerto em 2003, quando a Lei de Extradição do Reino Unido foi apresentada ao Parlamento Britânico – e é exatamente por isso que o debate parlamentar que esclarecia o ponto viesse necessariamente em primeiro lugar. Mas, desde então, segundo o que soubemos da Suprema Corte, uma prática inconsistente se desenvolveu em toda a UE, com aproximadamente metade dos estados membros restringindo o termo "autoridade judicial" a funcionários e órgãos de julgamento, o que exclui os promotores públicos, enquanto a outra metade interpreta o mesmo termo de forma mais abrangente e, em alguns casos, até o estende aos promotores públicos.

Em vista dessas circunstâncias altamente desafiadoras, os juízes consideram imperativo ignorar a gênese parlamentar da Lei de Extradição Britânica diretamente aplicável e, ao invés dela, considerar a gênese administrativa da Decisão-Quadro da UE, mesmo que ela não seja diretamente aplicável como lei. Como a primeira versão original desse instrumento foi escrita em francês, os juízes concluíram que a prioridade deve ser dada imperativamente à redação original em francês.

O significado da expressão francesa "autorité judiciaire", entretanto, não era bem definido, nem esclarecido por meio de uma prática uniforme. Portanto, "autorité judiciaire" pode ser interpretado de forma restrita, como preferia o Parlamento britânico, ou de forma mais ampla, como preferia o governo da Suécia.

Por uma variedade de motivos multifacetados e bastante intrincados, cinco dos sete juízes preferem pessoalmente a interpretação abrangente do termo francês "autorité judiciaire", que também inclui o promotor público. Por uma questão de lógica, eles argumentam que essa interpretação abrangente deve, portanto, ser considerada obrigatória também para a interpretação da expressão inglesa "judicial. authority" – não apenas na versão inglesa da Decisão-Quadro da UE, mas também na Lei de Extradição britânica, embora o Parlamento tenha optado expressamente pela interpretação oposta. Et voilà – o MDE da Promotora Ny é válido, e Assange pode ser extraditado para a Suécia! Não dá para inventar: a respeitável Suprema Corte do Reino Unido recua em deferência a interesses políticos e não hesita em consultar o texto francês de uma Decisão-Quadro da UE inaplicável para dar à redação original em inglês da legislação doméstica diretamente aplicável uma interpretação diferente da interpretação do Parlamento – e depois alega que isso é o que o Parlamento presumivelmente teria desejado em primeiro lugar.

Uma vez tomada a decisão, os juízes expressaram sua preocupação com o fato de que a Lei de Extradição Britânica – contrariando a recomendação explícita do Conselho da UE – não exige um teste de proporcionalidade para garantir que uma medida coercitiva draconiana, como a extradição para outro país, seja justificada em cada caso individual. No caso Assange, essa questão surgiu principalmente porque a Suécia solicitou a extradição não de uma pessoa formalmente acusada ou condenada por um crime, mas sim de um suspeito cooperativo em uma investigação preliminar, que já havia sido interrogado voluntariamente e que estava pronto e disposto a responder a outras perguntas, pessoalmente em Londres, ou por telefone ou videoconferência. Embora a Suprema Corte tenha convenientemente considerado que não poderia examinar a proporcionalidade da extradição de Assange na ausência de uma disposição legal correspondente na Lei de Extradição, ela não escondeu o fato de que essa era uma falha formal que precisava ser resolvida – uma sugestão que foi devidamente aceita pelo Parlamento. Dois anos mais tarde, passou a vigorar uma legislação estipulando que, a partir de então, toda extradição estaria sujeita a um teste de proporcionalidade e que nenhuma pessoa poderia ser extraditada antes de ser formalmente acusada de um crime. Ambas as disposições teriam impedido a extradição de Assange para a Suécia e teriam permitido que ele deixasse seu asilo diplomático na embaixada equatoriana como um homem livre. Porém, o Parlamento tomou a precaução de acrescentar uma cláusula de não retroatividade que impedia a aplicação dessas novas disposições a casos de extradição que já haviam sido decididos, mas ainda não executados. Havia exatamente um homem em todo o Reino Unido a quem essa cláusula de não retroatividade se aplicava. Tratava-se de uma "*lex Assange*", como foi pungentemente denominada, feita sob medida pelas autoridades britânicas para perseguir um homem que é constantemente acusado de fugir da justiça – mas que, muito pelo contrário, é constantemente privado de justiça justamente por essas mesmas autoridades.

Os advogados de Assange lançam mão de um último recurso legal, solicitando à Suprema Corte a reabertura do recurso, que é rejeitado em 14 de junho de 2012. Isso significa que Assange já esgotou definitivamente os recursos legais disponíveis para ele no Reino Unido. No dia seguinte, a promotora Marianne Ny solicita que a Suprema Corte permita sua entrega imediata à Suécia, retirando, assim, o efeito suspensivo de um possível recurso de Assange à Corte Europeia de Direitos Humanos em Estrasburgo. O tribunal se recusa e concede a Assange uma prorrogação final de quatorze dias. Não obstante, sua extradição para a Suécia e – como ele teme – sua posterior entrega irregular aos Estados Unidos são agora iminentes.

8. Asilo da Embaixada do Equador

"Declaração de abandono" australiana

Por volta das 13h do dia 19 de junho de 2012, Julian Assange entra na embaixada do Equador, em Londres – o próximo ponto de inflexão na história de sua perseguição. Nos próximos quase sete anos, ele não sairá do prédio de tijolos marrom-avermelhados com janelas brancas, localizado no centro, próximo à luxuosa loja de departamentos Harrods. Assange busca proteção contra a ira dos Estados Unidos e, portanto, solicita asilo político. Seu pedido por escrito afirma, entre outras coisas: "Acredito que o país do qual sou cidadão, a Austrália, não me protegerá e que o país para o qual devo ser extraditado do Reino Unido em breve, a Suécia, não impedirá minha subsequente extradição para os EUA. Solicito que a proteção seja estendida até onde for razoavelmente possível, para evitar que isso aconteça".

Durante todo o processo de extradição sueco, de janeiro de 2011 a maio de 2012, os advogados de Assange em Londres recorreram repetidamente, por escrito e pessoalmente, ao governo australiano, pedindo intervenção diplomática para proteger Assange. Esses apelos foram encaminhados por meio da Embaixada da Austrália em Estocolmo e do Alto Comissariado da Austrália em Londres, mas também diretamente ao Ministro das Relações Exteriores Kevin Rudd e ao Ministro da Justiça Nicola Roxon. De acordo com seus advogados, na Suécia, Assange enfrentaria não apenas muitos meses de detenção em isolamento quase completo e um julgamento secreto por supostos crimes sexuais, mas também o risco de ser entregue de forma irregular aos

Estados Unidos – um risco que também poderia se materializar no Reino Unido. Sua principal solicitação era sempre a mesma: o governo australiano deveria obter urgentemente garantias da Suécia e do Reino Unido de que Assange não seria extraditado para os Estados Unidos em nenhuma circunstância. Lá, indivíduos influentes na vida pública haviam feito ameaças de morte contra ele, e ele corria o risco de ser submetido a um julgamento politicamente motivado por atividades jornalísticas que, principalmente, não deveriam ser criminalizadas como espionagem. Eles argumentavam que era especialmente preocupante não apenas o "uso excessivo de isolamento extremo" pelas autoridades dos EUA, mas também a prática predominante de coagir a confissões de culpa e estimular depoimentos por meio da ameaça de sentenças enormes em caso de não cooperação. Pelas mesmas razões, os advogados também pediram ao governo australiano garantias de que, se repatriado para a Austrália, Assange não seria extraditado para os Estados Unidos.

Essas cartas desencadearam uma intensa discussão interna entre os ministérios em Camberra, especialmente com relação à possível extradição de Assange para a Suécia e sua posterior entrega aos Estados Unidos. Foram produzidas avaliações internas, e-mails foram trocados e seus conteúdos diferiam significativamente dos pronunciamentos oficiais do governo. Essa correspondência não deixa dúvidas de que as autoridades australianas estavam bem cientes do risco de que a Suécia efetivasse uma "entrega temporária" de Assange para os Estados Unidos para fins de processo penal. As autoridades australianas claramente não deram importância às afirmações em contrário do governo sueco. No mundo das relações diplomáticas, o fato de Estocolmo ter se recusado a emitir uma garantia de não devolução[14] para Assange foi uma linguagem clara e não deixou margem para mal-entendidos.

Nesse contexto, a falta de vontade da Austrália em defender um cidadão australiano perseguido politicamente só pode ser descrita como vergonhosa. As respostas oficiais do governo permanecem formalistas, farisaicas e hipócritas, mas, em termos substantivos, completamente

---

[14] "Non-refoulement": como já visto, é um termo usado no contexto do Direito Internacional dos Refugiados e significa a proibição de enviar um indivíduo para um país onde possa estar em risco de perseguição ou violações sérias de direitos humanos Essa proibição está consagrada na Convenção de Refugiados de 1951 e no direito internacional dos direitos humanos mais amplo. (N.T.).

distantes e evasivas. A principal cortina de fumaça que desvia a atenção de sua indiferença manifesta é a alegação de que os procedimentos de extradição são sempre uma "questão de cooperação bilateral para a aplicação da lei", regida pelas leis e práticas domésticas dos estados envolvidos, em que a Austrália "não poderia esperar ser parte". No entanto, a "expectativa de que o caso do Sr. Assange prossiga de acordo com o devido processo" foi expressa aos governos sueco e britânico em várias ocasiões. Caso Assange retornasse à Austrália, ficaria a critério do governo recusar sua extradição para os Estados Unidos, mas isso teria que ser avaliado com base no caso a caso, e nenhuma garantia poderia ser dada naquele momento. De fato, os advogados de Assange falaram, com razão, de uma "Declaração de Abandono" australiana – ele havia sido descartado por seu próprio governo.

Planos britânicos para invadir a embaixada

O último recurso de Assange é o Equador, cujo presidente, Rafael Correa, já havia demonstrado ser um apoiador do WikiLeaks no passado. Assange sabe que pode obter asilo diplomático apenas com base em perseguição política, e não para escapar das investigações de estupro na Suécia. Está buscando proteção contra uma possível extradição para os Estados Unidos, onde enfrenta um risco real de vida em confinamento solitário e possivelmente até a pena de morte devido ao seu trabalho para o WikiLeaks. Para Assange, esse é o único motivo para seu pedido de asilo e, para o Equador, esse será o único motivo para conceder seu pedido.

Em 19 de junho de 2012, Assange chegou à embaixada equatoriana para ficar. O governo em Quito reage rapidamente e concede proteção temporária, enquanto aguarda uma análise detalhada do pedido de Assange. Durante esses primeiros dias, a equipe diplomática, liderada pela embaixadora Ana Albán, enfrenta grandes desafios logísticos. A embaixada tem um total de apenas dez cômodos, todos localizados no mesmo andar. Nenhum está preparado para receber um hóspede permanente. É preciso preparar um quarto para Assange e as instalações sanitárias devem ser adaptadas. Ele receberá um computador e acesso à Internet. Ele também pode usar a pequena cozinha. Passo a passo, sua acomodação improvisada se torna permanente. Por enquanto, Assange está seguro – ou preso, dependendo da perspectiva. A polícia britânica está posicionada em frente à embaixada e bloqueia a saída de forma explícita. Eles também vieram para ficar.

Humilhado pela atitude de Assange, o governo britânico se esforça para manter sua postura. Em 15 de agosto, na véspera da decisão final do Equador sobre o status de asilo de Assange, um funcionário da embaixada britânica em Quito entrega ao governo equatoriano uma "nota verbal" para a eventualidade de Assange receber asilo diplomático: "É preciso estar ciente de que existe uma base legal no Reino Unido, a Lei das Instalações Diplomáticas e Consulares <Diplomatic and Consular Premises Act>, de 1987, que nos permitiria tomar medidas para prender o Sr. Assange nas atuais instalações da embaixada".

Um aviso velado de que a Grã-Bretanha está preparada para invadir a embaixada, a nota verbal conclui com as palavras: "Esperamos sinceramente não chegar a esse ponto". Mais tarde, descobre-se que o próprio Ministro das Relações Exteriores, William Hague, insistiu nessa ameaça sem precedentes, contra as fortes reservas de seus consultores jurídicos. Como era de se esperar, isso resultou em uma reviravolta diplomática.

O colega equatoriano do secretário Hague, Ricardo Patiño, tem palavras fortes: "Caso as medidas anunciadas na comunicação oficial britânica se concretizarem, serão interpretadas pelo Equador como um ato hostil e intolerável e também como um ataque à nossa soberania, o que nos obrigaria a responder com maior força diplomática". Patiño considera, com toda razão, a ameaça britânica uma clara violação da Convenção de Viena sobre Relações Diplomáticas. Ele teme um precedente perigoso que abriria a porta para a violação dos espaços soberanos de qualquer nação, o que inclui os edifícios das embaixadas. Em 24 de agosto, a Organização dos Estados Americanos (OEA), rapidamente convocada pelo Equador para uma reunião extraordinária, chegou à mesma conclusão. Em sua resolução final, os Estados da OEA declaram sua solidariedade ao Equador e rejeitaram vigorosamente qualquer tentativa "que possa colocar em risco a inviolabilidade das instalações das missões diplomáticas".

William Hague cometeu um erro, e ele sabe disso. Ele precisa recuar. O Ministério das Relações Exteriores britânico afirma agora que nunca houve qualquer ameaça de invasão da embaixada. Tudo não passou de mais um infeliz mal-entendido. Mesmo afastado o risco de uma invasão violenta, no entanto, o cerco ao prédio da embaixada continua real. Um dos policiais metropolitanos de plantão do lado de fora da embaixada carrega um documento com anotações escritas à mão debaixo do braço, que é capturado por um fotógrafo da imprensa com uma lente de câmera altamente sensível. Pelo menos partes do documento podem ser decifradas e revelam instruções de que, no caso de uma saída da embaixada, Assange deve ser preso "em qualquer circunstância", mesmo que esteja em um veículo diplomático ou escondido em uma mala diplomática. Em ambos os casos, tal prisão ainda seria uma clara violação da lei internacional sobre imunidade diplomática. Para compreender a magnitude política desses eventos, é preciso enfatizar que nenhum Estado ousaria violar descaradamente a lei internacional sobre relações diplomáticas apenas para permitir que um país estrangeiro interrogue um homem que expressou repetidamente sua disposição para cooperar plenamente nos termos da assistência jurídica mútua, que não é violento e cujo caso está estagnado no estágio de investigação preliminar há dois anos sem nenhuma perspectiva realista de acusação, muito menos de condenação. A amcaça de capturar Assange à força na embaixada do Equador ilustra não apenas a raiva do governo britânico com a reviravolta imprevista dos acontecimentos, mas, acima de tudo, a imensa dimensão política desse caso. Na realidade, é óbvio que o governo britânico não está nem um pouco preocupado com a investigação sueca e muito menos com o pequeno delito de violação de fiança que Assange cometeu ao buscar asilo na embaixada. Nenhum governo do mundo consideraria invadir uma embaixada estrangeira, exceto em circunstâncias extremas, como ataques terroristas, tomada de reféns ou outras ameaças sérias e iminentes à segurança pública. Aparentemente, a potência mundial Grã-Bretanha, de fato, percebe Assange como uma ameaça dessa magnitude.

O próprio Assange está bem ciente do quadro geral. Em um breve discurso, proferido da sacada do prédio da embaixada em 19 de agosto de 2012, ele agradece ao governo equatoriano, à equipe da embaixada e a todos os outros apoiadores e, em seguida, faz um apelo ao presidente dos EUA: "Peço ao presidente Obama que faça a coisa certa. Os Estados Unidos devem renunciar à sua caça às bruxas contra o WikiLeaks. (...) Os Estados Unidos devem se comprometer perante o mundo de que não perseguirão jornalistas por lançar luz sobre os crimes secretos dos poderosos". Ele continua exigindo o mesmo para denunciantes como Chelsea Manning, que a essa altura já está sob custódia estadunidense sem julgamento há mais de 800 dias.

"Não se atrevam a amarelar!"

Em 31 de agosto, duas semanas após Assange ter recebido asilo formal na embaixada do Equador, foi publicada uma entrevista citando-o como tendo dito: "O governo sueco poderia desistir do caso. Acho que esse é o cenário mais provável. Talvez, depois de uma investigação minuciosa do que aconteceu, eles possam desistir do caso". O CPS não se deixou abater. Menos de três horas após a publicação, eles enviaram um e-mail chamando seus colegas suecos para um imperativo: «Não se atrevam a amarelar!". Dezoito meses antes, os britânicos haviam aconselhado veementemente os suecos a não interrogar Assange em Londres ou por meios remotos; agora, eles estão alertando contra o abandono do caso. Mais uma vez, podemos nos perguntar: por que eles estão fazendo isso? Por que estão investindo tanto em um caso que nem sequer envolve um cidadão britânico? Eles não deveriam ficar aliviados se a Suécia não quisesse mais levar o caso adiante? Afinal, cessariam as despesas com o cerco e a vigilância da embaixada, e cessariam os protestos públicos contra a perseguição contra Assange. Por uma questão de credibilidade, a violação da fiança de Assange ainda poderia ser sancionada com uma multa, além do confisco do depósito de fiança de £200.000. Depois disso, o caso poderia ser encerrado e todos poderiam voltar aos seus afazeres normais. Contudo, não é isso que está acontecendo. Ao contrário, as autoridades britânicas parecem ter grande interesse em que a Suécia continue sua investigação e mantenha um cenário de ameaça contra Assange. Ao mesmo tempo, a procuradora sueca não parece estar genuinamente interessada em conseguir a extradição de Assange para a Suécia. Quando, em 29 de novembro de 2012, seu colega britânico escreve, em tom de brincadeira, "tenho certeza de que você pode adivinhar o que eu adoraria enviar para você como presente de Natal", ela responde: "Estou bem sem nenhum presente de Natal". Na verdade, seria um grande baque receber esse! É só uma brincadeira? Talvez. Mas toda brincadeira tem uma dose de verdade.

Seja como for, depois de mais de um ano de impasse, o entusiasmo sueco parecia estar diminuindo. O mandado de prisão emitido em 2010 não pode ser mantido para sempre e, por outro lado, como Assange se estabeleceu permanentemente em seu asilo diplomático, é improvável que o cerco à embaixada fosse terminar tão cedo. A promotora Ny parece estar sofrendo uma pressão cada vez maior do judiciário sueco. Na manhã da sexta-feira, 18 de outubro de 2013, ela escreve um e-mail para o CPS que – significativamente – é intitulado «pergunta". Mas, em vez de fazer uma pergunta, ela explica as restrições impostas pela lei sueca sobre medidas coercitivas que se estendem indefinidamente: "Há uma exigência na lei sueca para que as medidas coercitivas sejam proporcionais. O tempo decorrido, os custos e a gravidade do crime devem ser levados em conta juntamente com a intrusão ou o prejuízo para o suspeito. Nesse contexto, nos vemos obrigados a considerar a possibilidade de suspender a ordem de detenção (ordem judicial) e retirar o MDE. Se for o caso, isso deverá ser feito em algumas semanas". Em seguida, ela comenta de forma ameaçadora: "Isso afetaria significativamente não apenas a nós, mas também a vocês".

A frase final da mensagem, que deve conter a "pergunta" anunciada em seu título, foi censurada, pois aparentemente foi considerada muito sensível para ser franqueada ao conhecimento público. Será que ela perguntou se as autoridades britânicas tinham alguma objeção? É o que certamente sugerem o tom e o conteúdo do diálogo que se seguiu. A resposta britânica foi dada no final da tarde: "Eu gostaria de considerar todos os ângulos durante o fim de semana, se vocês estiverem de acordo". Por que os britânicos teriam que "considerar todos os ângulos" de uma decisão sueca de suspender uma ordem de detenção sueca em um caso sueco? Essa correspondência é muito suspeita, visto que, no caso Assange, o CPS britânico supostamente representa os interesses da Suécia no Reino Unido, e não o contrário. Mas a correspondência subsequente se torna ainda mais reveladora. Logo na manhã de segunda-feira, 21 de outubro, Marianne Ny responde: "Sinto muito que isso tenha sido uma (má) surpresa. Certamente não há problema algum em você ter tempo para pensar sobre isso. (...) Espero não ter estragado seu fim de semana". Ora, por que a diretora do Ministério Público da Suécia se desculparia com um funcionário britânico de nível médio por ter "estragado o fim de semana dele", só porque ela anunciou que ele poderia em breve ser dispensado desse caso espinhoso?

Em 2 de dezembro de 2013, a procuradora Ny parece se referir a essa correspondência quando escreve: "Eu não fui clara ao pedir sua opinião", e depois especifica: "Os custos que devem ser levados em conta são os do seu lado e suas opiniões sobre isso são importantes. Foi argumentado na Suécia que a polícia inglesa considera os custos excessivamente altos. Devo entender, pela sua resposta, que os custos do seu lado não são uma questão que devemos levar em consideração nesta fase?". Novamente, a promotora sueca demonstra um nível notável de deferência aos interesses britânicos ao determinar seu próprio tratamento do caso. Em 10 de dezembro de 2013, o CPS responde: "Apenas para confirmar que não considero os custos um fator relevante nesta questão. (...) Certamente não tenho conhecimento de nenhum comentário discrepante ou preocupação expressa por nenhum departamento do governo". Como sabemos agora, de 2012 a 2019, a polícia britânica gastou mais de 16 milhões de libras esterlinas no cerco à embaixada do Equador – muita fumaça para pouco fogo e, portanto, novamente uma indicação clara da dimensão política desse caso.

Segunda interrupção da investigação sueca

Por enquanto, a pressão britânica funciona e os tribunais suecos permanecem complacentes, mantendo o MDE em vigor e a investigação preliminar em banho-maria. Isso permite que a promotora Ny mantenha e perpetue um impasse completamente artificial ao se recusar a facilitar uma garantia governamental de não devolução que permitiria a Assange retornar à Suécia em segurança para uma audiência policial, ao mesmo tempo em que se recusa a interrogá-lo remotamente por videoconferência ou pessoalmente em Londres, de acordo com os acordos de assistência jurídica mútua aplicáveis. Apenas em março de 2015, a Suprema Corte sueca começa a perder a paciência com a procrastinação do Ministério Público e indica sua disposição de suspender o mandado de prisão contra Assange com base na proporcionalidade.

Por quase cinco anos, a procuradora Ny insistiu que sua investigação exigia a presença pessoal de Assange na Suécia: porque seria contra a lei interrogá-lo em Londres; porque uma amostra de DNA tinha que ser coletada dele; por causa da gravidade dos crimes alegados contra ele; e por razões "técnicas da investigação" não especificadas. Porém, em 2015, sob pressão da Suprema Corte, todos esses obstáculos intransponíveis parecem ter de repente desmanchado no ar, e a procuradora concorda em interrogar Assange na embaixada do Equador, em Londres. No entanto, principalmente devido a desacordos formais entre a Suécia e o Equador, mais vinte meses se passarão até que essa audiência ocorra de fato. Nesse meio tempo, as alegações de assédio sexual e coerção sexual feitas contra Assange no caso de A. expiraram de acordo com o estatuto de limitações de cinco anos aplicável. O mesmo se aplica à queixa de falsa acusação que foi registrada em agosto de 2010, mas não foi levada adiante por Eva Finné, a promotora-chefe de Estocolmo. No final de agosto de 2015, essas duas questões estavam definitivamente descartadas.

A prescrição do caso de A. sem que fossem apresentadas acusações formais costuma ser convenientemente atribuído ao fato de Assange ter se "escondido" na embaixada. O que geralmente é esquecido é que, no caso de A., Assange já havia sido interrogado pela polícia sueca em 30 de agosto de 2010, poucos dias após o relatório inicial da polícia. Naquela ocasião, Assange foi formalmente notificado da principal alegação contra ele – que era de que ele havia deliberadamente danificado um preservativo durante a relação sexual – e respondeu a todas as perguntas feitas pela polícia. Além disso, desde 7 de dezembro de 2010, o perfil de DNA de Assange estava disponível para as autoridades suecas por meio de assistência jurídica mútua britânica e, em 15 de julho de 2011, o Laboratório Forense do Estado SKL apresentou seu relatório detalhado sobre as amostras de DNA solicitadas. Assim, no máximo, em 15 de julho de 2011, o Ministério Público sueco já tinha todas as provas que poderia esperar obter para decidir se apresentaria acusações formais ou se encerraria a investigação por falta de provas. Em vez disso, a procuradora Ny continuou desnecessariamente a procrastinar por mais de quatro anos até que, finalmente, o caso de A. foi estendido para além do limite para expiração e prescreveu. É claro que, como promotora experiente, Marianne Ny deve ter entendido a desesperança probatória de seu caso contra Assange. Para ela, permitir que o caso de A. expirasse deve ter sido a mais elegante e conveniente de todas as soluções, embora provavelmente tenha sido o pior resultado para Assange. Isso não apenas perpetuou a suspeita contra ele sem que jamais a promotora fosse instada a oferecer qualquer prova, mas também permitiu que ela culpasse Assange por enganar tanto A. quanto o público, privando-os de seu direito à verdade e à justiça. O que quase nunca é considerado é que, dessa forma, Assange seria efetivamente estigmatizado como um criminoso sexual fugitivo para o resto de sua vida e não havia praticamente nada que ele pudesse fazer a respeito. Na minha opinião, esse foi muito provavelmente o verdadeiro objetivo de toda a investigação sueca.

Depois que o caso de A. foi encerrado e arquivado, em 13 de agosto de 2015, a investigação preliminar sueca agora se concentra exclusivamente no suposto estupro de S. No caso dela, o prazo de prescrição de dez anos aplicável expira em agosto de 2020. O anunciado depoimento de Assange à promotora sueca ocorre na embaixada equatoriana, em Londres, em novembro de 2016. Um promotor equatoriano faz as perguntas preparadas pelas autoridades suecas, mas o advogado sueco de Assange não tem permissão para participar. Após esse depoimento, os advogados de Assange pedem ao Ministério Público Sueco que, finalmente, ou apresente acusações formais ou encerre o caso. Contudo, a promotora Ny não faz nenhuma das duas coisas, até que os advogados de Assange solicitam mais uma vez ao Tribunal Distrital de Estocolmo, em 3 de maio de 2017, a suspensão do mandado de prisão. No dia seguinte, o tribunal pede que o Ministério Público apresente uma resposta até 17 de maio.

A promotora Ny sabe que precisa agir. Já se passaram dois anos desde que a Suprema Corte sueca sinalizou sua disposição de revogar o mandado de prisão contra Assange com base na proporcionalidade e, como era de se esperar, o depoimento na Embaixada do Equador não produziu as provas necessárias para uma acusação formal. Assim, a lei a obriga a admitir a falta de provas e encerrar o caso, inocentando Assange de qualquer delito. Caso ela não o faça, a Suprema Corte será obrigada a fazê-lo em seu lugar, pois o Código de Processo Judicial sueco é claro: "A investigação preliminar deve ser conduzida da forma mais rápida possível"; "A investigação deve ser conduzida de forma que nenhuma pessoa seja desnecessariamente exposta a suspeitas ou submetida a custos ou inconvenientes desnecessários"; "Após a conclusão da investigação preliminar, deve ser emitida uma decisão sobre a instauração de um processo"; "Quando não houver mais motivos para prosseguir com a investigação, ela deve ser encerrada".

Em 19 de maio de 2017, a Procuradora Ny escolhe a única opção que lhe permite contornar essas salvaguardas da lei e continuar a perpetuar a narrativa de suspeita de estupro contra Assange sem as provas necessárias. Ela encerra a investigação preliminar sobre o suposto estupro de S., mas alega que sua conclusão adequada se tornou impossível porque Assange continua sob a proteção da embaixada equatoriana. A promotora explica que "já não é possível tomar outras medidas que levariam a investigação adiante" e que "continuar com os procedimentos legais requereria o comparecimento de Julian Assange ao tribunal", com isso indicando que a ausência de Assange é a única razão para não prosseguir com uma acusação formal e julgamento.

De uma perspectiva processual, é claro que essa lógica está colocando o carro na frente dos bois. A decisão de acusar formalmente um suspeito nunca depende de sua presença física, mas da força das provas contra ele. Somente quando o suspeito é formalmente acusado é que sua presença física pode se tornar necessária para a realização do julgamento. Como sabemos agora, apesar de todos esses anos de investigação, a procuradora Ny nunca teve provas suficientes para acusar formalmente Assange de qualquer crime. No entanto, em vez de reconhecer essa realidade, conceder a presunção de inocência e reabilitar a reputação de Assange, a procuradora sueca perpetuou deliberadamente a falsa impressão de que o único obstáculo processual a um julgamento penal bem-sucedido seria a pretensa evasão da justiça por parte de Assange. A narrativa oficial deve ser resguardada a todo custo. Somente por meio da estigmatização contínua de Assange é que a atenção do público pode ser desviada do verdadeiro elefante na sala: os segredos criminosos dos poderosos.

Os últimos dias antes da procuradora Ny encerrar a investigação de estupro na Suécia foram marcados por um amargo desfecho. A namorada e companheira secreta de Assange, Stella Moris, está grávida, e o nascimento de seu filho Gabriel é iminente. Per Samuelson, seu advogado sueco, encaminha uma carta pessoal de Assange a Marianne Ny, na qual ele pede permissão para assistir ao nascimento de seu filho em um hospital de Londres: "Sua anuência por escrito a esse pedido implicará a suspensão temporária do efeito do MDE, e assim eu poderei ser transportado, sem publicidade, para a maternidade. Permanecerei lá até que minha companheira e meu filho recebam alta do hospital, após o que retornarei à embaixada do Equador. Meu transporte de ida e volta para o hospital será feito em um veículo diplomático".

Mas a resposta da Procuradora Ny é inequívoca: "Pedido rejeitado. Faltam os pressupostos legais necessários para suspender temporariamente, ou abrir uma exceção a, tanto a decisão do tribunal de que você deve ser detido à sua revelia, quanto o MDE". Em 26 de abril, a promotora envia sua decisão em sueco para o advogado de Assange, seguida pela tradução em inglês, em 16 de maio. No dia 16, é claro que Marianne

Ny tem plena consciência de que encerrará a investigação sueca contra Assange apenas três dias depois. Assange pede a ela que reconsidere, mas sem sucesso. Com esse último ato, Marianne Ny se retira da perseguição a Assange. Em 19 de maio de 2017, ela encerra a investigação sueca, mas Assange continua confinado na embaixada do Equador. De repente, as autoridades britânicas se tornaram particularmente interessadas em processar Assange pela violação de fiança ocorrida havia cinco anos – a única acusação contra ele que ainda não tinha sido retirada ou refutada – e, em segundo plano, o Departamento de Justiça dos EUA intensifica seus esforços para acusar Assange de acordo com a Lei de Espionagem de 1917.

Escândalo da NSA e vazamentos do DNC

Mesmo durante o asilo de Assange na embaixada do Equador, o WikiLeaks continuou a trabalhar, publicando uma grande variedade de material vazado, não apenas de governos ocidentais, agências de inteligência e corporações, mas também de países como Rússia, Síria, Angola, Arábia Saudita e Turquia. Foi também durante esse período que surgiu o "escândalo da NSA". Em 2013, Edward Snowden, funcionário da Agência de Segurança Nacional dos EUA (NSA), ganhou as manchetes com revelações explosivas sobre programas de vigilância global operados por agências de inteligência dos EUA, muitos deles em cooperação com agências parceiras britânicas, australianas, canadenses e europeias. Pela primeira vez, o mundo ficou sabendo da enorme escala e do alcance da vigilância da Internet e de smartphones feita sob a chancela estatal, que envolvia acesso clandestino a centenas de milhões de contas de e-mail e smartphones particulares e grandes incentivos financeiros para empresas de tecnologia colaboradoras.

Snowden não buscou o anonimato de denunciante, mas afirmou a autenticidade do material ao revelar sua identidade. Isso o tornou um alvo. Os Estados Unidos o acusaram de espionagem. Assange e o WikiLeaks ajudaram Snowden a fugir de Hong Kong para Moscou e a explorar opções de asilo político em vários países. Bolívia, Equador, Venezuela e Islândia teriam sido cogitados, mas Snowden ficou em Moscou, onde lhe foi concedido asilo em agosto de 2013 e residência permanente em outubro de 2020. No filme *"WikiLeaks – Die USA gegen Julian Assange"* (*WikiLeaks – Os EUA contra Julian Assange*), exibido pela emissora pública alemã ARD, em 2020, Edward Snowden traçou paralelos entre seu próprio caso e o de Assange, mas ao mesmo tempo enfatizou uma distinção importante: "Fui eu quem realmente reuniu esse material. Sou estadunidense, tinha um contrato com o governo. Mas, no caso de Assange, ele mesmo não reuniu nenhum material. Ele apenas o recebeu e depois o publicou. Ele não assinou nenhum contrato. Ele não era estadunidense. Ele é, de longe, o caso mais fraco em termos do que o governo tem contra nós. E, no entanto, Assange recebe menos apoio em termos de oposição às acusações contra ele".

A distinção entre reunir ilegalmente informações confidenciais e publicá-las de forma jornalística é crucial com respeito ao trabalho de Assange com o WikiLeaks. Ela também se aplica ao que ficou conhecido como "Vazamentos do DNC" <DNC Leaks>. Em 2016, no meio das eleições presidenciais dos EUA, o WikiLeaks publicou cerca de 20.000 e-mails internos de funcionários importantes do Comitê Nacional Democrata (DNC), bem como do coordenador de campanha de Hillary Clinton, John Podesta. A publicação ocorreu imediatamente antes da convenção do Partido Democrata na Filadélfia, na qual Clinton seria nomeada candidata presidencial do partido. A correspondência publicada forneceu evidências de uma forte tendência do Comitê contra o principal concorrente de Clinton, Bernie Sanders. Aparentemente, a nomeação de Sanders deveria ser evitada a todo custo, inclusive por meio de difamação deliberada. Como consequência, a presidenta do DNC, Debbie Wasserman Schultz, foi forçada a renunciar. O segundo vazamento ocorreu em 6 de novembro, apenas dois dias antes da eleição presidencial, na qual Clinton acabou ganhando no voto popular, mas perdendo no colégio eleitoral, para o candidato republicano Donald Trump.

Nenhuma outra publicação rendeu a Assange tanta ira nos Estados Unidos quanto os vazamentos do DNC. O *establishment* liberal estadunidense, incluindo muitas figuras políticas, líderes empresariais, estrelas de Hollywood e outras celebridades, teve dificuldades para aceitar essa derrota. Como o venerável Partido Democrata, com uma candidata tão proeminente como Hillary Clinton, poderia ter perdido para alguém como Donald Trump, amplamente desprezado como grosseiro e egocêntrico? A verdade, é claro, é que todos os e-mails comprometedores foram escritos por Clinton, sua equipe e seus apoiadores, e não por Assange. A verdade é que Clinton perdeu a eleição devido à sua própria conduta e à do Partido Democrata, e não à de Assange. A verdade é que, em qualquer processo eleitoral democrático, a exposição dos segredos nefastos dos candidatos políticos é uma função indispensável dos jornalistas. A verdade é que nem mesmo celebridades políticas como Hillary Clinton têm direito inato à vitória eleitoral, mas precisam conquistá-la por si mesmas. E a verdade mais dura é que não foi o WikiLeaks que deu a presidência a Donald Trump, mas o povo estadunidense, em uma eleição estadunidense, com base na Constituição dos EUA.

Todas essas verdades vieram à tona na consciência pública, mas eram dolorosas demais para serem encaradas e, por isso, foram imediatamente reprimidas no subconsciente. Como disse o famoso poeta alemão, Christian Morgenstern, "o que não pode ser, não deve ser!". Era preciso, urgentemente, um bode expiatório e, assim, Assange foi acusado de ter manipulado as eleições de 2016, impedido Hillary Clinton de se tornar presidenta e ajudado Donald Trump a assumir o cargo. Porém, nem mesmo um bode expiatório poderia desviar a atenção do público para sempre da já longeva má conduta que era a causa mais provável da colossal perda de confiança junto ao povo estadunidense sofrida por ambos os partidos estabelecidos. O que era necessário era um inimigo externo. Com certeza, a imprensa hegemônica logo começou a disseminar a narrativa favorita das agências de inteligência dos EUA sobre o "hacker russo".

Em poucos dias, o Partido Democrata acusou a Federação Russa de roubar os e-mails e de unir forças com Trump, Assange e WikiLeaks para manipular a eleição. Em 2018, o partido entrou com uma ação judicial no Distrito Sul de Nova York contra todos os citados acima. Porém, a decisão do juiz John Koeltl, proferida em 31 de julho de 2019, não foi a esperada pelos democratas. Koeltl não teve que questionar a responsabilidade da Rússia pelo roubo de dados, mas simplesmente explicou que, devido aos princípios de imunidade soberana, a Federação Russa não poderia ser processada nos tribunais dos Estados Unidos por ações governamentais. Mais importante ainda, as reivindicações contra Donald Trump, sua equipe de campanha, o WikiLeaks e Assange também foram rejeitadas, desta vez com base na Primeira Emenda da Constituição dos EUA.

Presumivelmente, para a consternação de todo o *establishment* político em ambos os lados da disputa, Koeltl descreveu Assange como um "jornalista" e considerou as publicações do WikiLeaks protegidas como uma questão de liberdade de imprensa. O juiz enfatizou que "há uma distinção legal significativa entre roubar documentos e divulgar documentos que outra pessoa roubou anteriormente". Mais especificamente, ele argumentou que a Primeira Emenda exclui a responsabilidade daqueles que "publicam materiais de interesse público, a despeito das ilegalidades na forma como os materiais foram obtidos, desde que o divulgador não tenha participado de nenhuma irregularidade na obtenção dos materiais em primeiro lugar". Importante para Assange, Koeltl passou a rejeitar a lógica da conspiração: "O argumento do DNC de que o WikiLeaks pode ser responsabilizado pelo roubo como um coconspirador que teria passado a atuar após o roubo dos documentos também não é persuasivo. (...) tal regra tornaria qualquer jornalista que publicasse uma matéria baseada em informações roubadas um cúmplice do roubo". Portanto, concluiu Koeltl, "os jornalistas têm permissão para solicitar documentos que foram roubados e publicar esses documentos". A ação judicial do DNC foi um espetacular tiro no pé e, inadvertidamente, provocou um verdadeiro julgamento histórico de enorme valor em favor do WikiLeaks, de Assange e da liberdade de imprensa em geral.

Fiel a seus princípios, Assange nunca revelou sua fonte para os vazamentos do DNC. Em 15 de agosto de 2017, o ex-congressista estadunidense, Dana Rohrabacher, e seu assistente, Charles Johnson, visitaram Assange na embaixada equatoriana em Londres para propor um acordo. De acordo com a advogada de Assange, Jennifer Robinson, que estava presente na reunião, os visitantes deixaram claro que estavam agindo com o conhecimento e o consentimento do presidente Trump e que seu objetivo era explorar um possível acordo vantajoso para todos, que permitiria a Assange deixar a embaixada sem medo de ser processado pelos EUA. Na época, o presidente Trump estava sendo investigado pelo advogado especial <Special Counsel>, Robert Mueller, sob a alegação de que ele havia cometido traição ao conspirar com agentes russos nos vazamentos do DNC. O acordo proposto era que, se Assange revelasse sua verdadeira fonte para os vazamentos do DNC, refutando a alegação de que os e-mails haviam sido fornecidos por hackers russos, Rohrabacher faria lobby junto a Trump para obter um perdão presidencial para as acusações de espionagem contra Assange. Assange recusou e a ira de Washington não tardou a chegar. Em 21 de dezembro de 2017, o governo dos EUA transmitiu uma nota diplomática a Londres solicitando a prisão provisória de Assange. Em 6 de março de 2018, um Grande Júri secreto nos Estados Unidos abriu um indiciamento secreto <sealed indictment> contra ele. E, em três semanas, as condições de vida de Assange na embaixada do Equador começaram a se deteriorar drasticamente. Era o início do fim do asilo diplomático de Assange – graças a um evento absolutamente decisivo que havia ocorrido dez meses antes: a mudança de governo em Quito.

Um novo governo no Equador

Em maio de 2017, Lenín Moreno substituiu Rafael Correa como presidente do Equador. O povo equatoriano acreditava que a eleição do ex-vice-presidente Moreno garantiria a continuidade das políticas progressistas de Correa. Eles sofreram um choque, pois não se tratava de uma simples transferência de poder entre políticos da mesma tradição. Poucos meses depois de assumir o cargo, o governo de Moreno cedeu às pressões econômicas e políticas e deu uma guinada neoliberal, colocando a normalização das relações do país com os Estados Unidos no topo da agenda. De repente, o asilo de Assange na embaixada equatoriana tornou-se um obstáculo para a reaproximação entre os EUA e o Equador.

Várias opções foram exploradas. Como o *The New York Times* revelou, em dezembro de 2018, o presidente eleito Moreno recebeu a visita do ex-chefe de campanha do presidente Trump, Paul Manafort, já em meados de maio de 2017. Moreno aproveitou a oportunidade para oferecer a Manafort a entrega de Assange aos Estados Unidos em troca de concessões financeiras, inclusive a amortização da dívida. Porém, Manafort se tornou o principal alvo da investigação do advogado especial <Special Counsel> (Robert) Mueller sobre o "Russiagate", e acabou deixando sua incumbência como mediador. Nos meses que se seguiram, Moreno aparentemente tentou se livrar de Assange, primeiro concedendo-lhe a cidadania equatoriana, em dezembro de 2017, e depois nomeando-o embaixador do Equador em Moscou. Apesar disso, as autoridades britânicas deixaram claro que não reconheciam a imunidade diplomática de Assange e que o prenderiam assim que ele deixasse a embaixada. Três meses depois, em 6 de março de 2018, os EUA fizeram a acusação secreta contra Assange e, no final de junho, o vice-presidente dos EUA, Mike Pence, visitou o Equador para travar "discussões construtivas" com Moreno sobre Assange. O conteúdo exato dessas conversas foi mantido em segredo, mas o que ocorreu paralelamente dentro da embaixada equatoriana fala por si.

Fidel Narváez, cônsul geral da embaixada equatoriana em Londres até o verão de 2018, faz uma avaliação sóbria, sem entusiasmo, mas amplamente positiva dos primeiros anos de asilo de Assange. De acordo com Narváez, a situação obviamente não era fácil, nem para o pessoal da embaixada nem para Assange, mas todos fizeram o possível para se adaptar. É claro que, onde quer que as pessoas tenham de viver juntas em um espaço confinado, haverá situações ocasionais de desentendimento, disse ele. Além disso, havia a constante vigilância policial, a atenção da mídia, a pressão política, os visitantes externos, as dificuldades logísticas para garantir alimentação, higiene e assistência médica e a duração indefinida da presença de Assange nas dependências da embaixada, que não foram previstas para esse fim. Em vista de todos esses desafios, o ex-cônsul considerou notável que, de modo geral, a convivência da equipe da embaixada com Assange tenha sido marcada pela cordialidade e pelo respeito mútuo durante cinco anos. Houve uma breve exceção em outubro de 2016, quando o governo equatoriano suspendeu temporariamente o acesso de Assange à Internet durante a eleição presidencial dos EUA, a fim de mitigar as tensões políticas causadas pelos vazamentos do Comitê Nacional do Partido Democrata (DNC) e, ao mesmo tempo, reafirmar o compromisso do Equador de proteger Assange até que sua vida e integridade pudessem ser asseguradas de outra forma. Considerando a vulnerabilidade militar e econômica do Equador, o país merece ser saudado por sua decisão de enfrentar a pressão internacional e proteger Assange da extradição para os Estados Unidos. A esse respeito, o governo equatoriano à época demonstrou coragem e compromisso exemplares com os princípios fundamentais do direito internacional, incluindo a proibição universal da tortura e o princípio da não devolução.

A vida cotidiana de Assange na embaixada, que permaneceu praticamente sem problemas até 2017, foi certamente facilitada por um traço de caráter dele que, por falta de uma palavra melhor, poderia ser chamado de "resiliência". Ele não estava acostumado ao luxo. Durante anos, ele não teve residência fixa e dormiu onde quer que houvesse um sofá disponível, a Internet estivesse funcionando e as pessoas estivessem dispostas a apoiar o WikiLeaks. Além disso, Assange parecia estar fortemente concentrado em seu próprio trabalho, em sua própria pessoa, em seus próprios pensamentos, mantendo o mundo externo longe emocionalmente. É provável que essa habilidade tenha ajudado Assange a passar razoavelmente incólume pelos primeiros anos de seu asilo na embaixada, apesar da falta de luz solar, apesar da incerteza de sua situação e apesar da ameaça constante de uma extradição iminente para os Estados Unidos, sabendo que todo o seu futuro dependia das decisões de outros.

O refúgio se torna uma armadilha

A mudança de poder no Equador é outro ponto de inflexão na história da perseguição de Assange. Demora alguns meses para que as consequências desse evento cheguem à embaixada equatoriana em Londres, mas quando isso acontece, a vida cotidiana de Assange muda drasticamente. Um a um, funcionários presumidamente favoráveis a Assange são demitidos e substituídos por outros que estão dispostos a implementar as novas políticas do presidente Moreno sem críticas. Em 8 de janeiro de 2019, o ministro britânico Alan Duncan anota em seu diário: "Encontrar o novo embaixador do Equador, Jaime Marchán-Romero. Sua principal missão é tirar Assange da embaixada – já se passaram seis anos – e, embora ele estivesse planejando para amanhã, acabei de saber que vai demorar mais. Um pouco frustrante, mas chegaremos lá".

Fidel Narváez foi demitido no verão de 2018, após oito anos de serviço; tarde o suficiente para poder dar informações em primeira mão sobre as condições de vida cada vez mais difíceis para Assange na embaixada. As instruções recebidas de Quito eram claras: livrar-se de Assange. Para esse fim, uma dupla estratégia teria sido adotada. Idealmente, Assange poderia ser motivado a deixar a embaixada voluntariamente, bastando apenas submetê-lo a um ambiente cada vez mais restritivo, hostil e arbitrário. Alternativamente, a intensidade de seu sofrimento seria aumentada a ponto de provocar uma crise médica que exigiria sua transferência para um hospital de Londres, onde ele poderia ser preso pela polícia britânica. Estava claro que a escalada prevista não se concretizaria da noite para o dia e, dada a forte resiliência de Assange, a estratégia poderia não ser bem-sucedida. Nesse caso, a expulsão de Assange se tornaria a única maneira de dar fim a sua presença na embaixada. Assim, o governo equatoriano começou a procurar motivos que pudessem ser usados para justificar publicamente o encerramento de seu asilo.

A partir de 28 de março de 2018, o Equador começa a isolar Assange cada vez mais do mundo exterior. Seu acesso à internet e ao telefone são bloqueados indefinidamente, inclusive com a instalação de bloqueadores. Como já foi apontado, o momento em que essa medida foi tomada não é uma coincidência. Ela ocorre menos de três semanas após a acusação secreta de Assange pelo Departamento de Justiça dos EUA – uma medida que o governo dos EUA evitou deliberadamente por oito anos. Além disso, de 28 de março a 31 de outubro de 2018, o direito de Assange de receber visitas particulares foi severamente restringido, com a única exceção de reuniões com advogados e médicos. Durante todo o período, foram registradas não mais do que seis visitas particulares – menos de uma por mês. A partir de então, os visitantes que tivessem permissão para entrar na embaixada não teriam acesso aos aposentos de Assange. As visitas passaram a só ser permitidas em uma sala de conferências monitorada por câmeras de vigilância e microfones ocultos. Isso inclui não apenas reuniões com advogados, políticos ou jornalistas, mas também exames médicos e sessões com psicoterapeutas. Enquanto isso, os funcionários da embaixada e o pessoal de segurança são instruídos a registrar meticulosamente qualquer coisa que possa ser usada contra Assange. Na ausência de qualquer má conduta grave, eles passam a examinar com lupa a rotina diária de Assange e a documentar meticulosamente detalhes como os horários de alimentação de seu gato, a limpeza do banheiro e qualquer louça não lavada na pia da cozinha.

Em 14 de outubro de 2018, o Ministro Duncan anota em seu diário: "A BBC informa que Assange voltou a ter acesso à internet na embaixada do Equador. A embaixada praticamente preparou uma armadilha para ele. Se fizer mau uso dela, como provavelmente fará, eles o expulsarão. Vamos ver". De fato, em outubro de 2018, algumas das restrições anteriores foram parcialmente relaxadas e substituídas por um "Protocolo especial de visitas, comunicações e atenção médica para o Sr. Julian Paul Assange". O protocolo torna quase impossível para Assange não violar as regras que regem seu asilo. De acordo com Narváez, o objetivo do protocolo é "espalhar cascas de banana por todo o chão", garantindo que Assange escorregue repetidamente e, assim, forneça ao governo equatoriano os pretextos para sua expulsão. Em particular, o procedimento de admissão de visitantes externos tornou-se mais complicado. Em alguns casos, duas semanas se passavam até que a permissão necessária fosse concedida. Cada visita precisa ser justificada por escrito, com informações exatas sobre o objetivo da visita, a situação atual de emprego do visitante e quaisquer dispositivos eletrônicos que fossem eventualmente levados. Todos os visitantes devem entregar seus telefones celulares pessoais enquanto estiverem dentro da embaixada. A mesma tendência de regulamentação excessiva e arbitrária pode ser observada quando o protocolo aborda cuidados médicos, dispositivos de comunicação e higiene.

O protocolo traça tantas linhas restritivas que sua transgressão se torna praticamente inevitável. Esse é o ponto principal, é claro, e assim o documento de seis páginas conclui com uma antecipação quase exultante: "O não cumprimento das obrigações contidas neste Protocolo

Especial pelo asilado pode resultar no término do asilo diplomático concedido pelo Estado equatoriano, de acordo com os instrumentos internacionais relevantes. O Estado equatoriano se reserva o direito de aceitar ou rejeitar as explicações que o Sr. Assange possa dar por escrito com relação ao descumprimento das obrigações deste Protocolo". Em outras palavras, fica nítido que qualquer justificativa ou objeção que Assange queira apresentar em defesa de seu direito de asilo e à proibição de não devolução não será considerada em um processo justo baseado no estado de direito, mas dependerá inteiramente do capricho do governo.

A implementação de regras que estabeleçam uma relação de domínio unilateral, dependência total e arbitrariedade imprevisível é uma característica típica da criação de qualquer ambiente de tortura. Mais especificamente, isolar uma pessoa do mundo exterior e de contatos sociais positivos e regulares e aplicar medidas na sua vida diária com instruções, proibições e procedimentos complexos, sem sentido e interpretados arbitrariamente são dois elementos-chave usados rotineiramente por torturadores em todo o mundo para minar o equilíbrio, a autoconfiança e a resistência de suas vítimas. Apesar disso, o abuso contra Assange não termina aí.

Vigilância permanente

As medidas de vigilância dentro da embaixada foram reforçadas já em 2017. A sala de controle na área de entrada, onde estão localizados o pessoal de segurança e os monitores de vigilância, desaparece atrás de um "vidro espião" opaco e unidirecional. Para Assange e seus visitantes, não é mais possível ver se e por quem estão sendo observados. As câmeras existentes dentro da embaixada foram substituídas por modelos mais novos e de alta resolução. Oficialmente, elas não fornecem gravações de áudio. Oficialmente também, os aposentos privativos de Assange não têm vigilância. Mas Assange continua desconfiado. Ele protege os documentos com a mão enquanto os lê ou redige. Ele tenta proteger a confidencialidade de suas reuniões na sala de conferências tocando música alta no rádio, ligando seus próprios dispositivos de interferência, cobrindo documentos e ofuscando as câmeras com luzes brilhantes. Para a discussão de assuntos jurídicos delicados, Assange leva seus advogados para o banheiro feminino e liga a água para gerar ruído de fundo.

Embora tudo isso possa parecer paranoia, na verdade tinha fundamento. De fato, como será mostrado, Assange é submetido na embaixada a uma vigilância ainda mais sistemática e abrangente do que ele imagina. Tudo é registrado, documentado, espionado: exames médicos, reuniões estratégicas com advogados, reuniões com visitantes particulares. A equipe de segurança está tão interessada em seu estado de saúde e em seus padrões de sono quanto em suas anotações pessoais ou nos cartões SIM dos telefones celulares de seus visitantes. Documentos particulares desaparecem, anotações médicas são roubadas, telefones são abertos. Microfones são encontrados no extintor de incêndio da sala de conferências, em tomadas elétricas e, sim, até mesmo no banheiro feminino.

O filho de Assange, Gabriel, que nasceu na primavera de 2017, desperta um interesse especial. Stella Moris e Assange fizeram o possível para manter seu relacionamento em segredo. Assange fica sabendo que será pai por meio de um bilhete que Moris lhe entrega durante uma de suas visitas. Após o nascimento de Gabriel, não será ela quem levará o bebê até a embaixada, mas um amigo que o fará passar por seu próprio filho. Conforme já mencionado, em abril de 2017 Assange confiou sua delicada situação familiar às autoridades suecas, na esperança de encontrar um acordo mútuo que lhe permitisse estar presente no nascimento de Gabriel. Essas eram, é claro, as mesmas autoridades suecas que haviam demonstrado repetidamente uma total falta de respeito pelo direito de Assange à privacidade e que haviam sido descritas pela embaixada dos EUA em Estocolmo como "parceiros confiáveis" na cooperação de inteligência militar e civil. Não é de surpreender, portanto, que a equipe de segurança da embaixada equatoriana logo tenha suspeitado e roubado uma das fraldas de Gabriel para realizar um teste de DNA.

Em 2020, a emissora pública alemã ARD entrevista Leon Panetta – diretor da CIA de 2009 a 2011 e depois secretário de defesa dos EUA até 2013 – para o filme que estava preparando[15]. Confrontado com a suposta vigilância de Assange na embaixada equatoriana, Panetta se alegra genuinamente: "Isso não me surpreende. Quer dizer, esse tipo de coisa acontece o tempo todo. O negócio de inteligência, você sabe, a regra do jogo é obter informações de todas as formas que você puder. E tenho certeza de que foi isso que aconteceu aqui". Ao mesmo tempo, Panetta condena Assange e o WikiLeaks pelo que ele descreve como uma "violação muito grande de informações confidenciais" e opina que "ele deve ser punido" e "enfrentar um julgamento" para "enviar uma mensagem a outros para que não façam a mesma coisa". Ao contrário da CIA, no entanto, o WikiLeaks não obtém nenhuma de suas informações por meio de métodos ilegais. Não houve escuta telefônica, roubo de dados, hackeamento e, certamente, não houve tortura. No entanto, Panetta não vê contradição em exigir a acusação de Assange por jornalismo investigativo e, ao mesmo tempo, tolerar a impunidade de crimes patrocinados pelo Estado cometidos por agências de inteligência. A alegria genuína de Panetta e a franqueza quase ingênua com que ele reconhece a ilegalidade da CIA são de uma honestidade perturbadora. Evidentemente, ele já está tão acostumado com a criminalidade institucionalizada que já não a percebe mais como problemática – um fenômeno generalizado entre os poderosos e privilegiados deste mundo.

Um ator-chave diretamente responsável pelas medidas de vigilância na embaixada equatoriana é a empresa de segurança privada espanhola UC Global. Em 2015, ela foi contratada para garantir a segurança das instalações e dos funcionários da embaixada, supostamente devido a contatos pessoais com a família do então presidente equatoriano, Rafael Correa. O proprietário da UC Global é David Morales, um ex-fuzileiro naval espanhol. Ele está por trás da expansão maciça da vigilância de Assange. Todos os dias, ele analisa pessoalmente o material coletado por sua equipe na embaixada. Muitas vezes, esses relatórios chegam até ele nos Estados Unidos. As viagens de Morales aos Estados Unidos se tornaram mais frequentes desde que ele participou de uma feira de segurança em Las Vegas, em 2016. Ele recebe contratos de um

---

[15] Wikileaks - Die USA gegen Julian Assange. O documentário pode ser visto no endereço: https://www.youtube.com/watch?v=BUb06Gp7HY4&t=460s (consultado em 23/06/2023). (N.T.).

império de cassinos[16] que, segundo consta, mantém vínculos estreitos com os serviços de inteligência dos EUA. Após seu primeiro retorno de Las Vegas, Morales teria feito comentários enigmáticos à sua equipe dizendo que "estamos jogando nas grandes ligas" e que ele havia "mudado para o lado sombrio" e agora trabalhava para seus "amigos americanos". Será que Morales cometeu o pecado capital de qualquer empresário de segurança e se voltou contra os interesses de seu cliente? Será que ele se aproveitou de sua posição para monitorar Assange e depois entregar os dados a uma agência de inteligência estadunidense? Seria ele um agente duplo?

Um processo criminal perante o Tribunal Nacional de Justiça da Espanha visa esclarecer esse caso. Assange e seus advogados acusam Morales e a UC Global de vigilância ilegal e, entre outras coisas, de violar a relação confidencial entre advogado e cliente. Aparentemente, os funcionários da empresa tentaram até mesmo chantagear Assange, exigindo grandes somas de dinheiro, ameaçando publicar material que o mostrava em situações íntimas. Jornalistas alemães da Norddeutscher Rundfunk (NDR) também apresentaram denúncias criminais contra a UC Global por transgressões contra a privacidade e a confidencialidade durante suas visitas a Assange na embaixada equatoriana.

O governo equatoriano, agora chefiado por Lenín Moreno, rescindiu o contrato com a UC Global em 2018 e contratou uma empresa de segurança equatoriana chamada Promsecurity. No entanto, isso não

---

[16] Trata-se do Cassino Las Vegas Sands, de propriedade de Sheldon Adelson, morto em janeiro de 2021. Amigo de Donald Trump, Adelson era um dos principais apoiadores do Partido Republicano. Interessado em expandir seus negócios para o Brasil, chegou a receber a visita do senador Flávio Bolsonaro, filho do então presidente do Brasil Jair Bolsonaro, para discutir projetos de legalização de cassinos no país. Ver a respeito jornal *O Globo: Novas pistas sugerem que CIA espionou Assange para obter sua extradição*. Disponível em: https://oglobo.globo.com/mundo/novas-pistas-sugerem-que-cia-espionou-assange-para-obter-sua--extradicao-24824750 (Publicado em: 06/01/2021 - Consultado em: 23/06/2023); Portal UOL: *Morre bilionário Sheldon Adelson, apoiador de Donald Trump* Disponível em: https://economia.uol.com.br/noticias/afp/2021/01/12/morre-bilionario-sheldon-adelson--um-importante-doador-republicano.htm (Publicado em: 12/01/2021 - Consultado em: 23/06/2023); Jornal GGN: *Xadrez de como os cassinos financiaram a ultradireita e negociam com os Bolsonaro*, por Luís Nassif. Disponível em: (Publicado em: Consultado em: 23/06/2023); Disponível em: https://jornalggn.com.br/noticia/xadrez-de-como-os-cassinos-financiaram-a-ultradireita-e-negociam-com-os-bolsonaro-por-luis-nassif/ (Publicado em: 24/02/2020 - Consultado em: 23/06/2023); Jornal GGN: *Jair vai aos EUA fechar o acordo dos cassinos que o filho começou*, por Luís Nassif. Disponível em: (Publicado em: 06/03/2020 - Consultado em 23/06/2023). (N.T.).

põe fim à vigilância de Assange. Em especial, suas reuniões com seus advogados continuam a ser gravadas e, em um caso, até mesmo os documentos trazidos à embaixada por um advogado foram secretamente fotografados.

Em suas respostas oficiais às minhas intervenções, o governo equatoriano sempre negou ter espionado Assange. Por exemplo, em 26 de julho de 2019, o Ministério das Relações Exteriores escreveu: "Não houve regulamentação excessiva e nenhuma gravação de reuniões privadas". Essa negação é notável, uma vez que algumas das gravações de vídeo resultantes foram amplamente exibidas e comentadas na mídia de massa e continuam acessíveis em plataformas digitais como o YouTube. Em 2 de dezembro de 2019, o governo equatoriano respondeu com: "Não se esqueça de que as câmeras de segurança dentro da Embaixada não foram instaladas para gravar o Sr. Assange, mas para monitorar as instalações da missão e proteger todos os que estão lá dentro, inclusive os funcionários diplomáticos". Presume-se que essa lógica também se aplica aos microfones no banheiro feminino. Além disso, "o Sr. Assange e seus advogados e associados fizeram ameaças e acusações injuriosas contra o Estado equatoriano e seus funcionários no Reino Unido, acusando-os sem fundamento de espionagem para outras nações". Por seu turno, o governo equatoriano acusa Assange de fazer gravações não autorizadas na embaixada. Com base nessa percepção unilateral da realidade, obviamente, fica quase impossível alcançar um diálogo construtivo.

Do ponto de vista jurídico, a vigilância permanente das conversas de Assange com seus advogados e médicos torna qualquer processo baseado em informações coletadas dessa forma irremediavelmente arbitrário. Nessas circunstâncias, a igualdade das partes perante a lei simplesmente não pode mais ser garantida. Caso a UC Global tenha cooperado com um serviço de inteligência estadunidense, isso afetaria fatalmente não só os procedimentos de extradição anglo-estadunidenses, mas também as acusações de espionagem feitas pelo Departamento de Justiça dos EUA nas quais o pedido de extradição se baseia. Além disso, a vigilância permanente – com a constante violação, a ela associada, do direito à privacidade – também é um dos componentes padrão da tortura psicológica. A pessoa visada é deliberadamente destituída do espaço seguro da privacidade, algo essencial para a preservação de um senso de autonomia pessoal, estabilidade emocional e identidade. A vigilância unidirecional por meio de câmeras, microfones ocultos ou vidros espiões suprime qualquer possibilidade de conexão humana, agravando ainda mais os sentimentos de impotência que se seguem.

Difamação, humilhação e demonização

Desde pelo menos meados de 2017, Assange vive sob constante observação. Cada detalhe de sua vida cotidiana é examinado e analisado e, como sempre, a verdade está nos olhos de quem vê. Objetivamente, há boas razões para ver a resiliência e a firmeza estoica de Assange como um feito impressionante de resistência. Contudo, também podemos optar por nos concentrar em detalhes que fazem com que o cenário pareça completamente diferente. Nem tudo no ser humano é digno. Alguns aspectos de nossas vidas preferimos manter em privado por serem íntimos, embaraçosos ou simplesmente banais. No caso de Julian Assange, esses aspectos privados se tornam cada vez mais um tópico de discussão pública, distorção e humilhação. As autoridades equatorianas e os líderes políticos usam a ferramenta vergonhosa da fofoca para lançar uma nova e repulsiva narrativa sobre Assange. Seu tom é agressivo, sua linguagem é imoderada e seu objetivo é difamar e menosprezar. A lista da suposta má conduta de Assange é impressionante, descrevendo em detalhes as características supostamente desagradáveis, inadequadas e irreverentes de seu comportamento. Retoricamente, o asilo de Assange é cancelado meses antes de ele ser de fato preso pela polícia britânica.

Em março de 2018, após a acusação secreta dos EUA, as autoridades equatorianas começam a intensificar sua campanha de difamação e recebem apoio zeloso de seus colegas britânicos. Em 27 de março, Alan Duncan transmite à Câmara dos Comuns informações sobre Assange, dizendo que "já era hora desse verme miserável sair da embaixada e se entregar à justiça britânica". Claramente, a opinião pública está sendo preparada em todos os cantos do mundo para perceber a expulsão e a prisão iminentes como a consequência lógica de um longo processo de alienação pelo qual o próprio Assange, e ninguém mais, é culpado.

Para qualquer observador objetivo, é fácil detectar a malícia intencional dessa narrativa. Questões que durante anos jamais haviam sido consideradas um problema, agora, repentinamente, passaram a ser levantadas contra Assange e expostas sob o prisma mais desfavorável possível. Tudo o que pode ser usado contra ele é lançado à luz, inflado e apresentado como prova de uma má conduta que não pode mais ser tolerada. Algumas das censuras são claramente absurdas, incluindo alegações de que ele andou de skate e jogou futebol dentro da embaixada. Imediatamente, imaginamos Assange como um adolescente desordeiro, usando seu boné de beisebol ao revés, chutando pênaltis no escritório do embaixador e transformando a sala de conferências em um campo de futebol. A verdade é menos agradável. De fato, durante nosso exame médico, descobrimos que Assange apresentava sintomas semelhantes aos de outros detentos de longo prazo. Devido à falta de exercícios e recreação, suas habilidades motoras finas, senso de equilíbrio e coordenação física são insuficientemente estimulados, levando a um quadro geral regressivo. De fato, a saúde de Assange já havia se deteriorado a ponto de ele ter se tornado fisicamente incapaz de realizar as peripécias de que foi acusado pelo governo equatoriano. Um vídeo de vigilância no qual é visto subindo em um skate ainda circula em plataformas digitais, como o YouTube. Como se pode ver claramente, essas não são as habilidades de coordenação de alguém prestes a andar de skate pela embaixada: Assange tem dificuldade em manter o equilíbrio mesmo somente estando em pé sobre o skate.

Misteriosamente, nas reuniões de Assange com médicos, advogados e visitantes, sua vigilância sempre pareceu ter funcionado sem falhas e, no entanto, a mesma tecnologia sofisticada não conseguiu capturar nessas ocasiões nenhuma das condutas impróprias das quais ele é acusado. Nenhuma fotografia ou gravação de áudio/vídeo dos pretensos jogos de futebol, nada da pretensa tortura de seu gato; nada da pretensa mancha de excrementos nas paredes do banheiro. No entanto, essas alegações são incansavelmente repetidas e obedientemente divulgadas pela imprensa até se enraizarem na mente do público. Como resultado, quando as pessoas ouvem o nome "Assange", não pensam mais nos crimes de guerra e na corrupção que ele expôs, mas apenas em um perdedor tragicômico que podem tratar com pena, escárnio ou desdém.

O alarde da mídia que foi desencadeado pelas autoridades suecas em agosto de 2010, e que foi alimentado e intensificado durante anos, especialmente pela imprensa britânica e estadunidense, agora chega ao seu repulsivo final. Como cães de caça a um animal ferido, seus próprios colegas jornalistas estão agora atacando Assange, atraídos pelas calúnias que lhe são lançadas e desferindo golpes cruéis sem o menor senso de dignidade humana ou honra profissional. Raramente esses jornalistas parecem parar para refletir sobre quem está lhes lançando furos de reportagem como se fossem nacos de carne fresca e sobre os interesses obscuros em favor dos quais eles estão sendo instrumentalizados.

Um exemplo, particularmente revelador, foi publicado no *Daily Mail* em 12 de abril de 2019. Foi o dia seguinte à expulsão e à prisão de Assange pela polícia britânica, um momento importante para moldar a opinião pública. O ministro Duncan, responsável pela coordenação da "Operação Pelicano", registra com orgulho em seu diário que colocou o jornalista em contato com o embaixador equatoriano, "dando assim ao *Daily Mail* o furo de reportagem sobre o muquifo 'fétido' de Assange". De fato, a própria manchete anuncia revelações de arrepiar os cabelos: "Assange em seu covil fétido: Revelado, todo o horror imundo que levou a equipe da embaixada a finalmente expulsá-lo"[17]. E mais: "EXCLUSIVO: Fotos dos 'protestos sujos' de Julian Assange foram reveladas. Ele deixou roupas íntimas sujas no banheiro da embaixada equatoriana em um acesso de raiva. Em outras ocasiões, deixou excrementos por toda a parede e ignorou os avisos para não deixar refeições pela metade na cozinha". As fotos que ladeiam o artigo, no entanto, mostram um prato vazio e usado, bem como três copos usados na pia – nenhum vestígio de "refeições pela metade". E elas mostram um banheiro perfeitamente limpo – nenhuma roupa íntima suja pode ser vista, muito menos excrementos.

Não é só o jornalismo de tabloide que funciona assim. É assim também que funciona – e esse é um dos aprendizados mais importantes de minha vida profissional – a percepção humana em geral. Ler o

---

[17] https://www.dailymail.co.uk/news/article-6917341/Assange-inside-fetid-lair-squalid-horror-drove-embassy-staff-finally-kick-out.html (Consultado em 24/06/2023) (N.T.).

anúncio de algo repulsivo é suficiente para suscitar nossos sentimentos de nojo. Acrescentamos os detalhes sórdidos em nossas próprias mentes, porque é isso que o texto nos sugere. Assim, uma foto de um banheiro impecável torna-se a imagem de uma cena de crime em que algo terrível aconteceu. Se dermos uma olhada rápida no artigo, a maioria de nós não perceberá o engano, e o próprio Duncan observa em seu diário: "As fotos de suas condições de vida eram muito repulsivas". A manchete é suficiente para sabermos e, mais uma vez, o objetivo de concentrar nossa atenção na personalidade e nas supostas fraquezas de Assange foi alcançado. Consequentemente, Julian Assange é tudo o que estamos discutindo. Alguns de nós o desprezam, outros o defendem; e essa diversidade de opiniões convém aos governos. Afinal de contas, a liberdade de expressão é garantida. Pelo menos, desde que discutamos apenas o que nos é apresentado nas manchetes. Somente quando começamos a escolher por nós mesmos o que queremos discutir e nos desviamos para áreas temáticas que os poderosos declararam fora dos limites, é que nossa discordância se torna uma "teoria da conspiração" e nossa sede de conhecimento uma "espionagem" criminosa.

    É verdade que, além das trivialidades mencionadas acima, há também acusações que parecem ter natureza mais séria, pelo menos à primeira vista. Elas são repetidas, quase palavra por palavra, em todas as três cartas oficiais que recebi do governo equatoriano. Primeiro, o governo equatoriano continua se referindo a uma cena do 58º minuto do documentário "*Risk*", de Laura Poitras. De acordo com as autoridades, essa cena mostra Assange tentando usar seu laptop para invadir o sistema de computadores da embaixada e manipular as câmeras de vigilância. Agora, vamos parar e considerar por um momento qual é a probabilidade de Assange realmente se permitir ser filmado por uma equipe de documentaristas enquanto invade o sistema de computadores do Equador. Além disso, o conteúdo da cena é inconsistente com as alegações feitas pelo governo. Assange é mostrado olhando para uma tela de desktop colocada no chão, e não para seu próprio laptop, que estava visível em outra cena alguns minutos antes. De acordo com vários depoimentos tomados separadamente de testemunhas que não tinham relações entre si, a cena em questão foi gravada em 2012, logo após a chegada de Assange à embaixada, e o mostra olhando para o monitor da câmera de vigilância oficial da embaixada em uma sala que estava sendo compartilhada por Assange e pelo pessoal de segurança. Portanto, pode-se concluir que as alegações de hackeamento do governo equatoriano contra Assange baseiam-se em uma interpretação obviamente errônea – e possivelmente intencional – da filmagem relevante, o que, do ponto de vista jurídico, pode muito bem equivaler a difamação, se não a uma acusação falsa.

Igualmente pouco convincente é a interpretação oficial de outro episódio, que teria supostamente ocorrido em 27 de dezembro de 2018. De acordo com a resposta oficial do governo equatoriano ao meu escritório, de 26 de julho de 2019, durante uma conversa com o novo embaixador, Assange teria dito: "Estamos em alerta aqui, com medidas de ativação ocultas (...) temos o dedo no botão. Estamos prontos para apertá-lo (...) vários botões (na verdade). A decisão de apertar o botão dependerá de acreditarmos ou não que algumas ameaças (feitas contra mim) são reais" (conforme tradução do espanhol). A partir dessas frases, o governo equatoriano constrói outro motivo para expulsar Assange da embaixada: "A ameaça mencionada acima é de grande preocupação para o Estado equatoriano, pois poderia até mesmo aludir a um ataque terrorista ou outro evento violento que poderia colocar em risco a vida de funcionários e terceiros no prédio da embaixada". Embora essa interpretação possa ser razoável em um contexto diferente, no presente caso ela obviamente afronta o bom senso. Assange nunca foi um fanático por armas, nem jamais manteve contatos ou expressou simpatia por grupos terroristas ou demonstrou tendência ou inclinação para crimes violentos. Considerando o histórico de Assange e seu trabalho para o WikiLeaks, os únicos "botões" aos quais ele poderia razoavelmente estar se referindo são as teclas de um teclado de computador. De qualquer forma, a suposta declaração provavelmente deve ser interpretada em um sentido figurado, referindo-se à possível divulgação de vazamentos. Por outro lado, pode-se excluir com certeza que Assange poderia ter planejado a detonação de uma bomba, como o governo equatoriano queria que o mundo acreditasse. Caso o governo tivesse acreditado, mesmo que remotamente, nesse absurdo, não teria esperado mais quatro meses para expulsar Assange. Diante desse cenário, a adesão do governo equatoriano à alegação de uma ameaça terrorista só pode ser vista como ridícula.

Além de hackeamento e terrorismo, o governo equatoriano também acusa Assange de interferência nos assuntos internos de outros países. Na opinião das autoridades, por meio de suas declarações políticas, Assange havia perturbado a paz pública e violado acordos internacionais de não-intervenção. O problema com essas acusações é que, do ponto de vista jurídico, o princípio de não-intervenção se aplica somente entre Estados soberanos e não pode ser violado por solicitantes de asilo e outros indivíduos particulares. É claro que, quando Assange se pronunciou publicamente sobre as eleições presidenciais de 2016 nos Estados Unidos, sobre o movimento separatista catalão em 2017 e muitas outras questões políticas, ele não o fez em nome da embaixada equatoriana, mas na sua condição profissional de jornalista e comentarista político. Ele simplesmente continuou a fazer seu trabalho de acordo com seu direito à liberdade de expressão e à liberdade de imprensa; obviamente o mesmo trabalho que o submeteu à perseguição política em todo o mundo e que o governo equatoriano anterior considerou merecedor de proteção diplomática. Transformar as atividades jornalísticas de Assange, que foram a justificativa para seu asilo, em uma justificativa para sua expulsão é não apenas contrário à boa-fé, mas também incompatível com a lei internacional de direitos humanos.

A difamação, a humilhação e a demonização são elementos fundamentais da tortura psicológica. Seu objetivo é não apenas destruir a autoestima, o senso de justiça e a confiança da vítima nas autoridades, mas também privá-la do apoio social da família, da comunidade e do público em geral, além de banalizar os maus-tratos que sofre ou fazer com que pareçam moralmente justificados. Assim como acontece com o assédio moral às vítimas em ambiente privado, os sentimentos resultantes de isolamento, vergonha e desesperança podem levar as vítimas de tortura a colapsos nervosos ou cardiovasculares, ou até mesmo ao suicídio. O assédio moral não é algo insignificante, é uma forma coletiva e cumulativa de crueldade. Tampouco é uma tortura «leve»; é tortura, pura e simplesmente.

Os Estados Unidos aparecem como o cérebro

A partir de 16 de outubro de 2018, a questão não é mais se Assange será expulso da embaixada equatoriana, mas apenas quando. Nesse dia, Lenín Moreno recebe uma correspondência do Comitê de Relações Exteriores da Câmara dos EUA. A carta da Câmara dos Deputados deixa claro qual é o curso de ação esperado no caso Assange: "Muitos de nós, no Congresso dos Estados Unidos, estamos ansiosos para avançar na colaboração com seu governo em uma ampla gama de questões, desde a cooperação econômica até a assistência contra o narcotráfico e o possível retorno ao Equador de uma missão da Agência dos Estados Unidos para o Desenvolvimento Internacional. No entanto, para avançarmos nessas questões cruciais, precisamos primeiro resolver um desafio significativo criado por seu antecessor, Rafael Correa – a situação de Julian Assange".

A carta afirma que "o Sr. Assange continua sendo um criminoso perigoso e uma ameaça à segurança global, e deve ser levado à justiça". Portanto, a cooperação econômica prevista depende de que o Equador dê um passo significativo: "Temos esperança de desenvolver relações mais calorosas com seu governo, mas sentimos que será muito difícil para os Estados Unidos avançar em nosso relacionamento bilateral enquanto o Sr. Assange não for entregue às autoridades competentes". Em 11 de dezembro de 2018, quatro senadores e dois membros do Congresso deram seguimento a esse pedido em uma carta ao secretário de Estado, Mike Pompeo, referindo-se à permanência de Assange na embaixada e enfatizando que "é imperioso que essa situação seja resolvida rapidamente".

Pode-se dizer que essas duas cartas formalizam a exigência dos EUA de que o Equador encerre o asilo de Assange. A propósito, nos próximos meses, o Fundo Monetário Internacional (FMI) terá que decidir sobre empréstimos no valor de US$ 4,2 bilhões, dos quais o governo equatoriano tem urgência. No FMI, os Estados Unidos têm poder de veto e são conhecidos por usá-lo de forma muito eficaz para promover seus próprios interesses. A pressão resultante sobre o governo Moreno para ceder e entregar Assange é enorme, desencadeando esforços azafamados para encontrar razões que pudessem justificar essa medida aos olhos do público em geral.

De qualquer forma, quando expressei meu alarme com os maus-tratos e a expulsão sumária de Assange pela embaixada, o governo equatoriano estava bem-preparado. Suas longas respostas às minhas cartas oficiais de 18 de abril, 28 de maio e 2 de outubro de 2019 listaram meticulosamente as violações ao "Protocolo Especial" que Assange teria cometido e repetiram as mesmas acusações de interferência nos assuntos internos de outros Estados e de ameaças terroristas contra funcionários da embaixada.

Embora cada ponto indique a inevitabilidade da expulsão de Assange, nenhum deles resiste a um exame mais minucioso. O governo equatoriano chegou ao ponto de declarar preocupação com o fato de que a saúde de Assange poderia piorar se ele continuasse na embaixada. Em minha carta de acompanhamento, de 2 de outubro de 2019, repreendi esse argumento como implausível: "É difícil ver como uma preocupação genuína com a saúde e a liberdade do Sr. Assange poderia justificar sua expulsão da Embaixada do Equador, contra sua vontade, sem qualquer forma de devido processo legal e expondo-o a um risco real e previsível de prisão arbitrária pelo resto da vida nos Estados Unidos, marcada por tratamento cruel, desumano ou degradante, ou até mesmo tortura". Porque foi exatamente isso que aconteceu naquela manhã de 11 de abril de 2019. É claro que pode haver situações em que as pessoas podem ser legalmente privadas de seu asilo. Mas qualquer decisão desse tipo deve necessariamente ser tomada mediante o devido processo conforme o estado de direito, incluindo o direito de ser ouvido, o direito a um advogado e o direito de recorrer a um órgão de apelação.

Assange não tem o benefício de nenhum desses direitos. Certa manhã, o embaixador equatoriano simplesmente o informa que sua cidadania e seu asilo foram revogados e pede que ele deixe a embaixada em uma hora. Quando Assange se recusa, a polícia britânica é convidada a entrar na embaixada e prendê-lo ali mesmo. Isso é uma clara violação não apenas da lei constitucional equatoriana, que proíbe a extradição de cidadãos equatorianos, mas também de garantias processuais fundamentais e da proibição absoluta de devolução segundo a lei internacional. Contudo, os meandros legais da expulsão e prisão de Assange não parecem interessar a ninguém. É aí que reside a vantagem dos movimentos inesperados: o público é pego de surpresa e, quando a mídia se inteira, os fatos já foram consumados e o foco mudou.

Durante anos, Assange temeu que os Estados Unidos exigissem sua extradição tão logo ele colocasse os pés para fora da embaixada – e por isso ele foi ridicularizado durante anos, considerado paranoico e irracional. Todavia, no dia de sua expulsão da embaixada, o pior pesadelo de Assange se torna realidade: os Estados Unidos revelam sua acusação secreta contra ele e solicitam formalmente sua extradição do Reino Unido. Assim, ao encerrar o asilo de Assange, o governo equatoriano conscientemente o expõe ao mesmo risco a que se referiu sete anos antes como justificativa para seu asilo diplomático. Em sua resposta ao meu escritório em 18 de junho de 2019, o governo equatoriano alega não saber nada sobre o pedido de extradição preparado pelos EUA: "O Equador nunca foi oficialmente informado de qualquer procedimento de extradição ou processo judicial aberto contra o Sr. Assange fora da jurisdição britânica ou sueca". Foram esquecidas as "discussões construtivas" com o vice-presidente Pence, foi esquecida a carta do Congresso dos EUA, foram esquecidas, principalmente, as razões pelas quais o Equador concedeu asilo diplomático a Assange.

Após seis anos e dez meses na embaixada equatoriana, Assange é destituído de sua cidadania equatoriana e de seu asilo diplomático, é preso pela polícia britânica, levado a um juiz britânico, sumariamente condenado por um crime e isolado em uma prisão de alta segurança para aguardar a sentença e o início do processo de extradição impetrado pelos Estados Unidos. Os pertences pessoais de Assange, incluindo documentos profissionais e computadores, permanecem na embaixada do Equador. Eles não foram entregues a seus advogados, nem à sua família, nem às autoridades britânicas, mas diretamente aos Estados Unidos – supostamente em resposta a uma solicitação de assistência jurídica mútua do Departamento de Justiça dos EUA. Assim como aconteceu com sua bagagem no aeroporto de Estocolmo em 2010, a propriedade de Assange foi confiscada sem o devido processo legal. Caso alguma prova seja necessária para demonstrar quem realmente está no controle, manipulando os títeres, no caso Assange ao longo de todos esses anos e fronteiras, aqui está ela.

9. Olhando para o outro lado do Atlântico

Ameaças de morte vindas dos Estados Unidos

Em 16 de agosto de 2012, o pedido de asilo de Julian Assange foi oficialmente aprovado pelo governo equatoriano. Ele havia justificado sua necessidade de proteção diplomática com base na Convenção da ONU sobre Refugiados de 1951: "Este pedido é feito na crença de que serei enviado aos Estados Unidos, onde, por causa das opiniões políticas a mim imputadas, serei perseguido. Essa perseguição ocorrerá na forma de processos por motivos políticos, punição excessiva se for condenado e tratamento desumano, todos contrários à Convenção".

Os políticos e jornalistas estadunidenses não deixaram margem para dúvidas de que Assange seria processado principalmente por motivos políticos e não por crimes reais. Pouco depois das revelações do WikiLeaks de 2010, que diziam respeito principalmente aos Estados Unidos, eles começaram a preparar o terreno para o julgamento público prévio de Assange. O pedido de asilo que Assange endereça ao presidente Rafael Correa apresenta uma lista de acusações, difamações e ameaças feitas contra ele. Entre as mais importantes, encontramos:

-"Penso ser um terrorista de alta tecnologia. Ele causou um enorme dano ao nosso país e acho que precisa ser processado em toda a extensão da lei. E se isso se tornar um problema, precisaremos mudar a lei" (Senador estadunidense Mitch McConnell, 5 de dezembro de 2010);

-"[O presidente Obama] deveria fazer um contrato e talvez usar um drone ou algo assim. ... Acho que Assange deveria ser assassinado, na verdade. (...) Eu não ficaria triste se [Assange] desaparecesse" (Tom Flanagan, ex-chefe de gabinete do primeiro-ministro canadense Stephen Harper, 30 de novembro de 2010);

-"Sejamos claros: o WikiLeaks não é uma organização de jornalismo; é um empreendimento criminoso. Sua razão de existir é obter informações confidenciais de segurança nacional e divulgá-las o mais amplamente possível – inclusive para os inimigos dos Estados Unidos. Essas ações provavelmente violam a Lei de Espionagem e, sem dúvida, constituem apoio material ao terrorismo" (Marc Thiessen, ex-redator de discursos de George W. Bush, 3 de agosto de 2010);

-"Por que não podemos agir com força contra o WikiLeaks? Por que não podemos usar nossos diversos recursos para perseguir, capturar ou neutralizar Julian Assange e seus colaboradores, onde quer que estejam? Por que não podemos implodir e destruir o WikiLeaks tanto no ciberespaço quanto no espaço físico, na medida do possível? Por que não podemos alertar outras pessoas sobre as consequências de ajudar esse empreendimento criminoso hostil aos Estados Unidos?" (Bill Kristol, jornalista, 30 de novembro de 2010);

-"Julian Assange representa um perigo claro e presente para a segurança nacional americana. O fundador do WikiLeaks é mais do que um provocador imprudente. Ele está ajudando e incentivando os terroristas em sua guerra contra a América. O governo deve resolver o problema – de forma eficaz e definitivamente" (Jeffrey Kuhner, colunista do Washington Post, 2 de dezembro de 2010);

-"Julian Assange está envolvido em uma guerra. Terrorismo de informação, que leva à morte de pessoas, é terrorismo. E Julian Assange está envolvido em terrorismo. (...) Ele deveria ser tratado como um combatente inimigo" (Newt Gingrich, ex-presidente da Câmara dos Deputados, 5 de dezembro de 2010);

-"Um homem morto não pode vazar coisas. Esse cara é um traidor... e infringiu todas as leis dos Estados Unidos. E não sou a favor da pena de morte, então... só há uma maneira de fazer isso: atirar ilegalmente no filho da puta' (Robert Beckel, jornalista e ex-chefe de campanha do candidato à presidência Walter Mondale, 6 de dezembro de 2010);

-[Perguntado se Assange era um terrorista de alta tecnologia ou um denunciante semelhante aos que divulgaram os Pentagon Papers:] "Eu diria que ele está mais próximo de ser um terrorista de alta tecnologia. (...) Esse cara fez coisas e colocou em risco a vida e as ocupações de pessoas em outras partes do mundo. (...) Ele dificultou a condução de nossos negócios com nossos aliados e amigos (...) Ele causou danos" (Joe Biden, vice-presidente de Barack Obama, atualmente 46º presidente dos Estados Unidos, 19 de dezembro de 2010).

É impressionante o fato de que todas essas declarações sejam baseadas em argumentos de segurança nacional e usem termos como "traição", "espionagem", "terrorismo", "hostilidade", "combatente" e "guerra". A solução preferida parece ser o assassinato extrajudicial de Assange. Perguntado pela *Fox News* sobre as revelações do WikiLeaks, Donald Trump disse em 2 de dezembro de 2010: "Acho que é vergonhoso, acho que deveria haver pena de morte ou algo assim". Foi Trump, é claro, que, durante seu mandato como 45º presidente dos EUA, finalmente forçaria o indiciamento e a prisão de Assange.

Equiparar Assange a um "terrorista" não é apenas uma questão de semântica. Desde o 11 de setembro, os presidentes Bush e Obama institucionalizaram um mecanismo de assassinato sancionado pelo Estado por meio de ataques sistemáticos de drones contra suspeitos de terrorismo. Desapareceu a necessidade de identificação positiva como legalmente um alvo militar, desapareceu a necessidade alternativa de uma ameaça iminente, desapareceu o direito de todo suspeito a um julgamento justo antes de ser condenado à morte. Em grande parte perpetrados sem contestação pela opinião pública mundial, esses assassinatos convenientemente evitavam longos julgamentos e as onerosas exigências do devido processo legal, como a presunção de inocência, a proibição de arbitrariedade e o escrutínio público por observadores externos. Quando indagada, com base na Lei de Liberdade de Informação, se tinha planos de assassinar Assange, a CIA respondeu evasivamente, em 27 de outubro de 2010, que "a existência ou não existência" de tais planos não poderia ser "confirmada nem negada". Como acontece com frequência na avaliação de provas, é de importância crucial fazer as perguntas certas. Nesse caso, a pergunta certa não é, obviamente, se a resposta da CIA confirmou explicitamente um plano de assassinato contra Assange (o que a agência nunca faria), mas se a agência teria dado a mesma resposta em relação a alguém cujo assassinato nunca tivesse sido considerado. Assim como no caso da resposta "brincalhona" de Hillary Clinton às alegações de que ela havia cogitado "dronar" Assange, a ausência de uma negação firme é mais reveladora do que o conteúdo verbal da resposta. Na verdade, de acordo com um extenso artigo investigativo publicado pelo *Yahoo News* em 26 de setembro de 2021, vários ex-funcionários do governo Trump confirmaram que, depois que o WikiLeaks expôs as operações de hackeamento feitas pela CIA em todo o mundo na divulgação do Vault 7[18] em março de 2017, várias alternativas de ação direta contra Assange foram discutidas no mais alto nível do governo dos EUA, incluindo seu sequestro, entrega e assassinato. Essas alegações foram corroboradas por evidências que emergiram de processos judiciais contra a UC Global em Madri.

---

[18] Vault 7 é uma série de documentos que o WikiLeaks começou a publicar no dia 7 de março de 2017, que detalha atividades da Agência Central de Inteligência dos Estados Unidos (CIA) para executar vigilância eletrônica e guerra cibernética. De acordo com o fundador do WikiLeaks, Julian Assange, Vault 7 é o conjunto mais abrangente de arquivos de espionagem dos Estados Unidos já tornado público. Os arquivos, datados de 2013-2016, incluem detalhes sobre as capacidades de software da agência, tais como a capacidade de acessar televisores inteligentes, smartphones – incluindo o iPhone da Apple e os que executam o sistema operacional Android do Google –, bem como sistemas operacionais como Windows, macOS e Linux. (N.T.).

Processo secreto de segurança do Estado

O WikiLeaks confrontou o mundo com verdades difíceis de digerir. Os crimes de guerra, as violações de direitos humanos e outras maquinações expostas nessas publicações eram uma enormidade. Do ponto de vista do Estado de Direito, essas revelações exigiam amplas reformas institucionais para evitar que violações semelhantes ocorressem no futuro, mas também um processo completo de justiça e reparação dos danos causados. Soldados, oficiais e líderes políticos tinham que ser responsabilizados e inúmeras vítimas e suas famílias indenizadas. Mas também, o povo das democracias ocidentais foi desafiado a questionar sua própria percepção da realidade, a abandonar suas ilusões comodistas e a assumir a responsabilidade política. E, como sempre acontece quando as pessoas são involuntariamente pressionadas a expandir sua consciência e a reconhecer verdades perturbadoras, elas inicialmente respondem com estratégias de negação. Um padrão psicológico particularmente eficaz é negar qualquer responsabilidade ou delito e demonizar o mensageiro. Assim, o mundo inteiro logo estava difamando Assange como terrorista, traidor, espião e estuprador – todos rótulos emocionais e fortemente prejudiciais que tinham como objetivo justificar sua perseguição e desviar a atenção das verdades incômodas que ele havia revelado.

Se, por um lado, a demonização injustificada de Assange é um fenômeno bastante simples do ponto de vista psicossocial e neurobiológico, ela levanta, por outro, grandes preocupações em relação aos direitos humanos. Ameaças, humilhação e difamação patrocinadas pelo Estado – sejam elas expressas ou meramente toleradas pelas autoridades – são incompatíveis com a dignidade humana e, dependendo das circunstâncias, podem muito bem equivaler a tratamento cruel, desumano ou degradante ou, em casos extremos, até mesmo a tortura. Além disso, em vista do forte preconceito expresso publicamente por políticos, mídia de massa e comentaristas, é quase impossível para Assange esperar um julgamento justo nos Estados Unidos. Considerando que, em qualquer processo criminal, o réu é considerado inocente até que seja provada a sua culpa além de qualquer dúvida razoável, sua absolvição deve ser, no mínimo, concebível. Mas mesmo o mais convicto idealista provavelmente descartaria a possibilidade de Assange ser considerado inocente no Tribunal de Espionagem de Alexandria, nos EUA. O governo dos EUA e seus "parceiros confiáveis" não gastaram dezenas de milhões de dólares perseguindo e demonizando esse homem durante uma década inteira apenas para lhe dar a satisfação de ser absolvido de qualquer delito em um tribunal estadunidense.

Um fator agravante são as falhas sistêmicas embutidas no sistema de justiça criminal dos EUA, fortemente baseado em intimidação, coerção e violência para atingir seus objetivos. O instrumento central para isso é o *plea bargaining* <negociação de confissão>, que é usado para resolver cerca de nove em cada dez casos criminais em todo o país. Uma *plea bargain* é um acordo entre a acusação e a defesa que ocorre quando um suspeito concorda em se declarar culpado, geralmente de um crime menor, ou concorda em testemunhar contra outro suspeito em favor da acusação. Como recompensa por essa cooperação – no caso de testemunhas, isso também pode ser chamado de suborno – o promotor pede uma sentença menor ou retira algumas ou todas as acusações. Dessa forma, o Estado não apenas se livra de ter que provar suas acusações além de qualquer dúvida razoável, mas também não corre o risco de receber qualquer pedido de indenização por prisão preventiva injustificada. O réu, por sua vez, não corre o risco de ser considerado culpado por um júri e do tribunal lhe impor a sentença máxima.

As *plea bargains* não podem funcionar sem um cenário de ameaça coercitiva que assuste os réus ao ponto de submetê-los. Isso geralmente é obtido por meio de ameaças grotescas de sentenças de prisão de até vários séculos ou até mesmo da pena de morte. O objetivo é intimidar os réus a tal ponto que eles não invoquem mais a presunção de inocência e aceitem uma *plea bargain*, mesmo que isso exija uma confissão ou testemunho falso. É exatamente o mesmo raciocínio que caracteriza a tortura. Os réus sabem que, em troca de sua cooperação, podem se livrar com três anos de prisão em vez de trinta, e com melhores condições carcerárias, ou que, em casos graves, podem pelo menos evitar a pena de morte. Para praticamente todos os réus, isso parece preferível à perspectiva de perder anos no tribunal, acumular enormes honorários advocatícios, passar todo esse tempo na prisão e ainda possivelmente ser considerado culpado por um júri imprevisível. Obviamente, o objetivo principal de um sistema de justiça criminal tão coercitivo assim não é garantir a verdade e a justiça, mas forçar um número máximo de condenações – certas ou erradas. De forma igualmente óbvia, esse sistema não é propício para o desenvolvimento ou a preservação das habilidades profissionais de investigação, para reduzir ou erradicar o crime, o erro judicial e a arbitrariedade, nem para aliviar a superlotação das prisões. Como resultado, os Estados Unidos têm apenas 3% da população mundial e nada menos do que 25% da população carcerária do mundo.

Em julgamentos que envolvem segurança nacional, como o que Assange enfrentaria após sua extradição para os Estados Unidos, a ameaça de penas draconianas é usada rotineiramente para vergar os réus. Por exemplo, a sentença exigida para o denunciante e ex-agente da CIA, John Kiriakou, foi de quarenta e cinco anos de prisão. Em uma entrevista para a televisão em 2007 Kiriakou havia fornecido informações detalhadas sobre os métodos de tortura da CIA, inclusive o famoso *"waterboarding"*. Esse método envolve o afogamento simulado da vítima, interrompido somente depois que a inconsciência se instala e pouco antes da morte por asfixia. A vítima é então reanimada clinicamente e o processo é repetido trinta vezes, cinquenta vezes, 100 vezes e, em pelo menos um caso, até 183 vezes. A descrição do método como afogamento "simulado" não significa que o *waterboarding* seja menos traumático do que o afogamento real. A agonia é a mesma. A única diferença é que o torturador impede que a morte física da vítima ocorra para que a dor e o sofrimento excruciantes possam ser infligidos repetidamente. Kiriakou foi acusado de ter violado seu dever de não divulgação porque seu testemunho supostamente permitiu a identificação de alguns dos torturadores. Em uma aterradora inversão de justiça, que seria mais provável esperar de uma organização criminosa do que de um Estado democrático, foi a testemunha do crime que foi presa e acusada, e não os criminosos que ela havia denunciado.

Assim como Assange, Kiriakou foi acusado no famigerado "Tribunal de Espionagem" no Distrito Leste da Virgínia. Nos Estados Unidos, qualquer pessoa que esteja enfrentando um julgamento por júri e possa pagar, contrata um consultor de júri. Seu trabalho é examinar a lista de possíveis jurados e desenvolver estratégias de defesa adaptadas a cada jurado com base em seus perfis pessoais. Segundo consta, o consultor de Kiriakou já havia auxiliado O. J. Simpson e nunca havia perdido um caso. Contudo, quando examinou os documentos e viu a lista de possíveis jurados, ele deu apenas um conselho para Kiriakou: "Em qualquer outro distrito, eu diria: vamos em frente, vamos ganhar. Mas seu júri será formado por pessoas com amigos, parentes na CIA, no Pentágono, na segurança nacional, agentes de inteligência. Você não tem a menor chance. Apenas aceite o acordo". O contexto de sua avaliação é que Alexandria está localizada nas imediações de Washington. Portanto, qualquer júri que reflita a população média será composto principalmente por pessoas que trabalham para o governo, têm amigos ou parentes na CIA ou no Pentágono ou, de modo geral, tendem a simpatizar com o *establishment* de segurança nacional. Embora seja improvável que isso tenha muita influência em um julgamento padrão por roubo ou desvio de dinheiro, é muito propício à parcialidade em casos de segurança nacional. Essa pode ser a razão pela qual o Departamento de Justiça dos EUA parece julgar sistematicamente esses casos no Distrito Federal de Alexandria, embora teoricamente existam quase 100 distritos desse tipo disponíveis em todo o país.

Kiriakou seguiu o conselho e aceitou o acordo. Ele se declarou parcialmente culpado e foi para a prisão por trinta meses em vez de quarenta e cinco anos. Isso o tornou um criminoso condenado, e o Presidente Obama alcançou seu objetivo de consolidar a ilegalidade das denúncias. Nenhum presidente na história dos EUA processou tantos denunciantes quanto Obama, que não só garantiu a total impunidade da tortura patrocinada pelo Estado, mas também impediu qualquer outra forma de responsabilização pelos crimes de guerra dos EUA. Após a Segunda Guerra Mundial, os soldados japoneses que usaram *waterboarding* contra prisioneiros estadunidenses foram condenados por crimes de guerra e sentenciados a pelo menos quinze anos pelos Estados Unidos. Mas quando a CIA usou o mesmo método contra suspeitos de terrorismo, os Estados Unidos não tiveram a fibra e a integridade necessárias para responsabilizá-los. Depois de assumir o cargo, Obama reconheceu que o *waterboarding* era uma tortura e um "erro". Mas agora o presidente queria "olhar para frente em vez de olhar para trás". O ganhador do Prêmio Nobel da Paz garantiu ao público que não queria nenhuma "caça às bruxas". Melhor dizendo: nenhuma caça às bruxas para torturadores, criminosos de guerra e seus superiores, mas, para todos aqueles que alertaram o público sobre esses crimes, o presidente abriu uma exceção. Na opinião de Obama, não foram os torturadores e criminosos de guerra que traíram os valores estadunidenses, mas os homens e mulheres de uniforme que – ao contrário do presidente – se recusaram a se tornar cúmplices desses crimes e optaram por se tornar denunciantes. Na Sicília, eles chamam esse código de silêncio de *omertà*.

Caso Julian Assange seja extraditado para os Estados Unidos, seu julgamento será realizado no Tribunal de Espionagem em Alexandria perante um júri igual ao que julgou Kiriakou. Os procedimentos ocorrerão a portas fechadas, sem a presença da imprensa e do público, e com base em provas que não serão acessíveis nem a Assange nem a seu advogado de defesa – devido a preocupações imperativas de "segurança nacional", é claro. Em resumo: nos Estados Unidos, Assange teria um julgamento secreto de segurança nacional muito semelhante aos que são realizados rotineiramente em ditaduras e outros regimes autoritários. No Tribunal de Espionagem em Alexandria, nenhum réu de segurança nacional jamais foi absolvido.

O caso de Chelsea Manning

O caso de Chelsea Manning não foi resolvido por meio de um *plea bargain*. Manning, que vazou o vídeo *Assassinato Colateral*, bem como o material do Diário da Guerra do Afeganistão, os Diários da Guerra do Iraque e o CableGate para o WikiLeaks, em 2010, declarou-se culpada de dez das vinte e duas acusações – voluntariamente e por princípio, não em troca de uma "recompensa" ou outra barganha. Ela explicou sua motivação moral: queria provocar uma discussão pública muito necessária sobre a má conduta dos militares dos EUA e, assim, contribuir para uma mudança positiva. Em julho de 2013, um tribunal militar de Fort Meade, em Maryland, considerou-a culpada em dezenove das vinte e duas acusações e, apesar de sua confissão, condenou-a a trinta e cinco anos de prisão por roubo de propriedade do governo e espionagem, entre outras acusações. Os procuradores haviam exigido uma sentença ainda mais extrema, de sessenta anos, mas Manning foi absolvida da acusação mais grave de "ajudar o inimigo".

Claramente, na condição de soldada, Manning havia violado seu dever de não divulgação. Ao fazer isso, ela cometeu um delito, embora não haja evidência de que alguém tenha sido seriamente prejudicado. Em termos de motivação, Manning não buscava enriquecer ou ajudar o inimigo, mas queria denunciar a violação sistemática dos valores com os quais se sentia comprometida como soldada: verdade, lei e justiça. Depois de tentar, sem sucesso, fazer isso por meio de canais internos de comunicação, ela primeiro ofereceu o material à imprensa hegemônica. Foi somente quando se deparou com a indiferença dessa mídia que ela finalmente entrou em contato com o WikiLeaks. Ela forneceu evidências de crimes de guerra, abusos de direitos humanos e corrupção que, de outra forma, o público talvez jamais soubesse. Porém, a antiquada Lei de Espionagem não permite uma defesa de interesse público – o dever de silêncio é absoluto, tal como na máfia. Assim, o indiscutível interesse público em ter os crimes de guerra expostos e processados não foi levado em consideração na condenação e na sentença de Manning. E o mesmo se aplicaria em qualquer julgamento de Assange com base na Lei de Espionagem.

Manning foi presa em 27 de maio de 2010. Nos primeiros dois meses, ela foi mantida em uma instalação militar em Camp Arifjan, no Kuwait, e depois, após sua repatriação para os Estados Unidos em 29 de julho, na Base Naval de Quântico, na Virgínia. Em um artigo angustiante publicado no *The Guardian* em 2016, Manning descreveu seu confinamento solitário durante esse período. Ela se lembrou de estar sentada em frente a uma parede espelhada através da qual dois fuzileiros navais observavam todos os seus movimentos, dezessete horas por dia. Não era permitido dormir entre as primeiras horas da manhã e as 20:00 h, nem se deitar, nem se encostar à parede, nem fazer exercícios físicos. Privada de seus pertences pessoais, tudo o que ela podia fazer era levantar-se ocasionalmente, caminhar em sua minúscula cela e dançar, pois isso não era considerado exercício físico. Ocasionalmente, três guardas a levavam para fora, para uma área cercada do tamanho de uma quadra de basquete, onde ela era autorizada a caminhar por vinte minutos. Se parasse uma vez sequer, o intervalo terminava imediatamente e Manning era levada de volta à cela. As visitas eram permitidas apenas por algumas horas por mês, de familiares, amigos e advogados. Manning os recebia atrás de uma grossa parede de vidro, com as mãos e os pés algemados, e algumas de suas conversas eram gravadas. Ela não tinha permissão nem mesmo para dormir à noite. Os guardas a acordavam assim que ela tentava se virar para a parede.

Finalmente, no final de dezembro de 2010, meu antecessor no cargo, Juan Méndez, protestou formalmente contra as condições de detenção de Manning e, em maio de 2011, solicitou permissão para uma visita pessoal à prisão com ela. Ao contrário das regras padrões aplicáveis a visitas a prisões por um relator especial da ONU, as autoridades dos EUA não permitiram uma entrevista sem supervisão com Manning, o que teria sido necessário para uma avaliação objetiva do tratamento a ela dispensado e das condições de sua detenção. Méndez não teve escolha a não ser recusar a visita. O mesmo aconteceria previsivelmente comigo e com meus sucessores se tentássemos visitar Julian Assange em uma prisão Supermax nos EUA. De fato, desde a criação do mandato do relator especial sobre tortura, em 1985, nenhum detentor de mandato jamais conseguiu realizar visitas oficiais a prisões nos Estados Unidos. Em dezembro de 2016, o governo Obama tentou me convencer a realizar uma visita oficial de última hora aos Estados Unidos antes do fim da presidência de Obama, em 20 de janeiro de 2017, presumivelmente para dar um pouco de verniz ao legado de direitos humanos do presidente que estava deixando o cargo. Quando insisti que faria a visita somente com a condição de acesso irrestrito a todos os locais de detenção, incluindo entrevistas confidenciais com detentos mantidos sob Medidas Administrativas Especiais e na Baía de Guantánamo, a conversa foi encerrada.

Pouco tempo depois, em 17 de janeiro de 2017, o presidente Obama comutou a sentença de 35 anos de Manning, garantindo sua libertação em 17 de maio de 2017. A decisão de Obama é frequentemente descrita como um ato generoso de humanidade. A realidade é menos lisonjeira. Como o presidente estava sendo cada vez mais criticado por sua "guerra contra os denunciantes" no final de seu segundo mandato, a comutação da sentença de Manning provavelmente representou outra tentativa de última hora para mitigar o dano à reputação. Em 11 de janeiro de 2009, o *The New York Times* citou o então presidente eleito Obama como relutante em processar os crimes de guerra cometidos durante o governo Bush, porque ele não queria que "pessoas extraordinariamente talentosas" da CIA "de repente sentissem que tinham que passar o tempo todo apreensivas temendo alguma vingança". No entanto, Obama não estava muito preocupado com o fato de Manning ter passado sete anos atrás das grades, durante os quase dois mandatos inteiros em que foi presidente, por ter alertado o público sobre esses crimes de guerra. E, enquanto as violações de não divulgação de Manning fossem uma questão exclusiva da legislação doméstica dos EUA, as Convenções de Genebra não permitem que o presidente dos EUA tenha qualquer poder discricionário com relação ao processo e à punição de crimes de guerra. Além disso, como comandante-chefe que se recusa a processar tortura e crimes de guerra cometidos por seus subordinados, o presidente Obama claramente incorreu em responsabilidade criminal pessoal, de acordo com os Princípios de Nuremberg e a doutrina de comando e responsabilidade superior.

A perseguição de Manning não terminou com sua libertação. Em março de 2019, ela foi chamada para testemunhar contra Assange pelo Grande Júri secreto em Alexandria, Virgínia. Quando Manning se recusou a prestar o depoimento solicitado, o juiz a prendeu por desacato ao tribunal por sessenta dias. Uma semana após sua libertação, ela foi novamente intimada. Quando novamente se recusou, Manning foi colocada em detenção coercitiva – ela deveria permanecer presa até prestar o depoimento solicitado. Além disso, estaria sujeita a uma multa diária de US$ 500 a partir do trigésimo dia e de US$ 1.000 a partir do sexagésimo dia de renitência. Alguns meses depois, em 1º de novembro de 2019, protestei formalmente ao governo dos EUA contra a detenção coercitiva de Manning: "Concluo que tal privação de liberdade constitui não uma sanção circunscrita a um delito específico, mas uma medida de coerção aberta e progressivamente severa que preenche todos os requisitos constitutivos da tortura ou de outros tratamentos ou punições cruéis, desumanos ou degradantes". Uma coisa é punir alguém com uma sentença de prisão definida por se recusar a testemunhar em um tribunal, mas outra coisa é submeter uma testemunha a uma detenção indefinida para forçá-la a depor, aumentando assim seu sofrimento até que ela ceda. A primeira é uma sanção legal. A segunda é uma tortura proibida.

Devido à natureza puramente coercitiva das ações tomadas contra ela, exigi a libertação imediata de Manning, bem como a devolução de quaisquer multas obtidas indevidamente. Apesar da urgência do meu apelo, nunca recebi nenhuma resposta das autoridades estadunidenses, e nem mesmo a publicação da minha carta e sua divulgação nos meios de comunicação de massa dois meses depois lograram conseguir alguma resposta oficial. Então aconteceu o que eu mais temia: na quarta-feira, 11 de março de 2020, pouco depois do meio-dia, Chelsea Manning tentou cometer suicídio na prisão. No final, a gravidade do sofrimento a ela infligido por sua detenção coercitiva interminável simplesmente se tornou insuportável. Ela foi encontrada a tempo e sobreviveu, mas o juiz anteviu o risco de desgraça futura e ordenou a libertação de Manning, supostamente porque seu depoimento perante o grande júri "não era mais necessário". Ela não recebeu nenhuma indenização por sua detenção arbitrária, nem foi liberada de sua multa acumulada de US$ 256.000. Será que Julian Assange também terá de tentar o suicídio antes que o mundo finalmente abra os olhos para o que está sendo feito contra ele e, por meio dele, contra todos nós?

"Medidas administrativas especiais"

Em seu pedido de asilo ao governo equatoriano, em junho de 2012, Assange se referiu explicitamente às condições de detenção de Manning: "As prováveis acusações, a atitude do governo dos EUA em relação a mim e as circunstâncias conhecidas de submeter indivíduos a acusações comparáveis significam que, mais uma vez, com certeza, serei preso em condições que espelham as vivenciadas por meu suposto coacusado Bradley Manning". Como ficou claro durante a audiência de extradição de setembro de 2020 em Londres, se enviado aos Estados Unidos, Assange não apenas seria mantido em confinamento solitário, mas quase certamente seria, além disso, submetido às chamadas Medidas

Administrativas Especiais (SAMs), tanto antes do julgamento, quanto durante o cumprimento de sua sentença. Esse eufemismo denota um regime de detenção particularmente restritivo imposto pelo procurador--geral, ou seja, o chefe do Departamento de Justiça dos EUA. Os SAMs podem ser ordenados antes, durante ou depois de um julgamento. Eles não são uma sanção imposta pelo judiciário, mas sim uma medida de segurança tomada pelo governo. Como tal, não estão sujeitos a revisão judicial e não podem ser contestados de forma eficaz pelo detento. As SAMs são usadas contra detentos que, na opinião do procurador-geral, representam uma ameaça específica à segurança nacional, como terroristas suspeitos ou condenados, espiões ou denunciantes.

O principal objetivo dos SAMs é controlar rigorosamente a comunicação de um detento com outras pessoas dentro e fora da prisão. Como sabemos por vários relatórios e depoimentos de testemunhas, o que isso significa na prática é um isolamento quase total. Além do contato com advogados, são permitidas apenas duas ligações telefônicas curtas por mês. Se e quando as visitas familiares forem permitidas, elas ocorrem por meio de uma espessa barreira de vidro, sem qualquer contato físico, e os prisioneiros permanecem algemados, acorrentados nos pulsos, tornozelos e no chão. Todas as visitas exigem aviso prévio de quatorze dias e podem levar vários meses para ser agendadas.

Além disso, os presos ficam em isolamento total vinte e quatro horas por dia. Não é permitida nenhuma forma de comunicação com outros presos e nem mesmo os funcionários da prisão interagem com eles, exceto para abrir o compartimento de visualização durante suas rondas de inspeção e entregar refeições pelo compartimento seguro de refeições na porta. A recreação é limitada a uma hora diária e ocorre em pequenas gaiolas internas do mesmo tamanho da cela, sem nenhum equipamento de exercício e, muitas vezes, no meio da noite, quando os outros presos estão dormindo.

Dentro da cela: sem jornais, sem rádio, sem televisão. Banhos apenas três vezes por semana. As violações das regras são punidas imediatamente. O menor mal-entendido com os funcionários da prisão pode resultar em um prisioneiro algemado em sua cela por uma semana, passando o tempo todo em completa escuridão, com um saco na cabeça ou com os olhos vendados. O controle rígido do governo sobre a comunicação dos detentos do SAMs significa que nenhum contato por e-mail é permitido e que as cartas só podem ser escritas em raras ocasiões, apenas para destinatários aprovados e sujeitas a elaborados procedimentos de censura que podem atrasar sua entrega por vários meses. Um detento do SAMs – Abu Hamza al-Masri – supostamente quebrou as regras quando escreveu uma carta pedindo ao filho que dissesse ao neto de um ano que o amava: o neto não estava na lista de destinatários aprovados.

Os serviços psicológicos são oferecidos principalmente por meio de pacotes de autoajuda e informações disponibilizadas por vídeo; os participantes da terapia de grupo são mantidos em gaiolas individuais e permanecem algemados durante as sessões de terapia. Os advogados ou familiares que visitam os detentos dos SAMs podem ser processados criminalmente se falarem entre si ou com outras pessoas sobre as condições de detenção que observam. O regime dos SAMs torna o abuso de poder e a arbitrariedade fáceis, fora de controle e absolutos. Como último meio de resistência, alguns detentos entram em greve de fome na esperança de obter formas modestas de alívio: ter permissão para ligar para casa duas vezes por mês ou ler um jornal ocasionalmente. Contudo, as greves de fome são brutalmente reprimidas pela alimentação forçada, muitas vezes realizada de forma particularmente torturante.

As SAMs podem ser impostas por um período de até um ano e são renováveis sem limite. O governo pode se recusar a fornecer qualquer justificativa. Afinal de contas, as SAMs são – por definição – uma questão de segurança nacional. Há condenados que passaram dez anos sob esse regime particularmente cruel, desumano e degradante. Na minha avaliação, não há dúvida de que essas condições de detenção violam não apenas a proibição da tortura nos termos da lei de direitos humanos, mas também a proibição de punição cruel e incomum nos termos da Oitava Emenda da Constituição dos EUA. No mundo dos detalhes técnicos, é claro, os SAMs não são uma punição, mas apenas "medidas administrativas". No mundo real, entretanto, a expressão "Medidas Administrativas Especiais" nada mais é do que outro rótulo fraudulento para a tortura e para um regime de detenção que desumaniza não apenas os detentos, mas também seus torturadores, a autoridade que os instrui e, em última instância, qualquer sociedade que tolere e permita tamanha crueldade em nome da justiça.

Liberdade de imprensa ou segurança nacional?

Em 15 de outubro de 2019, participei de um painel de discussão na Universidade de Columbia, em Nova York, intitulado "Liberdade de imprensa, segurança nacional e denunciantes: De Julian Assange à Casa Branca". A sala estava lotada, com algumas pessoas em pé ou sentadas no chão. Na plateia, estava James Goodale, que havia representado o *New York Times* no litígio dos Pentagon Papers durante a Guerra do Vietnã e cuja entrevista sobre o caso Assange foi uma importante revelação para mim. Durante a discussão, o homem de 86 anos se levantou e tomou a palavra. "Assange tem direito à proteção total da liberdade de imprensa?" Goodale respondeu apaixonadamente de forma afirmativa. Caso o governo dos EUA quisesse processar Assange com base na Lei de Espionagem, disse ele, primeiro teria que provar que suas publicações realmente representavam uma ameaça clara e iminente à segurança nacional. "Parece que essa prova criaria uma barreira muito alta para o governo ultrapassar – especialmente considerando que o governo jamais declarou, sequer uma vez que fosse, ter havido dano a alguém como consequência da publicação de Assange. É claro que o governo disse que essa publicação causou danos genéricos à segurança nacional, mas não especificou nenhum dano a ninguém, como, por exemplo, suas fontes no Afeganistão. (...) o governo teve dez anos para apresentar provas que demonstrassem danos à segurança nacional, mas não o fez".

De fato, a alegação de que as publicações de Assange causaram sérios danos à segurança nacional dos EUA, colocaram soldados estadunidenses em perigo e expuseram informantes locais a atos de vingança por parte do inimigo é um dos mitos mais antigos e menos averiguados. Em 30 de julho de 2010, logo após a publicação do Diário da Guerra do Afeganistão, o chefe do Estado-Maior dos EUA, Mike Mullen, declarou: "O Sr. Assange pode dizer o que quiser sobre o bem maior que ele acha que ele e sua fonte estão fazendo. (...) Mas a verdade é que eles podem já ter em suas mãos o sangue de algum jovem soldado ou de uma família afegã". Surpreendentemente, o general parecia estar muito menos preocupado com o sangue nas mãos de seus próprios soldados, que no vídeo "Assassinato Colateral" massacraram civis feridos e seus socorristas. Tampouco lhe ocorreu que crimes de guerra como aquele haviam destruído inúmeras famílias afegãs e iraquianas, levado civis amargurados para os braços de grupos terroristas e provocado atos de vingança contra funcionários e civis dos EUA. A obtusidade dos presunçosos é sua maior fraqueza.

Da mesma forma, o secretário de Defesa dos EUA, Robert Gates, disse ao senador Carl Levin em uma carta de 16 de agosto de 2010: "Os documentos contêm nomes de cidadãos afegãos que são nossos colaboradores e o Departamento [de Defesa] leva muito a sério as ameaças do Talibã discutidas recentemente na imprensa. Consideramos que esse risco pode causar danos significativos ou prejuízos aos interesses de segurança nacional dos Estados Unidos". No entanto, ele reconheceu que "a análise feita até o momento não revelou nenhuma fonte ou método de inteligência sensível comprometidos por essa divulgação". Três anos depois, a situação permaneceu inalterada. No julgamento de Manning, em julho de 2013, o general de brigada Robert Carr – um oficial sênior de contrainteligência que chefiou a Força-Tarefa de Análise de Informações que investigou o impacto das divulgações do WikiLeaks em nome do Departamento de Defesa dos EUA – disse ao tribunal que não haviam descoberto nenhum exemplo específico de alguém que tivesse perdido a vida em consequência dessas publicações.

Antes de Assange, ninguém jamais havia sido acusado com base na Lei de Espionagem simplesmente por publicar documentos confidenciais. Esse episódio suscita a pergunta: o que, então, uma condenação de Assange significaria para o futuro do jornalismo investigativo? Sem dúvida, abriria um precedente pelo qual qualquer jornalista que publicasse material vazado sobre questões de segurança nacional e política de defesa poderia enfrentar acusações criminais semelhantes. Se não fosse pelo estabelecimento de um precedente judicial com o objetivo de intimidar o jornalismo investigativo, a acusação agressiva contra Assange não faria sentido algum. O que está em jogo, portanto, não são meramente os direitos pessoais de Assange, mas nada menos do que a prerrogativa constante da imprensa, como o "Quarto Poder", de informar e municiar as pessoas e, assim, garantir a supervisão democrática dos governos.

Em uma entrevista à *Der Spiegel*, o editor do WikiLeaks, Kristinn Hrafnsson, falou, com razão, de uma "guerra ao jornalismo", e a *Repórteres Sem Fronteiras* chamou as acusações contra Assange de "precedente perigoso para jornalistas, denunciantes e outras fontes jornalísticas". Até mesmo o ex-procurador-geral adjunto para segurança nacional, Kenneth Wainstein, disse em 2010 em uma audiência no Congresso dos EUA: "Se o WikiLeaks pode ser processado por espionagem em virtude desses vazamentos, não há nenhuma razão legal ou lógica pela qual um processo semelhante não possa ser movido contra todas as principais organizações de notícias que rotineiramente recebem e publicam 'informações de defesa nacional' protegidas". Esse não é um problema menor para os que querem ver Assange indiciado e condenado. Não é de surpreender, portanto, que eles façam tudo o que estiver ao seu alcance para distinguir o WikiLeaks das organizações tradicionais de notícias e impedir a equiparação do trabalho de Assange ao jornalismo.

Em última análise, porém, o motivo por trás da perseguição agressiva a Assange é sempre o mesmo: medo. Medo da metodologia do WikiLeaks e de sua proliferação; medo da transparência, da verdade e de novas revelações; medo do controle democrático e da responsabilidade; e, acima de tudo, medo de perder o poder. Nas palavras de Leon Panetta, ex-chefe da CIA e ex-secretário de Defesa dos EUA, na entrevista à ARD já mencionada: "Tudo o que você pode fazer é esperar que, em última instância, possa tomar medidas contra aqueles que estiverem envolvidos na revelação dessas informações, a fim de enviar a outros a mensagem para não fazerem a mesma coisa". Para atingir essa meta de dissuasão, novas contorções legais estão sendo constantemente tentadas. Assim, durante um discurso no Center for Strategic and International Studies (CSIS) <Centro de Estudos Estratégicos e Internacionais> em 13 de abril de 2017 – logo após o vazamento do Vault 7 ter exposto as atividades de hackeamento da CIA em todo o mundo – o então diretor da CIA, Mike Pompeo, afirmou que o WikiLeaks era um "serviço de inteligência hostil não estatal" e que, como estrangeiro, Assange não tinha direito à proteção das garantias de liberdade de imprensa da Constituição dos EUA. Isso mostra o quão simples as coisas são no mundo de Mike

Pompeo. De uma perspectiva jurídica, no entanto, a interpretação da Constituição dos EUA felizmente não depende do diretor da CIA, mas da Suprema Corte. A CIA, contudo, parece se importar tão pouco com a Constituição quanto se importa com as obrigações legais internacionais dos Estados Unidos. Essas obrigações internacionais também incluem o respeito e a garantia da liberdade de expressão, que só pode ser restringida por lei e apenas por razões inescapáveis, especialmente para proteger a segurança nacional. Como Goodale observou corretamente, portanto, tudo depende de Assange e o WikiLeaks terem ou não realmente colocado em risco a segurança nacional dos Estados Unidos, e não de terem abalado sua reputação internacional e denunciado a impunidade de seus líderes por crimes de guerra, tortura e corrupção. Até o momento, as autoridades dos EUA não conseguiram fornecer nenhuma evidência para essa alegação. De fato, se compreendidas corretamente, a liberdade de imprensa e a segurança nacional não são incompatíveis, mas sim simbióticas – e o sigilo oficial é seu inimigo comum.

PARTE III

LUTANDO PELA VERDADE

10. Negação da realidade pelos governos

No verão de 2019 meu escritório começou a receber as respostas às cartas oficiais que eu havia enviado em 27 e 28 de maio aos governos do Reino Unido, dos Estados Unidos, da Suécia e do Equador. A Austrália e, alguns meses depois, a Alemanha também reagiram às minhas conclusões, embora eu não tivesse entrado em contato formalmente com nenhum desses dois países em relação ao caso Assange. É digno de nota que, apesar das diferenças significativas em termos de atitude e conteúdo, as reações de todos os seis governos tinham um denominador comum: a negação da realidade.

Reino Unido: Indiferença explícita

A Suécia, o Equador e os Estados Unidos responderam dentro do prazo padrão de sessenta dias. Somente o governo britânico, que tinha Assange em seu poder e do qual eu havia exigido as medidas mais urgentes, deixou bem claro que não tinha pressa em responder. Sua carta de resposta só foi enviada em 7 de outubro de 2019, quase cinco meses depois da minha visita a Assange, como que para demonstrar a indiferença de uma potência mundial excessivamente confiante. A resposta britânica foi particularmente concisa e desconsiderou todas as cortesias diplomáticas.

Sem preâmbulos, a carta expôs seus pontos: "Prezado Sr. Melzer, o governo rejeita qualquer alegação de que Julian Assange tenha sido submetido a qualquer tipo de tortura como resultado de ações do governo do Reino Unido. O governo do Reino Unido não participa de, solicita, incentiva ou tolera o uso de tortura para nenhum propósito. O Reino Unido não aceita que o Sr. Assange tenha sido arbitrariamente detido; ele estava livre para deixar a Embaixada do Equador a qualquer momento". Além disso, "o Sr. Assange foi condenado de acordo com a lei inglesa por não se entregar à custódia conforme o devido processo legal. Os juízes do Reino Unido são totalmente imparciais e independentes do governo. (...) O Sr. Assange não recorreu de sua condenação e retirou o recurso contra sua sentença. Atenciosamente, [XX]". Fim da mensagem. Nenhuma resposta às preocupações urgentes expressas pela minha equipe médica sobre a saúde de Assange. Nenhuma investigação sobre o envolvimento britânico em anos de arbitrariedade judicial, intimidação, isolamento e humilhação. Nenhuma ação para garantir que Assange tivesse acesso adequado a seus advogados e documentos legais. Nenhum comentário sobre o risco de graves violações de direitos humanos no caso de extradição para os Estados Unidos. E, por último, mas não menos importante, nenhuma "garantia da mais alta consideração" ou despedida semelhante – o que, em linguagem diplomática, equivale a uma bofetada.

O governo britânico claramente não tinha intenção de responder a um mero relator especial da ONU. Isso não tinha nada a ver comigo pessoalmente. Na verdade, sempre que outros especialistas da ONU chegavam a conclusões que se desviavam da autopercepção complacente do governo britânico, a reação era a mesma. Seja no relatório crítico de 2013 de Raquel Rolnik sobre o direito à moradia adequada no Reino Unido; nas conclusões de 2015 do GTDA sobre a privação arbitrária de liberdade a que Assange estava relegado na embaixada equatoriana; no desconcertante relatório de 2019 redigido por Philip Alston sobre a pobreza extrema no Reino Unido; ou agora, em minhas próprias preocupações com relação à perseguição e aos maus-tratos de Assange: em todas as ocasiões, o governo britânico inicialmente se envolveu voluntariamente com o processo de avaliação, mas depois rejeitou categoricamente as descobertas inconvenientes e acusou de forma agressiva os especialistas da ONU que investigavam o caso de partidarismo, de fazer comentários "inflamatórios" e de ter motivações políticas. É claro que um governo empenhado em negar realidades incômodas é um interlocutor difícil para um diálogo construtivo baseado em fatos.

Suécia: burocracia evasiva

A Suécia também teve dificuldades para esconder sua indignação, mas ao menos fez questão de manter a fachada diplomática. Em minha carta oficial ao governo, eu havia transmitido alegações confiáveis de graves violações do devido processo legal por parte do Ministério Público sueco. Em qualquer sistema funcional de freios e contrapesos democráticos, esse tipo de carta de alegação transmitida por um especialista da ONU deveria ter automaticamente desencadeado uma investigação formal pelo ombudsman parlamentar do judiciário ou por um órgão de supervisão independente semelhante. Mas, obviamente, não era isso que o governo sueco tinha em vista, porque isso teria levantado muitas questões inconvenientes. Em vez disso, o governo me lembrou da independência constitucional do judiciário, incluindo o Ministério Público, e explicou que o governo não poderia interferir em uma investigação criminal em curso. O embaixador que subscreveu o documento não parecia convencido do seu teor, caso contrário não teria achado necessário repetir o mesmo argumento quatro vezes em apenas três páginas.

De acordo com minha experiência, a alegação de que o poder executivo não pode interferir em processos judiciais em andamento é um dos subterfúgios mais comuns que recebo de governos democráticos quando os confronto com alegações de tortura ou maus-tratos e os lembro de sua obrigação de investigar, punir e reparar quaisquer violações que possam ter ocorrido e de impedir que elas voltem a ocorrer. Todas essas obrigações são impositivas para o Estado como um todo e, portanto, para todos os três poderes do governo. Na prática, não são apenas as forças de segurança e os serviços secretos subordinados ao poder executivo que são responsáveis pela tortura e pelos maus-tratos, mas muitas vezes também as autoridades judiciais e investigativas. O espectro vai desde a coerção em interrogatórios ou supressão de declarações até a execução de castigos corporais e sentenças de morte, passando por arbitrariedade judicial deliberada e cerceamento de justiça, como no caso de Julian Assange. No entanto, por uma questão de protocolo diplomático, sempre tenho que encaminhar minhas comunicações oficiais ao ministro de relações exteriores do Estado em questão, mesmo que o abuso tenha sido supostamente cometido por funcionários do judiciário. Cabe então ao Ministério das Relações Exteriores encaminhar minha carta de alegação ao órgão nacional de supervisão apropriado, a fim de garantir que as investigações exigidas pela lei internacional sejam conduzidas e que minhas perguntas sejam respondidas de forma satisfatória. Se eu fosse impedido de abordar abusos cometidos por autoridades investigativas e judiciais durante uma investigação pendente, meu mandato seria realmente reduzido a um tigre desdentado com relevância prática muito limitada. Mas muitos Estados não ficariam exatamente pesarosos se esse cenário viesse a se concretizar.

A carta sueca também assinalava que "o governo não concorda com a opinião do GTDA e sua conclusão de que a Suécia violou o direito internacional. Na verdade, o Sr. Assange escolheu, voluntariamente, permanecer na Embaixada do Equador, e as autoridades suecas não tiveram nenhum controle sobre sua decisão. O Sr. Assange era livre para deixar a Embaixada a qualquer momento. Não se pode considerar que ele tenha sido privado de sua liberdade enquanto estava na Embaixada devido a qualquer decisão ou ação tomada pelas autoridades suecas". É claro que, com a dose suficiente de cinismo, o mesmo poderia ser dito de qualquer outro solicitante de asilo perseguido politicamente. No mundo real, a "liberdade" de alguém para deixar a proteção de seu asilo político não depende de que sua presença no local de asilo seja voluntária, mas sim de haver um risco real de que essa pessoa seja exposta a graves violações de seus direitos humanos caso deixe esse local. Como Assange corretamente previu, e como ficou bastante claro desde sua prisão em 11 de abril de 2019, seus temores sempre estiveram muito bem fundamentados.

Em sua resposta, o governo descreveu a possibilidade de extradição de Assange da Suécia para os Estados Unidos como "estritamente hipotética". Presumivelmente tão "hipotética" quanto a possibilidade de um pedido de extradição dos EUA foi considerada pelo governo britânico, quando respondeu à minha requisição de visita inicial, em 10 de abril de 2019 – menos de vinte e quatro horas antes de ordenar a prisão de Assange na embaixada do Equador e anunciar que os Estados Unidos haviam solicitado formalmente sua extradição. Uma resposta mais detalhada às minhas perguntas ou sobre iniciar uma investigação não foi considerada necessária pelo governo sueco. De modo geral, a mensagem vinda de Estocolmo se assemelhava muito à que eu receberia de Londres: nenhum delito, nenhuma omissão culpável, nenhuma inconsistência – negação completa de uma realidade desagradável.

Equador: Não, não e não!

Assim como os britânicos, o governo equatoriano teve dificuldades para manter a forma diplomática e a compostura, mas de maneira inversa. Quanto ao número de palavras, a missiva de Quito excedeu em muito as enviadas pelos outros três governos e só pode ser descrita como uma explosão verbal. O governo viu acusações mesmo onde eu não as havia feito: "É lamentável que você se refira ao asilo diplomático concedido ao Sr. Julian Assange como um ‹confinamento›, um termo que denota o confinamento de uma pessoa em um ambiente fechado, privando-a de sua liberdade. A esse respeito, gostaríamos de lembrá-lo de que, em 19 de junho de 2012, o Sr. Assange entrou na Embaixada do Equador, em Londres, voluntariamente, por sua própria vontade e sem qualquer tipo de coerção".

Nunca afirmei o contrário. Qualquer pessoa perseguida politicamente busca asilo "voluntariamente". No entanto, se o local de seu asilo mede apenas alguns metros quadrados, dos quais ele não pode sair sem se expor ao risco de graves violações de direitos humanos, então sua situação equivale inquestionavelmente a uma privação de liberdade. Portanto, de um ponto de vista legal, Assange estava de fato confinado na embaixada equatoriana, embora não pelo governo equatoriano, mas por meio de um cenário de ameaça criado pelas autoridades suecas, britânicas e – em segundo plano – estadunidenses. O que critiquei em minha carta ao Equador não foi o confinamento de Assange por outros Estados, mas seu isolamento, difamação e humilhação pelas autoridades equatorianas, e a revogação sumária de sua cidadania e asilo, violando o devido processo legal e a proibição de devolução.

As principais respostas do governo equatoriano e, sobretudo, a justificativa para a expulsão de Assange já foram discutidas em detalhes. O tom cada vez mais desorientado das cartas governamentais me mostrou que eu havia atingido um ponto sensível. Página após página, os ataques pessoais aumentavam: "O senhor, Sr. Relator, e seus assistentes são obviamente livres para simpatizar com o Sr. Assange..., mas suas opiniões sobre o caso distorcem os fatos e promovem julgamentos de valor que comprometem sua independência como Relator Especial". Ou: "Sua subjetividade é surpreendente, Sr. Relator". Ou: "Zero tortura, Sr. Relator. ... Tudo isso o senhor já sabe porque nós o informamos antes, Sr. Relator Especial, por que então nos perguntar novamente?" Ou: "Repetimos mais uma vez, embora estejamos desanimados em fazê-lo porque não sabemos se desta vez teremos a sorte de que o senhor leia o que escrevemos". E, finalmente, "há também um novo conteúdo em sua carta que o senhor não havia abordado antes, que ainda expressa um preconceito óbvio contra o Estado equatoriano, quando o senhor simplesmente repete o que os advogados e apoiadores do Sr. Assange dizem sem nenhum respaldo nas evidências". No decurso do meu trabalho, raramente recebi respostas oficiais tão prolixas quanto essa, mas que mesmo assim deixaram todas as minhas perguntas sem resposta.

EUA: Os Estados Unidos não torturam!

A resposta do governo dos EUA, datada de 16 de julho de 2019, incluía uma breve carta de apresentação e uma resposta substantiva de uma página. Em minha carta, expressei forte preocupação com o que descrevi como "uma campanha contínua e irrestrita de perseguição, intimidação e difamação pública contra o Sr. Assange, consistindo em um fluxo constante de declarações públicas não apenas por meio da mídia de massa e de indivíduos privados influentes, mas também de atores políticos, seja no presente, seja no passado, e autoridades de várias esferas do governo". A esse respeito, o governo foi enfático: "Os Estados Unidos rejeitam a proposição de que os tipos de declarações públicas listadas em sua carta constituam tratamento ou punição cruel, desumana ou degradante, muito menos tortura, conforme definido pela Convenção contra a Tortura e Outros Tratamentos ou Punições Cruéis, Desumanos ou Degradantes (CAT). Além disso, os Estados Unidos estão profundamente preocupados com a sugestão de que reportagens independentes ou outros comentários e discursos sobre figuras públicas possam equivaler a tortura ou tratamento ou punição cruel, desumano ou degradante. Tal postura por parte de um Relator Especial tem implicações perigosas para a liberdade de expressão, a democracia e o estado de direito".

O cinismo desse raciocínio é impressionante. Por um lado, o governo dos EUA justifica a difamação, a humilhação e a intimidação irrestritas de Assange com base na liberdade de expressão. Mas quando Assange revela evidências de crimes de guerra, tortura e corrupção, aí a liberdade de expressão de repente deixa de vigorar e ele é ameaçado com 175 anos de prisão.

Além disso, na opinião do governo dos EUA, as condições notoriamente desumanas de detenção nas prisões de alta segurança dos EUA não têm nada a ver com tortura ou maus-tratos: "Os Estados Unidos rejeitam categoricamente as alegações em sua carta de que os Estados Unidos torturarão ou maltratarão o Sr. Assange se ele for extraditado para os Estados Unidos para enfrentar um processo criminal".

Chelsea Manning tem uma história muito diferente para contar, e ela não é a única. O fracasso dos Estados Unidos em processar e punir seus próprios torturadores, seu uso excessivo de violência, restrições e isolamento contra detentos de todos os tipos, sua prática de arrancar confissões e testemunhos por meio de detenção coercitiva e ameaças de sanções draconianas e a conhecida superlotação das instalações de detenção estadunidenses refletem uma discrepância notável entre a autopercepção governamental e a realidade local.

Austrália: A omissão gritante

Meu release para a imprensa de 31 de maio de 2019 teve impacto. As entrevistas se acumularam, e todas as principais organizações de mídia publicaram pelo menos um artigo on-line ou uma entrevista de rádio. Muito mais difícil foram as emissoras de televisão tradicionais. Tanto a *BBC World* quanto a *Sky News*, os dois canais de notícias mais influentes da televisão britânica, quiseram uma entrevista em vídeo ao vivo via Skype no final da tarde. Entretanto, ambas as emissoras retiraram suas entrevistas do ar imediatamente após a primeira transmissão ao vivo e não deixaram nenhum vestígio delas na internet. Minhas descobertas de que o governo britânico e a mídia hegemônca haviam sido cúmplices da perseguição e da tortura de Assange não pareciam se encaixar na narrativa preferida deles. Em contrapartida, a entrevista em vídeo solicitada pela emissora de televisão pública australiana *ABC* permaneceu acessível on-line. Embora eu tenha descrito a Austrália como uma "omissão gritante" no caso Assange, eu não tinha provas confiáveis da cumplicidade australiana na tortura e na perseguição a ele e, portanto, não incluí Camberra em minha intervenção oficial.

    Eu sabia que Assange havia sido muito crítico em relação ao seu país de origem. Entre outras coisas, ele havia acusado as autoridades australianas de apoiar as investigações criminais dos EUA contra o WikiLeaks e contra ele próprio. Ele também apontou relatos da mídia de que o governo australiano havia considerado cancelar seu passaporte para facilitar sua acusação pelos Estados Unidos. Dada a aliança militar entre Washington e Camberra, bem como a já longeva participação do país na cooperação de inteligência "Five Eyes", que agremiava Estados Unidos, Grã-Bretanha, Canadá, Austrália e Nova Zelândia, nada disso teria sido uma surpresa. Assange certamente tinha motivos para não confiar no governo do seu país e rejeitou repetidamente as ofertas australianas de assistência consular durante seu período na embaixada equatoriana. Contudo, por mais questionável que possa ser o abandono pela Austrália de seu próprio cidadão do ponto de vista moral, eu não tinha provas suficientes para falar em corresponsabilidade legal do governo australiano pela perseguição política e maus-tratos a Assange.

Assim, durante uma entrevista com o *Sydney Morning Herald* (SMH) publicada em 31 de maio de 2019, descrevi o papel do governo australiano da seguinte maneira: "A Austrália é de uma omissão gritante nesse caso. Eles simplesmente não estão por perto, como se Assange não fosse um cidadão australiano. Essa não é a maneira correta de lidar com isso". Infelizmente, o SMH publicou a entrevista com um título enganoso: "Assange é vítima de tortura e a Austrália compartilha a culpa, diz especialista da ONU". Eu nunca culpei a Austrália pela tortura de Assange, mas isso era irrelevante agora – o dano estava feito. O governo australiano ficou irritado e, no mesmo dia, divulgou sua própria declaração à imprensa: "Rejeitamos qualquer sugestão do Relator Especial da ONU sobre Tortura de que o governo australiano seja cúmplice de tortura psicológica ou tenha demonstrado falta de apoio consular ao Sr. Assange. O Relator Especial não entrou em contato com o governo australiano para levantar essas questões diretamente".

Embora eu não tenha, de fato, acusado a Austrália de cumplicidade em tortura ou falta de apoio consular, minhas observações parecem ter despertado a sensibilidade de uma liderança política que estava plenamente consciente de sua incapacidade para proteger seus cidadãos de abusos graves. Conforme detalhado anteriormente, o governo australiano nunca procurou usar sua considerável influência política como um importante aliado dos Estados Unidos e do Reino Unido para dar fim à perseguição a Assange. Em vez de abordar o caso no plano político, em que ele poderia ter sido resolvido de forma rápida e definitiva, Camberra demonstrou tibieza e se limitou ao nível meramente técnico e administrativo dos serviços consulares. No mundo das relações diplomáticas, isso significa que o governo australiano precisava de um pouco de fachada para consumo interno, mas nunca teve a intenção de questionar efetivamente a desumanização e a perseguição de Assange perpetradas por seus aliados.

Enquanto o próprio Assange não confiasse no governo de seu país o suficiente para, pelo menos, aceitar seus serviços consulares, é claro que não havia base para que eu tentasse negociar nos bastidores uma solução diplomática envolvendo a Austrália. Independentemente do que o governo australiano possa ter feito para proteger os interesses de Assange na última década, nada disso contribuiu para uma mudança significativa em sua situação. Embora um grupo de pouco mais de vinte parlamentares australianos tenha feito uma campanha veemente pela libertação e repatriação de Assange, e dois deles – Andrew Wilkie e George Christensen – tenham chegado a viajar a Londres em fevereiro de 2020 para visitá-lo na prisão, eles não conseguiram persuadir seu governo a mudar de ideia.

Durante a audiência de extradição no Tribunal de Magistrados de Westminster, em setembro de 2020, que durou várias semanas, três dos poucos assentos públicos disponíveis na sala de audiências foram reservados a representantes diplomáticos do Alto Comissariado Australiano em Londres. Do lado de fora do tribunal, começando muito antes do amanhecer, inúmeros jornalistas, políticos estrangeiros, representantes da Anistia Internacional e outros observadores independentes esperavam em vão para serem admitidos na sala de audiências – todos os dias. Em contraste, os confortáveis assentos australianos permaneceram vazios – todos os dias. Dada a óbvia indiferença do governo australiano em relação aos direitos de Assange, era óbvio que não havia potencial para um diálogo construtivo. Aqui, também, a autopercepção da liderança política tinha muito pouco a ver com a realidade.

Alemanha: Entre o apaziguamento e a cumplicidade

Os governos que não têm ligação direta com a perseguição ou com a pessoa de Julian Assange geralmente não fazem nenhum comentário sobre seu caso, ou o fazem com muita cautela. Surpreendentemente, isso se estende além dos blocos políticos tradicionais, de modo que Assange quase não recebe apoio público de países como Rússia, China, Irã ou Venezuela, que raramente perdem uma oportunidade de criticar o Ocidente. Isso não tem nada a ver com a pessoa de Assange, é claro, mas com o fato de que a ideia básica e a metodologia de sua organização – o WikiLeaks – são vistas como uma ameaça igual por todos os governos[19].

Se tivermos que escolher um exemplo para ser discutido nesse contexto, a Alemanha talvez seja a escolha ideal, tanto por seus pontos em comum com outros países, quanto por suas peculiaridades. Primeiro, a Alemanha é um país com influência política, econômica e militar suficiente para influenciar diretamente os quatro estados envolvidos na perseguição a Assange. Em segundo lugar, a Alemanha é um país que teve sua própria experiência de ver uma sociedade altamente desenvolvida degenerar para a ditadura, a vigilância estatal e a autodestruição. E, em terceiro lugar, forçada a enfrentar as consequências dessa falha do sistema, a Alemanha tentou lidar legal, moral e politicamente com o ônus desse passado com um rigor e uma determinação que, apesar das imperfeições, continuam sendo únicos no mundo. Tragicamente, no entanto, a Alemanha continua incapaz de denunciar de forma eficaz processos semelhantes em países aliados ou mesmo de expressar publicamente uma posição clara sobre eles.

Berlim, 7 de outubro de 2020: durante uma sessão parlamentar no Bundestag, o ministro das Relações Exteriores da Alemanha Heiko Maas ameaçou sanções contra a Rússia devido ao suposto envenenamento do político da oposição Alexei Navalny com um agente neurotóxico. O ministro afirma que o desenvolvimento, a produção e a posse de armas químicas é uma "violação flagrante" do direito internacional, acrescentando que "a própria Rússia deveria ter um grande interesse em solucionar o crime". Ainda de acordo com Maas, porém, Moscou

---

[19] Duas exceções são os presidentes do Brasil, Luiz Inácio Lula da Silva, e do México, Andrés Manuel López Obrador. Em 2021, este último ofereceu asilo político a Julian Assange, reiterando a oferta no ano seguinte. Por seu turno, em mais de uma oportunidade, em visitas oficiais ao exterior, Lula manifestou seu apoio a Julian Assange. Ver por exemplo a entrevista coletiva à imprensa de 06 de maio de 2023 em Londres e a entrevista coletiva à imprensa de 22 de junho de 2023 em Roma (https://youtu.be/3oh42mJ7rqo e https://youtu.be/VP2vGRkFPN4?t=2988 – consultados em 25/06/2023). Sobre a oferta do President López Obrador, ver jornal El País: México oferece asilo político a Julian Assange (https://brasil.elpais.com/internacional/2021-01-04/mexico-oferece-asilo-politico-a-julian-assange.html – Publicado em: 04/01/2021 - Consultado em: 29/06/2023); e hebdomadário *Carta Capital*: Presidente do México renova oferta de asilo político a Assange: 'Solidariedade' (https://www.cartacapital.com.br/cartaexpressa/presidente-do-mexico-renova-oferta-de-asilo-politico-a-assange-solidariedade/. (Publicado em: 03/01/2022 – Consultado em: 29/06/2023) (N.T.).

ainda não teria atendido, até o momento, a nenhuma das "exigências e questões" do governo alemão nesse caso. A menos que a Rússia forneça os esclarecimentos necessários, diz ele, "sanções direcionadas e proporcionais contra os responsáveis serão inevitáveis". A mensagem clara de Berlim é muito bem-vinda, pois os governos dificilmente têm coragem de assumir uma posição tão intransigente.

Mais tarde, durante a mesma sessão, Maas é questionado sobre o caso de Julian Assange e, mais especificamente, sobre minhas conclusões oficiais de que o tratamento dado a ele viola a proibição universal da tortura – outra "violação flagrante" do direito internacional. De repente, o ministro se torna significativamente menos combativo. De acordo com Maas, o governo alemão não tem "nenhuma informação" de que "tenha havido violações da lei internacional tanto na acomodação quanto no tratamento dado a Julian Assange". O ministro acredita que "Assange merece um julgamento de acordo com o estado de direito", mas não vê razão para "acusar nossos parceiros britânicos de qualquer falha ou algo do gênero nesse caso". Portanto, ao contrário da Rússia, o Reino Unido não está sendo confrontado com "questões e exigências" do governo alemão e não precisa esperar sanções alemãs caso não investigue a perseguição a Assange e não forneça os esclarecimentos necessários.

Ao contrário da alegação do ministro de que ele não tinha "nenhuma informação" que indicasse quaisquer "violações do direito internacional" contra Assange, eu havia informado pessoalmente o seu ministério sobre o assunto um ano antes, em 26 de novembro de 2019, durante uma visita a Berlim. Por iniciativa própria, a Divisão de Direitos Humanos do Ministério das Relações Exteriores da Alemanha me convidou para uma reunião em seus escritórios para discutir o caso Assange. Para minha surpresa, no entanto, meus interlocutores não tinham intenção de discutir as conclusões da minha investigação, nem as medidas que poderiam ser tomadas pelo governo alemão a fim de influenciar positivamente o tratamento que as autoridades britânicas e estadunidenses estavam dando a Assange. Na verdade, ninguém na sala havia lido nenhuma das minhas comunicações oficiais sobre o caso e, durante toda a reunião, ninguém demonstrou o menor interesse em conhecer seu conteúdo. Em vez disso, meus interlocutores permaneceram sentados com o semblante crispado e expressaram preocupação de que meu envolvimento no caso Assange minasse não apenas a credibilidade do meu mandato, mas até mesmo a continuidade da existência dos mecanismos de direitos humanos da ONU como um todo. Para esses burocratas de direitos humanos, Assange ter sido mantido em confinamento solitário por meses a fio, ter sido privado de sua dignidade humana e ver negado seu direito de preparar sua defesa, nada disso parecia despertar dúvidas quanto à legalidade dos procedimentos britânicos. Em contraste, eles responderam às minhas objeções com os mesmos olhares indiferentes dos porta-vozes do governo que, nas Conferências de Imprensa Federal (BPK) semanais, rejeitam qualquer pergunta sobre a posição do governo no caso Assange com rostos de pedra e fraseologia insuportável – um verdadeiro *reality show* de cegueira voluntária.

Londres, setembro de 2020: Uma das muitas testemunhas que depuseram a favor de Assange no julgamento de extradição dos EUA foi um cidadão alemão-libanês de dupla nacionalidade chamado Khaled El-Masri. Em 31 de dezembro de 2003, ele foi preso pela polícia na Macedônia e entregue à CIA. Em Skopje e em uma "área secreta" no Afeganistão, ele foi humilhado e torturado por agentes da CIA durante quatro meses, até que finalmente se persuadiram de sua inocência e o abandonaram em uma estrada deserta na Albânia, sem qualquer pedido de desculpas, compensação, sem sequer lhe fornecer fundos suficientes para que ele voltasse para casa. Após vários processos sem sucesso contra as autoridades macedônias, a Corte Europeia de Direitos Humanos concluiu em 2012 que El-Masri havia sido torturado por funcionários macedônios e estadunidenses e ordenou que a Macedônia lhe pagasse 60.000 euros de indenização. Como a tortura é um crime grave, o Ministério Público Federal da Alemanha emitiu treze mandados de prisão contra os agentes da CIA supostamente responsáveis pelo abuso de El-Masri.

No entanto, o governo alemão recusou-se posteriormente a encaminhar aos Estados Unidos o pedido de extradição – uma decisão discricionária "injustificável" do poder executivo, de acordo com a conclusão do Tribunal Administrativo Alemão. Na realidade, a recusa do governo alemão foi uma clara violação da Convenção contra a Tortura. Esse tratado não deixa aos estados a liberdade de determinar se devem ou não processar a tortura, mas os obriga inequivocamente a fazê-lo em todos os casos. A investigação adicional do caso por uma Comissão Parlamentar de Inquérito teria sido inviabilizada porque o governo alemão se recusou a fornecer provas e proibiu outras testemunhas de depor. Conforme demonstrado por cabos diplomáticos da Embaixada dos EUA em Berlim, posteriormente publicados pelo WikiLeaks (07BERLIN242), os Estados Unidos exerceram forte pressão sobre o governo alemão para que não permitisse que esse pedido de extradição fosse adiante.

Mais uma vez, o governo alemão não "fez questões ou exigências". Novamente, a Alemanha não ameaçou os Estados Unidos com sanções, apesar da "violação flagrante" do direito internacional. Além disso, a tortura de El-Masri não foi apenas um erro infeliz e isolado, ao contrário, foi mais um dentre centenas de casos semelhantes. Foi fruto de uma política firmemente estabelecida de graves violações do direito internacional pelos Estados Unidos, desde sequestros ilegais e tortura sistemática em prisões secretas em todo o mundo, até inúmeros ataques de drones coordenados a partir da Base Aérea de Ramstein, na Alemanha, e assassinatos de indivíduos por mera suspeita – uma média de dois ataques por mês durante o governo do Presidente Bush, aumentando para cinco por semana durante o governo de Obama e três por dia durante o governo de Trump. De acordo com o direito internacional, há um ponto em que o apaziguamento político se converte em cumplicidade.

O quanto a política de segurança alemã e a de seus parceiros ocidentais estão entrelaçadas nos bastidores pode ser aquilatado não apenas em casos individuais como esses, mas de forma particularmente clara em relação ao escândalo da NSA. Depois que os vazamentos de Snowden revelaram que em 2013 a NSA espionou políticos alemães de alto escalão, houve protestos públicos e pedidos de um acordo germano-estadunidense de "não espionagem", de criação de um comitê de investigação e de processos criminais relativos à espionagem praticada contra o telefone pessoal da chanceler Angela Merkel. O governo alemão inicialmente fingiu apoiar essas demandas. No entanto, depois que a poeira baixou e a atenção do público diminuiu, a política real silenciosamente assumiu o controle: os processos criminais foram arquivados por "falta de provas", o acordo de não espionagem foi enterrado sem ruído e o comitê de investigação foi impedido de interrogar sua testemunha mais importante, Edward Snowden, em Berlim. Para que Snowden pudesse ir a Berlim, ele precisava de uma garantia de não devolução por parte do governo alemão contra sua extradição para os Estados Unidos. Aparentemente, isso teria colocado muita pressão sobre as sensíveis relações transatlânticas do governo alemão. Essa atitude complacente não foi alterada nem mesmo pelas revelações do WikiLeaks, no verão de 2015, que forneceram novas evidências de que vários políticos importantes da Alemanha haviam sido sistematicamente vigiados pela NSA por muitos anos, incluindo transcrições literais de conversas grampeadas da chanceler. Em suma, a liderança política alemã optou por varrer o maior escândalo de vigilância da história mundial para debaixo do tapete, juntamente com o direito à verdade, à transparência e à privacidade de seu próprio povo, e enfatizar o caráter indispensável da parceria transatlântica.

Desde as revelações do "Crypto-Leaks" em fevereiro de 2020, a designação mais exata dessa "parceria" transatlântica talvez seja "cumplicidade", inclusive no campo da coleta de inteligência. Por meio de uma empresa de fachada suíça chamada Crypto AG, que era secretamente de propriedade conjunta da CIA e do Serviço Federal de Inteligência Alemão (BND), a Alemanha e os EUA vendiam equipamentos de criptografia manipulados há décadas para mais de 100 países. Isso permitiu que eles grampeassem sistematicamente as comunicações de bem mais da metade de todos os governos do mundo. Quando, depois de mais de vinte anos, o Serviço Nacional de Inteligência da Suíça (NDB) finalmente descobriu o esquema de espionagem alemão-estadunidense, ele não o interrompeu. Em vez disso, fez um acordo com a CIA estendendo aos agentes de inteligência suíços o acesso aos dispositivos comprometidos – causando danos consideráveis a longo prazo à credibilidade da Suíça como um país neutro, seguro e confiável.

Foi somente em 30 de dezembro de 2020 que a comissária de direitos humanos do governo alemão, Bärbel Kofler, conseguiu emitir um comunicado à imprensa sobre o caso Assange. A comissária declarou que ela pessoalmente – e não o governo alemão, nem o Ministério das Relações Exteriores, como um porta-voz do governo se apressou em esclarecer – estava acompanhando o julgamento de extradição de Assange "com preocupação"; ela lembrou o Reino Unido de suas obrigações nos termos da Convenção Europeia de Direitos Humanos, "também com vistas à possível sentença e às condições de detenção". A declaração da comissária foi publicada no último dia útil antes de segunda-feira, 4 de janeiro de 2021 – o dia marcado para a juíza Baraitser, do Tribunal de Magistrados de Westminster, em Londres, proferir sua sentença de primeira instância no caso de extradição de Assange. Muito pouco, muito tarde. Muito pouco para ser levado a sério e muito tarde para influenciar a decisão – muito longe do combativo discurso do governo alemão no caso de Navalny.

O denominador comum

O meu diálogo com os quatro Estados diretamente responsáveis pela perseguição de Assange – o Reino Unido, a Suécia, o Equador e os Estados Unidos – não terminou com as suas respostas iniciais. Não estava preparado para aceitar as suas desculpas e, por isso, escrevi uma comunicação individual de resposta a cada um dos quatro governos. Nestas cartas, considerei diligentemente todas as respostas apresentadas pelas autoridades, reiterei a necessidade de uma investigação oficial do caso e expliquei as minhas conclusões e o meu raciocínio com base em argumentos de direito e de fatos mais pormenorizados. As cartas foram enviadas aos Estados Unidos e à Suécia em 12 de setembro, ao Equador em 2 de outubro, e ao Reino Unido em 29 de outubro de 2019. Enquanto Quito respondeu com mais uma saraivada verbal, Estocolmo limitou-se a remeter para a sua resposta inicial e declarou que o governo não tinha "mais observações" sobre o caso. Londres e Washington simplesmente não responderam.

Agora estava cristalinamente nítido que nada mais poderia ser conseguido através dos canais diplomáticos à minha disposição. Os Estados envolvidos tinham deixado explícito que não desejavam um diálogo construtivo com o meu gabinete e que consideravam o assunto encerrado. Quanto a mim, iria agora mostrar que não cederia. Tinha visto coisas demais para poder desviar o olhar e fingir que nada tinha acontecido.

As disfunções que tinha testemunhado iam muito além do caso Assange e eram indicativas de um fracasso sistêmico de grandes proporções.

Para que não restem dúvidas: a má conduta oficial descrita neste livro – desde a perseguição de Assange pelos Estados Unidos, Reino Unido, Suécia e Equador, até as evasivas da Austrália e a cegueira voluntária da Alemanha – não é exclusiva destes países nem prova de uma conspiração maléfica. A política do compromisso mínimo – em que qualquer dilema moral é sempre resolvido seguindo o caminho da mínima resistência, em que a dignidade humana, a transparência e a responsabilidade são sempre a segunda (ou terceira) prioridade – é universal. Este é o «sistema operativo» globalmente prevalente em qualquer sociedade humana, em qualquer Estado, organização ou empresa. Este é o material nada espetacular de que são feitos os crimes mais atrozes e as maiores tragédias humanas, através da paz imposta pelo tacão dos poderosos, da negação de responsabilidades e da cumplicidade burocrática. É o que Hannah Arendt tão corretamente descreveu como a "banalidade do mal".

Por mais que sejamos tentados a culpar e a moralizar, a causa do fracasso sistêmico dos Estados em defender o Estado de Direito – seja no caso de Julian Assange ou em outros – não é de natureza moral. Essa causa está profundamente enraizada na neurobiologia e na psicologia social. Como argumentei em meu relatório para a Assembleia Geral da ONU em outubro de 2020 (A/75/179), até mesmo os complexos processos de tomada de decisões políticas são impulsionados sobretudo por emoções inconscientes que visam assegurar a autopreservação individual e coletiva e evitar conflitos potencialmente ameaçadores. As verdades incômodas e os dilemas morais são eliminados ou encobertos por meio de várias formas de autoengano. O resultado desse processo de autoengano é sempre um buraco negro moral no qual a corrupção e a desumanidade podem ser praticadas sem serem percebidas como tais.

No caso de Julian Assange, essas verdades incômodas são, nem é preciso dizer, as publicações do WikiLeaks. Elas lançam luz sobre a vergonhosa realidade das relações internacionais, os crimes de guerra e as violações dos direitos humanos, a corrupção, as mentiras e os compromissos espúrios. A precisão das informações vazadas não pode ser contestada, pois os documentos foram produzidos pelas próprias autoridades. Mas, em vez de enfrentar essa realidade e fazer as reparações necessárias, os Estados expostos preferiram mudar o assunto da conversa. Eles se uniram para arrancar os holofotes das mãos do mensageiro e voltá-los contra ele: Assange, estuprador, hacker, espião e narcisista! Sequer é um jornalista de verdade! Não passa de um traidor que colocou vidas humanas em risco! O público mundial e a mídia agradecem, porque é muito mais fácil zombar de um indivíduo sozinho e usá-lo como bode expiatório do que questionar a idoneidade das próprias autoridades e, na verdade, de todo o sistema de governança política e econômica. Inversamente, é muito mais difícil assumir a responsabilidade política e empreender as enormes reformas de governança global que devem ser realizadas se quisermos alcançar as sociedades pacíficas, justas e sustentáveis previstas em documentos fundamentais, como a Carta das Nações Unidas e a Declaração Universal dos Direitos Humanos.

Dada a recusa categórica dos Estados envolvidos em estabelecer um diálogo construtivo com meu mandato, a única maneira de fazer a diferença era confrontar o público em geral com seu próprio autoengano, o mesmo autoengano que inicialmente distorceu minha própria percepção do caso. Não seria fácil porque, ao longo da última década, a narrativa oficial sobre Assange havia se enraizado profundamente na opinião pública e se baseava predominantemente em afirmações e alegações que não podiam ser facilmente verificadas ou desmascaradas. Mas um evento viria a facilitar significativamente minha tarefa: o colapso do caso sueco, em novembro de 2019.

11. Colapso do caso sueco

Ventos contrários dos Estados Unidos

Apenas quatro dias depois de minha visita a Assange em Belmarsh, em 13 de maio de 2019, o Ministério Público sueco reabriu sua investigação preliminar contra ele – agora pela terceira vez. Quase nove anos se passaram desde sua visita à Suécia, desde aquele fatídico dia em agosto de 2010, quando as duas mulheres suecas visitaram a delegacia de polícia de Klara, em Estocolmo, e as autoridades suecas zelosamente apresentaram Assange ao mundo como suspeito de estupro – frustrando, assim, o iminente estabelecimento do WikiLeaks como uma organização de imprensa constitucionalmente protegida na Suécia. Desde então, os investigadores suecos interrogaram formalmente Assange, ouviram várias testemunhas e realizaram análises exaustivas de DNA. No entanto, devido à persistente falta de provas processáveis, a investigação já havia sido interrompida duas vezes, sem que Assange jamais fosse formalmente acusado de um delito. Agora, o Ministério Público sueco parecia empenhado em acrescentar uma terceira rodada ao fiasco processual de sua mais longa investigação preliminar.

Em todos esses anos, não houve progresso significativo, sendo que houve um impedimento deliberado de avançar a investigação para além do estágio preliminar. Isso foi particularmente conveniente porque, na ausência de uma acusação formal, as autoridades suecas poderiam continuar a apresentar publicamente Assange como um "suspeito de estupro" sem ter que revelar suas provas nem submeter suas alegações a uma revisão judicial. Em maio de 2019, as alegações no caso de A. já haviam prescrito há quase quatro anos, e o caso de S. expiraria em quinze meses, em agosto de 2020. Em última análise, a estratégia de procrastinação sistemática do Ministério Público sueco privaria não apenas Assange, mas também as duas mulheres, de qualquer chance de receber justiça e reparação. Mas isso não parecia incomodar as autoridades suecas, que nunca demonstraram qualquer interesse genuíno em processar Assange por ofensas sexuais, porque sabiam que não poderiam provar as acusões no tribunal. Em vez disso, as alegações do caso foram mantidas artificialmente vivas para fins de perseguição política a Assange – não oficialmente, é claro, mas como parte de sua cooperação de inteligência "informal", "forte" e "confiável" com seu parceiro transatlântico. Contudo, isso não era algo que o povo sueco e seu Parlamento precisassem saber. A interferência deles só teria "atrapalhado" esses "acordos bem-sucedidos" entre os serviços de inteligência da Suécia e dos Estados Unidos.

Para o gabinete do Ministério Público sueco, permitir que sua investigação preliminar nos casos de A. e S. expirasse sem uma acusação formal foi particularmente vantajoso. Isso significou que o caso foi formalmente encerrado e todas as provas – ou a falta delas – foram seladas, arquivadas e retiradas do escrutínio público. Ao mesmo tempo, a narrativa do suspeito de estupro poderia ser perpetuada indefinidamente sem nunca ser levada a um tribunal. Publicamente, esse resultado deliberadamente fabricado poderia ser convenientemente imputado a Assange, pela acusação de que ele havia fugido da justiça. A mesma narrativa já tinha sido usada em agosto de 2015, quando a promotora permitiu que o caso de A. prescrevesse, embora ela estivesse de posse de todos os elementos necessários para decidir sobre uma acusação formal contra Assange desde pelo menos julho de 2011.

Em 12 de abril de 2019, um dia após a prisão de Assange e mais de um mês antes de a Suécia ressuscitar sua investigação preliminar no caso de S. pela terceira vez, nada menos que setenta parlamentares britânicos enviaram uma carta aberta à primeira-ministra Theresa May. Eles reivindicavam que, em caso de concorrência entre um possível pedido de extradição sueco e o já feito pelos Estados Unidos, Assange fosse extraditado para a Suécia. "Devemos enviar uma mensagem forte sobre a prioridade que o Reino Unido dá ao combate à violência sexual e a seriedade com que tais alegações são encaradas", dizia a carta.

A hipocrisia dessas afirmações ficou escancarada quando, no mesmo ano, o príncipe Andrew, o filho mais novo da rainha Elizabeth II, foi suspeito nos Estados Unidos de abuso sexual repetido de uma menor como parte do caso Geoffrey Epstein. O Departamento de Justiça dos EUA fez uma solicitação formal para interrogar o príncipe como parte de sua investigação, mas Sua Alteza Real recusou. Desta vez, curiosamente, esses mesmos parlamentares não se mobilizaram para enviar uma carta aberta ao primeiro-ministro exigindo que o príncipe fosse entregue aos Estados Unidos. Esqueceram a necessidade de "enviar uma mensagem forte sobre a prioridade que o Reino Unido dá ao combate à violência sexual e a seriedade com que tais alegações são vistas".

É muito provável que, mais do que qualquer outra coisa, a carta aberta defendendo a extradição de Assange para a Suécia tenha sido elaborada para atrair os eleitores britânicos antes das próximas eleições gerais de dezembro de 2019. O povo britânico não gostava muito do tratado de extradição anglo-estadunidense de 2003, um acordo desequilibrado que era visto como altamente desfavorável ao Reino Unido devido à interpretação subserviente de Tony Blair para a "relação especial" da Grã-Bretanha com os Estados Unidos. Ao dar preferência ao pedido de extradição sueco, as críticas sobre o servilismo britânico em relação aos Estados Unidos poderiam ser esvaziadas. Ao mesmo tempo, os parlamentares poderiam assumir uma posição pública forte contra a violência sexual sem ter que mexer um dedo para melhorar os índices notoriamente baixos de processos e condenações por crimes sexuais relatados no Reino Unido. Por último, mas não menos importante, ao enviar Assange para a Suécia, a Grã-Bretanha poderia evitar lidar com as pressões políticas resultantes do pedido de extradição dos EUA e transferir o problema para a Suécia.

No entanto, conforme a decisão de extradição da Suprema Corte britânica em 2012 demonstra claramente, a *Realpolitik* britânica há muito deixou de considerar a opinião do Parlamento. Durante anos, os Estados Unidos consideraram a narrativa sueca de estupro contra Assange como uma maneira bem-vinda de desviar a atenção dos crimes de guerra e da corrupção revelados pelo WikiLeaks. Mas agora, após os vazamentos do DNC, as agências de inteligência dos EUA haviam conseguido retratar Assange como o bode expiatório da vitória eleitoral de Donald Trump em 2016, um evento que traumatizou segmentos muito influentes do público estadunidense. A "narrativa de estupro" sueca já não era necessária, porque, de modo geral, o público estadunidense havia mordido a isca e era improvável que descobrisse o verdadeiro propósito da acusação contra Assange a tempo de evitar a criminalização do jornalismo investigativo focado nas questões de segurança nacional.

Assim, dez dias após a reabertura oficial da investigação preliminar sueca sobre o caso de S., o governo dos EUA dobrou a aposta. Com a acusação substitutiva de 23 de maio de 2019, os Estados Unidos expandiram sua acusação original que versava apenas sobre "conspiração por cometer invasão de computador" para dezessete acusações adicionais sob a Lei de Espionagem e – crucialmente – aumentaram a sentença máxima de cinco para 175 anos de prisão. Em comparação com um pedido de extradição sueco potencialmente concorrente por estupro ("de menor gravidade"), que implicava uma pena máxima de quatro anos de prisão, o pedido dos EUA certamente teria precedência.

Ventos contrários de Londres

Na Suécia, Marianne Ny havia se aposentado do serviço público e a vice-diretora do Ministério Público, Eva-Marie Persson, estava agora encarregada do caso. Em 20 de maio de 2019, Persson emitiu um comunicado à imprensa anunciando que havia solicitado ao Tribunal Distrital de Uppsala uma ordem de detenção contra Assange, com base na qual ela planejava emitir um novo MDE e obter sua entrega à Suécia. Porque – é claro – ainda era necessário interrogar Assange na Suécia. No mesmo dia, o Ministério Público sueco também entrou em contato com sua contraparte britânica "para esclarecer que o (possível) MDE também inclui pedido de entrega temporária". Persson provavelmente esperava que o Serviço de Promotoria Britânico (CPS) a recebesse com a mesma cumplicidade incondicional de que Marianne Ny havia desfrutado durante anos. Mas Paul Close, o antigo responsável em Londres, também havia se aposentado, e a legislação britânica havia sido alterada desde então para refletir as preocupações com a proporcionalidade levantadas pela Suprema Corte no primeiro julgamento de extradição de Assange na Suécia, em 2012.

O mais importante, porém, é que os Estados Unidos haviam entrado abertamente no ringue com um pedido de extradição próprio e, portanto, não dependiam mais de seu "parceiro confiável", a Suécia, para a execução de suas políticas. Alison Riley, procuradora especialista em extradição do CPS, respondeu inicialmente que estender o MDE para uma entrega temporária "não seria um problema". Mas, vinte e quatro horas depois, em 21 de maio, o tom mudou. Presumivelmente, a perspectiva iminente de um pedido de extradição concorrente da Suécia para Assange havia desencadeado consultas no nível político.

Agora, a promotora Riley subitamente confrontou os suecos com perguntas amplas e termos categóricos: "Os senhores poderiam explicar por que ainda é necessário interrogar [Julian Assange]? Os senhores devem estar cientes da nova seção 12A da nossa lei, que torna imperativo que, antes que um MDE possa ser aprovado, deve haver no Estado Requerente uma decisão de acusar e julgar a Pessoa Requerida. Se houver qualquer sugestão de que essas decisões não foram tomadas, ou que [Julian Assange] não pode ser levado a julgamento a menos que seja interrogado primeiro, o Tribunal não ordenará sua entrega". Em resumo, a dura mensagem vinda de Londres era que Assange não seria entregue à Suécia a menos que já estivesse decidido que ele seria formalmente acusado e julgado por um delito criminal no país. Essa foi uma mudança significativa em relação a 2012, quando a Suprema Corte britânica cedeu e ignorou a vontade do Parlamento para permitir a entrega forçada de Assange à Suécia com o mero propósito de que ele prestasse um depoimento em uma investigação preliminar.

Depois de quase nove anos de ventos favoráveis vindos de Londres, o Ministério Público sueco se viu subitamente diante das exigências do devido processo legal e do estado de direito. Eva-Marie Persson sabia, é claro, que não tinha nenhuma chance de êxito se tentasse um processo contra Assange. Ela não tinha nem sequer elementos probatórios suficientes para sustentar uma acusação formal. Simplesmente não havia provas processáveis que demonstrassem a culpabilidade de Assange por qualquer delito além de qualquer dúvida razoável. Como mostra a correspondência interna do Ministério Público Sueco, Persson procurou alternativas para sua extradição formal. Ou Assange poderia ser novamente interrogado em Londres ou – e essa era sua opção preferida – o MDE, que ela esperava firmemente que fosse emitido, poderia ser usado para "emprestar" temporariamente Assange da Grã-Bretanha por meio do mecanismo de entrega temporária. Ao propor essa possibilidade às autoridades britânicas por escrito, o Ministério Público Sueco confirmou explicitamente a disposição da Suécia – sempre temida por Assange e sempre negada pelo governo – de contornar os obstáculos legais impostos pelos procedimentos formais de extradição com o instrumento da entrega temporária. No entanto, Persson estava lutando contra o que parecia ser uma obstrução britânica.

Em 21 de maio de 2019, ela escreveu em um e-mail para um membro subordinado de sua equipe: "Tentamos encontrar caminhos para o Reino Unido atender tanto aos desejos dos Estados Unidos quanto aos da Suécia. Mas essa correspondência [com Alison Riley] parece indicar que não há interesse em fazer isso no Reino Unido". De que "caminhos" Persson estava falando aqui? Estaria se referindo à entrega temporária de Assange pela Grã-Bretanha para a Suécia e – dado que o mesmo mecanismo estava previsto no tratado de extradição entre os EUA e a Suécia – posteriormente para os Estados Unidos? Seja como for, com sua acusação complementar de 23 de maio de 2019, o governo dos EUA sinalizou que não estava mais interessado ou mesmo disposto a fazer o percurso via Suécia. Eles queriam a extradição direta de Assange para os Estados Unidos.

Ventos contrários da Suécia

O Ministério Público Sueco enfrentou ventos contrários inesperados também no próprio país. Para emitir um novo MDE, Persson teria que primeiro obter uma ordem de detenção do Tribunal Distrital de Uppsala. Na terça-feira, 28 de maio de 2019, duas semanas e meia após minha visita à prisão em Belmarsh, enviei minha primeira carta oficial ao governo sueco, expressando minha preocupação com a suposta cumplicidade das autoridades suecas na perseguição e nos maus-tratos a Assange. Na sexta-feira da mesma semana, 31 de maio de 2019, divulguei minha declaração à imprensa, despertando temporariamente até mesmo a imprensa hegemônica de sua letargia em relação aos direitos humanos de Assange. Na segunda-feira seguinte, 3 de junho de 2019, o Tribunal Distrital de Uppsala recusou-se a emitir uma ordem de detenção contra Assange, com base na proporcionalidade. De acordo com o tribunal, Assange estava cumprindo pena em uma prisão britânica, portanto, era possível e aceitável que um promotor sueco que conduzisse uma investigação preliminar o interrogasse em Londres, em conformidade com os acordos internacionais de assistência jurídica mútua aplicáveis. Se e quando o promotor chegasse à conclusão de que Assange deveria ser formalmente acusado de um delito criminal, então sua extradição poderia ser solicitada com o objetivo de realizar o julgamento.

É claro que, nos últimos nove anos, nunca houve nenhum obstáculo legal ou prático para interrogar Assange em Londres. Portanto, exatamente as mesmas considerações de proporcionalidade já deveriam ter impedido a ordem de detenção sueca inicial e o MDE relacionado contra ele em novembro de 2010. Então, como foi que, depois de quase uma década, o judiciário sueco subitamente decidiu começar a tratar Assange de acordo com a lei?

Talvez não seja muito exagerado estabelecer uma conexão causal entre a decisão do Tribunal Distrital de Uppsala e minhas fortes declarações oficiais alguns dias antes. Como qualquer outra autoridade, os juízes não querem acabar no lado errado da história. Ao decidir não emitir uma ordem de detenção e evitar um pedido de extradição por enquanto, o judiciário sueco ganhou tempo. Agora eles poderiam esperar e ver se o barulho criado por este relator especial da ONU seria alto o suficiente para desencadear uma investigação parlamentar na Suécia, ou se acabaria sendo uma tempestade em copo d'água que eles poderiam ignorar com segurança. Pela primeira vez, o interesse próprio oficial pareceu funcionar a favor de Assange, pelo menos temporariamente. No entanto, para que a investigação fosse totalmente abandonada, ainda faltava um último elemento.

O Dia da Verdade

Quando, em 12 de julho de 2019, recebi a resposta evasiva do governo sueco à minha carta oficial de 28 de maio, ficou imediatamente claro para mim que eu não aceitaria um "não" como resposta. Muitas evidências haviam se acumulado para que eu pudesse varrer o quadro emergente de arbitrariedade judicial maciça para debaixo do tapete e continuar com os afazeres normais.

Em vez disso, elaborei uma carta de acompanhamento, que foi enviada ao Ministério das Relações Exteriores da Suécia em 12 de setembro de 2019, deixando bem claro que eu não seria ludibriado com platitudes. Enquanto em minha primeira carta eu havia feito apenas cinco perguntas, minha segunda carta continha cinquenta. Confrontei o governo com um elenco minucioso de violações do devido processo legal e outras inconsistências e pedi que "explicassem, ponto por ponto e em detalhes, a compatibilidade de cada um desses atos e omissões das autoridades suecas (...) e do impacto geral da investigação sueca sobre os direitos e a reputação do Sr. Assange, com as obrigações internacionais de direitos humanos da Suécia, em particular com a presunção de inocência e com os princípios de legalidade, imparcialidade, necessidade, proporcionalidade, eficácia e boa-fé, todos eles requisitos intrínsecos do devido processo legal, indispensáveis à justiça e ao estado de direito". Como de costume, as autoridades suecas tiveram sessenta dias para responder. A resposta chegou em 11 de novembro de 2019, o último dia desse prazo. Ela consistia em três frases escassas, acusando o recebimento da minha carta e informando-me de forma concisa: "Em relação à comunicação de 12 de setembro de 2019, gostaria de me referir à resposta do governo de 12 de julho de 2019. O governo não tem outras observações a fazer".

Em essência, é claro, a resposta inicial de 12 de julho de 2019 já havia deixado claro que o governo sueco não tinha "nenhuma outra observação a fazer" – apenas de forma mais prolixa e repisando por quatro vezes a independência do judiciário sueco. Apesar de o governo sueco ter demonstrado que dava qualquer diálogo sobre esse caso por encerrado, minha carta de acompanhamento parece ter tido um efeito bastante substancial nos bastidores: alguns dias depois, em 19 de novembro de 2019, a investigação preliminar sobre o caso de S. foi formalmente arquivada pela terceira e última vez.

Em sua decisão, a Promotora Persson enfatizou que S. "apresentou uma versão confiável e crível dos eventos. Suas declarações foram coerentes, extensas e detalhadas". No entanto, ela explicou que "a sustentação à afirmação da parte lesada – e, portanto, do suposto ato criminoso – agora é considerada enfraquecida, em grande parte devido ao longo período de tempo decorrido desde os eventos em questão". Na avaliação geral da promotora, "a situação probatória foi enfraquecida a tal ponto que não há mais razão para continuar a investigação preliminar. Não se pode presumir que outras investigações mudarão a situação probatória de forma significativa. A investigação preliminar está, portanto, arquivada".

Na realidade, é claro, nunca houve nenhuma outra prova passível de acusação além do depoimento de S.. Se a promotora ainda considerava o depoimento de S. como "crível e confiável", então era difícil compreender como seu valor probatório poderia ter diminuído tão drasticamente ao longo do tempo. Por uma questão de lógica, a única explicação concebível para afirmar a credibilidade e a confiabilidade do depoimento de S. e, ao mesmo tempo, descartar a credibilidade e a confiabilidade do discurso oficial do estupro era que um não tinha nada a ver com o outro. Isso deixou duas possibilidades. A primeira era que, ao contrário do relatório policial baseado em seu depoimento, a própria S. nunca alegou ter sido estuprada, e que a promotora Persson havia chegado à mesma conclusão a que sua colega Eva Finné chegara nove anos antes, a saber, que o depoimento de S. era confiável, mas não dava margem a qualquer suspeita de conduta criminosa. A segunda possibilidade era que as alegações de S. configuravam estupro, ao passo que as alegações de Assange não, e que, sendo todos os outros fatores probatórios iguais, o suspeito deveria receber o benefício da dúvida – *in dubio pro reo*. Em ambos os casos, independentemente do que realmente tivesse acontecido entre S. e Assange, ele deveria ser considerado inocente por uma questão de lei.

É claro que tudo isso já era de conhecimento das autoridades suecas em setembro de 2010. Mas, mesmo agora, a promotora ainda não conseguia dizer nada disso. Nenhuma palavra sobre a presunção de inocência. Nenhuma palavra de arrependimento pelos quase dez anos de arbitrariedade judicial às custas de todas as três pessoas envolvidas: Assange e as duas mulheres. Nenhuma reparação pelo dano à reputação e pela hostilidade, humilhação e maus-tratos que sofreram. Nenhuma compensação pelos quase dez anos de detenção arbitrária de Assange baseada exclusivamente em alegações insustentáveis de estupro irresponsavelmente divulgadas e incessantemente fomentadas pelas autoridades suecas. Na coletiva de imprensa, perguntaram a Persson se ela lamentava a forma como a investigação havia sido conduzida. Mais uma vez, a ausência de uma negação firme foi mais reveladora do que o conteúdo evasivo da resposta. Ela só poderia assumir a responsabilidade pessoal pelos últimos seis meses, disse Persson, e durante esse período ela tentou conduzir a investigação da forma mais rápida e qualificada possível. Entretanto, ela não poderia comentar sobre o que havia acontecido sob a responsabilidade de outro investigador. Era possível que o Ministério Público precisaria "examinar essa questão quando tudo isso terminasse". Até o momento, isso parece ser o mais próximo que as autoridades suecas chegaram de um autoexame crítico nesse caso.

Desde a súbita invocação do devido processo legal e do estado de direito por seus colegas britânicos e pelo Tribunal Distrital de Uppsala, o Ministério Público Sueco passou a agir como um cervo diante dos faróis. Lutando desesperadamente por novas medidas investigativas que pudessem ser tomadas para manter uma fachada de credibilidade, eles viram o teor e a consistência de seu caso contra Assange degringolarem rapidamente para o colapso total. As diretrizes internas que a promotora Persson emitiu durante o verão de 2019 revelam a que ponto chegava a desordem da investigação sueca, que carecia até mesmo dos fundamentos mais básicos de um caso processável. Em sua diretriz de 13 de junho, Persson escreve: "Precisamos fazer uma avaliação preliminar das provas". Preliminar? Sério? Depois de nove anos? Como a necessidade de uma "avaliação preliminar" se encaixa na suspeita publicamente proclamada e pretensamente consolidada sobre a causa provável? E

Persson ainda continua: "Não é apropriado solicitarmos permissão para interrogar [Assange] na Inglaterra se não considerarmos que temos provas suficientemente fortes". Essa declaração é bastante reveladora, dado que, na prática, até mesmo o nível mais frágil de evidência é suficiente para justificar interrogar um suspeito. Em outra diretriz de 26 de julho, referindo-se a várias provas, Persson escreve: "Terei que ler todas elas e decidir quão forte *realmente* é [ênfase no original] a sustentação para o suposto crime". É mesmo? Por que a promotora levou nove anos para fazer a pergunta certa? De acordo com Persson, em julho de 2019, "a prova oral em sustentação ao suposto delito se deteriorou" – como se as declarações originais de 2010 não pudessem mais ser usadas como prova. "Se a memória e/ou a vontade de contribuir da [testemunha X.] se deteriorou, o mesmo acontecendo com várias outras testemunhas, acho que isso será o prego no caixão».

Minha carta de acompanhamento ao governo é provavelmente o que se tornou o "prego no caixão" final do caso sueco. Eu havia listado cinquenta violações do devido processo legal, algumas delas graves, e havia feito cinquenta perguntas que as autoridades evidentemente preferiram deixar sem resposta. Depois de apenas dois meses, essas cinquenta alegações e perguntas seriam publicadas na página virtual do Alto Comissariado das Nações Unidas para os Direitos Humanos. Isso implicava um risco considerável de que perguntas incômodas fossem feitas pela imprensa, no parlamento, por um ombudsman, corregedor ou por um tribunal sobre as responsabilidades legais decorrentes desse caso.

Embora tivesse sido mais elegante manter a investigação preliminar em um estado de paralisia até que o caso de S. prescrevesse em agosto de 2020, seu imediato arquivamento era claramente a solução mais segura, pois colocava um fim formal no assunto para todos os envolvidos. Esse foi um derradeiro sinal de que o Ministério Público Sueco nunca havia realmente buscado a justiça e o estado de direito nesse caso – nem para Assange nem para as duas mulheres. Todos os três foram instrumentalizados e abusados pelas autoridades com o objetivo de perseguição política e dissuasão. Mesmo que, no final das contas, o colapso do caso sueco contra Assange tenha sido inevitável, ele deixou um gosto amargo.

12. A opinião pública começa a mudar

Confrontando um tabu

O arquivamento da investigação sueca deixou o público em geral, no mundo inteiro, perplexo. Por mais de nove anos, o Ministério Público havia conseguido esvaziar as críticas sobre a paralisia de sua investigação acusando Assange de fugir da justiça. Contudo, com a prisão dele pela polícia britânica em 11 de abril de 2019, a situação mudou. De repente, Assange estava à disposição das autoridades suecas, e elas ainda tinham um prazo confortável de dezesseis meses para interrogá-lo e acusá-lo formalmente pelo suposto estupro de S. Mas apenas seis meses depois de reabrir a investigação, a promotora Persson jogou a toalha e admitiu publicamente que as provas à sua disposição não eram suficientes para iniciar um processo criminal contra Assange, nem havia qualquer perspectiva de que interrogá-lo ou tomar qualquer outra medida investigativa melhoraria a situação probatória. Depois de anos sendo alimentado com uma narrativa inflexível de "suspeito de estupro", o público ficou confuso e dividido: nenhum mandado de prisão, nenhum pedido de extradição, nenhum interrogatório e, pior de tudo, nenhuma evidência passível de processo?

Desde que apresentei minhas descobertas preliminares em maio de 2019, eu vinha tentando aumentar a conscientização sobre as enormes implicações desse caso para a proibição de tortura e maus-tratos, para a liberdade de imprensa e a liberdade de informação, para a hipertrofia extraterritorial da jurisdição dos EUA e, de fato, para a democracia e o Estado de Direito. Mas a narrativa oficial sueca de que Assange era um suspeito de estupro fugitivo estava tão firmemente enraizada na mente do público que era muito difícil expor sua instrumentalização para fins de perseguição política sem ser mal interpretado como uma relativização da importância de processar crimes sexuais. O fato de as autoridades suecas recusarem qualquer diálogo construtivo sobre o assunto complicou ainda mais minha investigação e exigiu que eu ajustasse, esclarecesse e complementasse repetidamente minhas conclusões para acomodar novas evidências.

Principalmente nos estágios iniciais de minha investigação, fui criticado por muitos que tinham um temor genuíno pelas conquistas duramente obtidas pelos movimentos que defendem os direitos das mulheres. Fui censurado por colegas de longa data, perdi um assistente de pesquisa e recebi cartas de protesto de organizações de direitos das mulheres, advogados, acadêmicos e até mesmo de uma das duas mulheres suecas. Fiz o possível para responder a essas preocupações legítimas, esclarecer minha posição e resolver mal-entendidos. Mais importante ainda, deixei inequivocamente claro que minha crítica não era de forma alguma dirigida contra as mulheres ou seus direitos e integridade, nem contra a descrição da conduta alegada como ofensas sexuais graves, mas apenas contra as autoridades e o abuso deliberado de um processo legal que perpetraram para fins de perseguição política. De fato, eu considerava A. e S. vítimas de instrumentalização estatal tanto quanto o próprio Assange.

Foi também de organizações consolidadas de direitos das mulheres, como a Women Against Rape (Mulheres contra o estupro), com sede em Londres, e de centenas de vítimas de estupro e seus familiares que recebi o apoio público mais determinado. Todos defenderam a justiça e a verdade no caso de Julian Assange. Rejeitaram a instrumentalização deliberada de uma narrativa de estupro para a perseguição de um dissidente inconveniente, quando a violência sexual por parte de soldados e agentes dos mesmos Estados era rotineiramente abafada e as vítimas de violência doméstica e sexual raramente podiam contar com proteção eficaz, mas muitas vezes eram duplamente humilhadas e traumatizadas por atitudes, políticas e práticas inadequadas.

Na verdade, naquela época, eu estava trabalhando em um relatório referente à violência doméstica sob a perspectiva da proibição de tortura e maus-tratos (A/74/148), que apresentei à Assembleia Geral da ONU em Nova York em outubro de 2019. O que mais me chocou durante minhas extensas consultas sobre o tema, além da enorme escala de violência e crueldade a que mulheres e crianças, especialmente, estão expostas em seus próprios lares em todo o mundo, foi a indiferença com que essa forma extremamente destrutiva de tortura e maus-tratos é rotineiramente banalizada, ignorada ou até mesmo instrumentalizada pelos governos – embora tenha produzido mais mortes, sofrimento e injustiça do que todas as guerras da história da humanidade juntas.

Um primeiro avanço

O colapso do caso sueco e o reconhecimento formal pela promotora da falta de provas puseram um fim abrupto à narrativa oficial do "suspeito de estupro fugitivo", que por tanto tempo assombrou todos os esforços para aumentar a conscientização sobre a perseguição a Assange. Até então, com a louvável exceção da revista estadunidense *Newsweek*, nenhuma das organizações de mídia ocidentais estabelecidas havia coberto minha investigação sobre Assange com seriedade e profundidade; nenhuma havia sequer questionado a veracidade das minhas descobertas em uma entrevista aprofundada e nenhuma havia confrontado os governos relevantes com as questões perturbadoras levantadas pelas minhas intervenções. Agora, de repente, o caminho estava livre para ver novamente Julian Assange como um indivíduo que tem direito a direitos humanos e dignidade, como um editor que expôs evidências de crimes de guerra, tortura e corrupção, e como um dissidente corajoso que ousou enfrentar os Estados mais poderosos do mundo.

Como não havia evidências para as alegações de estupro, talvez as outras acusações também precisassem ser questionadas. Será que Assange havia sido acusado injustamente de ser um hacker, um espião, um traidor e um narcisista? O aumento do interesse do público abriu novas oportunidades para comunicar as descobertas da minha investigação a um público mais amplo. Falei no Parlamento Europeu, no

Bundestag alemão, na Assembleia Parlamentar do Conselho da Europa e no Parlamento Suíço. Também participei de eventos públicos e dei entrevistas. Um primeiro e decisivo avanço veio com uma entrevista longa e brilhantemente concebida pelo jornalista Daniel Ryser no jornal online suíço *Republik*, publicada em 31 de janeiro de 2020 em alemão e inglês, que tornou minhas descobertas acessíveis a um público amplo e despertou um renovado interesse na grande mídia, especialmente no mundo de língua alemã.

Desde o início da minha investigação, estive em contato direto com uma rede crescente de apoiadores individuais. De celebridades engajadas, como Roger Waters, Pamela Anderson, Vivienne Westwood e Joe Corré, a políticos progressistas, como Yanis Varoufakis, Sevim Dağdelen e Tulsi Gabbard, e jornalistas destemidos, como John Pilger, Stefania Maurizi e Craig Murray. Meus contatos também incluíram os advogados e familiares de Assange, a equipe do WikiLeaks e inúmeros ativistas, jornalistas, profissionais e ex-funcionários que, por vários motivos, puderam e quiseram contribuir com peças importantes para o quebra-cabeça da minha investigação. Por motivos de proteção da fonte, publicar aqui uma lista completa de seus nomes não seria prudente nem apropriado.

Com o colapso do caso sueco, minha rede de contatos se expandiu repentinamente alcançando inclusive a elite política e passou a incluir personalidades como o ex-vice-chanceler alemão Sigmar Gabriel, o autor investigativo Günter Wallraff, o comissário de direitos humanos do Conselho da Europa, Dunja Mijatović, e a secretária-geral da Ordem dos Advogados da Suécia, Anne Ramberg. O apoio público dessas personalidades convenceu outras pessoas e desencadeou uma onda mundial de solidariedade e protestos ao longo de 2020, incluindo apelos de alto nível pela libertação de Assange por parte de ex-chefes de Estado, ex-ministros e várias associações de advogados, médicos e jornalistas. Uma a uma, organizações inteiras passaram a se posicionar, protestando contra a perseguição de Assange e exigindo sua libertação. Dentre essas organizações estão a Anistia Internacional, a Human Rights Watch, a Repórteres Sem Fronteiras, o Comitê para Proteção de Jornalistas, a Associação Internacional de Advogados e a Assembleia Parlamentar do Conselho da Europa.

A partir de fevereiro de 2020, entre outras coisas, também apoiei uma iniciativa do governo do Cantão de Genebra[20], defendida pelo deputado Jean Rossiaud, para convencer o governo federal suíço a emitir um visto humanitário para Assange. Caso os tribunais britânicos recusassem a extradição de Assange para os Estados Unidos, ou se os EUA e o Reino Unido concordassem em libertar Assange por motivos humanitários – uma saída para salvar a cara de todas as partes – esse visto humanitário permitiria que Assange viesse para a Suíça para uma estadia de reabilitação nos Hospitais Universitários de Genebra.

Até o início de março de 2020 eu dava várias entrevistas todos os dias, literalmente. Recebia jornalistas e cineastas em meu escritório, falava em videoconferências e viajava para Londres várias vezes para ministrar conferências públicas e participar de reuniões privadas com parlamentares australianos, documentaristas estadunidenses e britânicos, advogados e celebridades diversas. O crescente interesse da mídia foi ainda mais alimentado pelo início do julgamento de extradição de Assange em 24 de fevereiro de 2020. Mas então veio a pandemia da COVID-19 e, logo depois, o confinamento global. O mundo agora tinha outras preocupações além do destino de Julian Assange e das implicações mais amplas de seu caso. Mesmo assim, ofuscada pela força destrutiva da pandemia, a semente benigna da verdade também havia sido plantada e começou a se espalhar pelo mundo. Eu estava convencido de que era apenas uma questão de tempo até que a massa crítica necessária para uma mudança mundial da opinião pública fosse alcançada.

Relator que se tornou dissidente

Para mim, pessoalmente, 2019 e 2020 foram anos de desilusão e decisão. A desilusão dizia respeito à credibilidade das democracias ocidentais como aliadas na luta pelos direitos humanos; à confiabilidade de nossos freios e contrapesos constitucionais para supervisionar o exercício do poder governamental; e à eficácia prática dos mecanismos da ONU na

---

[20] República e Cantão de Genebra, como Genebra refere-se a si mesma, tem fronteiras, exército e moeda próprios, consoante à estrutura federal suíça estabelecida em 1848 (N.T).

proteção dos direitos humanos. Mas essa perda de ilusões também me fez tomar a decisão de me colocar em risco e confrontar a comunidade internacional de Estados com sua hipocrisia. A mesma comunidade internacional que me havia nomeado relator especial da ONU em 2016, quando, como consultor sênior de política de segurança do governo suíço, eu ainda fazia parte do sistema. Levei meu mandato ao pé da letra, denunciei a tortura e os maus-tratos sempre que os encontrei em meu trabalho e sempre me recusei a burlar as regras por motivos de conveniência pessoal ou política. Agora, com minha investigação sobre o caso de Julian Assange, eu mesmo acabei me tornando, inadvertidamente, um dissidente dentro do sistema.

Nada ilustrou essa transformação de forma mais emblemática do que meu breve discurso público em 27 de novembro de 2019, no Portão de Brandemburgo, em Berlim. Na Pariser Platz, havia uma escultura do artista italiano Davide Dormino. Fundidos em bronze, Edward Snowden, Julian Assange e Chelsea Manning estavam em três cadeiras, silenciosos e eretos. Sem se curvar. Ao lado deles havia uma quarta cadeira, vazia, convidando as pessoas a se levantarem e tomarem uma posição. Muito apropriadamente, Dormino intitulou a escultura de *"Anything to say?"* (Algo a dizer?)[21]. Vários políticos já haviam tomado a palavra em um púlpito próximo a ela. Enquanto eu os ouvia, a quarta cadeira da escultura parecia claramente abandonada. Assim, quando chegou a minha vez de falar e me entregaram o microfone, não hesitei e subi na quarta cadeira. De lá de cima, olhei para a praça, para a enorme embaixada dos EUA à minha direita, e senti como se estivesse fazendo algo proibido. Estava ciente de ter cruzado outra linha com esse gesto simbólico que me colocou fisicamente na mesma linha dos três dissidentes mais perseguidos do mundo ocidental. Não é que eu tenha ido além do meu mandato. Pelo contrário, dada a recusa dos governos envolvidos em cooperar com meu mandato, essa era realmente a única maneira que eu tinha de ainda o exercer com independência e eficácia. Se já não podia mais contar com os governos atualmente em vigor para que cumprissem suas obrigações internacionais, eu tinha que me dirigir diretamente ao povo dos Estados membros da ONU, pois eram eles os soberanos finais e haviam se comprometido

---

[21] A instalação da escultura está disponível em vídeo no canal do artista no endereço: https://www.youtube.com/watch?v=z-0tZbLXwGI (Consultado em 30/06/2023) (N.T.).

coletivamente a respeitar e proteger os direitos humanos fundamentais em todos os momentos. Para que meu mandato não se degenerasse em um reles modo de tapar o sol com a peneira de um sistema disfuncional de autoengano, eu não poderia me deixar intimidar, teria que falar a verdade ao poder – não apenas com palavras, mas, sempre que possível, também com gestos simbólicos vigorosos.

Eis o que eu tinha a dizer:

> Durante décadas, os dissidentes políticos foram recebidos de braços abertos pelo Ocidente porque, em sua luta pelos direitos humanos, foram perseguidos por regimes ditatoriais. Hoje, porém, os próprios dissidentes ocidentais são forçados a buscar asilo em outros lugares, como Edward Snowden na Rússia ou, até recentemente, Julian Assange na embaixada do Equador em Londres. Pois o próprio Ocidente começou a perseguir seus próprios dissidentes, a submetê-los a punições draconianas em julgamentos políticos e a prendê-los como terroristas perigosos em prisões de alta segurança em condições que só podem ser descritas como desumanas e degradantes.
>
> Nossos governos se sentem ameaçados por Chelsea Manning, Edward Snowden e Julian Assange, porque eles são denunciantes, jornalistas e ativistas de direitos humanos que forneceram provas sólidas do abuso, da corrupção e dos crimes de guerra dos poderosos, e por isso estão agora sendo sistematicamente difamados e perseguidos. Eles são os dissidentes políticos do Ocidente, e sua perseguição é a caça às bruxas de hoje, porque ameaçam os privilégios de um poder estatal irrestrito que saiu do controle.
>
> Os casos de Manning, Snowden, Assange e outros são o mais importante teste de nosso tempo para medir a credibilidade do estado de direito e das democracias ocidentais e nosso compromisso com os direitos humanos. Em todos esses casos, não se trata da pessoa, do caráter ou da possível má conduta desses dissidentes, mas de como nossos governos lidam com revelações sobre sua própria má conduta.
>
> Quantos soldados foram responsabilizados pelo massacre de civis mostrado no vídeo "Assassinato Colateral"? Quantos agentes

> foram responsabilizados pela tortura sistemática de suspeitos de terrorismo? Quantos políticos e CEOs pelas maquinações corruptas e desumanas que foram trazidas à tona por nossos dissidentes? É disso que se trata. Trata-se da integridade do estado de direito, da credibilidade de nossas democracias e, em última análise, de nossa própria dignidade humana e do futuro de nossos filhos. Nunca nos esqueçamos disso!"

Posteriormente, a escultura percorreu a Europa e, quase exatamente dezoito meses depois, voltei a me sentar naquela cadeira de bronze por ocasião do "Geneva Call to Free Assange" (Apelo de Genebra para libertar Assange), lançado pelo Swiss Press Club (Clube da Imprensa Suíça) em 4 e 5 de junho de 2021. Julian Assange ainda estava isolado em Belmarsh, e o julgamento de sua extradição havia chegado à fase de apelação no Supremo Tribunal Britânico, mas a opinião pública havia evoluído desde aquele primeiro discurso em Berlim. Ao meu lado estavam não apenas a parceira de Assange, Stella Moris, e muitos outros apoiadores de longa data, mas também Yves Daccord, ex-diretor-geral do Comitê Internacional da Cruz Vermelha (CICV), Christophe Deloire, secretário-geral dos Repórteres sem Fronteiras, Carlo Sommaruga, membro do Parlamento Federal Suíço, e até mesmo a prefeita de Genebra, Frédérique Perler, que proclamou com veemência que "Assange sacrificou sua liberdade para proteger a nossa!".

Seis meses antes, em 4 de janeiro de 2021, um tribunal inferior da Grã-Bretanha já havia estabelecido um precedente legal que efetivamente criminalizava o jornalismo investigativo em todo o mundo, e o estado de saúde de Assange estava em declínio. Então, quando subi naquela quarta cadeira pela segunda vez, em junho de 2021, a poucos passos de distância do majestoso Palais Wilson, que abriga o Escritório do Alto Comissariado para os Direitos Humanos, falei com um senso de urgência ainda maior:

> Senhoras e senhores, estamos em Genebra. É a cidade das Nações Unidas, a cidade da Cruz Vermelha e é a cidade dos direitos humanos. Estou aqui ao lado de Edward Snowden, Julian

Assange e Chelsea Manning. A verdade é que todos eles estão sendo perseguidos, maltratados e demonizados por um único motivo: terem contado a verdade, toda a verdade e nada além da verdade sobre a má conduta das democracias ocidentais. Eles são os esqueletos no armário do Ocidente. A perseguição e os maus-tratos que sofrem destroem a credibilidade do Ocidente. Quando os governos ocidentais protestam hoje contra a perseguição de Alexei Navalny e de Roman Protasevich, os governos responsáveis apenas riem e perguntam: "Bem, e quanto a Edward Snowden, que está sendo protegido na Rússia? E quanto a Julian Assange, que está em confinamento solitário sem ter cometido um crime sequer, mas apenas por dizer a verdade? E quanto a Chelsea Manning, que estava sendo perseguida a ponto de quase morrer em uma tentativa de suicídio?

Os denunciantes e jornalistas que publicam essas informações são incômodos reveladores da verdade. Eles são tão incômodos quanto o alarme de incêndio de sua casa. Quando há um incêndio em sua casa e há fumaça, você ouve o alarme. Todos nós conhecemos o procedimento: temos de sair de casa, temos de sair do nosso trabalho, da nossa rotina diária. É incômodo, e muitas vozes se levantam e dizem: "Basta desligar o alarme". É isso que esses governos estão tentando fazer quando perseguem, isolam e silenciam essas pessoas. Estão silenciando o alarme de incêndio no edifício da democracia e do Estado de Direito. E se estou aqui nesta cadeira hoje, é porque fui o alarme de incêndio nas Nações Unidas para esse caso. Acionei a sirene do alarme, escrevi para esses governos e informei o público, mas eles quiseram ignorar o alarme. Ninguém reagiu. Portanto, somos reveladores de verdades incômodas, nós quatro e os milhões de outros que falam a verdade. Verdades incômodas. Você pode desligar o alarme de incêndio por enquanto e se sentirá confortável por mais alguns instantes. Mas da próxima vez que abrir os olhos, acordar e olhar ao redor, o prédio inteiro estará em chamas! Agora está nas mãos do público reagir. Obrigado, Genebra, por nos receber aqui, obrigado por nos dar este espaço. Sei que esta voz vai repercutir para o mundo!

13. Tortura britânica por atrito

Quo Vadis, Britannia?

Em 11 de abril de 2019, Alan Duncan, ministro de Estado britânico para a Europa e as Américas, responsável por supervisionar a expulsão e a prisão de Assange, anotou em seu diário: "Foram necessários muitos meses de negociações diplomáticas pacientes e, no final, tudo ocorreu sem problemas. Dou milhões de entrevistas, tentando manter o sorriso no rosto". De fato, naquele dia, os políticos britânicos se superaram na comemoração da prisão de Assange, e a primeira-ministra Theresa May expressou sua satisfação na Câmara dos Comuns: "Isso mostra que, no Reino Unido, ninguém está acima da lei". Ninguém, exceto as próprias autoridades britânicas, é claro. O fracasso flagrante de todos os três ramos do governo em defender o estado de direito ao lidar com o caso de Julian Assange questiona seriamente a estabilidade e a confiabilidade das instituições democráticas da Grã-Bretanha. Porém, a perseguição a Assange não é um incidente isolado. Há pelo menos vinte anos, governos britânicos consecutivos têm seguido um caminho cada vez mais alarmante de excepcionalismo, arbitrariedade e impunidade a ponto de corroer gravemente a credibilidade internacional do país.

Talvez o exemplo mais óbvio seja o ávido envolvimento da Grã-Bretanha na guerra de agressão de 2003 contra o Iraque, que violou gravemente os princípios mais fundamentais da lei e da ordem internacionais, desencadeando duas décadas de guerra, terrorismo e corrupção que mataram, deslocaram e traumatizaram milhões de pessoas inocentes. Milhares de alegações de assassinato, tortura e estupro envolvendo soldados britânicos no Iraque foram consideradas confiáveis pela promotora-chefe do Tribunal Penal Internacional, Fatou Bensouda. No entanto, apenas um soldado britânico foi condenado por um crime de guerra pelo Reino Unido, e isso ocorreu porque ele fez uma confissão voluntária. Todos os outros casos acabaram sendo arquivados ou arquivados pelo judiciário britânico, e nem o primeiro-ministro Tony Blair nem qualquer outro líder político jamais foi responsabilizado por seu papel na destruição inconsequente do Iraque e na desestabilização de toda a região.

A mesma impunidade permeia o envolvimento britânico na política ilegal implementada pela CIA de tortura e entrega extraordinária como parte da "guerra ao terror". No verão de 2018, uma investigação realizada pelo Comitê de Inteligência e Segurança do Parlamento Britânico concluiu formalmente que as autoridades britânicas haviam contribuído substancialmente para a prática de tortura e entrega adotada pela CIA e exigiu um inquérito judicial completo. Embora a Convenção contra a Tortura exija que qualquer perpetração ou participação em tortura seja processada e punida, e embora o tratado não permita nenhuma discricionariedade política a esse respeito, o governo britânico impediu o inquérito judicial solicitado pelo Parlamento e continua a impor a impunidade dos funcionários britânicos envolvidos no programa da CIA. Ao bloquear o processo de crimes de guerra, a liderança política do Reino Unido – assim como o presidente dos EUA – não apenas viola a Convenção contra a Tortura e as Convenções de Genebra, mas também incorre em responsabilidade criminal internacional de acordo com os princípios costumeiros de comando e responsabilidade superior que foram reconhecidos e confirmados por todas as cortes e tribunais criminais internacionais desde os julgamentos de Nuremberg após a Segunda Guerra Mundial.

Para piorar a situação, o governo britânico recentemente se esforçou bastante para legalizar a impunidade de seus funcionários na legislação nacional. Assim, em 2020, o gabinete do primeiro-ministro Boris Johnson propôs dois projetos de lei ao Parlamento destinados a tornar extremamente difícil, se não impossível, punir soldados, agentes e representantes de autoridades britânicas por crimes como tortura, assassinato e sequestro, tanto no exterior quanto no Reino Unido, a saber:

Trata-se do Overseas Operations Bill e do Covert Human Intelligence Sources (Criminal Conduct) Bill. Para completar o quadro, uma comissão foi nomeada no mesmo ano para revisar a Lei de Direitos Humanos britânica para as "reformas" necessárias, o que colocou várias organizações de direitos humanos em alerta. Apesar dos protestos internacionais, inclusive do meu próprio escritório, o governo britânico estava empenhado em aprovar o Overseas Operations Bill no Parlamento sem nenhuma concessão substancial, garantindo assim a impunidade de fato até mesmo para os crimes internacionais mais atrozes. Foi somente na última sessão da Câmara dos Lordes que as emendas foram feitas, depois que o ex-secretário de defesa e secretário-geral da OTAN, George Robertson, se opôs ao projeto de lei, enfatizando o enorme dano que ele acarretaria para a reputação do Reino Unido. O governo finalmente excluiu a tortura, os crimes de guerra e os crimes contra a humanidade de seu escopo de aplicação.

Como professor de direito internacional em uma universidade britânica, observo essa tendência com crescente preocupação. Como relator especial da ONU sobre tortura, sou chamado a intervir formalmente junto ao governo britânico com frequência cada vez maior em questões cada vez mais sérias relacionadas ao meu mandato, que estão muito longe da imagem tradicional da Grã-Bretanha como o país razoável e confiável da Carta Magna.

Infelizmente, a incapacidade das autoridades britânicas, em todos os níveis, de garantir tratamento humano e o devido processo legal a Julian Assange é sintoma de uma tendência mais ampla de erosão institucional e desintegração social. Também é consistente com a indiferença quase total do governo a qualquer advertência de organizações e observadores internacionais. Só resta esperar que o povo britânico desperte para os enormes riscos dessa tendência e use seus poderes democráticos para mudar de rumo antes que o dano se torne irreversível.

É claro que Assange sabia que o Equador não o entregou a um judiciário neutro e imparcial, mas sim a um governo poderoso que gastou dez anos e milhões de libras para vigiá-lo, persegui-lo e demonizá-lo. Ele sabia que esse governo o via como um inimigo do estado e mal podia esperar para fazer dele um exemplo aterrador para o mundo inteiro ver. A consciência que Assange tinha dessa realidade desencadeou uma perigosa espiral descendente típica das vítimas de tortura psicológica. Ele havia entrado em um círculo vicioso de ansiedade e estresse permanentes, insônia e desamparo, confusão e depressão, que precisavam ser estabilizados com urgência por meio de medicação e, ainda mais importante, do alívio do estresse. Como os médicos que acompanharam minha visita em 9 de maio de 2019 haviam corretamente previsto, o estado de saúde de Assange se deteriorou rapidamente, a ponto de, apenas três semanas depois, em 30 de maio de 2019, ele já não ser capaz de participar de uma audiência judicial, nem mesmo por videoconferência.

Isolamento e vigilância arbitrários

Após sua transferência para a unidade de saúde de Belmarsh, Assange passou um curto período em uma cela coletiva com três outros presos, mas logo foi transferido para uma cela individual, onde ficou quase completamente isolado. De acordo com relatos consistentes, ele só tinha permissão para sair da cela uma vez por dia para passar quarenta e cinco minutos ao ar livre no pátio – sozinho. Qualquer contato com outros presos era sistematicamente impedido. Sempre que Assange era escoltado pelos guardas pelos corredores, todos os outros presos eram trancados antes. Dentro de sua cela, ele era monitorado 24 horas por dia. Todas essas medidas foram ostensivamente tomadas para sua própria segurança, para protegê-lo de si mesmo e de seus companheiros de prisão. Longe de demonstrar qualquer agressão, no entanto, foram exatamente esses colegas presos que fizeram uma petição ao diretor da prisão em solidariedade a Assange, exigindo que ele fosse transferido de volta para a unidade prisional geral devido à crueldade do confinamento solitário de longo prazo.

Eles estavam certos. As Regras Mínimas das Nações Unidas para o Tratamento de Prisioneiros, também conhecidas como "Regras de Nelson Mandela", deixam claro que o confinamento em solitária – ou seja, "o confinamento de prisioneiros por vinte e duas horas ou mais por dia sem contato humano significativo" – é permitido somente em circunstâncias excepcionais e por curtos períodos. O confinamento solitário prolongado, com duração superior a quinze dias consecutivos, é expressamente proibido como forma de tortura ou outro tratamento ou punição cruel, desumano ou degradante.

A vigilância constante também interfere seriamente nos direitos de privacidade e só pode ser justificada em circunstâncias excepcionais e por um tempo curto, por exemplo, para evitar um risco iminente de suicídio. Infelizmente, esse regime de "vigilância de suicidas" nem sempre é usado de boa fé, mas sim cada vez mais para corroer de forma dissimulada a resistência de um prisioneiro. A prevenção de suicídio também foi o motivo alegado para atormentar Chelsea Manning com vigilância constante durante nove meses, uma prática que mais tarde foi condenada como arbitrária e abusiva não apenas pelo meu antecessor, Juan Méndez, mas também pelo juiz que presidiu o julgamento de Chelsea Manning.

Como vimos, no entanto, as autoridades britânicas sempre tinham uma explicação pronta: quando Assange estava com problemas de saúde, seu isolamento e vigilância tinham que ser mantidos para protegê-lo. Mas então, quando sua saúde se estabilizava, isso era considerado uma evidência de que o isolamento de Assange tinha um efeito positivo em sua saúde e precisava ser continuado. O que foi deliberadamente ignorado, é claro, foi que Assange não havia cometido nenhum delito que justificasse sua detenção em uma prisão de alta segurança e que sua crise de saúde havia sido causada justamente pelo isolamento, vigilância e arbitrariedade que agora supostamente precisavam ser usados para protegê-lo. Isso resultou em um círculo vicioso artificial, que sugere fortemente que as autoridades estavam muito menos interessadas em proteger a saúde de Assange do que em garantir que ele permanecesse silenciado por meio do isolamento.

É significativo que seu confinamento em solitária não tenha sido suspenso nem mesmo depois de 25 de setembro de 2019, quando Assange já havia cumprido metade da sentença de cinquenta semanas imposta por sua violação de fiança, e o restante de sua sentença tinha que ser dispensado por boa conduta. Por uma questão de lei, Assange agora não estava mais cumprindo uma sentença, deveria ser um homem livre, com permissão para seguir sua vida profissional e familiar sem restrições, desde que permanecesse disponível para o julgamento de extradição aos EUA. Entretanto, devido à fuga anterior de Assange para a embaixada do Equador, o juiz determinou que, por precaução, ele não poderia ser libertado, mas deveria permanecer sob custódia durante todo o processo de extradição.

Obviamente, no entanto, para uma custódia puramente preventiva, as condições extremamente restritivas em Belmarsh não eram necessárias nem proporcionais – dois requisitos básicos obrigatórios para qualquer interferência legal nos direitos fundamentais. Assange deveria, então, ter sido transferido para uma instituição menos securitizada ou para prisão domiciliar vigiada, com acesso irrestrito às suas atividades profissionais, à sua família, aos seus advogados e ao mundo exterior em geral. Mas isso, é claro, teria soado como uma vitória para Assange, prejudicando o verdadeiro objetivo de seu confinamento solitário contínuo: silenciá-lo e intimidar a imprensa livre.

Solapando os direitos do réu

Além de silenciar, intimidar e subjugar Assange, seu isolamento em Belmarsh teve um segundo efeito, provavelmente igualmente intencional. Como Belmarsh é uma prisão de alta segurança, as medidas de segurança são particularmente rigorosas. Isso não se reflete apenas nos procedimentos de entrada extremamente elaborados para visitantes externos, que havíamos nós mesmos experimentado, mas também complica e atrasa tudo o que acontece dentro da prisão, como contatos sociais, telefonemas, distribuição de correspondência, visitas à biblioteca, esportes e exercícios, trabalho, higiene e consultas médicas. Tudo é minuciosamente regulamentado e realizado sob rigorosa supervisão. Os itens pessoais permitidos aos detentos dentro da cela são limitados, assim como o número de visitantes que eles podem receber.

Mesmo as visitas externas previamente notificadas e autorizadas são rotineiramente afetadas por atrasos. Os advogados de Assange reclamam que não têm permissão para visitá-lo com frequência suficiente e que, quando suas visitas são concedidas, Assange ou o advogado visitante são levados para a sala de reunião com atraso ou são buscados muito cedo, supostamente devido à falta de funcionários disponíveis na prisão, o que reduz rotineiramente o tempo da reunião à metade do horário reservado. Por exemplo, depois que a investigação sueca foi reaberta em 13 de maio de 2019, o advogado sueco de Assange, Per Samuelson, viajou para Londres para uma reunião de duas horas com seu cliente para discutir os documentos do caso, que estavam disponíveis apenas em sueco. Mas Assange foi levado para a reunião com Samuelson com uma hora e quarenta e cinco minutos de atraso, encurtando o tempo da reunião para quinze minutos. Além disso, Samuelson não teve permissão para entregar nenhum documento a Assange e, por fim, foi obrigado a sair sem ter podido cumprir sua função de advogado de defesa. De acordo com a administração da prisão, isso foi apenas um lamentável mal-entendido – um mal-entendido, no entanto, que continuou a se repetir rotineiramente.

Outros que reclamaram de atrasos obstrutivos foram a equipe jurídica de Assange em Londres, liderada por Gareth Peirce e Jennifer Robinson, bem como a Dra. Sondra Crosby e os visitantes particulares de Assange. Durante minha própria visita oficial em maio de 2019, tive a mesma experiência. Todos esses casos também foram, presumivelmente, apenas "mal-entendidos lamentáveis". Como os visitantes externos não têm permissão para entregar nada a Assange, os documentos médicos e jurídicos devem ser enviados por correio comum, o que geralmente resulta em atrasos na entrega de até dois meses e, segundo consta, na abertura não autorizada de correspondência confidencial do advogado. Sem dúvida, todos esses incidentes também são apenas "lamentáveis mal-entendidos".

Imediatamente após sua prisão em abril de 2019, Assange solicitou a alocação de um laptop para que pudesse ler os arquivos do tribunal em formato eletrônico e redigir notas e declarações para sua própria defesa. Novamente, devido a outros "lamentáveis mal-entendidos", o pedido só foi concedido dez meses depois, em fevereiro de 2020, quando a audiência de extradição já havia começado. Mesmo quando Assange finalmente recebeu o laptop, o teclado havia sido bloqueado com cola para impedi-lo de digitar. Lamentável? Sem dúvida. Um mal-entendido? Certamente não.

Por mais que as autoridades tentassem disfarçar sua obstrução por trás de uma cortina de fumaça de imperativos burocráticos, logísticos e de segurança, não era possível que tivessem agido de boa-fé. Elas sabiam, é claro, que Assange não era um condenado ou preso preventivo comum com, no máximo, um julgamento pendente ou processo de apelação para preparar. No caso dele, vários processos altamente complexos estavam em andamento simultaneamente em diferentes estados. Por um lado, ele tinha que se preparar para o processo de extradição aos EUA, no qual enfrentava o Estado mais poderoso do mundo, com seu exército de advogados e seus ilimitados recursos financeiros, políticos e militares. Por outro lado, havia também a violação da fiança britânica, a reabertura da investigação sueca, o processo espanhol contra a UC Global por vigilância ilegal na embaixada e um possível processo contra as autoridades equatorianas, que retiveram ilegalmente os pertences de Assange após sua expulsão e os entregaram diretamente ao governo dos EUA.

Mesmo em circunstâncias ideais, cinco processos em três idiomas diferentes, envolvendo cinco jurisdições distintas, teriam sido um desafio árduo e quase impossível de gerenciar. Sob as condições de isolamento impostas a ele em Belmarsh, então, é claro que Assange não teve chance de proteger seus interesses legítimos em nenhum desses processos, de estudar os extensos arquivos dos casos ou preparar adequadamente sua defesa. Isso assumiu proporções alarmantes em relação à sua possível extradição para os Estados Unidos, que quase certamente resultaria em confinamento solitário por toda a vida em condições cruéis, desumanas e degradantes. Tanto durante minhas reuniões pessoais com as autoridades responsáveis quanto em minhas cartas formais ao governo britânico, enfatizei repetidamente que os direitos mais fundamentais de Assange ao devido processo legal estavam sendo violados e exigi ação imediata. Sem sucesso.

Apesar da gravidade e da continuidade dessas violações processuais, ninguém queria assumir a responsabilidade. Como de costume, é claro, as autoridades britânicas não tinham nenhuma má intenção, mas obstáculos constitucionais ou burocráticos intransponíveis as impediam de tomar a menor providência em favor de Assange. Sempre que seus advogados reclamavam, a administração da prisão se sentia incapaz de interferir nos procedimentos judiciais e o juiz se sentia incapaz de interferir nas condições da prisão – porque, como se sabe, o Reino Unido é uma democracia de Estado de Direito em que prevalece a separação de poderes, e o Judiciário e o Executivo devem sempre ter o cuidado para que um não avance sobre áreas de responsabilidade do outro. Exceto, é claro, quando isso atende aos interesses dos que detêm o poder. Ninguém parece ter levado em conta que qualquer processo judicial afetado por violações sistemáticas do devido processo legal de tamanha gravidade deve ser considerado irreparavelmente arbitrário e, portanto, inválido.

Assange e Pinochet: uma comparação instrutiva

Em uma democracia regida pelo estado de direito, todos são iguais perante a lei. Em essência, isso significa que casos comparáveis devem ser tratados igualitariamente. Assim como Julian Assange hoje, o ex-ditador chileno Augusto Pinochet também foi mantido sob custódia de extradição britânica, de 16 de outubro de 1998 a 2 de março de 2000. A Espanha, a Suíça, a França e a Bélgica queriam processá-lo por tortura e crimes contra a humanidade. Como Assange hoje, Pinochet se descreveu como "o único preso político da Grã-Bretanha".

Ao contrário de Assange, porém, Pinochet não foi acusado de ter recebido e publicado provas de tortura, assassinato e corrupção, mas de ter de fato cometido, ordenado e permitido esses crimes. Além disso, ao contrário de Assange, ele não era considerado uma ameaça aos interesses do governo britânico, mas sim um amigo e aliado da época da Guerra Fria e – o que é crucial – da Guerra das Malvinas.

Assim, quando um tribunal britânico ousou aplicar a lei e suspender a imunidade diplomática de Pinochet, essa decisão foi imediatamente anulada. O motivo alegado foi uma possível parcialidade por parte de um dos juízes. Aparentemente, o juiz em questão havia sido, em algum momento, voluntário em uma campanha local de arrecadação de fundos para a organização de direitos humanos Anistia Internacional, que era uma das autoras do caso. Avançando rapidamente para o caso de Assange, vemos que a juíza Arbuthnot, cujo marido havia sido repetidamente exposto pelo WikiLeaks, foi não só autorizada a decidir sobre o mandado de prisão de Assange em 2018, mas, apesar de um pedido bem documentado de que fosse afastada, também presidiu os procedimentos de sua extradição até que a juíza Baraitser assumisse o cargo no verão de 2019. Nenhuma de suas decisões foi anulada.

Pinochet, acusado de ser diretamente responsável por dezenas de milhares de graves violações de direitos humanos, não foi insultado, humilhado ou ridicularizado por juízes britânicos em audiências públicas no tribunal, nem foi mantido em confinamento solitário em uma prisão de alta segurança. Quando foi levado sob custódia, o primeiro-ministro Tony Blair não expressou sua satisfação no Parlamento de que "no Reino Unido, ninguém está acima da lei", e não houve nenhuma carta aberta de setenta membros do Parlamento exigindo fervorosamente que o governo extraditasse o ex-ditador para os países solicitantes. Ao invés disso, durante a detenção de sua extradição, Pinochet ficou em prisão domiciliar em uma luxuosa vila nos arredores de Londres, onde lhe foi permitido receber visitas ilimitadas, desde um padre chileno particular no Natal até a ex-primeira-ministra Margaret Thatcher. No entanto, o inconveniente revelador de verdades Julian Assange, que é acusado de jornalismo e não de tortura e assassinato, não está desfrutando de prisão domiciliar. Está sendo silenciado em confinamento solitário.

Assim como no caso de Assange, o estado de saúde de Pinochet foi uma questão decisiva. Embora o próprio general tenha rejeitado categoricamente a ideia de uma libertação por motivos humanitários, o Ministro do Interior Jack Straw interveio pessoalmente. Straw ordenou um exame médico de Pinochet, que concluiu que o ex-ditador e golpista militar estava sofrendo de amnésia e falta de concentração. Quando vários governos que solicitaram sua extradição exigiram uma segunda opinião independente, o governo britânico se recusou. Em vez disso, o próprio Secretário Straw decidiu que Pinochet não estava apto a ser julgado e ordenou sua libertação imediata e repatriação. Ao contrário do que aconteceu com os Estados Unidos no julgamento da extradição de Assange, os Estados que solicitaram a extradição de Pinochet não tiveram a oportunidade de recorrer.

No caso de Assange, vários relatórios médicos independentes, bem como minhas descobertas oficiais como relator especial da ONU sobre tortura, foram ignorados e, mesmo quando ele mal conseguia dizer seu próprio nome no tribunal, o julgamento continuou sem levar em conta sua saúde deteriorada e sua inaptidão para ser julgado.

Assim como no caso de Pinochet, a extradição de Assange foi – pelo menos inicialmente – recusada por motivos médicos. Mas ao passo que Pinochet foi imediatamente libertado e repatriado, e os Estados que solicitaram sua extradição ficaram privados de todos os recursos legais, Assange foi imediatamente devolvido ao confinamento solitário, sua libertação sob fiança foi recusada e os Estados Unidos foram convidados a recorrer à Suprema Corte, garantindo assim a perpetuação do calvário de Assange e o silenciamento durante todo o processo de extradição, que poderia facilmente se estender por vários anos.

A comparação desses dois casos demonstra que as autoridades britânicas adotaram padrões diferentes e que, no Reino Unido, nem todos são iguais perante a lei. Afinal, no caso de Pinochet, o objetivo era proporcionar a um ex-ditador e aliado leal a impunidade por supostos crimes contra a humanidade. No caso de Assange, o objetivo é silenciar um dissidente inconveniente cuja organização, o WikiLeaks, denuncia exatamente esse tipo de impunidade. Ambas as abordagens são motivadas puramente por políticas de poder e são incompatíveis com a justiça e o estado de direito.

A tortura se mostra eficaz

"Fiquei profundamente abalado ao testemunhar os eventos de ontem no Tribunal de Magistrados de Westminster. Todas as decisões foram tomadas por uma magistrada que mal fingiu os estar ouvindo a equipe jurídica de Assange, passando por cima de todos os argumentos e objeções levantados por ela". Essas são as palavras de Craig Murray, ex-embaixador britânico e amigo pessoal de Assange, descrevendo suas impressões após testemunhar uma audiência de gestão de caso em 21 de outubro de 2019. Esse tipo de audiência existe para dar a todas as partes a oportunidade de esclarecer questões processuais antes da audiência substantiva de extradição.

É a primeira vez que Assange participa pessoalmente de uma audiência desse tipo, depois de ter sido considerado clinicamente incapaz de comparecer ou de ter participado apenas por meio de videoconferência. Murray fica chocado ao ver seu amigo sendo conduzido à sala do tribunal. Assange está mancando, perdeu pelo menos quinze quilos, seu cabelo ficou ralo e ele parece ter envelhecido prematuramente. Ainda mais assustadora é a deterioração de seu estado mental. Assange luta visivelmente para acompanhar a audiência, para falar e até mesmo para lembrar seu próprio nome e data de nascimento.

A audiência é presidida por Vanessa Baraitser, uma juíza distrital subordinada à juíza sênior Arbuthnot. Baraitser foi encarregada do julgamento da extradição de Assange presumivelmente para evitar outros pedidos de afastamento contra Arbuthnot. Apesar das fortes objeções por parte dos advogados de Assange, que exigem mais tempo de preparação, a juíza Baraitser confirma que a audiência de extradição terá início em 24 de fevereiro de 2020, conforme solicitado pelo promotor Lewis em nome dos Estados Unidos. O local não será o Tribunal de Magistrados de Westminster, mas o Tribunal da Coroa de Woolwich, um tribunal altamente securitizado nas imediações da prisão de Belmarsh, que normalmente recebe julgamentos contra suspeitos de terrorismo.

No final da audiência, a juíza enfim se dirige a Assange, ordena que ele se levante e pergunta se ele entendeu os procedimentos. Ele responde negativamente, diz que não consegue pensar e parece desorientado. Então, conta Murray, Assange parece encontrar uma reserva interior de força. E diz: "Não entendo como esse processo é justo. Essa superpotência teve dez anos para se preparar para esse caso e eu não posso nem mesmo acessar meus escritos. É muito difícil, onde estou, fazer qualquer coisa. Essas pessoas têm recursos ilimitados". Depois disso, o esforço parece se tornar excessivo, sua voz fica mais baixa e ele fica cada vez mais confuso e incoerente. A juíza Baraitser não se comove nem com o estado de saúde evidentemente precário de Assange nem com suas objeções expressas sobre a imparcialidade dos procedimentos. Se ele não conseguiu entender o que aconteceu durante a audiência, seus advogados podem explicar a ele, diz ela, dispensa as partes e encerra a audiência.

A vida de Assange está em perigo!

No outono de 2019, os sinais de que a saúde de Assange havia se deteriorado ainda mais se tornaram mais pronunciados. Não foi fácil obter uma avaliação objetiva, mas as informações alarmantes que recebi de várias fontes confiáveis confirmaram a previsão que havíamos feito após minha visita, caso não fossem tomadas medidas para aliviar a pressão sobre Assange.

Como Murray descreveu vividamente, os efeitos prejudiciais dessa exposição implacável ao isolamento, à vigilância e à arbitrariedade estavam agora se tornando claramente visíveis para o mundo exterior, até mesmo para leigos em medicina. Embora Assange ainda parecesse relativamente resistente durante minha visita em maio de 2019, agora eu começava a temer seriamente por sua vida. Com o prolongamento da duração, a desestabilização da personalidade causada pela tortura psicológica tende a se acelerar em uma espiral regressiva para o total colapso psicológico e físico. Ou a vítima abandona toda a resistência física e mental e se afunda em total confusão, negligência e apatia, ou o processo culmina em um evento de crise, muitas vezes com risco de vida, como um colapso cardiovascular, um derrame ou uma tentativa de suicídio. No outono de 2019, as evidências inequívocas eram de que Julian Assange estava se aproximando rapidamente de um ponto em que sua vida corria um perigo agudo. Portanto, ficou claro para mim que eu precisava intervir, e precisava ser já.

Em 29 de outubro de 2019, enviei um apelo urgente ao governo britânico, listando as violações evidentes do devido processo legal, denunciando as condições de detenção relatadas por Assange e solicitando sua libertação imediata ou, pelo menos, sua transferência para um ambiente que permitisse a proteção de sua saúde e de seus direitos humanos. A carta oficial foi acompanhada de uma declaração à imprensa, que enviei ao embaixador britânico em Genebra quarenta e oito horas antes de sua divulgação em 1º de novembro de 2019, conforme exigido por nossos procedimentos. O objetivo desse "aviso prévio" é dar ao governo em questão tempo para apontar erros e solicitar correções, além de preparar sua própria resposta pública a quaisquer solicitações de imprensa que possam receber.

No entanto, o embaixador britânico não entrou em contato com meu escritório. Ao invés disso, ele foi falar com a alta comissária de direitos humanos, Michelle Bachelet. Fui informado de que, durante a reunião, o embaixador manifestou preocupação com o texto do comunicado de imprensa que eu havia alinhavado. Em particular, ele discordou do título – "Especialista da ONU em tortura soa novamente o alarme de que a vida de Julian Assange pode estar em risco" – e da minha acusação de "arbitrariedade flagrante e contínua demonstrada tanto pelo judiciário quanto pelo governo neste caso". Na opinião do embaixador, essas declarações não tinham a imparcialidade necessária. O embaixador também informou que o Sr. Assange estava de fato recebendo cuidados médicos adequados e que tinha acesso a seus advogados. Além disso, fui informado de que a "questão do Código de Conduta também foi levantada" – um aviso velado que deixou claro que a paciência da Grã-Bretanha comigo não seria infinita.

O embaixador sabia, é claro, que não conseguiria nada reclamando com a alta comissária. Embora o cargo dela proporcione meu secretariado, ela não é minha superior e não tem autoridade para dirigir meu trabalho. O que contava era o gesto – não falar comigo na minha presença, mas sobre mim na minha ausência. E, como eu logo ficaria sabendo, não apenas com a alta comissária, mas também com embaixadores de outros estados-membros da ONU. Dessa forma, a questão do compromisso britânico com a proibição da tortura e dos maus-tratos de repente se transformou em uma questão sobre minha obediência pessoal ao Código de Conduta para Detentores de Mandatos de Procedimentos Especiais.

A estratégia britânica foi explícita, mas não inofensiva. A mesma fórmula já havia sido usada com muita eficácia contra inúmeros outros mensageiros inconvenientes mundo afora – inclusive, é claro, o próprio Assange. Não foi por acaso que o mundo parou de discutir os crimes de guerra revelados pelo WikiLeaks, para discutir apenas a pessoa de Assange. Contudo, a invocação ameaçadora do Código de Conduta pelo embaixador não me intimidou. Como qualquer outro especialista ou árbitro independente, conduzo minhas investigações observando os mais rígidos padrões de objetividade e imparcialidade. Mas, tendo chegado à conclusão de que um ato de tortura foi cometido, minha tarefa não é ser imparcial entre torturadores e vítimas. Ao contrário, tenho que denunciar e insistir na justiça, na reparação e no estado de direito. Caso o Estado em questão coopere, tudo isso pode ser feito de forma discreta e diplomática. Contudo, quando um governo se recusa a participar de um diálogo construtivo e viola reiteradamente suas obrigações de forma grave, então há um ponto em que devo me tornar impopular e mobilizar o público. Qualquer outra coisa faria de mim um traidor de meu mandato. E é exatamente por isso que estou escrevendo este livro.

Os médicos do mundo entram em ação

Meu comunicado à imprensa de 1º de novembro de 2019 não errou o alvo. Especialmente depois do colapso da narrativa de estupro sueca, o caminho agora estava livre para permitir que o monstro demonizado se tornasse um ser humano novamente, um indivíduo cujo destino deveria ser motivo de preocupação para qualquer cidadão responsável. Era como se uma maldição tivesse sido removida. O interesse da mídia foi aumentando gradativamente, e cada vez mais pessoas em diferentes círculos começaram a enxergar as contradições da narrativa oficial. Um avanço importante ocorreu já em 22 de novembro de 2019, apenas três dias após o fim da investigação sueca, quando um grupo de sessenta médicos – os "Médicos por Assange" (Doctors for Assange) – escreveu uma carta aberta ao Ministério do Interior britânico pedindo que Assange fosse transferido da prisão de Belmarsh para um hospital universitário, onde poderia receber os cuidados de que precisava. A ministra do Interior britânica, Priti Patel, não respondeu diretamente, mas, três dias depois, seu porta-voz fez a seguinte declaração à imprensa: "As alegações de que o Sr. Assange foi submetido a tortura são infundadas e totalmente falsas. O Reino Unido tem o compromisso de defender o estado de direito e garantir que ninguém esteja acima dele".

Mas as percepções do público sobre a credibilidade britânica haviam mudado e os médicos não podiam mais ser apaziguados com esses chavões. Eles enviaram uma segunda carta em 4 de dezembro de 2019, que, da mesma forma, permaneceu sem resposta. O grupo, que havia crescido para 117 médicos de dezoito países, decidiu agora publicar um apelo público na revista *The Lancet*, um dos periódicos médicos mais prestigiados do mundo, em fevereiro de 2020: "Se Assange morrer em uma prisão do Reino Unido, como alertou o Relator Especial da ONU sobre Tortura, ele terá sido efetivamente torturado até a morte. Grande parte dessa tortura terá ocorrido em uma ala médica da prisão, sob os olhos de médicos. A profissão médica não pode se dar ao luxo de ficar em silêncio, do lado errado da tortura e do lado errado da história, enquanto essa farsa se desenrola".

Paralelamente, em uma correspondência aberta com o governo australiano entre dezembro e março de 2020, os médicos expuseram as prevaricações formalistas das autoridades australianas em relação a fatos concretos e exigiram inequivocamente que a Austrália finalmente usasse sua considerável influência política para proteger seu cidadão. Os médicos também levantaram o perigo específico que representava para os presidiários a pandemia do coronavírus, que estava apenas começando a se espalhar em escala global. Porém, assim que ficou claro que os médicos não se resignariam com as habituais tergiversações vindas de Camberra, o governo australiano parou de responder.

No entanto, os médicos já haviam conseguido muito. Eles haviam agitado a comunidade médica e garantido que o caso de Julian Assange fosse percebido não apenas como uma questão de destino individual, mas como um fracasso de proporções sistêmicas em que os princípios da ética médica foram desconsiderados com o mesmo desprezo dispensado ao estado de direito. Um segundo apelo no *The Lancet*, por ocasião do Dia Internacional das Vítimas de Tortura, em 26 de junho de 2020, apresentou mais de 250 assinaturas de profissionais médicos de trinta e cinco países. Estava claro que uma massa crítica havia sido alcançada, a maré havia virado e o ímpeto – embora pequeno – havia começado a aumentar. Os apoiadores de Assange não seriam mais amordaçados e estavam cada vez mais aptos a influenciar percepções e opiniões na política, na mídia e, por meio delas, no público em geral.

14. O Julgamento Anglo-Estadunidense é Encenado

O julgamento encenado começa

O julgamento da extradição de Assange para os Estados Unidos começou em 24 de fevereiro de 2020. A galeria pública da Woolwich Crown Court, próxima à prisão de Belmarsh, só tem espaço para dezesseis observadores. Para conseguir um desses cobiçados assentos, as pessoas começaram a fazer fila do lado de fora do tribunal, no clima frio e úmido de fevereiro, ainda antes do amanhecer. No entanto, até mesmo os sortudos, determinados e organizados o suficiente para serem os primeiros da fila quando as portas finalmente se abriam podiam ter o acesso arbitrariamente negado sem explicação. Foi assim que, no segundo dia do julgamento, quando o editor-chefe do WikiLeaks, Kristinn Hrafnsson, estava prestes a entrar na galeria do público, um funcionário do tribunal chamou seu nome e função e o informou que a juíza havia decidido excluí-lo da audiência. Foi somente quando os membros da família de Assange ameaçaram deixar a sala de audiências em protesto que Hrafnsson foi autorizado a entrar.

Os representantes da imprensa tiveram que assistir ao julgamento por meio de um telão em uma sala adjacente. A qualidade da transmissão era péssima. Durante toda a manhã do primeiro dia, o advogado de acusação, James Lewis, mal podia ser ouvido, e a juíza Baraitser não podia ser ouvida de forma alguma. No decorrer do julgamento, ficaria cada vez mais difícil evitar a impressão de que os olhos e ouvidos do público não eram bem-vindos na sala de audiências de Baraitser. Dadas as restrições excessivamente obstrutivas impostas a Assange, parecia que ela teria preferido excluir até mesmo o réu de sua própria audiência no tribunal. Como um criminoso violento, Assange foi trancado dentro de uma caixa feita de vidro à prova de balas, colocada nos fundos da sala de audiências, longe de seus advogados. Durante a audiência, ele não teve permissão para receber nenhum documento de seus advogados, passar notas a eles e nem mesmo apertar suas mãos através da estreita fenda na frente do vidro.

De dentro da caixa de vidro, Assange teve dificuldades para ouvir o que estava sendo dito na sala do tribunal. Quando ele repetidamente sinalizava o problema para a juíza Baraitser, ela culpava o barulho de fundo feito pelos manifestantes do lado de fora do prédio, embora isso mal pudesse ser ouvido dentro da sala do tribunal. Quando Assange tentou falar, Baraitser o interrompeu e insistiu que ele só poderia ser ouvido através de seu advogado de defesa. No entanto, quando o advogado de defesa solicitou à juíza que permitisse que Assange se sentasse com seus advogados durante a audiência, o que lhe permitiria dar instruções adequadas, ela recusou o pedido, alegando, com uma cara séria, que isso seria equivalente a uma libertação da custódia, que só poderia ser considerada no âmbito de um pedido formal de fiança. Para comparecer ao tribunal, Assange teria sido revistado duas vezes, algemado um total de onze vezes e trancado em cinco celas diferentes – tudo em um único dia. Além disso, a direção da prisão apreendeu todos os seus documentos atinentes ao julgamento, inclusive o material confidencial que recebeu de seus advogados, privando-o, assim, de seu último meio de defesa.

Quando o advogado de defesa de Assange protestou no tribunal que essas condições obstrutivas prejudicavam gravemente o devido processo legal, a arbitrariedade se tornou tão flagrante que até mesmo o advogado de acusação, James Lewis, levantou-se para afirmar que queria que Assange tivesse um julgamento justo, que não estava convencido de que fosse necessário um pedido de fiança para permitir que Assange se sentasse com seu advogado e que seria uma prática padrão o juiz intervir junto às autoridades prisionais para garantir o devido processo legal. Mas Baraitser não se deixou influenciar. Ela insistiu que não tinha jurisdição sobre as autoridades prisionais e se recusou a permitir que Assange saísse de sua caixa de vidro. Afinal de contas, disse ela com toda a seriedade, ele poderia representar um perigo para o público – era uma questão de saúde e segurança. Em geral, parecia que, para a juíza Baraitser, a presença de Assange era um incômodo, na melhor das hipóteses, e uma oportunidade bem-vinda para intimidá-lo e humilhá-lo, na pior. De qualquer forma, dada a importância política desse caso, parece inconcebível que ela tenha desconsiderado tão abertamente o devido processo legal sem instrução, consentimento ou aquiescência de alguém de cima.

O desenrolar da farsa da justiça mais tarde levou o Instituto de Direitos Humanos da Associação Internacional de Advogados (IBAHRI) a emitir um comunicado à imprensa excepcionalmente severo: "[O IBAHRI] condena os maus-tratos relatados contra Julian Assange durante seu julgamento de extradição para os Estados Unidos em fevereiro de 2020 e insta o governo do Reino Unido a tomar medidas para protegê-lo. ... É profundamente chocante que, enquanto uma democracia madura na qual o estado de direito e os direitos individuais são preservados, o governo do Reino Unido tenha ficado em silêncio e não tenha tomado nenhuma medida para encerrar uma conduta tão grosseira e desproporcional por parte dos funcionários da Coroa. Além disso, estamos surpresos que a juíza que presidia a sessão não ter dito e feito nada para repreender os oficiais e seus superiores por tal conduta no caso de um acusado cujo crime não é de violência pessoal. Muitos países do mundo olham para a Grã-Bretanha como um exemplo em tais assuntos. Nessa ocasião, o exemplo é chocante e excessivo". O comunicado de imprensa foi concluído com uma referência à minha declaração oficial ao Conselho de Direitos Humanos da ONU em Genebra, em 28 de fevereiro de 2020, quando apresentei meu relatório anual citando explicitamente os anos de tratamento cruel, desumano e degradante imposto a Assange pelo Reino Unido, Suécia, Equador e Estados Unidos como um exemplo concreto de tortura psicológica.

Durante os quatro dias seguintes, a acusação e a defesa apresentaram seus argumentos iniciais. Os advogados de Assange apresentaram vários conjuntos de evidências com o objetivo de refutar os fatos alegados pela acusação, além de apresentarem argumentos jurídicos oralmente e por escrito. Em essência, seu raciocínio contra a extradição de Assange para os Estados Unidos pode ser resumido em quatro argumentos principais.

Em primeiro lugar, o advogado argumentou que a decisão de processar Assange foi politicamente motivada e que dezessete das dezoito alegações da acusação dos EUA diziam respeito a espionagem, que é o exemplo clássico de um delito político. Considerando que o tratado de extradição anglo-estadunidense proíbe expressamente extradições por crimes políticos, Assange não poderia ser legalmente entregue aos Estados Unidos. Em segundo lugar, durante seu asilo na embaixada equatoriana, Assange foi sistematicamente vigiado e, principalmente, suas conversas confidenciais com seus advogados foram gravadas por agentes que colaboravam com os serviços de inteligência dos EUA. Isso configura um abuso tão grave do processo que torna todo o procedimento de extradição irreparavelmente arbitrário. Em terceiro lugar, nenhuma pessoa pode ser extraditada legalmente para um Estado quando essa extradição tiver que ser considerada opressiva. Se extraditado para os Estados Unidos, haveria um risco real de que: a justiça fosse negada a Assange, tanto no julgamento, quanto na fase de sentença; que ele pudesse receber uma sentença assustadoramente excessiva de até 175 anos de prisão; e que ele fosse submetido a condições de detenção cruéis, desumanas e degradantes, o que estabelecia uma barreira intransponível contra sua extradição. Em quarto lugar, com base na exigência de dupla criminalidade, a extradição de Assange para os Estados Unidos só pode ser permitida se o crime pelo qual sua extradição é solicitada for punível tanto nos EUA quanto no Reino Unido. Isso levantou a questão de saber se a atividade da qual Assange é acusado – a saber, "obtenção, recebimento e divulgação não autorizados de informações de defesa nacional" – pode constituir um delito criminal, especialmente em vista do interesse público em ter essas informações divulgadas e da proteção da liberdade de expressão de acordo com a legislação internacional e nacional.

Quanto à acusação, James Lewis começou por se concentrar fortemente em distinguir os delitos alegados contra Assange do trabalho jornalístico protegido pela liberdade de expressão e salientar que a acusação a Assange não criou nenhum precedente para criminalizar o jornalismo hegemônico. Lewis enfatizou que Assange não estava sendo processado por jornalismo responsável, mas por colocar em perigo a vida de informantes ao publicar seus nomes não editados, por conspirar com Chelsea Manning para tentar invadir computadores e por fazê-la fornecer-lhe ilegalmente informações de defesa nacional.

De acordo com observadores, durante este trecho inicial de seu argumento, Lewis não se dirigia ao juiz, mas falava principalmente aos representantes da mídia. Em determinado momento, ele chegou a repetir uma frase, explicando que era importante se certificar de que os jornalistas haviam entendido o seu ponto. A acusação até tinha preparado uma cartilha para os jornalistas, em formato impresso e eletrônico, o que facilitou o noticiário da maneira "copia-e-cola" de acordo com as posições dos Estados Unidos. Como Lewis, sem dúvida, estava ciente, os jornalistas também são humanos e, portanto, tendem a escolher o caminho de menor dificuldade. Além disso, o fato de Lewis não parecer achar necessário convencer a juíza de seus argumentos sugere que os Estados Unidos não estavam preocupados com a posição do judiciário britânico, mas estavam focados principalmente em tranquilizar e apaziguar a mídia convencional, evitando, assim, manchetes negativas. E a mídia hegemônica em geral parecia ter caído na armadilha, relatando obediente o superficial "ele disse, ela disse" que se desenrolou no tribunal, ao invés de denunciar o estraçalhamento da justiça e do estado de direito que ocorria diante de seus olhos. Nenhum dos órgãos da mídia que haviam atuado em parceria com o WikiLeaks na publicação dos vazamentos escandalosos de 2010 e 2011 teve a coragem de protestar contra a arbitrariedade flagrante com a qual Assange estava sendo perseguido e abusado pelos pecados que tinham cometido juntos com ele. Até mesmo a venerável BBC, outrora porta-voz do mundo livre, escolheu o caminho mais fácil e fez questão de não enxergar o todo, restringindo-se a um ou outro detalhe menor.

Na sequência, Lewis fez grandes esforços para demonstrar que, em conformidade com o requisito de "dupla criminalidade", cada uma das ações tomadas por Assange seria punível não apenas sob a Lei de Espionagem dos EUA, mas também sob as Leis de Segredos Oficiais Britânicas, uma peça igualmente arcaica de legislação que criminaliza a posse e divulgação de segredos oficiais sem dar ao acusado o direito de invocar uma defesa de interesse público.

A acusação também tentou negar que, mesmo que fossem puníveis, as publicações de Assange não poderiam constituir um delito político, por isso não seriam passíveis de extradição. Lewis apresentou dois motivos bastante inverossímeis para essa conclusão. Primeiro, o WikiLeaks não tinha motivação política, porque a organização não buscava derrubar o governo dos EUA ou persuadi-lo a mudar suas políticas. Segundo, Assange não estava fisicamente presente nos Estados Unidos quando publicou o Diário da Guerra do Afeganistão, os Diários da Guerra do Iraque e o CableGate.

Nenhum dos argumentos eram convincentes, para dizer o mínimo. Deixando de lado a questão completamente absurda da derrubada do governo, qualquer entrevista com Julian Assange teria fornecido amplas evidências de sua motivação política como ativista voltado para fomentar mudanças nas políticas para alcançar a paz, a verdade e a transparência. Além disso, do ponto de vista jurídico, não há absolutamente nenhuma razão para que a extraterritorialidade das atividades de Assange impeça sua caracterização como "política", principalmente porque os Estados Unidos reivindicam jurisdição criminal extraterritorial exatamente sobre as mesmas atividades. Aparentemente preocupado com a fraqueza do raciocínio da acusação, a juíza Baraitser, no final do segundo dia, apressou-se em equipar Lewis com um argumento alternativo, que ele adotou com gratidão.

De acordo com a juíza, o tratado de extradição anglo-estadunidense ratificado em 2007 de fato proibia extradições por crimes políticos, mas a Lei de Extradição Britânica de 2003, com base na qual o tratado anglo-estadunidense havia sido celebrado, não proibia. Em uma acrobacia judicial que lembra a decisão da Suprema Corte britânica sobre o pedido de extradição sueco em 2012, embora inverta a sua lógica contorcionista, Baraitser argumentou que os tribunais britânicos não poderiam aplicar o tratado anglo-estadunidense, porque era um acordo internacional e não fazia parte da lei doméstica inglesa. Ao decidir sobre o pedido de extradição de Assange feito pelos EUA, o judiciário britânico poderia, portanto, basear-se apenas na Lei de Extradição Britânica, que não excluía crime político.

Foi quase surreal: enquanto a Suprema Corte decidiu em 2012 que a Lei de Extradição britânica deve necessariamente ser interpretada de acordo com as obrigações internacionais do Reino Unido sob a Decisão-Quadro da UE e, a partir daí, inventou livremente uma interpretação que não era exigida nem proposta por esse instrumento, a juíza Baraitser agora concluiu que a mesma Lei de Extradição não poderia, em nenhuma circunstância, ser interpretada de acordo com as obrigações internacionais do Reino Unido sob o tratado de extradição anglo-estadunidense, que proíbe expressamente extradições por crimes políticos. Por uma questão de lógica jurídica, ambas as decisões são igualmente insustentáveis e parecem uma instrumentalização inescrupulosa do poder judiciário para a obtenção de um resultado político desejado.

Entendida com exatidão, a Lei de Extradição Britânica é simplesmente um ato de "habilitação", que autoriza o governo britânico a concluir tratados de extradição com outros estados, mas – de acordo com o antigo princípio "sem tratado, sem extradição" – não pode servir como base direta para pedidos de extradição individuais. Embora os tratados bilaterais ou multilaterais não possam ser mais permissivos do que o ato de habilitação no qual se baseiam – não podem, por exemplo, interpretar o termo "autoridade judicial" de forma mais ampla –, eles podem, em contrapartida, ser mais restritivos e, por exemplo, conter uma exclusão de "crimes políticos".

Portanto, a Lei de Extradição britânica restringiu claramente a interpretação do termo "autoridade judicial" na Decisão-Quadro da UE, na qual se baseou o pedido sueco de 2010, mas de modo igualmente claro, a implementação da Lei de Extradição foi restringida pela exclusão de "ofensa política" no Art. 4 do tratado anglo-estadunidense, no qual se baseia o pedido de extradição dos EUA. De fato, se o tratado anglo-estadunidense não pudesse ser aplicado pelos tribunais britânicos, conforme afirmado pela juíza Baraitser, então o pedido de extradição dos EUA não teria uma base legal válida e teria que ser rejeitado sem mais considerações. Sem tratado, sem extradição!

Após quatro dias de argumentos iniciais, a audiência preliminar foi de início adiada até 18 de maio de 2020. Pouco tempo depois, a pandemia de COVID-19 atingiu a Europa e exigiu um segundo adiamento até 7 de setembro de 2020.

Pandemia e segunda acusação complementar

Em maio de 2020, só os Estados Unidos haviam registrado mais mortes por COVID-19 do que o Reino Unido. Depois de muitos anos de austeridade econômica imposta pelo governo, o esgotamento decorrente do sistema de saúde pública britânico volta a atacar. As clínicas e instituições de saúde carecem de tudo: aventais de proteção, máscaras, luvas, testes de detecção do vírus. Milhares de pacientes perdem suas vidas e até mesmo os profissionais de saúde pagam o preço extremo. Entre os grupos mais vulneráveis, juntamente com os idosos, estão as pessoas com problemas respiratórios pré-existentes. O risco de contrair COVID-19 também aumenta sempre quando não se pode observar as regras de distanciamento social e o atendimento médico adequado não é garantido. Assim, abrigos, centros de recepção de migrantes e prisões tornam-se locais de alto risco.

Em 26 de junho de 2020 – Dia Internacional das Vítimas de Tortura – o grupo "Médicos por Assange" lança seu segundo apelo público na revista médica *The Lancet*: "O Sr. Assange corre sério risco de contrair COVID-19. Como ele não é violento, está preso preventivamente e, de acordo com o Grupo de Trabalho da ONU sobre Detenção Arbitrária, foi detido arbitrariamente, ele atende aos critérios recomendados internacionalmente para a libertação de prisioneiros durante a COVID-19. No entanto, um pedido de fiança com um plano de prisão domiciliar monitorada foi recusado e o Sr. Assange é mantido em confinamento solitário por 23 horas por dia". Stella Moris, companheira de Assange e mãe de seus dois filhos pequenos, confirmaria mais tarde que, no caso de uma liberdade temporária, Assange teria sido acomodado com ela e seus filhos. Mas suas esperanças foram frustradas. Com o início da pandemia, a prisão entra em confinamento e proíbe todas as visitas externas, reduzindo o contato de Assange com o mundo exterior a telefonemas curtos, estritamente regulamentados e monitorados.

As restrições impostas pelo confinamento sanitário também representam um grande problema para os advogados de Assange, pois a proibição de visitas pessoais prejudica gravemente suas condições para se preparar para a extensa audiência probatória programada para começar em 7 de setembro de 2020. Para piorar a situação, sem aviso prévio, o Departamento de Justiça dos EUA publica uma segunda acusação substitutiva em 24 de junho de 2020. Ela substitui a acusação anterior, de 23 de maio de 2019, que, por sua vez, substituiu a acusação original, de 6 de março de 2018. Embora as dezoito acusações de maio de 2019 permaneçam inalteradas, a descrição subjacente dos fatos mais uma vez se expandiu significativamente: de apenas seis páginas em 2018, saltou para trinta e sete páginas em 2019, e agora para um total de quarenta e oito páginas. As alegações factuais da acusação de 2020 não se concentram mais principalmente na recepção e publicação de material vazado e, portanto, em atividades genuinamente jornalísticas. Ao invés disso, descrevem em detalhes os supostos contatos de Assange com determinados grupos de hackers, que ele é acusado de ter incitado a roubar informações confidenciais e entregá-las.

É digno de nota que a maioria desses contatos tenha ocorrido depois de 2010, não podendo, portanto, estar relacionada aos vazamentos de Manning, nos quais se baseiam as dezoito acusações da acusação. Do ponto de vista da acusação, a inclusão dessas alegações só faz sentido se os Estados Unidos pretenderem, em um momento conveniente no futuro, expandir ainda mais as acusações contra Assange. O objetivo provável seria acrescentar um número maior de crimes cibernéticos e acusações relacionadas de conspiração e incitação que não são protegidas pela liberdade de imprensa. Depois que um juiz federal dos EUA indeferiu o processo do Partido Democrata contra Assange e outros por causa dos vazamentos do DNC em julho de 2019, com base na liberdade de imprensa, não seria surpreendente se o governo tentasse expandir sua própria acusação contra Assange para atividades que estão fora do escopo de proteção da Primeira Emenda da Constituição dos EUA. Além disso, as novas alegações de hackeamento provavelmente também visam apaziguar a imprensa e influenciar a opinião pública, retratando Assange como um "hacktivista" desprezível que nada tem em comum com um jornalista "de verdade".

Um ano depois, em uma entrevista concedida ao jornal islandês *Stundin* em junho de 2021, uma das principais fontes dessas novas alegações desmentiria sua veracidade. Chamada de "Teenager" na acusação de 2020, a testemunha é um sociopata diagnosticado com condenações criminais por vários casos de fraude, falsificação, roubo e abuso sexual de menores. Ele admite ter fabricado falsas alegações contra Assange para a acusação de 2020 em troca de um amplo acordo de não acusação em seu próprio favor com o FBI e o Departamento de Justiça dos EUA[22]. É revelador que, apesar da história ter sido meticulosamente pesquisada e consolidada com evidências confiáveis, ela não foi divulgada por nenhum dos órgãos da imprensa hegemônica dos Estados Unidos, do Reino Unido ou da Austrália.

Mas, por enquanto, ainda estamos no final de junho de 2020, um ano antes do "Teenager" confessar o falso testemunho contra Assange. A circunstância da apresentação da segunda acusação substitutiva só pode ser descrita como deliberadamente obstrutiva. Inicialmente, ela é publicada exclusivamente na página virtual oficial do Departamento de Justiça dos EUA. Embora seja um documento legal absolutamente fundamental para o processo de extradição, a nova acusação é transmitida às autoridades britânicas apenas um mês depois, em 29 de julho de 2020. A essa altura, faltam apenas cinco semanas para a audiência probatória e o prazo estabelecido para que a equipe de defesa de Assange apresente provas para essas audiências havia expirado uma semana antes. O novo pedido de extradição dos Estados Unidos, que deve ser redigido com base na nova acusação, chega duas semanas depois, em 12 de agosto. Por fim, em 21 de agosto, os Estados Unidos enviam um adendo esclarecendo que,

---

[22] Trata-se do islandês Sigurdur Ingi Thordarson, também conhecido como "Siggi hakkari" (Siggi, o hacker). Ver a respeito revista *Heimildin*: Key witness in Assange case admits to lies in indictment, disponível em: https://heimildin.is/grein/13627/ (Publicado em: 26/06/2021 - Consultado em: 01/07/2023); ver também hebdomadário *A Semana*: 'Siggi hacker' informante do FBI confessa: "Tive imunidade em troca de acusações (falsas) ao Assange", disponível em: https://www.asemana.publ.cv/?Hacker-islandes-confessa-Tive-imunidade-em-troca-de-acusacoes-falsas-ao-Assange&ak=1 (Publicado em: 12/06/2023 - Consultado em: 01/07/2023) (N.T.).

ao considerar o pedido de extradição, o tribunal britânico também deve levar em conta os fatos recém-declarados na segunda acusação substitutiva.

Como era de se esperar, os advogados de Assange objetam e apontam que essa nova e intempestiva alegação os priva de qualquer possibilidade justa de se prepararem adequadamente para a audiência probatória. Quando a juíza propõe o adiamento do caso por vários meses, os advogados de Assange inicialmente recusam, porque seria injusto mantê-lo na prisão por vários meses adicionais enquanto sua saúde continua a se deteriorar devido às condições de detenção extremamente restritivas. Em vez disso, eles solicitam que as novas alegações factuais apresentadas pelo governo dos EUA sejam excluídas das deliberações da Corte, visto que o prazo para a conclusão do pedido de extradição dos EUA já havia expirado mais de um ano antes da apresentação da nova acusação.

Mas a juíza Baraitser parece ter encontrado uma solução mais conveniente. Ela não exclui as novas alegações factuais dos Estados Unidos como uma apresentação tardia relacionada ao pedido de extradição original, mas parece tratá-las como a base para um pedido de extradição distinto e totalmente novo. Dessa forma, quando a audiência probatória começa, em 7 de setembro de 2020, ela anula o mandado de extradição de 2019, libera Assange e imediatamente o prende novamente com base no novo mandado de extradição de 2020. Inexplicavelmente, porém, Baraitser insiste nos prazos processuais estabelecidos em relação ao pedido de extradição anterior e, portanto, não permite que os advogados de defesa de Assange apresentem qualquer tipo de prova em resposta às novas alegações de fato feitas na nova acusação dos EUA. Diante da situação absurda de serem impedidos pela própria juíza de cumprir sua função de advogados de defesa, os advogados de Assange agora não têm outra opção a não ser solicitar o adiamento do caso até janeiro de 2021, que havia sido proposto anteriormente pela juíza. Para surpresa deles, no entanto, Baraitser mudou de ideia: nada de adiamento!

O julgamento encenado continua

E assim o julgamento segue seu curso. Desta vez, as audiências ocorrem no centro de Londres, no Tribunal Criminal Central, conhecido como Old Bailey, perto da catedral de St. Paul's. Mas mesmo aqui, a juíza Baraitser consegue excluir quase completamente o público de sua sala de audiências. As regras de distanciamento social da pandemia da COVID-19 agora servem como um pretexto bem-vindo para admitir apenas cinco pessoas na galeria do público. Uma vez admitidas, entretanto, as regras de distanciamento social não se aplicam mais. Todos os cinco observadores estão sentados perigosamente próximos uns dos outros em uma fileira de assentos, enquanto outras duas fileiras de assentos permanecem vazias. Três assentos adicionais são reservados para representantes da representação diplomática australiana em Londres – o Alto Comissariado da Austrália. Eles permaneceram vazios durante toda a audiência. Parece que os diplomatas australianos têm coisas mais importantes a fazer do que acompanhar o destino de seu concidadão.

Assim como em fevereiro em Belmarsh, jornalistas, ONGs e outros observadores são convidados a acompanhar os procedimentos em uma sala adjacente por meio de videotransmissão. Assim como em fevereiro em Belmarsh, a qualidade do som e da imagem é péssima. E, assim como em fevereiro em Belmarsh, isso não está acontecendo em uma província tecnologicamente atrasada de um país em desenvolvimento, mas no coração da capital britânica. Mas agora a juíza Baraitser já não finge nem mesmo que está interessada no escrutínio público. Logo no primeiro dia da audiência, ela revoga sem cerimônia o acesso ao link de vídeo concedido a cerca de quarenta observadores do julgamento oficialmente registrados do Parlamento Europeu e de organizações de direitos humanos, como a Anistia Internacional e a Repórteres Sem Fronteiras. De acordo com Baraitser, nesse caso, esse acesso remoto não é "do interesse da justiça". Tanto os parlamentares europeus quanto a Anistia Internacional intervieram repetidamente junto à juíza nos dias seguintes, lembrando-a de que a presença de observadores independentes acompanhando o julgamento é um pré-requisito essencial do estado de direito. No entanto, Baraitser se recusa a reconsiderar. O fato de que, em termos de transparência processual, o judiciário britânico agora está oficialmente atrás de Guantánamo, Bahrein e Turquia, cujos julgamentos a Anistia Internacional teve autorização para observar, não parece incomodar a juíza.

Durante a audiência, várias dezenas de testemunhas de defesa estão preparadas para depor, umas no tribunal, outras remotamente. Como era de se esperar, a conexão de vídeo e áudio dos depoimentos remotos é desastrosa: a imagem do vídeo falha repetidamente, os arquivos de áudio não são reproduzidos corretamente e a linha do tempo fica cada vez mais fora de controle. Apesar das fortes objeções da equipe de defesa, Baraitser decide que as declarações das testemunhas que já foram apresentadas ao tribunal por escrito não devem ser repetidas na audiência oral. Isso exige que os jornalistas e outros observadores que desejem entender e relatar publicamente as provas relevantes pesquisem separadamente as alegações escritas com antecedência – para a maioria deles, como é de se prever, isso é pedir demais.

Tendo, portanto, reduzido o risco de um escrutínio público efetivo a quase zero, a juíza Baraitser agora começa a mudar os parâmetros com relação às próprias evidências. Primeiro, ela determina que as testemunhas de defesa podem ser interrogadas longamente pela acusação, ao passo que as testemunhas de acusação que são funcionárias do governo dos EUA não podem ser interrogadas pelos advogados de defesa. Em segundo lugar, em resposta a um pedido do governo dos EUA, ela obedientemente declara o famoso vídeo "Assassinato Colateral" e qualquer outra prova que detalhe os crimes de guerra e a tortura dos EUA como inadmissíveis. Em terceiro lugar, embora a juíza não dispusesse de base para proibir o testemunho da vítima de tortura alemã-libanesa Khaled El-Masri, que o governo dos EUA tentou veementemente impedir, seu depoimento é tecnicamente impossibilitado, supostamente por uma infeliz falha na conexão do vídeo. No entanto, ao contrário de outras testemunhas que tiveram dificuldades técnicas semelhantes, El-Masri não teve a oportunidade de depor em uma data posterior. Embora seja verdade que este processo não julga crimes de guerra, a realidade desses crimes e a total impunidade concedida aos perpetradores e seus superiores são circunstâncias factuais importantes que explicam não apenas a motivação de Assange para sua publicação, mas também as razões de sua perseguição implacável pelos Estados Unidos.

Em seguida, Baraitser decide impedir qualquer participação pessoal de Assange na audiência, presumivelmente porque sua voz e suas declarações poderiam fazer com que as poucas almas restantes na sala de audiências se lembrassem de sua humanidade e desespero. Assim, a juíza mais uma vez o mantém trancado atrás de um vidro à prova de balas, longe de seus advogados. Ela também reitera sua ordem de mordaça para Assange, insistindo que ele não pode falar pessoalmente, mas que só pode participar dos procedimentos por meio de seus advogados. Quando, em uma ocasião, Assange não consegue deixar de exclamar "absurdo" em resposta a uma declaração feita pelo acusador, Baraitser imediatamente ameaça retirá-lo da sala de audiências se ele ousar abrir a boca novamente.

Assim como em um julgamento ditatorial, a coreografia desse processo parece predeterminada e deve ser rigorosamente observada. Qualquer emoção humana, verdade incômoda ou outro fator imprevisto que possa alterar o resultado deve ser imediatamente suprimido. No entanto, para aqueles que o conhecem, a agonia e a exaustão de Assange são perceptíveis mesmo através das paredes à prova de balas de sua jaula. Todos os dias da audiência, no início da manhã, ele é submetido a revista íntima, raio X, algemado e transferido para uma cela de detenção antes de ser enviado ao tribunal, permanecendo em pé em um camburão prisional claustrofobicamente estreito por noventa minutos na ida ao tribunal e noventa minutos na volta à prisão.

Como professor de direito em uma universidade britânica, fiquei profundamente chocado, em um caso politicamente proeminente como esse, ao ver o judiciário britânico desumanizar o réu, recusar-se a admitir evidências de importância central para a defesa, desconsiderar os princípios fundamentais do devido processo legal, e excluir quase completamente o público da sala de audiências. O fato dessa farsa da justiça não ter levado toda a equipe de defesa a deixar a sala do tribunal em protesto, não ter provocado um clamor público na mídia hegemônica e da liderança política parecer satisfeita com o fato de Assange ter sido submetido a um julgamento de fachada que lembra mais um regime autoritário do que uma democracia madura, mostra até que ponto a sociedade britânica já se tornou insensível às exigências formais e à importância prática do estado de direito.

A audiência probatória

No decorrer da audiência probatória, que durou de 7 de setembro a 1º de outubro de 2020, ficou devastadoramente claro por que a juíza Baraitser fez de tudo para excluir o público de sua sala de audiências e suprimir qualquer forma de escrutínio efetivo por parte da mídia, da sociedade civil e de observadores internacionais. Todos os dias, um a um, depoimentos de testemunhas e relatórios de especialistas desmantelavam sistematicamente os blocos de construção legais e factuais de todo o caso dos EUA contra Assange, deixando apenas a prova clara de uma perseguição política implacável.

Grande parte das evidências factuais e legais apresentadas durante a audiência já foi discutida em outra parte deste livro e não será retomada aqui. No entanto, para permitir uma apreciação completa da impudícia com que o estado de direito está sendo violado neste caso, é importante fornecer uma visão geral dos tópicos mais importantes e da maneira como foram abordados no contexto.

A questão mais decisiva discutida durante a audiência probatória foi, sem dúvida, a saúde física e mental de Assange. Várias testemunhas comentaram essa questão, inclusive a Dra. Sondra Crosby, que examinou Assange cinco vezes, tanto na embaixada equatoriana quanto em Belmarsh, e cujo relatório médico para o Escritório do Alto Comissariado para os Direitos Humanos contribuiu decisivamente para motivar meu próprio envolvimento no caso. Outra testemunha importante foi o professor Michael Kopelman, um psiquiatra experiente que visitou Assange um total de dezenove vezes em Belmarsh e traçou seu histórico médico desde sua juventude na Austrália. Kopelman alertou sobre depressão grave, transtorno de estresse pós-traumático (TEPT), transtorno de ansiedade e traços de transtorno do espectro do autismo (TEA), resultando em tendências suicidas agudas: "Estou tão certo quanto um psiquiatra pode estar de que, no caso de extradição iminente, o Sr. Assange realmente encontraria uma maneira de cometer suicídio". Outros especialistas também o diagnosticaram com depressão e Asperger. O quadro geral era o de uma pessoa que, apesar da notável resiliência, havia sofrido muito com anos de perseguição e isolamento e que estava determinada a evitar a extradição por meio do suicídio. Ao responder pela acusação, James Lewis tentou minimizar as preocupações com o estado de saúde de Assange e minar a credibilidade das testemunhas e das evidências. Ele também insinuou repetidamente que Assange estava fingindo ou exagerando seus sintomas para induzir um diagnóstico que o ajudaria a evitar a extradição, mas não conseguiu fornecer nenhuma evidência que sustentasse essas alegações.

Lewis então voltou sua atenção para minha própria carta oficial ao governo britânico de 27 de maio de 2019, que ele sabia que não poderia ser razoavelmente omitida do registro da audiência. Ele fez isso astutamente, enquanto interrogava médicos como testemunhas de defesa, sendo que esses médicos não eram especialistas em direitos humanos competentes para examinar a precisão de minhas conclusões legais. Sem qualquer explicação sobre meu mandato e função, Lewis leu várias páginas de minha carta no tribunal, predominantemente passagens não médicas relacionadas a violações do devido processo legal e ao conluio persecutório entre os estados envolvidos. Ao fazer isso, ele se certificou de deixar claro para as testemunhas sua completa indignação com minhas observações pouco lisonjeiras. Lewis então tentou manipular os médicos especialistas para que concordassem que minhas conclusões legais e factuais não eram "nem equilibradas nem precisas" e não eram "dignas de crédito em nenhum aspecto". As testemunhas perceberam, é claro, que, como médicos, não se poderia esperar que julgassem a exatidão de minhas conclusões legais e, prudentemente, limitaram-se a concordar com as conclusões médicas dos dois médicos que haviam acompanhado minha visita a Belmarsh.

Sem conseguir fazer com que os médicos especialistas desacreditassem minhas descobertas legais, Lewis habilmente os enganou para que se referissem às passagens não médicas da minha carta como "políticas" (em vez de "jurídicas"), simplesmente colocando a palavra desejada em suas bocas. Percebendo o perigo, mas sem identificar a sutileza, os médicos sabiamente se recusaram a dar uma opinião substantiva sobre as "passagens políticas". Na realidade, é claro que as comunicações oficiais transmitidas por especialistas em direitos humanos da ONU são de natureza exclusivamente jurídica, nunca política, e, portanto, são diretamente relevantes para as determinações legais a serem tomadas no tribunal. Ao caracterizar minhas descobertas como "políticas", a acusação procurou descartar sua relevância para as questões legais apresentadas ao tribunal, e a juíza Baraitser concordou agradecida. Lewis concluiu o assunto desmerecendo sumariamente minhas observações como "absurdos óbvios e palpáveis" – convenientemente na minha ausência, sem correr o risco de que eu pudesse ser interrogado para comprovar minhas descobertas indesejáveis. A Juíza Baraitser aparentemente não encontrou nenhuma falha na depreciação manipuladora e claramente ofensiva feita por Lewis das conclusões oficiais apresentadas por um Relator Especial da ONU com base em uma visita à prisão e em um exame médico realizado a convite do governo britânico.

Passando a um tópico diferente, vários especialistas confirmaram que o medo que Assange sentia de desaparecer em uma prisão Supermax nos EUA pelo resto de sua vida não era de forma alguma irracional. Até mesmo as testemunhas de acusação reconheceram o risco real de que, se extraditado para os Estados Unidos, Assange seria mantido sob Medidas Administrativas Especiais (SAMs) durante a prisão preventiva e enquanto cumprisse sua sentença. Na verdade, isso significava o isolamento total de qualquer contato interpessoal. Surpreendentemente, a discussão no tribunal sobre as SAMs concentrou-se principalmente em saber se, tendo em vista o estado de saúde de Assange, essas condições de detenção deveriam necessariamente – ou apenas possivelmente – ser consideradas "opressivas" e, portanto, violadoras da proibição de tortura e maus-tratos. A acusação argumentou que não era possível prever com certeza se Assange seria de fato submetido a SAMs. E que, mesmo que as SAMs fossem impostas, elas seriam periodicamente revisadas pelo procurador-geral com vistas à sua possível atenuação ou término. Portanto, se a extradição de Assange fosse concedida, nem o risco de tratamento desumano nem a probabilidade de suicídio poderiam ser previstos de forma confiável. Foi uma tentativa fraca de minar a evidência esmagadora de que o regime de detenção que aguardava Assange nos Estados Unidos era totalmente incompatível com a proibição absoluta e universal de tortura e outros tratamentos ou penas cruéis, desumanos ou degradantes.

Uma revelação particularmente chocante foi o modo extremamente intrusivo com que Assange foi vigiado dentro da embaixada equatoriana, bem como o fato de que a empresa de segurança espanhola UC Global, que havia sido contratada para vigiar a embaixada, havia trabalhado para uma agência de inteligência dos EUA às escondidas de seu principal cliente, o governo equatoriano. Como ficou nítido, a cooperação da UC Global com a inteligência dos EUA incluía não apenas a vigilância sistemática por áudio e vídeo das reuniões confidenciais de Assange com advogados, médicos e visitantes particulares, mas ia muito além disso. Depoimentos por escrito dados por ex-funcionários da UC Global confirmaram, entre outras coisas, que haviam sido elaborados planos para deixar as portas da embaixada abertas para que agentes externos pudessem entrar e sequestrar ou envenenar Assange.

Embora Lewis também tenha descartado esses testemunhos como "completamente irrelevantes", sua importância legal para o processo de extradição é imensa. Além da criminalidade óbvia de qualquer plano para sequestrar ou assassinar Assange, a vigilância secreta de que ele foi alvo a mando do governo dos EUA constitui uma violação tão grave dos princípios do devido processo legal, da confidencialidade entre advogado e cliente, da confidencialidade entre médico e paciente e da privacidade pessoal, que o caso inteiro fica comprometido por esses procedimentos, restando à acusação dos EUA e ao pedido de extradição relacionado, serem rejeitados como irreparavelmente arbitrários.

Um argumento central da equipe de defesa de Assange contra sua extradição e acusação por suas atividades jornalísticas continuou sendo seu direito à liberdade de expressão e à liberdade de imprensa. Trevor Timm, testemunha de defesa e diretor executivo da Freedom of the Press Foundation, citou o escândalo de Watergate. Naquela época, no início da década de 1970, a corrupção do governo Nixon só foi exposta porque os jornalistas investigativos Bob Woodward e Carl Bernstein, do *Washington Post*, puderam realizar seu trabalho sem temer que suas revelações fossem processadas como espionagem. Outra testemunha, o advogado e ativista Carey Shenkman, enfatizou a frequência com que material confidencial está sendo deliberadamente vazado pelas próprias agências do governo dos EUA para influenciar a opinião pública. É desnecessário dizer que nenhum desses vazamentos resultou em processo criminal.

Até mesmo Daniel Ellsberg, já com quase noventa anos de idade, prestou depoimento. Como é amplamente conhecido, ele foi acusado de espionagem por ter denunciado o caso Pentagon Papers em 1971. Ellsberg insistiu que as publicações do WikiLeaks estavam protegidas pela Primeira Emenda da Constituição dos EUA. Isso era uma decorrência a decisão histórica da Suprema Corte dos EUA no caso Pentagon Papers, que reafirmou e fortaleceu a liberdade de imprensa e o direito do público de ser informado. Por uma questão de lógica, se Assange pudesse ser acusado de espionagem por publicar documentos confidenciais, o mesmo deveria se aplicar aos parceiros de mídia do WikiLeaks, principalmente o *The New York Times*, o *The Guardian*, o *Der Spiegel*, o *El País* e o *Le Monde*. Mas isso seria um ataque frontal à liberdade de imprensa e à jurisprudência estabelecida pela Suprema Corte em 1971. Esse dilema, chamado de "problema do *New York Times*", foi o que persuadiu o governo Obama a não processar Assange.

Ao abordar as alegações relacionadas de que Assange havia "conspirado" com Chelsea Manning para violar seu dever de não divulgação, várias testemunhas de defesa confirmaram que faz parte da rotina diária de qualquer jornalista investigativo procurar fontes e incentivá-las a compartilhar evidências, mesmo que as informações sejam classificadas como secretas. Os jornalistas também têm o dever de tomar medidas ativas de proteção de fontes que dificultem ou até impossibilitem a identificação de denunciantes. Adotando a mesma posição que o juiz federal dos EUA Koeltl, em sua decisão de 2019 de arquivar o processo do DNC contra Assange e outros, eles argumentam que a linha que leva à criminalidade só é cruzada quando, por exemplo, os próprios jornalistas participam do ato de roubo de dados, penetrando ilegalmente em um sistema de computador protegido a fim de obter informações secretas. Ora, não é disso que Assange é acusado. Sua fonte, Chelsea Manning, já tinha acesso total a todas as informações vazadas. A acusação contra Assange aí é apenas de que teria tentado – sem sucesso – ajudar Manning a decodificar uma senha que permitiria que ela fizesse login no mesmo sistema com uma identidade diferente, assim encobrindo seus rastros dentro desse sistema. Isso era uma medida típica de proteção de fontes e não pode ser considerado como auxílio e cumplicidade, ou incitação, de um crime de computador. Portanto, não havia base legal ou factual para as acusações de conspiração feitas pelos EUA contra Assange.

É importante ressaltar que ficou esclarecido que o direito à liberdade de opinião e expressão não se restringe a jornalistas, mas se aplica a qualquer pessoa, de modo que a eterna polêmica sobre se Assange pode ou não ser considerado um jornalista "legítimo" nunca teve qualquer relevância jurídica real. Juridicamente insustentável também é o argumento apresentado pelo governo Trump de que Assange, por ter agido como estrangeiro no exterior, não tem direito às proteções constitucionais da liberdade de expressão, embora possa, mesmo assim, ser processado de acordo com a Lei de Espionagem dos EUA pela mesma conduta. Isso demonstra cristalinamente que, no caso de sua extradição para os Estados Unidos, Assange não teria garantia de proteção efetiva dos direitos humanos.

Inúmeras testemunhas também refutaram as alegações de que Assange havia conscientemente colocado vidas humanas em risco ao publicar, sem tarja, os nomes de informantes locais e colaboradores dos Estados Unidos, expondo-os, assim, a atos de vingança. Embora, até hoje, o governo dos EUA não tenha conseguido apresentar nenhuma prova consistente nesse sentido, a narrativa de "colocar vidas em risco" é um dos mitos mais antigos e persistentes que cercam as publicações do WikiLeaks. Já no julgamento de Chelsea Manning em 2013, o Departamento de Defesa dos EUA reconheceu explicitamente que não tinha "nenhum exemplo concreto" de qualquer indivíduo que tivesse sofrido danos ou sido exposto a uma ameaça séria como consequência das publicações do WikiLeaks. Sete anos depois, na audiência probatória em Londres, em setembro de 2020, nada havia mudado.

Por outro lado, vários jornalistas e outras testemunhas confirmaram expressamente que Assange havia lidado com dados confidenciais de forma responsável. Por exemplo, John Sloboda, do projeto Iraq Body Count, e o ex-jornalista da *Der Spiegel* John Goetz, que estiveram envolvidos na publicação dos Diários da Guerra do Iraque em 2010, relembraram agora a irritação dos veículos da mídia hegemônica parceiros do WikiLeaks quando Assange insistia que os nomes dos iraquianos fossem filtrados dos documentos e tarjados antes da publicação. O jornalista australiano Nicky Hager afirmou formalmente que não foi Assange quem primeiro tornou acessíveis ao público os documentos do CableGate sem tarja, mas sim dois jornalistas do *The Guardian*.

A história é bem conhecida. Em seu livro, "*WikiLeaks: Inside Julian Assange's War on Secrecy*", publicado em fevereiro de 2011, Luke Harding e David Leigh, do *The Guardian*, revelaram a senha que Assange havia compartilhado confidencialmente com seus parceiros de mídia, permitindo que eles acessassem e trabalhassem no material não censurado que havia sido armazenado em um único arquivo de backup em vários locais na internet. Outro jornalista, da revista alemã *Der Freitag*, havia detectado a localização do arquivo e, com a senha publicada por Leigh e Harding, conseguira acessar e baixar uma cópia completa do material original não tarjado. Em vez de manter essa informação confidencial, a *Der Freitag* publicou a exclusiva no final de agosto de 2011, fornecendo informações suficientes para tornar o arquivo do CableGate não tarjado acessível a qualquer interessado. O editor-chefe da *Der Freitag*, Jakob Augstein, também uma testemunha de defesa, confirmou que Assange pessoalmente os havia instado a não divulgar essa informação e expressou preocupação de que os indivíduos nomeados nos documentos não tarjados pudessem ser expostos a danos. Uma gravação de áudio completa de uma conversa telefônica entre Assange e seus contatos no Departamento de Estado dos EUA, que circula na internet, prova que Assange informou imediatamente o governo dos EUA sobre o vazamento do documento e recomendou medidas urgentes de redução de danos para proteger os indivíduos que poderiam ser colocados em risco – algo muito diferente da imagem do narcisista imprudente "com sangue nas mãos" que foi divulgada ao público.

A cronologia objetiva da publicação não editada do CableGate foi cientificamente reconstruída pelo perito Christian Grothoff, professor de ciência da computação na Suíça. Seu meticuloso relatório fornece evidências técnicas irrefutáveis de que Assange publicou o material original não editado somente depois que ele já havia sido disponibilizado publicamente, contra sua vontade, por Leigh e Harding, em conjunto com *Der Freitag*. Isso demonstrou que o WikiLeaks não era o editor original, mas que apenas republicou o arquivo não editado do CableGate, e que a responsabilidade por qualquer dano ou ameaça resultante de sua publicação não editada não poderia ser atribuída a Assange. O fato de que nem os dois jornalistas do *The Guardian* nem o *Der Freitag* jamais foram responsabilizados por sua conduta é uma indicação clara de que a narrativa de "colocar vidas em risco" foi deliberadamente mal utilizada como mais uma ferramenta para demonizar Assange e desviar a atenção do conteúdo inconveniente dos documentos vazados.

O silêncio loquaz da imprensa

O forte apoio e solidariedade que Assange recebeu de jornalistas que testemunharam no tribunal contrasta diametralmente com o silêncio inquebrantável da mídia fora do tribunal. Ao falar do silêncio da mídia, não quero dizer que nada tenha sido reportado sobre Assange e seu caso, mas sim que o que foi reportado foi em grande parte irrelevante ou secundário.

Curiosamente, a imprensa de língua alemã foi a primeira mídia convencional a mudar de opinião. A partir de 2019, jornais como o *Süddeutsche Zeitung*, bem como os suíços *Wochenzeitung* e *Sonntagsblick*, começaram a preparar o terreno. Em 31 de janeiro de 2020, foi publicada minha entrevista com o jornal suíço online *Republik* – uma primeira e importante barreira que foi rompida. Já no começo da audiência de extradição de Assange, três semanas depois do início, o *Republik* chocou com um resumo conciso das minhas conclusões investigativas e com algumas peças de correspondência vazada que ilustram o abuso deliberado do processo contra Assange. Fomentada pela incansável defesa de inúmeros ativistas, personalidades e organizações, uma mudança lenta mas constante na opinião pública foi iniciada e continuou ganhando força.

As emissoras públicas alemãs passaram a noticiar não apenas os últimos acontecimentos nas audiências de extradição, mas também, cada vez mais, entrevistas críticas, documentários investigativos e análises aprofundadas. Em contraste com a leviandade que permeou os comentários da mídia após a prisão de Assange em abril de 2019, os jornalistas passaram a expressar preocupação genuína com as implicações desse caso para a liberdade de imprensa e o estado de direito. Assim, em setembro de 2020, o *Süddeutsche Zeitung* escreveu: "Em Londres, a guerra dos Estados Unidos contra os denunciantes e seus apoiadores está prestes a atingir seu clímax. Essa guerra reexaminará os limites da liberdade de imprensa. O caso determinará, entre outras coisas, o que os jornalistas ainda poderão publicar no futuro – sem medo de serem processados nos Estados Unidos". Lentamente, mas com firmeza, os jornalistas começavam a entender que o julgamento de Julian Assange não era tanto sobre Assange quanto sobre eles. No número 10 da Downing Street, a organização Repórteres Sem Fronteiras tentou entregar uma petição com 80.000 assinaturas, pedindo ao governo britânico que não extraditasse Assange – mas as autoridades se recusaram a receber a petição.

A imprensa estabelecida nos EUA, no Reino Unido e na Austrália, por outro lado, ainda não parece ter entendido o perigo existencial que o julgamento de Julian Assange representa para a liberdade de imprensa, o devido processo legal, a democracia e o estado de direito. A dolorosa verdade é que, se apenas as principais organizações de mídia da anglosfera assim decidissem, a perseguição a Assange poderia ser encerrada amanhã. O caso de Ivan Golunov, um jornalista investigativo russo especializado em expor a corrupção oficial, pode ser um notável exemplo. Quando Golunov foi subitamente preso por supostos delitos relacionados a drogas, no verão de 2019, a imprensa hegemônica russa imediatamente percebeu o jogo. "Nós somos Ivan Golunov", traziam de forma idêntica as primeiras páginas dos três principais jornais diários da Rússia, *Vedomosti*, *RBC* e *Kommersant*. Todos os três jornais questionaram abertamente a legalidade da prisão de Golunov, suspeitaram que ele estava sendo perseguido por suas atividades jornalísticas e exigiram uma investigação completa. Pegas em flagrante e expostas pelos holofotes de sua própria mídia de massa, as autoridades russas recuaram alguns dias depois. O presidente Putin fez questão de ordenar pessoalmente a libertação de Golunov e demitir dois funcionários de alto escalão do Ministério do Interior. Isso prova, no mínimo, que a prisão de Golunov não foi resultado de má conduta por parte de alguns policiais incompetentes, mas foi orquestrada no mais alto nível.

Sem dúvida, uma ação conjunta de solidariedade comparável reunindo *The Guardian*, *BBC*, *The New York Times* e *Washington Post* poria um fim imediato à perseguição a Julian Assange. Pois, se há algo que os governos temem, é o holofote implacável da mídia de massa e seu exame crítico. Mas o que aparece na mídia hegemônica britânica, estadunidense e australiana é simplesmente parco e tardio. Como sempre, suas reportagens continuam a oscilar entre o capenga e o servil, registrando docilmente os eventos diários no tribunal sem sequer perceber que o que estão testemunhando são os efeitos colaterais de um monumental retrocesso social das conquistas da democracia e do Estado de Direito para a idade das trevas do absolutismo e dos "*arcana imperii*" – um sistema de governança baseado no sigilo e no autoritarismo. Um punhado de artigos de opinião tíbios no *The Guardian* e no *The New York Times* rejeitando a extradição de Assange não são suficientemente ousados e, portanto, não convencem. Embora ambos os jornais tenham declarado timidamente que a condenação de Assange por espionagem colocaria em risco a liberdade de imprensa, nenhum dos principais meios de comunicação protesta contra as violações flagrantes do devido processo legal, da dignidade humana e do estado de direito que permeiam todo o julgamento. Nenhum deles responsabiliza os governos envolvidos por seus crimes e corrupção; nenhum tem a coragem de confrontar os líderes políticos com perguntas incômodas; nenhum se sente no dever de informar e municiar as pessoas – não passam de uma mera sombra do que um dia foi o "quarto poder".

Minhas últimas apelações

Nas semanas que se seguiram até o final de novembro de 2020, a acusação e a defesa apresentaram suas alegações finais por escrito. Assange permaneceu isolado na prisão de Belmarsh. O dia 7 de dezembro de 2020 marcou o décimo aniversário da primeira prisão de Assange pela polícia britânica. Naquele dia, enviei um apelo urgente ao governo britânico, que foi publicado na manhã seguinte: "Especialista da ONU pede a libertação imediata de Assange após 10 anos de detenção arbitrária".

Nesse meio tempo, a pandemia de COVID-19 havia eclodido em Belmarsh. Para Assange, isso representava uma ameaça aguda, pois ele sofria de uma doença respiratória crônica e sua resistência estava debilitada há anos. "O Sr. Assange não é um criminoso condenado e não representa ameaça a ninguém, portanto, seu confinamento solitário prolongado em uma prisão de alta segurança não é necessário nem proporcional e claramente carece de qualquer base legal", escrevi, esclarecendo que esse regime de detenção, em vista de sua longa duração, também viola a proibição de tortura e maus-tratos. Portanto, solicitei ao governo britânico que libertasse Assange imediatamente ou o colocasse em prisão domiciliar vigiada, onde ele poderia levar uma vida familiar, social e profissional normais, recuperar sua saúde e preparar sua defesa no processo de extradição dos EUA. Concluí com um apelo urgente às autoridades britânicas para não extraditarem Assange aos EUA em nenhuma circunstância, devido a sérias preocupações com os direitos humanos. Mais uma vez, o governo britânico não achou necessário ou apropriado responder.

Em contrapartida, um grupo de quinze membros do Parlamento britânico, liderado por Richard Burgon e Jeremy Corbyn, concedeu-me uma audiência virtual sobre o caso Assange na noite de 8 de dezembro de 2020. Com base nas minhas conclusões de que os direitos humanos de Assange estavam sendo violados pelas autoridades britânicas, os parlamentares enviaram uma carta ao Secretário de Estado da Justiça, Robert Buckland, em 16 de dezembro, solicitando "que fossem tomadas providências para a realização de uma discussão virtual por vídeo entre Julian Assange e um grupo multipartidário de parlamentares do Reino Unido" antes que a decisão judicial sobre sua extradição fosse tomada. O objetivo declarado da reunião era discutir com ele o tratamento que estava tendo e as implicações mais amplas de seu caso. Mas, mais uma vez, o poder executivo demonstrou seu desdém pelo Parlamento. Seis meses depois, em junho de 2021, Burgon escreveu outra carta ao governador de Belmarsh e ao Secretário Buckland, expressando profunda frustração com "a recusa contínua do senhor e do Secretário de Justiça em permitir uma reunião virtual por vídeo entre Julian Assange e um grupo suprapartidário de parlamentares britânicos(...). É simplesmente inaceitável que, seis meses depois, este simples pedido continue sendo tratado com tamanha intransigência. O senhor tem autoridade para conceder essa reunião e pedimos que facilite uma reunião on-line sem mais delonga".

Mas ainda estávamos em dezembro de 2020, e a juíza Baraitser anunciou que daria sua sentença sobre a extradição de Assange para os Estados Unidos em 4 de janeiro de 2021. Presumo que a data tenha sido retardada para permitir que as autoridades britânicas aguardassem o resultado da eleição presidencial dos EUA em 3 de novembro de 2020 e, em seguida, tivessem tempo de adaptar a decisão de extradição aos desejos do vencedor. Eu não tinha ilusões quanto à prevalência do poder político. Afinal, após a conclusão do Brexit – a saída britânica da União Europeia – previsto para o final do ano, o Reino Unido se tornaria completamente dependente de seu "relacionamento especial" com os Estados Unidos e não poderia se dar ao luxo de discordar em nenhuma questão de política externa. Conforme observou Alan Duncan, então ministro de Estado britânico para a Europa e as Américas, em 8 de abril de 2019, três dias antes da prisão de Assange, "tudo em que acreditamos está, em última análise, subordinado ao fato de não querermos entrar em conflito com os EUA". Assim, com a vitória de Joe Biden sobre Donald Trump, o governo britânico precisava de tempo para descobrir qual seria a posição de Biden sobre a extradição de Assange após sua posse em 20 de janeiro de 2021.

Antes, porém, com a iminente saída de Donald Trump, outra possibilidade entrou em jogo: o perdão presidencial. A Constituição dos EUA dá ao presidente o poder de conceder um "perdão" federal a réus ou condenados, ou de encurtar ou comutar uma sentença, seja ela provável ou já imposta. Essa prerrogativa pode ser exercida durante todo o mandato, mas os indultos são tradicionalmente concentrados nas últimas semanas da presidência. A partir do final de novembro de 2020, muitas celebridades começaram a se manifestar publicamente, pedindo ao presidente Trump que perdoasse Assange, e eu decidi fazer meu próprio apelo também. Achei que valia a pena tentar e, ao mesmo tempo, isso me permitiria alcançar o público estadunidense em geral com uma mensagem que desafiava a narrativa predominante sobre Assange. Escrevi minha carta aberta ao presidente Trump em 21 de dezembro de 2020, dois anos depois de meu próprio viés subconsciente ter me levado a me negar a subscrever um apelo pela libertação de Assange junto com meus colegas da ONU. Ironicamente, dessa vez foram os outros detentores de mandato que se recusaram a assinar. Todos eles. Assim, fui o único a assinar o seguinte apelo ao presidente Trump:

> Sr. Presidente,
> Venho respeitosamente solicitar que o senhor perdoe o Sr. Julian Assange. O Sr. Assange foi arbitrariamente privado de sua liberdade nos últimos dez anos. Esse é um preço alto a ser pago pela coragem de publicar informações verdadeiras sobre a má conduta governamental em todo o mundo. Visitei o Sr. Assange na Prisão de Alta Segurança de Belmarsh, em Londres, com dois médicos independentes, e posso atestar que sua saúde se deteriorou gravemente, a ponto de sua vida estar agora em perigo. De forma crítica, o Sr. Assange sofre de uma doença respiratória documentada que o torna extremamente vulnerável à pandemia de COVID-19 que recentemente eclodiu na prisão onde ele está detido.
> Peço que perdoe o Sr. Assange, porque ele não é, e nunca foi, um inimigo do povo estadunidense. Sua organização, o WikiLeaks, combate o sigilo e a corrupção em todo o mundo e, portanto, atua no interesse público do povo estadunidense e da humanidade como um todo. Peço isso porque o Sr. Assange nunca publicou informações falsas. A causa de qualquer dano à reputação que possa ter resultado de suas publicações não se encontra em qualquer má conduta de sua parte, mas na própria má conduta que ele expôs. Peço porque o Sr. Assange não hackeou ou roubou nenhuma das informações que publicou. Ele as obteve de documentos e fontes autênticas da mesma forma que qualquer outro jornalista investigativo sério e independente conduz seu trabalho. Embora possamos concordar ou discordar pessoalmente de suas publicações, elas claramente não podem ser consideradas crimes. Peço isso porque processar o Sr. Assange por publicar informações verdadeiras sobre má conduta oficial grave, seja nos Estados Unidos ou em qualquer

outro lugar, equivaleria a "matar o mensageiro" em vez de corrigir o problema que ele revelou. Isso seria incompatível com os valores fundamentais da justiça, do estado de direito e da liberdade de imprensa, conforme refletido na Constituição estadunidense e nos instrumentos internacionais de direitos humanos ratificados pelos Estados Unidos. Peço isso porque o senhor prometeu, Sr. Presidente, seguir uma agenda de combate à corrupção e à má conduta do governo; e porque permitir que o processo contra Assange continue significaria que, sob seu legado, dizer a verdade sobre essa corrupção e essa má conduta se tornou um crime.

Ao perdoar o Sr. Assange, Sr. Presidente, o senhor enviaria uma mensagem clara de justiça, verdade e humanidade ao povo estadunidense e ao mundo. O senhor reabilitaria um homem corajoso que tem sofrido injustiça, perseguição e humilhação por mais de uma década, simplesmente por dizer a verdade. Por último, mas não menos importante, o senhor devolveria aos dois filhos pequenos do Sr. Assange o pai amoroso de que eles precisam e demandam. O senhor também asseguraria a essas crianças e, por meio delas, a todas as crianças do mundo, que não há nada de errado em dizer a verdade, ao contrário, que é isso o certo a fazer; que é honroso lutar pela justiça e, de fato, que esses são os valores que os Estados Unidos e o mundo defendem.

Por essas razões, peço respeitosamente que perdoe Julian Assange. Quaisquer que sejam nossas opiniões e simpatias pessoais, acredito que, após uma década de perseguição, o sofrimento injusto desse homem deve terminar agora. Por favor, use seu poder de perdão para corrigir os erros infligidos a Julian Assange, para acabar com sua injusta provação e devolvê-lo a sua família! Agradeço respeitosamente por considerar este apelo com perspicácia, generosidade e compaixão.

E, finalmente, no domingo, 3 de janeiro de 2021, véspera do veredicto de primeira instância no julgamento de extradição anglo-estadunidense, publiquei um breve apelo pessoal à juíza Vanessa Baraitser, desta vez no Twitter, por falta de canais oficiais:

Amanhã vossa excelência dará o veredicto sobre a extradição de Julian Assange. Hoje, de jurista para jurista, gostaria de compartilhar com vossa excelência uma citação do falecido Thomas Franck, que me inspirou e guiou durante toda a minha carreira como profissional do direito. Que a Senhora Justiça esteja com vossa excelência!

'Qual é, então, o papel adequado do jurista? Sem dúvida, é defender o Estado de Direito. O que isso implica é evidente. Quando os formuladores de políticas acreditam que contornar a lei é um benefício imediato para a sociedade, o jurista deve falar sobre os custos de longo prazo. Quando os políticos tentam burlar a lei, os juristas devem insistir que eles a infringiram. Quando uma facção tenta usar o poder para subverter o estado de direito, o jurista deve defendê-lo, mesmo com algum risco para sua carreira e sua segurança pessoal. Quando os poderosos são tentados a descartar a lei, o jurista deve se perguntar se algum dia, caso nossa onipotência diminua, talvez não precisemos da lei. Os juristas que fazem isso podem até ser chamados de traidores. Mas aqueles que não o fazem são traidores de sua vocação".

Estabelecendo o precedente: O veredicto de 4 de janeiro de 2021

Finalmente, o dia havia chegado. Era 4 de janeiro, a primeira segunda-feira de 2021. Na Grã-Bretanha, o ano novo havia começado com estatísticas alarmantes sobre a pandemia da COVID-19: índices recordes de novas infecções e números de mortes sem precedentes. No entanto, mais uma vez, do lado de fora de Old Bailey, os apoiadores de Assange se reuniram muito antes do nascer do sol para aguardar o veredito no julgamento de sua extradição. Mais uma vez, o público foi de fato excluído da sala do tribunal. Apenas alguns observadores tiveram acesso a uma sala adjacente, de onde puderam acompanhar a audiência por meio de videotransmissão, e assim manter o mundo externo informado por meio das mídias sociais. Mais uma vez, eles reclamaram da baixa qualidade do áudio. O problema já era bem conhecido e as autoridades visivelmente não tinham intenção de resolvê-lo.

Apesar dessas dificuldades, mensagens fragmentadas continuavam a chegar, a cada minuto, um novo elemento e, ao cabo de uma hora, se transformaram na imagem usual de conformismo incondicional dos britânicos com os interesses do governo dos EUA. Passo a passo, até mesmo os argumentos mais aberrantes apresentados pela acusação foram aceitos sem reservas. Ao mesmo tempo, quase que sumariamente, a juíza Baraitser rejeitou até mesmo as mais legítimas objeções legais, inclusive as mais fortes evidências exculpatórias levantadas pela equipe de defesa.

Em síntese, o veredito foi o seguinte. A acusação e o pedido de extradição iniciados pelos Estados Unidos: não têm motivação política. A proibição de extradição por crimes políticos no Artigo 4 do tratado de extradição anglo-estadunidense: não aplicável. A vigilância de que Assange foi alvo na embaixada do Equador e a escuta telefônica de suas conversas confidenciais com médicos e advogados: nada a objetar. O impacto da ameaça de extradição sobre a companheira de Assange e seus dois filhos: nada incomum. O julgamento que o aguarda no Tribunal de Espionagem na Virgínia: justo. O júri que decidiria sobre sua culpa ou inocência: imparcial. O próprio Assange: uma ameaça à segurança nacional dos EUA. A publicação de Assange de provas de crimes de guerra, tortura e corrupção: não é protegida pela liberdade de imprensa. Em vez disso, de acordo com Baraitser, Assange ajudou ativamente Chelsea Manning a obter documentos confidenciais, ultrapassando assim os limites do jornalismo investigativo. Além disso, ele colocou pessoas em perigo, porque seus nomes não haviam sido tarjados antes da publicação. Portanto, Assange não deve ser considerado um jornalista, mas simplesmente um ladrão de dados e hacker. Por fim, a conduta de Assange foi punida não apenas pela Lei de Espionagem dos EUA, mas também pela Lei de Segredos Oficiais da Grã-Bretanha, atendendo, assim, ao requisito da dupla criminalidade exigido para a extradição. A juíza ignorou completamente que, no decorrer da audiência probatória, cada uma das alegações nas quais ela baseou sua argumentação foi provada como insustentável.

As mensagens no Twitter dos observadores estavam soando cada vez mais fatalistas. Uma mensagem de texto que recebi de um dos advogados de Assange resumiu a situação: "Está ruim". Eu já tinha perdido a esperança e começado a me concentrar em outras coisas quando, de repente, uma frase saltou da tela do meu computador, como se estivesse escrita em letras maiúsculas: "OH, MEU DEUS." Nos minutos seguintes, as publicações e mensagens da mídia passaram correndo, trechos de palavras se complementavam e se contradiziam, nada parecia fazer sentido. Eu clicava apressadamente de um *feed* do Twitter para outro, eventualmente passavam cinco *feeds* separados pela minha tela ao mesmo tempo, até que finalmente houve clareza: "Extradição negada!"

Eu não conseguia acreditar em meus olhos. O que havia acontecido? Por alguns instantes, houve um silêncio total. Era como se um meteoro tivesse caído. Em seguida, houve aplausos do lado de fora do tribunal, as primeiras explicações começaram a circular e logo o veredicto escrito foi publicado. A juíza Baraitser havia rejeitado o pedido de extradição dos EUA por motivos médicos. Com base nas evidências fornecidas por especialistas psiquiátricos sobre a saúde mental de Assange e por outras testemunhas especializadas sobre a realidade das condições de detenção nos EUA sob as Medidas Administrativas Especiais (SAMs), Baraitser concluiu que seria opressivo extraditar Assange para os Estados Unidos. "Meu julgamento é de que há um risco real de que ele seja mantido nas condições quase isoladas impostas pelo regime mais severo das SAMs, tanto antes quanto depois do julgamento. (...) O Sr. Assange, sem dúvida, tem a determinação, o planejamento e a inteligência para contornar (...) as medidas preventivas de suicídio. (...) estou convencida de que, nessas condições severas, a saúde mental do Sr. Assange se deterioraria, levando-o a cometer suicídio com a 'determinação obstinada' de seu transtorno do espectro autista. Considero que a condição mental do Sr. Assange é tal que seria opressivo extraditá-lo para os Estados Unidos da América".

Imediatamente tive um flashback de um momento durante minha conversa com Assange, quando ele me contou sobre a lâmina de barbear que havia sido encontrada em sua cela dois dias antes e deixou inequivocamente claro que não seria extraditado vivo para os Estados Unidos. Essa determinação deu um significado muito real e imediato ao apelo que Assange me fez ao partir: "Por favor, salve minha vida!".

No entanto, eu nunca havia falado sobre isso publicamente até que os advogados de Assange decidiram abordar abertamente o risco de suicídio dele durante a audiência probatória em setembro de 2020. De certa forma, a possibilidade de pôr fim à própria vida foi o último recurso de Assange para manter um mínimo de controle sobre seu próprio destino e escapar da desumanização total em uma prisão Supermax nos EUA. Eu respeitava demais sua dignidade humana para minar esse seu último refúgio expondo seus planos.

Com seu veredito, a juíza confirmou minhas próprias conclusões em dois aspectos. Primeiro, ela reconheceu o estado de saúde deplorável de Assange, que já havíamos diagnosticado durante nossa visita a Belmarsh dezoito meses antes, e que havia se deteriorado ainda mais devido à sua constante exposição à arbitrariedade e ao isolamento. O que Baraitser não disse, entretanto, foi que a fragilidade de Assange não era de forma alguma sua constituição natural, mas uma consequência direta de dez anos de perseguição implacável e maus-tratos por parte da Suécia, do Reino Unido, do Equador e dos Estados Unidos. Em segundo lugar, a juíza também confirmou a desumanidade inerente às condições de detenção que provavelmente serão impostas a Assange em uma prisão Supermax. Nesse contexto, Baraitser falou explicitamente de «isolamento quase total», «gaiolas» e «condições extremas». Ao fazer isso, a juíza também reconheceu, pelo menos implicitamente, que o medo permanente de Assange de ser extraditado para os Estados Unidos, seu asilo na embaixada do Equador e sua recusa em viajar para a Suécia sem uma garantia de não devolução eram legalmente justificados e que foi um erro condená-lo e sentenciá-lo por violação de fiança.

Do ponto de vista do meu mandato na ONU, essa era, obviamente, uma avaliação acurada e bem-vinda. Mesmo assim, eu não tinha ilusões: os EUA, a Grã-Bretanha, a Suécia e o Equador não haviam passado uma década e gastado milhões de dólares perseguindo, difamando e espionando Assange, para depois libertá-lo por motivos humanitários. Portanto, eu temia que, na verdade, a negação da extradição por Baraitser não fosse uma vitória do estado de direito, da humanidade ou mesmo da justiça, mas sim uma armadilha brilhantemente concebida.

O objetivo principal da perseguição a Assange não é – e nunca foi – puni-lo pessoalmente, mas sim estabelecer um precedente genérico com um efeito dissuasivo global sobre outros jornalistas, comunicadores e ativistas. Esse objetivo foi alcançado pela juíza Baraitser com uma eficácia aterradora. Sua decisão não só confirmou todo o raciocínio jurídico dos Estados Unidos, que em última análise equivale a criminalizar como espionagem o jornalismo investigativo de temas de segurança nacional, mas também estendeu expressamente o escopo desse raciocínio à Lei de Segredos Oficiais britânica, uma legislação que serviu de modelo para leis de sigilo em muitos países da Comunidade Britânica. Assim, a juíza Baraitser estabeleceu a base legal para a acusação de qualquer pessoa, em qualquer lugar do mundo, que ousar expor os segredos delituosos dos governos envolvidos e para privar os réus do direito de justificar sua ação com base no interesse público. De fato, ela estabeleceu um precedente legal introduzindo um dever absoluto de silêncio sobre provas confidenciais de crimes patrocinados pelo Estado – uma *lex omertà global*.

Ao fazer isso, a juíza Baraitser atendeu a toda a lista de desejos do governo dos EUA. Caso também tivesse permitido a extradição, isso certamente teria desencadeado um recurso de Assange, desafiando a permissibilidade de seu precedente legal perante a Suprema Corte britânica. Na Suprema Corte, o caso seria examinado por um colegiado de juízes mais experientes e competentes, cuja decisão seria difícil de prever. Para evitar uma revisão legal completa de sua sentença pela High Court, a juíza Baraitser teve que evitar um recurso da equipe jurídica de Assange. Se a lógica principal da decisão de primeira instância não fosse contestada, o precedente legal desejado seria criado "sob o radar" dos níveis mais altos do judiciário, do público e da imprensa independente – um precedente pelo qual jornalistas inconvenientes poderiam ser processados e silenciados em todo o mundo e a liberdade de imprensa seria abolida de fato.

Ao se recusar a extraditar Assange, a juíza Baraitser convenientemente colocou a bola no campo dos Estados Unidos. Isso significa que caberia ao governo dos EUA, e não a Assange, apresentar um recurso e, portanto, selecionar as questões legais que seriam analisadas pela Suprema Corte. Como era de se esperar, o recurso dos EUA questionaria apenas os aspectos da decisão de Baraitser com os quais o governo dos EUA não concordava, em especial a conclusão de que, se extraditado para os Estados Unidos, Assange corria o risco real de ser exposto a condições desumanas de detenção e quase certamente encontraria uma maneira de cometer suicídio. Esses eram fatores com que os Estados Unidos poderiam facilmente lidar sem colocar em risco o precedente legal desejado de criminalizar o jornalismo investigativo de segurança nacional. De fato, tudo o que os EUA precisavam fazer era fornecer à Suprema Corte garantias diplomáticas de que Assange não seria submetido a SAMs ou outras formas de tratamento desumano e que seu suicídio poderia ser efetivamente evitado sob a custódia dos EUA. Com base em tais garantias, os juízes da apelação poderiam concluir que a extradição de Assange não seria mais opressiva e permitir sua entrega aos Estados Unidos.

Nesse cenário, a Suprema Corte britânica não teria que examinar nenhuma das objeções legais de Assange com relação à natureza política da acusação, à proibição de extradições por crimes políticos, à liberdade de expressão ou aos abusos sistemáticos do processo em todo o caso. Todas essas objeções tinham sido rejeitadas na decisão de Baraitser e não seriam revisitadas pela High Court enquanto essa decisão não fosse contestada nesses tópicos. Assim, a única maneira de impedir a rápida extradição de Assange com base nas garantias diplomáticas dos EUA era os advogados de Assange apresentarem um recurso contra a decisão de Baraitser no que se refere a essas questões. Mas isso exigiria reuniões preparatórias frequentes e longas com Assange, o que se tornou praticamente impossível devido ao seu isolamento arbitrário em Belmarsh.

Não é de se surpreender que o veredito de Baraitser não tenha causado incômodo do outro lado do Atlântico. Sem se descontrolar, aliás, talvez com demasiada brandura, o Departamento de Justiça dos EUA declarou que "embora estejamos extremamente desapontados com a decisão final do tribunal, estamos satisfeitos com o fato de os Estados Unidos terem prevalecido em todas as questões jurídicas levantadas. Em particular, o tribunal rejeitou todos os argumentos do Sr. Assange com relação à motivação política, ofensa política, julgamento justo e liberdade de expressão. Continuaremos a buscar a extradição do Sr. Assange para os Estados Unidos". De fato, naquele dia, o governo dos EUA deu um grande passo para criminalizar o jornalismo inconveniente. Ao mesmo tempo, foram criadas as condições ideais para que a não extradição de Assange fosse anulada por meio de recurso.

A decisão de Baraitser de 4 de janeiro foi concluída com as palavras: "Ordeno a libertação de Julian Paul Assange". A juíza estava plenamente ciente, é claro, de que sua ordem não seria executada, mas que o governo dos EUA entraria com recurso. Dois dias depois, ela rejeitou a libertação sob fiança de Assange com base no risco de fuga durante os procedimentos de apelação. O fato de que o mesmo objetivo – evitar a fuga – poderia ter sido alcançado por meio de prisão domiciliar vigiada demonstra que o encarceramento contínuo de Assange em Belmarsh não tem nada a ver com risco de fuga, mas sim com o desejo de mantê-lo silenciado e sob pressão.

Enquanto Assange permanecer isolado na prisão, nem os Estados Unidos nem o Reino Unido terão pressa em concluir o processo de extradição. Quanto mais cada etapa processual puder ser prolongada, mais a saúde e a estabilidade de Assange se deteriorarão e mais forte será o efeito dissuasivo sobre outros jornalistas e denunciantes. Como as autoridades sabem muito bem, é apenas uma questão de tempo até que a resistência de Assange se rompa. Se ele morrer na prisão, ou sua saúde mental se deteriorar a ponto de ser destituído de sua capacidade jurídica e trancado em uma instituição psiquiátrica fechada pelo resto da vida, o caso poderá ser encerrado sem medo de que o precedente judicial de 4 de janeiro de 2021 seja anulado por um colegiado de juízes conscientes nos tribunais superiores britânicos, no Tribunal Europeu de Direitos Humanos ou, em última instância, na Suprema Corte dos EUA. Se Assange tiver forças para suportar a pressão de seu isolamento até o final do processo de extradição, por outro lado, sua resiliência será, sem dúvida, usada contra ele como suposta evidência para refutar sua fragilidade médica e risco de suicídio. Uma vez que o judiciário tenha sido instrumentalizado para fins políticos, não há como escapar.

Encenando a trama: os EUA apelam à Suprema Corte de Justiça

De forma reveladora, embora o governo dos EUA tivesse transmitido seus fundamentos provisórios de recurso à Suprema Corte de Justiça britânica já em 15 de janeiro de 2021, seguidos por uma versão aprimorada em 11 de fevereiro, seriam necessários seis meses completos após a decisão de Baraitser apenas para que a Suprema Corte decidisse sobre o próximo passo processual. Isso transcorreu com extrema lentidão, especialmente considerando que, durante todo esse período, Assange permaneceu preso em condições desnecessariamente restritivas dados os fins meramente preventivos.

Por meio de uma ordem assinada em 5 de julho de 2021, o juiz da Suprema Corte, Jonathan Swift, finalmente concedeu aos Estados Unidos permissão para recorrer da decisão em três dos cinco fundamentos. O mais importante é que o juiz Swift rejeitou qualquer tentativa do governo dos Estados Unidos de questionar as conclusões da juíza distrital Baraitser sobre a validade e o peso das provas médicas e periciais apresentadas pelas partes durante a audiência de extradição, em particular com relação à avaliação da saúde mental de Assange e o risco de suicídio resultante. Nesses pontos de fato, as conclusões probatórias da juíza Baraitser foram consideradas dentro dos limites da razoabilidade, o que dificultou para os EUA contestá-las.

Fundamentalmente, entretanto, o juiz Swift decidiu que a Suprema Corte ouviria o recurso com base nos três fundamentos restantes. Primeiro, na opinião dos Estados Unidos, a juíza Baraitser não aplicou corretamente os critérios legais estabelecidos na Lei de Extradição de 2003 para determinar se seria opressivo extraditar Assange com base em sua condição mental. Mais notavelmente, de acordo com o governo dos EUA, Baraitser não havia avaliado suficientemente as medidas em vigor nas prisões dos EUA para a prevenção de suicídio, mas simplesmente havia saltado à conclusão de que Assange era suficientemente determinado e inteligente para contornar tais medidas. Em segundo lugar, a Juíza Baraitser deveria ter dado aos Estados Unidos a oportunidade de fornecer «compromissos» – ou seja, garantias diplomáticas – que teriam mitigado suas preocupações quanto ao risco de Assange ser submetido a condições de detenção excessivamente severas e, em particular, a SAMs.

Em terceiro lugar, e de acordo com isso, os Estados Unidos forneceram ao Reino Unido o que descreveram como "um pacote de garantias que respondem especificamente às conclusões da Juíza Distrital" e que "tratam de forma abrangente das condições de detenção que a Juíza Distrital considerou que precipitariam o suicídio do Sr. Assange". Em particular, os Estados Unidos garantiram que Assange não seria submetido a SAMs ou preso na infame instalação ADX Supermax em Florence, Colorado, a menos que ele fizesse algo após o oferecimento dessas garantias que justificasse tais medidas ou designação. Além disso, os Estados Unidos garantiram que Assange "receberia qualquer tratamento clínico e psicológico recomendado por um médico qualificado empregado ou mantido pela prisão em que ele estivesse sob custódia". Por último, mas não menos importante, os Estados Unidos também garantiram que Assange teria permissão para cumprir qualquer sentença de prisão imposta pelos EUA em sua terra natal, a Austrália.

Nada disso foi uma surpresa para mim, e nada disso foi um alívio. Como sempre acontece quando os governos dão garantias diplomáticas, esses compromissos parecem decentes no papel, mas na prática são completamente diferentes. Embora o governo dos EUA possa ter excluído a aplicação de SAMs a Assange, bem como sua prisão em uma determinada instituição, essa garantia continua sendo extremamente restrita e pode ser facilmente contornada. Na realidade, todo dia, aproximadamente 80.000 prisioneiros estão sendo mantidos em confinamento solitário nos Estados Unidos. Apenas algumas centenas deles estão presos na ADX Florence, e apenas cerca de cinquenta estão sob SAMs. De fato, a maioria das prisões federais e estaduais dos Estados Unidos tem uma unidade de confinamento solitário, onde os detentos são isolados por uma série de motivos punitivos, disciplinares ou administrativos. Em vez de "Medidas Administrativas Especiais", esses regimes de detenção podem ser chamados de "Segregação Administrativa", "Alojamento Restritivo", "Unidades de Gerenciamento de Comunicação" ou "Custódia Protetiva Involuntária", e podem ser impostos por outras autoridades além do procurador-geral dos EUA. Mas, em essência, tudo isso redunda na mesma prática torturante de manter os detentos trancados em celas minúsculas de concreto sem nenhuma atividade significativa ou interação humana por mais de vinte e duas horas por dia, geralmente por períodos prolongados que variam de várias semanas a várias décadas, e sem nenhum recurso legal eficaz. Como resultado, as garantias dadas não fariam nada para proteger Assange do confinamento solitário prolongado e outras condições de detenção cruéis, desumanas ou degradantes.

Quanto à garantia de tratamento médico e psicológico, isso dependeria inteiramente da avaliação e das recomendações feitas por um médico ou enfermeiro empregado na prisão onde Assange estivesse encarcerado, o que, na realidade, tem o mesmo valor que não dar garantia alguma. Por fim, a elegibilidade garantida de Assange para cumprir na Austrália a pena de prisão a que fosse condenado nos EUA só se torna relevante "após a condenação, a sentença e a conclusão de quaisquer recursos". Portanto, Assange teria que permanecer nos Estados Unidos durante toda a duração de seus procedimentos legais e até o esgotamento de todos os recursos legais. Dadas as complexidades de seu caso, todo esse processo poderia muito bem durar uma década ou mais. Em outras palavras, por uma questão legal, nenhuma das garantias dadas pelos Estados Unidos assegura a Assange qualquer proteção legal contra a sujeição a confinamento solitário prolongado, algemas excessivas, privação sensorial, negligência médica e várias outras formas de tratamento cruel, desumano ou degradante rotineiramente empregadas no sistema prisional dos EUA.

Tão importante quanto isso, é claro, é o fato de que essas garantias nem sequer começam a tocar qualquer uma das questões legais de suma importância que foram simplesmente varridas para debaixo do tapete pela juíza Baraitser. Elas incluem, principalmente, as violações maciças do devido processo legal a que Assange foi exposto por meio de vigilância ilegal e confisco irregular de seus pertences pelos Estados Unidos, o julgamento notoriamente injusto que o aguarda no Tribunal de Espionagem em Alexandria, e a natureza fundamentalmente falha da acusação dos EUA, tendo em vista as proteções à liberdade de imprensa, a proibição de extradição por crimes políticos, a fabricação de depoimentos de testemunhas falsas e as discussões relatadas nos níveis mais altos do governo dos EUA sobre o sequestro, a entrega irregular ou até mesmo o assassinato de Assange. Para que qualquer uma dessas questões receba uma revisão judicial adequada, juntamente com a violação sistemática dos direitos de Assange durante o processo no Reino Unido, sua equipe jurídica deve ter permissão para interpor recurso.

Em 11 de agosto de 2021, os juízes da Suprema Corte, Timothy Holroyde e Judith Farbey, acataram um recurso do governo dos EUA contra a decisão do juiz Swift de 5 de julho e concederam aos Estados Unidos permissão para recorrer da decisão de Baraitser em todos os cinco fundamentos, incluindo a contestação das provas sobre a saúde mental de Assange e o risco de suicídio. A principal audiência de apelação foi realizada em 27 e 28 de outubro de 2021 perante o juiz Ian Duncan Burnett, o juiz decano da Inglaterra e do País de Gales[23], e, novamente, o juiz Holroyde. A audiência não trouxe nenhuma surpresa. Os Estados Unidos apresentaram seu caso, atacaram a credibilidade dos especialistas médicos e as evidências utilizadas pela juíza Baraitser, minimizaram os problemas de saúde e o risco de suicídio de Assange e enfatizaram os efeitos benéficos das garantias oferecidas. A equipe de defesa, por sua vez, insistiu na confiabilidade das provas médicas relevantes e demonstrou a facilidade com que as garantias diplomáticas dos EUA poderiam ser contornadas na prática. De modo geral, os juízes fizeram perguntas de esclarecimento e, no final do segundo dia, concluíram a audiência sem anunciar uma data para a apresentação de sua sentença.

Então, para onde vamos a partir de agora? Qual dos muitos cenários concebíveis se concretizará? Será que a Alta Corte de Justiça Britânica fará jus ao seu honroso nome, função e reputação? Será que os juízes terão a coragem pessoal e a integridade profissional necessárias para ignorar as garantias do governo dos EUA e rejeitar o recurso? Será que denunciarão as autoridades britânicas por sua perseguição corrupta a Assange e anularão o precedente judicial insustentável de Baraitser?

---

[23] Trata-se do Lord Chief Justice of England and Wales, um posto que não tem um correlato exato no Brasil. Cabe-lhe chefiar o sistema judicial e presidir os tribunais da Inglaterra e do País de Gales. Cf. *Lord Chief Justice*, disponível em: https://www.judiciary.uk/about-the-judiciary/who-are-the-judiciary/judges/lord-chief-justice/ (Consultado em: 04/07/2023) (N.T.).

Ou escolherão o caminho mais fácil e se deixarão instrumentalizar? Será que se envolverão em cegueira voluntária, autoengano e contorcionismo judicial permitindo que a extradição siga em frente ou perpetuarão a detenção arbitrária de Assange em Belmarsh enviando o caso de volta ao Tribunal de Magistrados para novo julgamento?

Embora seja difícil prever a evolução exata desses processos nos próximos meses e, possivelmente, até mesmo nos próximos anos, do ponto de vista jurídico, há muito tempo eles se tornaram uma farsa da justiça cujo único objetivo é silenciar Assange e intimidar jornalistas e o público em geral em todo o mundo.

De um ponto de vista estritamente processual, depois da Alta Corte Britânica, ambas as partes poderiam recorrer à mais alta corte do Reino Unido, a Suprema Corte. Depois disso, se a extradição for confirmada, Assange ainda poderá recorrer à Corte Europeia de Direitos Humanos, em Estrasburgo. No ritmo lento imposto atualmente pelo judiciário britânico, todas essas etapas processuais e recursos poderiam levar vários anos – e isso sem contar a duração dos processos subsequentes no "Tribunal de Espionagem" e recursos legais relacionados nos Estados Unidos. Após mais de uma década de perseguição judicial em quatro jurisdições, não se pode deixar de ouvir os ecos assustadores da recomendação de 2010 da Stratfor: "Acumular acusações contra ele. Enviá-lo de país em país para enfrentar várias acusações pelos próximos vinte e cinco anos".

Na minha avaliação, em termos de processo legal e dos enormes riscos sociopolíticos associados a ele, o julgamento de Julian Assange pode muito bem ser o maior escândalo judicial de nossos tempos. A perseguição impiedosa a que esse homem tem sido exposto e a traição indecorosa à justiça e aos direitos humanos demonstrada por todos os governos envolvidos são mais do que vergonhosas – elas minam profundamente a credibilidade, a integridade e a sustentabilidade da democracia ocidental e do Estado de Direito.

A esta altura, está claro que os Estados Unidos jamais conseguirão construir um caso legalmente sustentável contra Assange, seja com base na Lei de Espionagem, seja na Lei de Fraude e Abuso de Computadores, seja em qualquer outra legislação, e que suas atividades de publicação relacionadas ao WikiLeaks estão totalmente protegidas pela lei internacional de direitos humanos e pela Primeira Emenda da Constituição dos EUA. Portanto, é mais do que hora de abandonar esse caso sem remédio e restaurar a liberdade e a dignidade humana de Assange, juntamente com a credibilidade e a integridade dos Estados Unidos e de seus aliados em termos de liberdade de imprensa, justiça e estado de direito.

Lembremos, contudo, também que, até o momento, a letra da lei tem sido praticamente irrelevante nesse caso e que os únicos fatores decisivos em todas as jurisdições envolvidas têm sido os interesses políticos. Em última análise, portanto, o destino de Julian Assange depende do presidente Joe Biden e de seu governo. Durante oito anos, Biden foi vice-presidente do governo Obama, que se recusou a processar Assange, mas nunca lhe garantiu explicitamente imunidade contra processos. Mesmo quando o presidente Obama finalmente comutou a sentença de Manning, ele optou por não deixar Assange livre, mas perpetuar o efeito dissuasivo de seu confinamento na embaixada equatoriana.

Esperemos que Biden tenha mais a oferecer do que repetir os erros de Obama. Em dezembro de 2010, o vice-presidente Biden descreveu Assange como um "terrorista de alta tecnologia", mas o fez com base em suposições que, desde então, foram refutadas. No mesmo mês, Biden também reconheceu publicamente que as divulgações do WikiLeaks não haviam causado "nenhum dano substancial" além de serem "embaraçosas" para o governo dos EUA. Que ele se inspire agora em outro antecessor seu, o ex-presidente Jimmy Carter, que disse certa vez: "Não deplorei as revelações do WikiLeaks. Elas apenas tornaram público o que era de fato a verdade. Na maioria das vezes, a revelação da verdade, mesmo que desagradável, é benéfica (...) Acho que, quase sempre, o sigilo é projetado para ocultar atividades impróprias e não para o bem-estar do público em geral".

De fato, hoje é palpavelmente óbvio que Assange não é um inimigo dos Estados Unidos ou de qualquer outro país do mundo. Ele é, antes, um inconveniente mensageiro revelador de verdades, que segura um espelho para todos nós e realça nossas falhas sistêmicas e sociais. É claro que podemos quebrar esse espelho com raiva e fazer com que o reflexo indesejado desapareça, mas os efeitos nocivos de nossas falhas coletivas ainda estarão lá. A única resposta honesta a esse desafio é deixar o espelho intacto e até mesmo poli-lo, para que possamos ver melhor e corrigir nossas próprias falhas. Qualquer outra coisa é uma negação da realidade comparável a ignorar o alarme de incêndio na casa de nossa civilização, e tem um preço que nós, como espécie, em breve não mais poderemos pagar.

Resta saber se o presidente Biden terá a sabedoria, a integridade e a coragem para pôr fim à perseguição a Assange. Pois essas três coisas – sabedoria, integridade e coragem – são as qualidades que fazem um grande estadista, aquelas que poucos têm a força para honrar quando mais importa, e sem as quais nenhum dos grandes desafios globais de nosso tempo pode ser resolvido.

Epílogo

Este livro mostrou que, acima de tudo, o julgamento de Assange é uma história de perseguição – a perseguição de um dissidente inconveniente que expôs os segredos nefastos dos poderosos. Ao fazê-lo, ele aponta para muito além do caso individual de Assange. Ele expõe uma falha sistêmica das nossas instituições democráticas sob o estado de direito – instituições nas quais os cidadãos comuns tendem a confiar sem nunca questionar seriamente sua integridade fundamental. Esse fracasso sistêmico, por sua vez, levanta questões sobre a verdade, o engano e o autoengano, sobre nossa própria letargia e corresponsabilidade passiva. Não é por acaso que este livro começa com minhas próprias dificuldades em reconhecer e superar preconceitos pessoais.

Em última análise, este é um livro que diz respeito a cada um de nós, que nos confronta com nossos próprios pontos cegos em nossa percepção da realidade e que nos desafia a olhar honestamente para o espelho e assumir responsabilidade pessoal e política. Hoje, a humanidade enfrenta problemas profundos que, dentro de poucas décadas, ameaçarão seriamente nossa sobrevivência coletiva e que não podem ser superados ou eliminados por meio de falas vazias, autoengano e negação. Portanto, a autoconsciência, a honestidade e a responsabilidade deixaram de ser simplesmente uma questão de moralidade pessoal, crença ou estilo de vida pessoais e se tornaram uma questão de sobrevivência coletiva.

Enquanto investigava o caso de Assange, tive várias vezes a impressão de estar mergulhando em uma versão do mundo real de "As roupas novas do imperador". O conto popular é bem conhecido: um imperador recebe uma roupa nova de um vigarista, roupas que supostamente são visíveis para todos, exceto para os "estúpidos" e "incompetentes". Na realidade, é claro, as roupas tão caras vendidas ao imperador são não meramente invisíveis, mas inexistentes. Entretanto, como nem o imperador nem seus subordinados desejam ser considerados estúpidos ou incompetentes, todos fingem ver as roupas novas e, em um desfile público, toda a nação aplaude o traje imaginário do governante. Mas, de repente, uma criança quebra o encanto ao exclamar: "Vejam, o imperador está nu!

O mesmo acontece com o julgamento de Assange. Embora os crimes e a arbitrariedade por parte das várias autoridades tenham se tornado cada vez mais flagrantes e óbvios na última década, essa dimensão do caso foi quase completamente ignorada por outros governos, pela mídia hegemônica e pelo público em geral. Em contrapartida, a narrativa oficial foi obedientemente assimilada, repetida e perpetuada: Assange, o estuprador, hacker, espião e narcisista covarde, que tem o sangue de inocentes em suas mãos e deve finalmente ser levado à justiça. Aqui, também, alguém tinha de aparecer, dar uma olhada nova e objetiva em tudo e quebrar o feitiço exclamando: "Vejam, o imperador está nu!" É esse, caro leitor, o objetivo deste livro.

Não devemos permitir que os algozes de Assange ditem sua história, pois aqueles que suprimem seus próprios crimes e má conduta provavelmente não nos dirão a verdade sobre um homem que levantou o véu e expôs a corrupção deles. Não podemos nos deixar desviar ou confundir, mas devemos sempre insistir que os holofotes sejam direcionados para onde nossa atenção deve estar: não em Assange, o homem, mas nos algozes de Assange, os Estados. Pois Assange é perseguido não por seus próprios crimes, mas pelos crimes dos poderosos. É a impunidade deles o que realmente está em jogo no julgamento de Assange. São os poderosos – sejam eles governos, corporações ou organizações – que minam nossas instituições democráticas e o estado de direito; que se recusam a processar a tortura, os crimes de guerra e a corrupção; que traem nossos sistemas jurídicos e valores compartilhados para fins de interesse próprio. A perseguição a Assange estabelece um precedente que não só permitirá que os crimes dos poderosos permaneçam em segredo, como também tornará a revelação de tais crimes punível por lei. Não nos iludamos: quando dizer a verdade se tornar um crime, todos nós estaremos vivendo em uma tirania.

Se os governos que perseguem Assange tivessem agido de boa fé, teriam processado os crimes revelados pelo WikiLeaks, conforme exigido pelo estado de direito. Afinal de contas, estamos falando de guerras de agressão, tortura, assassinato e corrupção. O fato de nenhum comandante militar, líder político, soldado ou outro funcionário ter sido responsabilizado sabota gravemente a credibilidade, a legitimidade e a autoridade de nossas instituições democráticas e deveria causar um frio na espinha.

O problema, na verdade, não é nós não sabermos a verdade, mas é não querermos sabê-la. O problema é que permitimos que os poderosos, contra nosso bom senso, desconsiderem a justiça e o estado de direito, e que não os responsabilizemos, nem jurídica nem politicamente, mas os celebramos como grandes líderes e eventualmente até os honremos com Prêmios Nobel da Paz. O problema é que permitimos que os chefes corporativos destruam impiedosamente nossos meios de subsistência e explorem descaradamente a grande maioria da população mundial, e ainda os admiremos como benfeitores e filantropos quando doam alguns bilhões de dólares da riqueza que saquearam para mitigar desastres humanitários que ajudaram a criar. Não queremos ver que os donos da mídia corporativa, que nos alimenta com nossa compreensão da política mundial e de nossas circunstâncias pessoais, são exatamente as mesmas pessoas que também financiam as campanhas eleitorais e as carreiras de nossos políticos. Tampouco queremos ver que esses políticos, por sua vez, aprovam as leis e fazem os investimentos de bilhões de dólares que continuam permitindo que um segmento cada vez mais restrito da sociedade enriqueça às custas do público em geral e das gerações futuras.

Esse sistema inerentemente explorador, destrutivo e desumano é promovido em nome do estado de direito, da democracia, da segurança nacional e da economia de livre mercado. E qualquer pessoa que não acredite na narrativa oficial é tachada de "estúpida" ou "incompetente", como na velha história das roupas novas do imperador. E como nenhum de nós deseja ser considerado "estúpido" ou "incompetente", geralmente não ousamos questionar e expor os absurdos diante dos nossos olhos. A maioria de nós também está ocupada demais com seus afazeres diários para fazer perguntas sistêmicas fundamentais e exigir um debate público sobre elas. E assim, tanto as doces mentiras dos poderosos quanto as teorias da conspiração dos céticos tornam-se cada vez mais absurdas e produzem uma opinião pública marcada pela incerteza, confusão e falta de fatos verificáveis – chegamos à era da "pós-verdade".

Após mais de vinte anos de experiência no sistema internacional, sei demais para ser um idealista ou um teórico da conspiração. Conheço os moinhos políticos das Nações Unidas tão bem quanto as pretensas restrições das políticas nacionais econômicas, externas e de segurança; conheço a lei, os tratados e a jurisprudência tão bem quanto o mundo das negociações diplomáticas e as realidades brutais da guerra, da crise e do desastre. Os governos de todo o mundo estão aumentando seus esforços para desviar a atenção do público dos crimes de guerra, abusos e corrupção. O sigilo, a impunidade e a arbitrariedade estão envenenando nossas instituições democráticas e roubando-lhes a integridade. As intervenções dos mecanismos mandatados pela ONU são ignoradas ou até mesmo condenadas como interferência em assuntos internos. A liberdade de imprensa, a transparência e a prestação de contas, que são pré-requisitos indispensáveis para a supervisão democrática de qualquer autoridade pública, estão mais ameaçadas do que nunca.

Quando a verdade é suprimida pelo sigilo e pela censura desenfreados; quando os criminosos de guerra e os exploradores gozam de impunidade; quando os relatórios de investigação sobre tortura sancionada pelo Estado são classificados como secretos; quando os documentos liberados pelas autoridades de acordo com as leis de liberdade de informação são quase totalmente censurados; quando a imprensa hegemônica não exerce mais seu papel de "quarto poder", mas se autocensura docilmente – então realmente vivemos em um mundo virtual, privados de qualquer possibilidade de descobrir o que exatamente nossos governos estão fazendo com o poder e o dinheiro dos impostos que confiamos a eles. Então, precisamos de vazamentos no sistema, rachaduras pelas quais a luz possa penetrar e nos fornecer informações.

Tão logo os detentores do poder veem seus interesses essenciais ameaçados, eles tendem a desconsiderar o estado de direito como um limite para sua conduta. Embora isso possa ser evidente de forma crua em estados autoritários, as mesmas tendências operam em democracias maduras, embora geralmente disfarçadas em um manto de legalidade ou, se tudo mais falhar, em sigilo. Isso acontece não porque os detentores do poder tenham conspirado maliciosamente contra nós, mas simplesmente porque é assim que nós, como seres humanos, funcionamos e sempre nos comportamos. Na ausência de controle social, todos nós tendemos a buscar o interesse próprio de curto prazo e a ignorar a nocividade social do nosso comportamento no longo prazo. O problema não é a boa ou má índole dos que estão no topo, mas sim termos criado e mantido um sistema político e econômico que permite poder, sigilo e impunidade irrestritos. Com um sistema tão desequilibrado, não conseguiremos responder com eficácia aos enormes desafios que enfrentamos como comunidade global. Seja para proteção climática, justiça econômica ou direitos humanos, precisamos de um sistema que seja transparente, justo e sustentável. Para alcançá-lo, temos que começar abrindo os nossos olhos e, sem condenação ou idealização, reconhecer quem realmente somos e como realmente funcionamos. Somente com base em um senso sóbrio de autoconsciência seremos capazes de assumir a responsabilidade política, expor estruturas de poder prejudiciais, fazer os ajustes sistêmicos necessários e responsabilizar os que tomam as decisões.

Mesmo na sala mais escura, a luz de uma única vela é suficiente para que todos possam enxergar. Julian Assange acendeu essa vela com seu trabalho. Ele expôs crimes, abusos e corrupção que estavam escondidos atrás de uma cortina de sigilo. Foi apenas um breve vislumbre por trás da cortina, mas às vezes um único vislumbre é suficiente para mudar toda a nossa visão de mundo. Agora sabemos que essa cortina de segredo existe e que todo um universo paralelo de segredos nefastos se esconde por trás dela. Segredos que muitos de nós talvez preferíssemos não saber, porque esse conhecimento nos força a acordar, crescer e dar um passo à frente. Além do desconforto da desilusão, no entanto, esse mesmo conhecimento também nos capacita a realizar as reformas sistêmicas de governança necessárias para nos salvar de uma autodestruição certa. Todos e cada um de nós podemos mudar o mundo por meio da ação corajosa. Para dissipar a obscuridade, não precisamos buscar luz em outro lugar. É suficiente deixar nossa própria luz brilhar, exatamente onde estamos em nossa vida cotidiana. Para isso, tudo o que precisamos é a coragem de sermos honestos conosco e com o mundo.

Documentos selecionados

Comunicados à imprensa

05.04.2019: 'UN expert on torture alarmed at reports Assange may soon be expelled from Ecuador embassy' (ohchr.org)
31.05.2019: 'UN expert says "collective persecution" of Julian Assange must end now' (ohchr.org)
01.11.2019: 'UN expert on torture sounds alarm again that Julian Assange's life may be at risk' (ohchr.org)
08.12.2020: 'UN expert calls for immediate release of Assange after 10 years of arbitrary detention' (ohchr.org)
22.12.2020: 'UN expert asks US President Donald Trump to pardon Julian Assange' (ohchr.org)
05.01.2021: 'UN expert cautiously welcomes refusal to extradite Assange' (ohchr.org)

Intervenções oficiais

Equador
18.04.2019: Allegation Letter sent by the Special Rapporteur to His Excellency Mr José Valencia, Minister of Foreign Affairs and Human Mobility, Ecuador (AL ECU 5/2019) (spcommreports.ohchr.org)
28.05.2019: Urgent Appeal sent by the Special Rapporteur to His Excellency Mr José Valencia, Minister of Foreign Affairs and

Human Mobility, Ecuador (UA ECU 10/2019) (spcommreports.ohchr.org)

17.06.2019: Response from the Permanent Mission of Ecuador to the United Nations Office in Geneva (spcommreports.ohchr.org)

26.07.2019: Response from the Permanent Mission of Ecuador to the United Nations Office in Geneva (spcommreports.ohchr.org)

02.10.2019: Allegation Letter sent by the Special Rapporteur to His Excellency Mr José Valencia, Minister of Foreign Affairs and Human Mobility, Ecuador (AL ECU 15/2019) (spcommreports.ohchr.org)

02.12.2019: Response from the Permanent Mission of Ecuador to the United Nations Office in Geneva (spcommreports.ohchr.org)

Suécia

28.05.2019: Urgent Appeal sent by the Special Rapporteur to Her Excellency Ms Margot Wallström, Minister for Foreign Affairs, Sweden (UA SWE 2/2019) (spcommreports.ohchr.org)

12.07.2019: Corrigendum sent by the Special Rapporteur to Her Excellency Ms Margot Wallström, Minister for Foreign Affairs, Sweden (OL SWE 3/2019) (spcommreports.ohchr.org)

12.07.2019: Response from Ambassador Elinor Hammarskjöld, Director-General for Legal Affairs, Ministry for Foreign Affairs, Sweden (spcommreports.ohchr.org)

12.09.2019: Allegation Letter sent by the Special Rapporteur to Her Excellency Ms. Margot Wallström, Minister for Foreign Affairs, Sweden (AL SWE 4/2019) (spcommreports.ohchr.org)

11.11.2019: Response from Ambassador Carl Magnus Nesser, Director-General for Legal Affairs, Ministry for Foreign Affairs, Sweden (spcommreports.ohchr.org)

Reino Unido

27.05.2019: Urgent Appeal sent by the Special Rapporteur to His Excellency Mr Jeremy Hunt, Secretary of State for Foreign and Commonwealth Affairs, United Kingdom (UA GBR 3/2019) (spcommreports.ohchr.org)

07.10.2019: Response from Ambassador Julian Braithwaite, Permanent Mission of the United Kingdom of Great Britain and Northern Ireland to the United Nations Office in Geneva (spcommreports.ohchr.org)

29.10.2019: Urgent Appeal sent by the Special Rapporteur to His Excellency Mr Dominic Raab, Secretary of State for Foreign and Commonwealth Affairs, United Kingdom (UA GBR 6/2019) (spcommreports.ohchr.org)

Estados Unidos da América:

28.05.2019: Urgent Appeal sent by the Special Rapporteur to His Excellency Mr Michael Richard Pompeo, Secretary of State, United States of America (UA USA 14/2019) (spcommreports.ohchr.org)

16.07.2019: Response from Mr Sean M. Garcia, Acting Human Rights Counselor, Permanent Mission of the United States of America to the United Nations Office in Geneva (spcommreports.ohchr.org)

12.09.2019: Allegation Letter sent by the Special Rapporteur to His Excellency Mr Michael Richard Pompeo, Secretary of State, United States of America (AL USA 17/2019) (spcommreports.ohchr.org)

Relatórios temáticos

Report of the Special Rapporteur on torture and other cruel, inhuman or degrading treatment or punishment to the General Assembly, 'Extra-custodial use of force and the prohibition of torture and other cruel, inhuman or degrading treatment or punishment', 20 July 2017 (A/72/178) (documents-dds-ny.un.org/doc)

Report of the Special Rapporteur on torture and other cruel, inhuman or degrading treatment or punishment to the Human Rights Council, 'Migration-related torture and ill-treatment', 23 November 2018 (A/HRC/37/50) (documents-dds-ny.un.org/doc)

Report of the Special Rapporteur on torture and other cruel, inhuman or degrading treatment or punishment to the Human Rights Council, 'Corruption-related torture and ill-treatment', 16 January 2019 (A/HRC/40/59) (documents-dds-ny.un.org/doc)

Report of the Special Rapporteur on torture and other cruel, inhuman or degrading treatment or punishment to the General Assembly, 'Relevance of the prohibition of torture and other cruel, inhuman or degrading treatment or punishment to the context of domestic violence', 12 July 2019 (A/74/148) (documents-dds-ny.un.org/doc)

Report of the Special Rapporteur on torture and other cruel, inhuman or degrading treatment or punishment to the Human Rights Council, 'Psychological torture', 20 March 2020 (A/HRC/43/49) (documents-dds-ny.un.org/doc)

Report of the Special Rapporteur on torture and other cruel, inhuman or degrading treatment or punishment to the Human Rights Council, 'Effectiveness of the cooperation of States with the mandate holder on official communications and requests for country visits', 22 January 2021 (A/HRC/46/26) (documents-dds-ny.un.org/doc)

Report of the Special Rapporteur on torture and other cruel, inhuman or degrading treatment or punishment to the General Assembly, 'Accountability for torture and other cruel, inhuman or degrading treatment or punishment', 16 July 2021 (A/76/168) (documents-dds-ny.un.org/doc)

Glossário e siglas

BPK	Conferências de Imprensa Federal
CAT	Convenção contra a Tortura e Outros Tratamentos ou Punições Cruéis, Desumanos ou Degradantes
CIA	Agência Central de Inteligência dos EUA
CICV	Comitê Internacional da Cruz Vermelha
CPS	Serviço de Promotoria da Coroa Britânica
DNC	Comitê do Partido Nacional Democrata dos EUA
DST	Doença Sexualmente Transmissível
FBI	Departamento Federal de Investigação dos EUA
IBAHRI	Associação Internacional de Advogados
ISAF	Força Internacional de Assistência à Segurança, liderada pela OTAN
GTDA	Grupo de Trabalho sobre Detenção Arbitrária da ONU
MDE	Mandado de Detenção Europeu
NDB	Serviço Nacional de Inteligência da Suíça
NSA	Agência de Segurança Nacional dos EUA
OEA	Organização dos Estados Americanos
ONU	Organização das Nações Unidas
OTAN	Organização do Tratado do Atlântico Norte
RPG	Granada propulsada por foguete (RPG)
SAMs	Medidas Administrativas Especiais
SÄPO	Polícia de segurança sueca
TEA	Transtorno do espectro autista
TEPT	Transtorno de estresse pós-traumático

Depoimento de Leandro Demori

No inverno de 2009, eu estava sentado na mesa do pequeno apartamento onde morávamos em uma cidade na costa do Adriático, na Itália, quando meu e-mail recebeu um alerta de mensagem. Era um amigo que havia trabalhado na área de aviação durante muitos anos e com quem eu trocava informações e curiosidades sobre acidentes aéreos com alguma frequência. Naquela noite, ele queria me passar uma documentação importante.

Eu era um jornalista de 27 anos, com alguma experiência, mas sem nenhum caso importante na carreira.

Pouco mais de um ano antes de receber aquela mensagem, um avião da companhia Tam tinha explodido ao se chocar com um prédio no final da pista do aeroporto de Congonhas, em São Paulo, matando 199 pessoas. Os documentos davam conta de uma investigação aberta pela polícia e que corria em sigilo. Uma folha, em especial, chamou a atenção desse amigo: a que continha um pedido de investigação sobre uma possível compra de horas de voo pelos pilotos da companhia. Ou seja, os pilotos do voo da Tam poderiam ser menos experientes do que diziam, pois havia a suspeita de um esquema de falsificação de tempo de serviço, o que poderia causar desastres, evidentemente.

Fiquei estupefato ao ler o e-mail, mas eu tinha um problema: recém-casado e vivendo de bicos em um bar na praia, eu tentava manter meu jornalismo a duras penas, publicando como freelancer em diversos veículos de maneira episódica. Em suma, eu não tinha uma redação de confiança para apresentar aquela história.

Foi então que eu descobri o Wikileaks. Não lembro exatamente como o site fundado por Julian Assange dois anos antes foi parar em uma aba do meu navegador, mas, na madrugada daquele mesmo dia de inverno, eu me encontrei sentado na cama debaixo das cobertas metido em uma conversa em inglês com um total desconhecido noite adentro.

O Wikileaks foi uma revolução inimaginável. Você acessava o site usando o TOR – um modo de maquiar sua localização – e então podia abrir uma caixa de diálogo de modo anônimo com alguma pessoa do site. Eles eram receptivos a documentações como aquela que eu tinha em mãos, prometiam analisar o conteúdo e então, se fosse o caso, publicá-las na Internet.

No fim, a história da Tam não se confirmou com a solidez necessária para uma reportagem jornalística e até mesmo a polícia abandonou o caso, mas o Wikileaks não parou. Pouco tempo depois, o site de Julian Assange começou a publicar documentos aterradores sobre crimes de guerra cometidos pelos Estados Unidos. Baseado na cultura hacker e na filosofia de um jornalismo colaborativo e totalmente independente, o site mudou a forma como a humanidade entendia o jornalismo. Saíam de cena as grandes corporações engordadas pelo capital e enroladas em suas teias com o mundo político, entravam alguns malucos de cabelos estranhos e piercings pelo corpo que mais pareciam os Sex Pistols do que os burocratas enfadonhos e irritantes das redações.

Para alguém como eu, que jamais faria carreira em uma grande empresa de comunicação, aquilo era um sonho. Afinal, eu havia me tornado jornalista justamente depois de descobrir a Internet, em meados dos anos 1990. Ainda na faculdade, conheci uma comunidade de blogs, fiz jornalismo com eles e até havia ganhado alguma proeminência regional com um blog de sátira política. Contudo, nada era como ver o Wikileaks se materializando diante dos meus olhos. Era como se eu fizesse parte daquilo tudo.

Julian Assange se tornou uma estrela global, uma espécie de personagem de algum filme futurista, no qual um cara de cabelo branco e olhar cortante desafiava o maior império da Terra. Como se fosse uma espécie feita de carne e osso de Spider Jerusalém, uma versão mais comportada do épico personagem criado por Warren Ellis e Darick Robertson – o jornalista sarcástico da novela em quadrinhos Transmetropolitan, desbocado e brilhante, que nutria um ódio profundo pelos poderosos sem caráter. A vida imita o vídeo.

Não demorou para que Assange fosse abatido em pleno voo, vilipendiado, humilhado e destruído. Hoje, Julian não é mais a sombra do que já foi. A brilhante investigação de Nils Melzer ilumina todos os cantos escuros de uma trama que envolveu ao menos quatro países para destruir um homem. Na verdade, para destruir uma ideia. Assange não é apenas um jornalista brilhante, mas uma ideia desencadeada e – como todas as ideias – impossível de ser colocada em uma caixa. O que foi feito contra o corpo de Assange é um recado para todos que desejam que a informação correta, apurada e fundamentada seja livre no mundo.

Eu não imaginaria que nossos caminhos fossem se cruzar novamente muitos anos depois daquele inverno de 2009. Em junho de 2019, uma década depois, me vi envolvido em um dos maiores casos jornalísticos do mundo. No fim de tarde de um domingo, eu e meus colegas do Intercept Brasil publicamos as primeiras três reportagens da série Vaza Jato, que duraria mais de um ano e meio e levaria ao ar mais de 100 reportagens. Se na época eu não imaginava os efeitos que o caso traria, eu tampouco sabia os perigos que estava correndo.

Ao ler a história de Assange, pensei nos vários momentos em que uma máquina parecida com aquela que destruiu sua vida tentou destruir a nossa. Cada centímetro da minha vida e da minha família, da minha esposa e dos meus pais, foi revirado. Fomos investigados e espionados. Precisei fugir de casa, mover minha família, trocar nosso filho de escola e, no limite, mudar de país. Em um evento organizado pela Associação Brasileira de Imprensa, a euforia que tomou conta daquela noite lotada com mais de três mil pessoas na sede da entidade no Rio de Janeiro mascarou o que deveria ser óbvio: no dia seguinte, o repórter Lúcio de Castro revelaria que viaturas da P2, a força secreta ligada à Polícia Militar, estavam nos arredores do prédio no centro da cidade nos vigiando.

A situação chegou ao limite de a ONU pedir ao Governo Brasileiro que cuidasse da nossa proteção – em vão, porque as ameaças vinham do próprio governo e de seus cães de guerra. Qualquer ponta solta da minha vida, qualquer multa de trânsito por direção perigosa, qualquer dinheiro esquecido na declaração do imposto de Renda – eu sabia, seria motivo para que, no limite, eu fosse preso.

Ler os detalhes do caso escandaloso contra Julian me fez ter ainda mais compaixão por ele. Se, antes disso, eu já nutria profundo respeito por sua causa, a cada página da investigação de Melzer eu fui aumentando minha devoção pela ideia Assange. É preciso ter coragem para mantê-la viva. É nossa única chance.